普通高中
育人方式改革的
校本实践

王 瑞◎著

华东师范大学出版社

·上海·

图书在版编目(CIP)数据

普通高中育人方式改革的校本实践/王瑞著. —上海:华东师范大学出版社,2021

ISBN 978 - 7 - 5760 - 2225 - 4

Ⅰ.①普… Ⅱ.①王… Ⅲ.①教书育人-教育改革-研究-高中 Ⅳ.①G635.6

中国版本图书馆 CIP 数据核字(2021)第 222783 号

普通高中育人方式改革的校本实践

著　　者　王　瑞
责任编辑　孙　婷
责任校对　邱红穗　时东明
装帧设计　卢晓红

出版发行　华东师范大学出版社
社　　址　上海市中山北路 3663 号　邮编 200062
网　　址　www.ecnupress.com.cn
电　　话　021 - 60821666　行政传真 021 - 62572105
客服电话　021 - 62865537　门市(邮购)电话 021 - 62869887
地　　址　上海市中山北路 3663 号华东师范大学校内先锋路口
网　　店　http://hdsdcbs.tmall.com

印　刷　者　江苏扬中印刷有限公司
开　　本　787×1092　16 开
印　　张　22.75
字　　数　376 千字
版　　次　2021 年 12 月第 1 版
印　　次　2021 年 12 月第 1 次
书　　号　ISBN 978 - 7 - 5760 - 2225 - 4
定　　价　69.80 元

出版人　王　焰

第六章　开放办学：完善学校内部治理结构 / 219

第一章

普通高中育人方式改革的校本思考与实践

普通高中育人方式改革的实践主体是学校,改革的核心问题,是培养什么样的人和如何培养人的问题。普通高中教育要回归到教育培养学生全面而有个性的发展,实现立德树人根本任务上。普通高中的培养目标是进一步提升学生综合素质,着力发展核心素养,使学生具有理想信念和社会责任感,具有科学文化素养和终身学习的能力,具有自主发展和沟通合作的能力。

第一节　郑州二中的创建与发展

一、学校历史沿革

河南省郑州市第二中学(简称郑州二中)是在战火纷飞的抗日战争时期诞生的,具有光荣的革命传统。

学校成立于1941年9月,当时正值抗日战争的艰苦时期,河南大部分地区先后沦陷,为解决流亡少年的就学问题,当时的教育部决定在国立中学之外,在河南设立三所战区中学,经费由教育部拨发,学校由河南省教育厅代管。因此,这三所学校实际上是部属学校。河南省战区第二中学就是郑州二中的前身,最初的校址在洛阳南面的嵩县寺庄。学校设初中部、高中部,学制均为三年,有"千人大校"的美名。

当时学校的校歌是《义勇军进行曲》,校训是"礼、义、廉、耻"。

1943年3月至1944年4月,校址位于宝丰县滍阳镇。

1944年6月至1945年4月,校址位于淅川县李官桥镇。

1945年5月至1945年11月,校址位于陕西省扶风县绛帐车站。

1945年8月,日本无条件投降,长达八年的抗日战争取得胜利。同年11月学校奉命迁至郑州,更名为河南省立郑县中学,为郑州历史上第一所省立中学。

1948年10月郑州解放,学校更名为郑州市市立第一中学。

1950年6月,高中部外迁,学校更名为郑州市第一初级中学。

1958年1月8日,学校迁至现址(桃源路43号),定名为郑州市第二中学,恢复完中体制。

1963 年 4 月,学校被确定为省重点初中。

1978 年,学校被确定为市重点中学。

2005 年 8 月,学校购置原郑州师专校址为学校的南校区。

2005 年 12 月,学校被确定为河南省示范性高中。

2010 年,学校国际部成立。

2011 年 12 月,改建后的政通路校区高中部启用。

2020 年 3 月,初高中实行分级管理,初中部划归二七区管理,名称为郑州市第二初级中学;高中部仍为市属学校,名称为郑州市第二高级中学。

光阴荏苒,岁月如梭,郑州二中已经走过了 80 年的光辉历程。80 年沧桑巨变,80 年薪火相传,二中人在探索与奋斗中发展,在继承与开拓中提升,走过了一段艰辛而自豪的岁月。

天地之中,黄河之滨,这所历史名校,以其丰厚的文化底蕴、博大的人文精神哺育出一代又一代杰出英才。郑州二中成为郑州市乃至中原地区闻名遐迩的历史名校、文化名校、特色名校。

二、 在关注中成长

郑州二中是在党和国家各级政府的大力支持、关心帮助下逐步发展起来、成长起来的,学校取得的每一个成绩都凝聚着各级领导的扶持与呵护。

1996 年,时任国家教育委员会副主任、党组副书记,国家教育委员会总督学柳斌到郑州二中视察,并为学校题词"走全面发展道路,写教育改革篇章"。

2002 年 5 月,时任国务院副总理李岚清到郑州二中视察工作。

2004 年 6 月,时任河南省副省长贾连朝到郑州二中视察工作。

2009 年 11 月,时任郑州市人大主任白红战为郑州二中南校区改造项目开工奠基仪式剪彩。

2012 年 9 月,郑州二中创新班代表河南省参加全国信息技术教学应用展演,在深圳展演现场,时任教育部副部长刘利民、中央电教馆馆长王珠珠与郑州二中展演师生亲切交谈。

2013 年 6 月,教育部副部长杜占元在省市领导陪同下到郑州二中调研信息化创新班实验情况。

2013 年 9 月 24 日,郑州二中作为全国高中的唯一代表参加了全国信息化教学应用现场观摩活动,并在大会上做经验交流。时任教育部副部长刘利民给予郑州二中高度评价。

2013 年 12 月 26 日,王瑞校长参加河南省基础教育信息化工作会议并做经验交流。河南省教育厅领导充分肯定了郑州二中。

2014 年 3 月 19 日,教育部在官方网站通报表扬郑州二中移动自主学堂。3 月 20 日《中国教育报》发表长篇新闻报道移动自主学堂。

2015 年 5 月 15 日,教育部官网发文表扬郑州二中。

2015 年 5 月 22—25 日,郑州二中代表河南省到青岛参加全国教育信息化应用展览大会。时任教育部副部长刘利民、杜占元听取郑州二中介绍,高度评价学校教育信息化工作。

2015 年 9 月 1 日,郑州市人大常委会调研组到郑州二中调研信息化教学情况。

2015 年 11 月,郑州二中机器人代表队在世界青少年机器人大赛中荣获国内第二名,世界第四名。时任国务院副总理刘延东在比赛现场。

2015 年 12 月,首届河南省中小学校长国际智慧教育研讨会在郑州二中举行,时任中国教育学会名誉会长顾明远、河南省教育厅巡视员李功勋、郑州市教育局局长李陶然参加大会,并在大会上赞扬郑州二中。

2015 年 12 月,郑州二中参加中国国际智慧教育展览会,时任中国教育学会会长钟秉林到学校展馆交流,看望展演师生。

三、 学校办学成绩

近年来,学校落实立德树人根本任务,坚持培育和践行社会主义核心价值观,秉承"自主发展、健康成长"的办学理念,实施"信息化、国际化、自主化"的发展战略,确立"培养全面而有个性的创新人才"的育人目标,打造"健康、博爱、有为"的学生形象,以

"勤"为校园文化,开拓进取、不断创新,各项工作都取得了显著的成绩。

1. 信息化是学校的重要标识

信息化创新实验班将信息技术与教育教学进行深度融合,移动自主学堂已经成为全国信息化教学示范项目。2014年,成果《构建数字化学习环境下的移动自主学堂》荣获国家基础教育教学成果奖二等奖,2016年获得教育部在线教育奖励基金优秀项目。学校先后三次获教育部通报表扬,2017年被教育部确定为第一批教育信息化试点优秀单位。2017年学校被评为首批河南省普通高中多样化发展示范学校。2018年高考,信息化创新班学生赵佩汶以裸分的成绩被北京大学中文系录取。2018年秋季,学校在新一届高一开设河南省第一个人工智能创新班,标志着学校教育信息化进入2.0时代。

2. 国际化发展成绩斐然

国际部自2011年成立以来,以培养国际视野与家国情怀兼具的国际化人才为宗旨,对学生进行精细化培养,为学生搭建了多个放眼世界、走向国际的平台,与美国公立高中排名第一的托马斯·杰弗逊科技高中等多所国际知名高校和中学建立了友好合作关系,与美国蓝带学校加州汇点高中(CCHS)进行项目合作,与上海交大教育集团进行国际教育合作。2015年,范谷雨被录取率仅为0.9%的纽约大学阿布扎比分校录取,并获得30万美元的奖学金;近三年已经毕业的国际班学生98%升入国际名校深造,其中近百名学生升入美国、澳大利亚、加拿大、英国等国的世界知名大学。

3. 自主化平台育人功能不断彰显

管乐团、足球、TEDx郑州、微电影节、特色体育项目训练队伍等多种自主发展平台的打造,让每一位学生都能找到特长、兴趣发展的天地,也都能在活动中得到优秀品质的培养和历练。学校2018年2月获得河南省中小学德育工作先进单位称号;同年10月,作为郑州市唯一一所中学上榜"2018年全国中小学德育工作典型经验名单"。

学校把"健康"作为育人目标之首,把体育运动作为培养学生健康品质的重要手段,注重足球、篮球、跆拳道、田径等体育项目在学生间的普及和推广,以体育运动助力学生们的身心健康成长。近年来,足球、篮球等体育项目屡次在国家、省、市级比赛中摘金夺银。2019年1月,学校荣获全国优秀校园足球特色学校;2月,学校在2018年中国中学生体育协会足球分会年会上作经验汇报。

八十年栉风沐雨,郑州二中历久弥新声亦远;累月经年创新进取,郑州二中生机焕发名亦震。"郑州市性价比最高的学校"是教育专家及社会各界对郑州二中最高的褒奖。郑州二中这所历史名校,正以前所未有的勇气和行动,朝着全国现代化名校的目标努力迈进。

第二节　普通高中育人方式改革的新时代使命

全面和深刻认识新时代普通高中教育需要将其放在历史的视野下,明确普通高中教育发展的水平和阶段,包括其所面对的外部环境和内在发展层次,从而确定其未来的发展方向和使命。新时代普通高中教育正面临前所未有的境遇,不稳定性、不确定性和复杂性充斥于高中教育的每个角落,各种社会思潮都潜在地影响着高中教育发展。深化教育改革对进入内涵发展阶段的高中教育,提出更紧迫更具挑战性的要求。应对这些内外交织的境遇和挑战,直指普通高中育人模式变革,使其成为普通高中教育发展的新时代使命。

一、　新时代社会发展的必然要求

新时代为普通高中教育发展带来前所未有的机遇和挑战。以人工智能为核心代表的新技术变革推动社会转型升级,社会发展重心开始步入"后发展"阶段。社会转型阶段对人才培养提出更高要求,所产生的深刻思想观念变化也对新时代教育发展提出更大挑战。人工智能的大发展将会使大量低端劳动力被替代,同时催生更多高技能要求的岗位,对劳动者素质的要求不断提高。新技术革命与国际化相互叠加,进一步加剧了国际人才竞争,国际组织及诸多发达国家在教育改革中都强调超越学科和知识的通用能力,不论其具体名称是核心素养或是关键能力。社会转型时期思想观念变化剧烈,社会思潮多样、多元、多变,价值观念分化,导致思想舆论统一难、对人民群众教育引导难。传统教育方式在应对社会转型所带来的新问题、新情况、新要求方面已经暴露出诸多不协调,为适应新时代,普通高中教育必须转型发展。

在人工智能时代,我们需要重新思考教育的价值。哈佛大学人工智能理论创始人、教育家霍华德·加德纳教授曾提出了一个很尖锐的问题:未来谁将驾驭人类的智慧?"这可能是超越'钱学森之问'的一个问题。"在当今时代,对知识的探索和掌握都不是最重要的问题,德行的成长才是人类最高的学问。

习近平总书记在全国教育大会上强调,要全面贯彻党的教育方针,培养德智体美劳全面发展的社会主义建设者和接班人,把立德树人融入思想道德教育、文化知识教育、社会实践教育各环节,围绕立德树人设计教学体系、教材体系、管理体系等,这为新时代推进普通高中教育改革发展指明了前进方向,提供了根本遵循。同时,中共中央办公厅、国务院办公厅《关于深化教育体制机制改革的意见》明确提出,要制订出台相关政策措施,推进普通高中育人方式的改革。

21世纪以来,特别是党的十八大以来,我国普通高中教育快速发展,普及水平显著提高,截至2018年底,高中阶段毛入学率达到88.8%,比2012年提高了3.8个百分点,初中毕业生升学率达到95.2%,比2012年提高了6.8个百分点。普通高中教育的整体办学水平也得到了逐步提升,已经进入到以内涵发展、提高质量为重点的发展新阶段。但是,当前普通高中教育还存在着素质教育实施不全面、片面应试教育倾向严重、唯分数唯升学率评价教育质量等突出问题,亟需通过推进普通高中育人方式改革加以破解和应对。

面对新时代的育人要求,一方面,我们必须看到新时代教育现代化的要求。《中国教育现代化2035》已经出台,增强现实、虚拟现实技术等即将进入课堂,随之而来的是个性化的随时学习,对教师教育理念、专业能力和信息素养要求也越来越高。另一方面,我们要直面教育的基本矛盾变化带来的系列挑战。普通高中建设必须面对教育的基本矛盾,做出突破性改变,带动社会对教育的深度参与,办人民满意的教育。

二、 全面深化教育综合改革的紧迫要求

改革开放40年来我国教育事业总体发展水平显著提升的同时仍然存在不平衡、不协调的问题,在普通高中教育集中表现为发展的失衡,即改革步伐落后于经济社会

发展要求、办学活力不足、育人模式千篇一律等,这些都需要在全面深化教育领域综合改革的进程中加以解决。深化普通高中教育改革重点在于供给侧改革。它是高中教育改革的主要范式,正显现出这样的趋势:超越宏观层面上教育资源总量和结构上的改革,深入普通高中教育内部,从高中学校育人要素的重组中要内涵,从高中育人方式转型中要质量,办出内在价值与工具价值相统一的高中教育,使社会人才需求的多层次性、多样性与人的发展的多层性、多样性相协调。这要求我们回到原点不断反思和追问为什么需要普通高中教育,普通高中教育的独特性在哪里,我们需要怎样的普通高中教育等。回应这些问题需要加快普通高中教育转型,摆脱"应试"的魔咒,克服价值功利化、内容低俗化、过程形式化、结果媚俗化,走向能够促进人全面而有个性发展的育人模式。

当前,普通高中教育正处于普及攻坚、课程改革、高考综合改革三项重大改革同步推进的关键时期。普及攻坚提出要进一步提高普及水平,实现有质量的普及;新修订的普通高中课程方案和课程标准提出要努力培养学生的正确价值观念、必备品格和关键能力,发展学生核心素养;高考综合改革提出要探索"两依据、一参考"的录取模式,对普通高中学生选课走班、教学组织、综合素质评价等提出了新要求。这些新任务迫切需要通过深化改革,着力破解当前面临的体制机制性障碍,确保各项改革能够有效衔接、协同推进。

扩大学生的选择权,是我国新高考改革的出发点和目标,而满足学生的选择权,则需要高中育人方式的全面改革。在之前的高考改革试点中,还存在扩大学生选择权的改革与高中育人方式改革脱节的问题。比如,新高考改革扩大了学生的学科选择权,那么,要满足学生的学科选择权,中学就应该推进选课走班教学,而要推进选课走班教学,就需要相应的师资、办学条件做保障,同时,要建立适应选课走班的教学管理机制,还要对学生进行发展指导,培养学生的自主学习能力和自主管理能力等。这些在推进高考改革时,考虑得并不充分。大家所见的是,由于师资、办学条件保障不足,实行新高考改革的省市中有的高中学校限制学生的学科选择,把35种学科组合选择、20种学科组合选择变为有限学科组合选择;由于学校没有对学生进行有效的个性化发展指导,而只关注学生的考试分数,由此出现部分学生功利选科,导致选科失衡;由于学校教育管理不重视培养学生的自主学习能力、自主管理能力,选课走班无法落实到位。

面对这些问题,有舆论质疑高考改革方案,认为扩大学生选择权的改革太超前,一些省市对高考改革扩大学生的选择权也有所顾虑。

第三节　普通高中育人方式改革的路径选择

推进育人模式有效变革是一项复杂的系统工程,既需要把握学校外部环境,也需要充分认识和分析学校内部所面临的主要问题,从而找到适合的变革路径。这种变革不是无源之水、无本之木,而是植根于普通高中教育的基础,回应一定时代经济、政治、科技、文化以及教育改革诉求,化解新时代高中教育领域主要矛盾的现实选择。

一、　全面落实以立德树人为核心的教育质量观

质量观是人们关于质量的看法和见解。教育质量观是建立在一定的价值基础之上,通过各种措施提升教育质量的一种过程,包含对教育过程和教育结果的价值判断。立德树人是教育工作的根本任务,也是促进教学改革的核心任务,更是教育质量观的价值基础与核心。立德树人根本任务应落实在各个学段、各个方面、各个环节,但在具体的落实过程中需要根据不同学段的特点找到有效落实的侧重点和突破口,这是毋庸置疑的。构建和完善普通高中育人模式首先应"正本清源",回到学校育人根本功能,全面树立以立德树人为核心的教育质量观。在此基础之上,结合学校自身特点、小学思想和基础条件等,形成学校自己的理念体系,进一步丰富和加强立德树人在人才培养过程中的内涵和落实机制建设。衡量普通高中教育质量的标准应包含德智体美劳多个方面的指标,不可把教育质量窄化为智育结果,甚至窄化为考试分数,也必须要警惕"量化"在育人过程中的泛化。把学生发展的各个方面转化为分数的做法虽然有助于更清楚地了解和比较学生发展状况,但"分数化"本身的科学性和价值导向容易对学生发展构成更深层次的伤害。

党的十八大以来,习近平总书记从确保党和国家兴旺发达、长治久安的战略高度,

多次就落实立德树人根本任务作出重要指示。落实立德树人根本任务,体现了新时期贯彻党的教育方针、实施素质教育的时代要求,是教育系统坚持和发展中国特色社会主义的核心所在,是"十三五"时期提高教育质量的关键。

（一）落实立德树人根本任务，必须全面贯彻党的教育方针

为社会主义现代化建设服务、为人民服务是教育工作的根本宗旨。衡量一个学校办得好不好,一个地方教育办得好不好,关键看给国家和社会提供了多少高质量人才和高质量成果。要把促进学生健康成长作为学校一切工作的出发点和落脚点,与生产劳动和社会实践相结合,为每个学生提供适合的教育,促进每个学生主动地、生动活泼地发展。要把服务经济社会发展作为教育的重要方向,全面适应创新、协调、绿色、开放、共享发展的需求,在服务中体现教育的地位、作用和价值。

（二）落实立德树人根本任务，必须与加强社会主义核心价值观教育紧密结合

习近平总书记明确指出:"核心价值观,其实就是一种德,既是个人的德,也是一种大德,就是国家的德、社会的德。"青少年是国家的未来、民族的希望,他们的价值取向决定了未来整个社会的价值取向。培育和践行社会主义核心价值观必须从小抓起、从学校抓起,真正落实到教材课堂中,落实到文化育人中,落实到实践活动中,落实到政策制度中。加强社会主义核心价值观教育,要同中华优秀传统文化教育,同公民思想道德建设和社会诚信建设,同民族团结教育,同提高法治意识、环境意识、国防意识等紧密结合,形成全员全过程全方位育人的强大合力。

（三）落实立德树人根本任务，必须把增强学生社会责任感、创新精神、实践能力作为工作重点

人才培养的质量,不应只看学生考试分数,而应看学生是否具备服务国家服务人民的社会责任感、勇于探索的创新精神和善于解决问题的实践能力。要面向全体学生,牢固树立人人成才观念、多样化人才观念、终身学习观念和系统培养观念,更加注重教学、科研、实践紧密结合,更加注重学校之间、校企之间、学校与科研机构之间协同育人,努力形成体系开放、机制灵活、渠道互通、选择多样的人才培养体制。要适应国

家和社会发展需要,遵循教育规律、教学规律和人才成长规律,更加注重学思结合、知行统一、因材施教,为党和人民事业培养合格建设者和可靠接班人。

二、 整体系统构建学校课程体系

课程是学习者在学校环境中获得的全部经验。课程是学校教育教学活动的基本依据,直接影响人才培养质量,是育人方式建构的重要内容。2018 年初教育部修订公布的普通高中课程方案和各科课程标准,标志着普通高中课程改革进入第二个周期,改革的深度、广度和力度进入一个崭新的阶段。宏观层面高中课程改革的推进必然以学校课程改革为落实载体和主要渠道。学校课程体系需要整体系统建构,以体现学校品格的育人理念为主线,聚焦学习,关注和满足不同类型、不同层次学生发展的具体需求。这就要求我们在建构学校课程体的过程中始终围绕"培养什么样的人、怎样培养人"做文章,注意把握学校课程体系的高度、整合度和适切度。所谓高度就是要始终基于立德树人去审视、思考和设计学校课程,在国家政策方针指导下合理设计学校具体的育人目标,回答好培养怎样的人的问题。所谓整合度主要是针对学校课程体系的结构而言,学校课程体系不等于校本课程,也不是国家课程、地方课程和校本课程的简单相加,而是基于课程内容和功能进行系统化梳理和整合,形成学校特有的课程逻辑结构。所谓适切度侧重于育人目标与课程目标、课程设置之间的关联性,也就是考察课程的结构安排是否有助于育人目标的实现,是否真正满足不同类型不同层次学生发展的真实需要,适切度高的学校课程体系必然会散发出较强的层次感。

第四节 普通高中育人方式改革的校本实践

郑州二中创建于 1941 年 9 月,时值抗日战争艰苦时期,办学初以解决流亡青少年就学问题为主要目的,是当时河南省成立的三所战区中学之一。至 2019 年,郑州二中现有两个校区,均位于中心城区。全校共有学生 3 366 人,教师 306 人,72 个教学班。

在八十年的发展历程中,学校始终坚持以改革促发展,力求培养高质量人才,在各方面都得到了长足发展,在河南乃至全国普通高中教育界,学校仍发挥着示范和辐射作用,先后被评为首批河南省普通高中多样化发展示范学校、首批河南省普通高中生涯教育试点学校、首批河南省创客教育示范学校、教育部首批教育信息化优秀试点学校、河南省中小学德育工作先进校、全国青少年校园足球特色学校等。这些成绩的取得源于学校始终坚持党的教育方针,始终牢记"立德树人"根本任务,坚持以创新促发展,以育人方式的变革促进教育质量的提升。

近年来,学校紧跟新科技革命、网络技术、大数据、人工智能等科技时代步伐,提出"创新未来学校,培养创新人才"的办学目标,努力在自主化、国际化、信息化等方面打造学校特色。学校认为,培养全面而有个性的创新人才,离不开对未来教育、未来学校、未来学习新形态的畅想,在新形势下,学校必须与时俱进、开拓创新,让具有厚重历史的传统名校继续焕发勃勃生机,在办人民满意的教育方面做出更多探索和提供更多经验。

一、 确立教育创新的三大支柱

2010 年,学校校长带领和组织全校教师重新思考和论证学校育人目标、教育理念、办学理念以及内涵发展等基本问题。经过充分调研和广泛论证,学校认为,创新人才培养离不开学校教育的实践创新,必须从自主、开放和技术三个角度出发,构成学校创新发展的三大支柱性策略,使学校教育实践真正落脚到学生的创新发展上来。

1. 自主: 实现学生主动发展

学校认为,自主才能创新,自主是郑州二中创新发展的主心骨。自主发展是指学生形成自觉接受教育的内在动机,从而主动追求自我完善和自我成就,正是自主、自信、自立的自我成就动机推动学生的创新成长。学校坚持认为,学生具有自我完善、自我发展、自我追求的迫切内在愿望,学校应该引导而不是主导学生的自我认知与自我调整,通过发挥学生的主观能动性激发学生潜力。

首先是自我管理。学校赋予学生自觉以重要意义,给予学生充分的信任,通过帮助学生对自身优势的分析和确立,培养学生自我评价、自我激励和自我督促的发展习惯。以社团建设发展为例,社团文化的繁荣扎根于学生的自主管理上,除涉及方向的统一规划、顶层设计和宏观管理外,学校给予学生充分的自主开发、自主设计的权力,每个社团都是一个独立的学生自治组织。学校从一开始就下决心避免将社团建成学校的课外辅导班,通过广泛征集学生的愿望与需求,使社团能够代表学生的兴趣,学校和教师提供资源和智力支持,协助学生就社团建设进行可行性分析,制定社团活动计划和章程,鼓励高年级和低年级学生的共同参与,从而以传帮带促进社团活动开展。

其次是自主选择。学校大力拓展课程资源,满足学生个性化需求,从而增加学生自我判断和自我选择的能力。学校的策略是从学生的个性差异出发,提供大量可供选择的个性化课程,通过实践探索,形成一批学生参与的课程创建。师生共同"创建"了大量"班本课程"和"学生课程",真正实现了贴近学生的个性化需求,也使学校课程体系反映出学生智慧,丰富的教育(课程)资源使自主发展成为可能。

最后是自主学习。学校落实学生学习的主体地位,课堂教学由教师教为主转变为以学生学为主,学生的学习意识和习惯发生本质变化,主动生成、动态生成、交互生成成为课堂教学的主旋律。培养学生自主学习的意识和能力,强调学习过程中学生自己的时间管理、精力管理和目标管理,把更多的时间与空间交给学生。只有赋予更多的时间与空间,更多的自由与探索,在学生沉浸式的尝试、体验、感悟和领悟之中,创新理念和创新人才才能脱颖而出。

2. 开放:建立协同育人生态

开放办学的立论基础在于改革学校治理方式和治理体系,是现代学校制度和治理能力现代化建设的基本要求,开放是郑州二中教育创新的蓄水池。郑州二中把开放办学视为传统封闭式办学的改进和优化,力图通过更富弹性、更加民主、面向更多主体、实施更多参与的办学机制、模式,最大限度地促进学生的全面发展与个性发展,最终实现学生的创新发展。学校坚信,只有校内与校外、学生与教师、国内与国际等不同形式、种类、层次的教育要素在学校场域里的自由流动、碰撞和交融,才能产生新创意、新观点和新思想,这种开放同时指向学校管理、教师发展和学生成长,以开放促创新已经成为学校师生的普遍共识。

首先是开放管理,包括校内开放、校外开放两个部分。校内开放管理是开放管理的基础。一是实施面向教师的开放管理。郑州二中实施"校长全面负责、党委监督保障、教代会民主管理"三位一体、全员参与的开放管理机制,重大问题由校长会集体研究决定,敏感问题由教代会讨论评议。学校不断健全教代会制度,定期召开教代会、教联会,商讨学校的改革大计,审议学校制度方案;定期召开学校工作通报会、各类座谈会,广泛听取教职工意见;成立由骨干教师、学科专家组成的智库专家团,为学校发展献计献策;通过各种形式进行校务公开活动,保证教工的知情权、参与权、监督权。二是实施面向学生的开放管理。包括组建学生自主管理组织,开展自主管理活动;搭建多种平台,放手让学生组织开展工作;在学校做出关涉学生利益的决定时首先要广泛征求学生意见。

校外开放是开放管理的重要内容。学校自 2010 年 10 月始,启动"天天开放日"活动,历时七年将开放管理做到极致,这也是学校开放办学最先实施、影响最大的探索性举动。学校为每一位对学校现状发展感兴趣的参访者提供了到学校接待办直接预约、电话预约和网络预约三种预约方式,从 2010 年 10 月 11 日起,只要经过提前预约和身份查证,每一位预约者皆可进入校园参观,皆可听评任意一位教师的课堂教学,皆可与任何部门的任何教职员工进行对话交谈,皆可免费到食堂与学生一起就餐、体验食堂管理和日常餐饮,皆可参与学校的任何集体活动并留下意见和建议。

在 2010 年至 2015 年的五年间,学校共接待社会各界嘉宾 4 300 多人次,收集意见建议 720 多条;先后接待上海建平中学、青岛二中、温州外国语学校等几十所兄弟学校的考察团;接待《中国德育》杂志社、中央电视台、大河报、河南商报等多家媒体;多次召开特约嘉宾座谈会,聘请 12 位学校发展顾问,直接参与学生管理与教育教学;家长嘉宾直接参与期中监考等。

该项目同时直接促动了面向家长、面向社区、面向第三方评价机构的一体式开放管理机制的建立与完善。第一,开放家长参与管理机制由四部分构成:(1)家长委员会机制。成立班级、年级、学校三级家长委员会,教育教学重大事项听取家长委员会意见;(2)家长学校机制。为家长提供家庭教育培训,提升家长教育素质;(3)评价教师机制。家长参与教师职业道德和教育教学等情况的评价,结果纳入教师业务考核;(4)家长管理机制。家长可随时进班听课,可随时向学校领导反映教师工作情况,可通过微信、校信通等形式对学校工作发表意见。第二,开放社区管理机制主要目的是增进社区对学校的了解与支持,充分利用社区资源促进学校发展,如邀请社区共同筹划、实施德育活动;邀请劳动、法律、公安等领域专业人士到学校开展专门知识讲座与指导,担任校外辅导员、法制副校长;聘请社区专业的物业管理公司指导、管理学生宿舍等。第三,开放第三方评价机制主要是引入第三方评价机构对学校教育教学质量进行综合或专项评判,并提出改进意见。一体式开放管理机制真正实现了借智兴校,借力兴校。

其次,在实施"开放管理"的同时,郑州二中通过国际部等形式深化"开放交流"。学校国际部目前已开展同美国、加拿大、澳大利亚、新西兰和韩国等多个国家的高中合作交流项目,譬如同享有盛誉的加州汇点高中协作引进美国原版教材,共同进行课程开发与教学研究,开展"2+1""3+0"模式的中美国际课程项目;同托马斯·杰弗逊科技高中缔结为姊妹学校,与加拿大、德国等多所知名学校结为友好学校;组团出访国外著名中学交流学习;组织开展美国节和英语学习等精彩实践活动等。

最后,"开放服务"是郑州二中以开放促创新的实践策略,也是现代学校服务社会的具体体现。一是设施开放。学校将各类文化体育设施,包括图书馆、室内体育馆、足球场、篮球场、乐团训练场所、演播厅、报告厅等在不影响学校正常工作的情况下向社区居民开放;二是师资开放。学校抽调在德育、计算机、体育、艺术等方面有经验的教师担任社区教育工作辅导员,为社区居民举办家庭教育报告会、讲座,到社区开展家庭教育指导,并面向社区开展艺术教育、普法教育、健康教育等文化活动。

3. 技术:促进教育形态变革

"信息化时代的创新选择",这是郑州二中网站主页的标语,技术成为郑州二中教育创新的加速器。人工智能与大数据分析处理等技术对于学校教育、课堂生态和学生学习的渗透与影响,使学校自然选择现代信息网络技术等为创新的翅翼,依托信息化助力教育教学的革新式发展,提升学生的信息素养。

郑州二中通过加大对"数字化校园"基础设施的升级改造的投入,在无线网络全覆盖的基础上,构建功能完善的校园网系统,通过网络创设了一个全新的育人环境。虚拟学校为师生们提供了数字化的管理平台、办公平台和学习平台,各个教学室配备功能完善的数字化教学设施,建设了未来教室、智慧广场等数字化教学环境;在创新班每人一台平板电脑,教师每人配备一台高性能的办公电脑。

在软件建设方面,学校开发了一系列实用的教学管理软件,构建了教学资源库、学校网站、学科网站和教学平台等。其中比较有特色的有:郑州二中微信平台、学生学习支持服务系统"自主课堂"、OA 管理系统、安全管理平台、学生微课自主录播系统、教育质量综合评价系统、学生选课系统、问卷系统等,形成了具有学校特色的数字化教学模式"移动自主学堂"和评价模式"教育质量综合评价系统"。尤其是学校信息化创新实验班及移动自主学堂已经成为全国信息化教学示范项目,郑州二中也已成为全国信息化教学示范学校。

在郑州二中,技术本身就是生产力,课程改革和教学方法创新离不开新技术的支撑,无论是创意梦工厂、影像艺术、微课和微视频等课程呈现形式,还是微信打印机、未来教室、虚拟现实工作站等创新实践项目,都需要新技术的保障,可以说新技术打开了学校教育教学变革的巨大空间,使教育教学创新从可能走向现实。充分拥抱、利用新技术,将数字化、网络化、智能化、多媒体化融入学校教育教学实践,使得郑州二中的创新教育硕果累累。

2014 年,郑州二中的教学成果《构建数字化学习环境下的移动自主学堂》荣获国家基础教育教学成果二等奖。

二、 实施教育创新的三大领域

郑州二中将课程、教学和评价三个领域的创新实践作为推动学校教育教学创新实践的主干,这的确抓住了高中学校创新发展的牛鼻子。无论是课程创新、教学创新还是评价创新,其根本的理论与实践诉求都指向学生的个性差异,直面高中生多样、多元发展的需求,进而为学生的创新能力奠基。

1. 课程:创建校本化体系

课程创新是学校创新的关键,也是培养学生创新素养的主要路径。郑州二中建立校本化学生发展素养体系,从而实现了一方面将学生素养校本化,另一方面沟通了学校培养全面而有个性的创新人才的目标同课程类型之间的关系。

郑州二中开发和实施校本课程以人生发展、个体成长为主线,以"培养全面而有个性的创新人才"为课程目标,围绕"健康、博爱、有为"三个子目标规划设计三个系列的校本课程:以培养"健康"素养为主题的"奠基健康人生"系列课程,包括"学会学习"和"健康生活"两个模块;以培养"博爱"素养为主题的"升华博爱人生"系列,包括"人文底蕴"和"科学精神"两个模块;以培养"有为"素养为主题的"进取有为人生"系列,包括"责任担当"和"实践创新"两个模块。按照上述框架结构和课程目标,规划学校、学科、教师三级课程体系。

(1)学校规划课程。奠基健康人生系列课程:开启勤文化之门(入学教育),职业生涯规划(生涯教育);升华博爱人生系列课程:天地之中(乡土教育);进取有为人生系列课程:创客教育序列,游学旅行序列。根据学校需求以及课程实施情况,每年购买、引进1—2门精品课程,包括实施课程的师资资源。

(2)学科规划课程。语文、数学、英语、物理、化学、生物、政治、历史、地理、体育、音乐、美术、信息技术,每个学科开发1—3门课程,纳入考核评价。

(3)教师开发课程。每个任课教师开发1门课程,纳入考核评价。

(4)课程分类。在健康、博爱、有为三个维度目标性分类的基础上,再进行二级分类:学科拓展类、跨界综合类、生活实践类、职业规划类、大学先修类。

生涯教育和创客教育是学校的品牌和特色课程,学校创建了创客教育的课程体系、实施办法和评价方式,形成了项目式学习、社团式体验的课程特色。

2017年,郑州二中荣获全国综合实践活动课程实验先进单位。

2. 教学:采用信息化方法

郑州二中以创新实验班为抓手,推动课堂教学的创新,确定了现实课堂与虚拟课堂相结合、纸介质与多媒体并用的数字化学习方法、学习环境和教学模式,探索建立了移动自主学堂教学模型。

移动自主学堂教学模型提出了移动自主学堂的理论基础、技术支撑等基础层级的内容,并设计规范了课堂形态、学习方式等中间层次的内容,同时明确了培养创新人才和实现终身发展的目标层次内容,为创新人才培养的目标达成确立了路径与方法。其中,教师教学过程的阶段主要包括:①教师利用数字化的共享资源,创设探究学习情境;②学生根据数字化资源所展示的学习情境,依据课本进行先学活动或探索性的操作实践,从中发现事物的特征、关系和规律;③学生在教师指导下借助信息表达工具形成学习成果,并借助展示工具在班级展示;④在合作交流、教师点拨的基础上,学生借助信息加工工具进行意义建构;⑤借助测评工具,进行学习评价,及时发现问题,获取反馈信息。同时,为增加移动自主学堂教学模型的可操作性,学校总结形成自主教学的四种课型,从而构建成包括基础先学课、展示反馈课、点拨思辨课、练习评价课四种课型渐进的自主学堂教学。

除四课型渐进式自主学堂教学模式,学校鼓励教师自主创新,各种综合或专题性质的教学模式创新纷呈,语文教师杨杰的互动式作文教学模式、数学教师闫广建的基于问题学习的教学模式、实验教师陈楠的基于探究发现的教学模式等多样化的教学模式不断涌现、发展和定型,它们是真正基于教师个体经验、学科属性的创新模式。凸显课堂教学实效,聚焦学生创新素养,是学校教师们提出的所有不同形式的教学模式的共同特征。

3. 评价:体现育人化导向

评价即育人,这是郑州二中对评价作的一个很有特色的蕴涵丰富的定义或判断。以教育部、省教育厅、市教育局关于中小学生综合素质评价的有关文件为指导,结合学校实际制定了校本化的教育质量综合评价改革实施方案。基本原则是:其一,整体全面。评价方案涵盖学生评价、班级评价、教师评价等方面的评价内容。其二,重点突出。学生评价突出学业评价、综合素质评价、特长评价等。班级评价突出班级建设和学习小组建设。教师评价应促进教师质量观、评价观的转变。其三,易于操作。评价方案是一个操作方案,简单易行,便于操作实施。

针对存在的突出问题和薄弱环节,学校建立健全了包括学生评价、班级评价、教师评价等内容为主体的以校为本的评价体系(参见表1-1),发挥评价的导向功能,促进学生健康成长、教师专业发展、学校内涵提升。

表1-1　郑州二中校本评价体系

评价维度	评价内容	评价方式
学生评价	学业水平评价。主要内容:学期考试成绩、学业水平考试成绩、选修课成绩、研究性学习成绩等。	总体采用数据结果评价方式,数据由教师发展中心提供并录入。其中考试成绩按总成绩和学科成绩进行等次评定,包括A+、A、B+、B、C+、C、D+、D八个等次。选修课成绩按学分评定。研究性学习由学生本人申报,包括项目设计、课题的名称、内容概要、取得的成果、指导教师等,并附项目设计或课题原文及支撑成果的文字、图片材料。研究性学习成绩由相关学科导师认定,教师发展中心组织评审小组进行评定,分为A、B、C、D及"无"五个等次。

续　表

评价维度	评价内容	评价方式
	综合素质评价。主要内容：品德与修养、社会实践、体育与艺术、志愿服务。	以学期为单位进行评价，根据平时表现和成长记录，有学生自我评价、班主任评价和数据结果评价三种方式。学生自评和班主任评价要有概括性、描述性语言和过程性、结果性数据，最后评定为A、B、C、D四个等次。
	优势与特长评价。主要内容：优势学科、特长专业。	优势学科由数据确定，标准为学业成绩A级以上。学生填写自我评价，班主任确认。特长专业由学生描述，提供过程性和水平性数据，按照专业A、B、C、D等次进行自我评定，班主任审核确认，教师发展中心对于评定为A级的学生要进行复审，复审确定后将特长学生名单录入特长学生人才库，创设多种平台促进学生特长发展。
班级评价	班级建设评价。主要内容：规划评价、过程性评价、形成性评价。规划性评价包括制定并实施优秀班集体建设三年规划、年度计划、学期计划等；过程性评价包括班风建设、学风建设、学生自我教育、自主管理等；形成性评价包括学业成绩、德育效果等。	规划评价由学生发展中心负责评价，包括规划、计划的制定和实施两部分，规划制定主要从班级建设理念、科学性、针对性、可操作性上进行评价，规划实施主要从是否有效实施上评价。过程性评价由班主任自评和学生发展中心评价两部分组成，包括陈述性总结和A、B、C、D四个等次。形成性评价中，学生学业成绩由教师发展中心评价，包括陈述性总结和格次两方面，德育效果由学生发展中心根据班级自评、学生发展中心常规管理考核数据、班级德育成果数据等进行综合评价，分为优秀班集体、先进班集体、合格班集体、成长班级四个等次。
	学习小组建设评价。主要内容：学习小组建设方案、学习小组组织情况、学习小组工作开展情况、学习小组工作效果等。	学习小组建设方案、学习小组组织情况由教师发展中心进行审核和评价，学习小组工作开展情况和学习小组工作效果由相关任课教师进行评价，包括陈述性评价和A、B、C、D等次两部分，在此基础上教师发展中心进行总体性评价。
教师评价	教育质量观评价。主要内容：书面阐述教师本人的教育质量观，学生问卷评价教师的教育质量观。	(1)任课教师于学期初提交本人撰写的《我的教育质量观》文稿，由教师发展中心进行评价，重点评价是否有新型的、全面的教育质量观，是否能够从思想上、教学行为上摒弃单纯追求分数的狭隘的教学质量观。评定结果由评述性语言和A、B、C、D等次两部分组成。(2)通过学生问卷评价教师的教育质量观。将两项评价结果综合后评定一个综合评价等次。
	教学行为评价。主要内容：教书育人、热爱学生、爱岗敬业、转变教学方式、教学能力等。	设计问卷，每学期进行一次全体学生评教调查问卷，以100分为满分，90分及以上为优秀，80—89分为良好，60—79分为一般，60分以下为不合格。

续　表

评价维度	评价内容	评价方式
	教学过程评价。主要内容：常规管理考核数据，教学视导检查数据，学生、家长、社会反馈数据。	常规管理考核由教师发展中心负责实施，落实于日常教学管理的检查考核之中；教学视导检查由学校质检组负责实施，将检查结果应用于对教师教学过程评价；学生、家长、社会反馈数据属于偶发性、非常规性数据，如果产生这些数据将运用于教学过程评价。综合评价后以 A、B、C、D 等次呈现。
	教学效果评价。主要内容：学生学业成绩、学生评教结果。	学生学业成绩由教师发展中心进行评价，主要依据考试成绩进行增值评价。学生评教结果反映了学生对教师教学行为的评价，是教师教学质量的最直观反映，因此将学生评价结果作为教学效果的一部分。综合评价后以 A、B、C、D 等次呈现。
	专业发展评价。主要内容：个人发展规划、规划实施效果。	全体任课教师均应撰写个人专业发展三年规划，在教研组长审核后上交教师发展中心，由教师发展中心负责评价；评价主要从规划的科学性、针对性、可操作性几方面进行考量。规划实施效果要从过程性和形成性两方面评价。综合评价后以 A、B、C、D 等次呈现。

在评价指标构建基础上，郑州二中同时建立评价的技术平台，并细化和规范评价的操作方法。其一，建立教育质量综合评价信息化平台。根据评价内容和方式，自主研发评价软件，利用郑州二中微信平台，实现全体师生实名注册、随时进入评价系统进行录入、评价、查询，学校在平台上进行通告、公示。其二，以学期为单位，每学期评价一次。综合两学期评价为学年评价。其三，不同模块聚焦不同内容。学生评价模块的重点、难点以及创新点都在学生叙写的成长记录上。班级评价模块的重点、难点及创新点是班级叙写班级成长记录。教师评价模块要教师本人按学期叙写自我评价报告。其四，在教育教学质量综合评价平台上设立 4 个端口：学生端、班级端、教师端和家长端，分别供学生、教师和家长等不同主体的进入。其五，建立教育质量综合评价视导机制，成立由校长任组长、专职副校长任常务副组长、学科专家为成员的教育质量视导组，由学校质检组兼任，负责教育质量的日常视导工作。

三、 开展教育创新的特色项目

培养人的全面和谐发展是学校责无旁贷的责任。必须始终坚持"德智体美劳全面发展"的教育方针,要在实践中把人的全面、自由、和谐发展作为学校教育的根本目标和价值追求。尽管目前社会还存在着"主智主义"与"应试主义"现象,但郑州二中作为历史名校和当今的示范学校,不能限制学生的自发性、好奇心与创造力的发展,不能压抑了学生学习的兴趣,不能贬抑了学生的人格、自尊与价值,必须注重德育、智育、体育、美育以及劳动教育等全方面发展,必须克服教育的功利化,不能忽视思维和创新实践能力培养等。

为此,学校认识到,必须进一步加强科技教育、艺术教育和体育工作,促进学生创新发展。由此,学校建立了不同的发展平台,开发形成多种具有校本特色的创新教育课程,校园足球、管乐团、TED 大会等平台,还有诸如爱心社、摄影社、汉语社、动漫社等学生社团,创客教育和微电影节正是学校两个特色的创新教育实践。

1. 科技:引入创客教育

创客教育是郑州二中在科技革新突进和"双创"时代的课程举措,基于项目式学习的"以学带用、以用促学"主要在高一、高二年级开展,是对创新人才培养目标的正面回应。

首先,开发创客教育课程。学校制定《郑州二中创客教育课程建设方案》,方案由指导思想、课程目标、课程要素与课型结构、课程设置、课程开发、课程实施、学习评价七部分组成,先后开发了"PBL 通识基础""创意梦工厂:3D 打印与激光雕刻""多旋翼无人机""Arduino 设计与发现""趣味电子 DIY""FIRST 机器人""NAO 机器人""微电影创作""乐高 EV3 机器人初级课程""三维设计电脑制作活动课程""Scratch 编程入门"等枳木化创客教育课程。

其次,成立创客俱乐部。学校创客俱乐部成立于 2016 年 9 月,主要社团课程有:无人机、3D 打印与激光雕刻、FIRST 机器人(FLL、FTC、FRC)、创意手工等。计划增加的社团课程有:小提琴制作、数字化科学探究、法庭科学、国际生态学校项目(Eco-School)、基于平板电脑的编程课程(Scratch Swift)。创客俱乐部设有学生领导管理系统。俱乐部以社团形式开展创客活动,至少保证每周一次活动。

再次,建立创客社团科技社。2014 年 9 月,学生发展中心整合了学校原有的化学社、物理社、机器人社、航空技术社和电脑社,形成郑州二中最大的社团联盟:科技社。科技社尝试探索出以信息技术和传统实验相融合的科技类社团的发展道路,为热爱科技活动的学生提供一个自我展示、锻炼成长的平台。近年来,郑州二中科技社深入开展创客教育,通过每周五下午的社团活动,组织学生积极参加青少年科技创新大赛、全国中小学电脑制作、机器人竞赛和中学生技术设计与创新成果评选等活动,培养学生的创新精神和实践能力,使学生得到了全面的发展。

最后,建设创客空间。学校整合了生物组织培养实验室、环境监测实验室、电子显微镜实验室、数学建模实验室、数字星空实验室、机器人实验室、3D打印创新实验室和未来教室等类型多样、特点不同的个性化实验室,并且整合通用技术实验室、计算机教室等空间,建立统筹规划下的创客空间——苹果树下。这样不仅能确保创客教育的顺利实施,而且有利于研究性、拓展性课题的开展,更重要的是有助于学生创新能力的提升。学校通过全面规划和资源整合,最大限度地发挥硬件建设在创客教育中的作用,使创客教育更切合教学改革的潮流,适应素质教育和创新教育的需求。

2017年,郑州二中荣获河南省科技活动特色学校。2017年3月8日,郑婉茹同学撰写的有关在学校开展创客教育的微议案在全国人大分组会议上宣读,照片登载在《东方今报》头版。

2. 艺术: 创立微电影节

微电影节深受郑州二中学生喜欢,已成为河南省最具影响力的学生电影节。每年一次的微电影节,为学生提供了一个展示青春记忆和生活片段、充分发挥学生潜能的创意平台,通过微电影节把信息技术与微电影结合,实现了孩子们拍电影的梦想,在电影创作的过程中,学生的合作能力、创新能力和自我管理得到了快速提升。

在中国教育电视协会和中央电教馆举办的2017年国际青少年微电影大赛上,郑州二中荣获一等奖1项,二等奖4项。2017年6月23日晚上,郑州二中第三届微电影节颁奖典礼成功举办,作品《政通路97号》日均点击量破万,累积点击量突破10万。

微电影节分为筹备、发动、文学剧本提交、审核、修改、剧组构建、制作、后期制作、审核及修改、展示与评审等阶段,采取高中部师生、学生家长每人一票的方式,通过郑州二中教育联盟微信平台投票,评出最佳故事片奖、最佳纪录片奖、最佳导演奖、最佳编剧奖、最佳男演员奖、最佳女演员奖、最佳摄影奖、最佳剪辑奖、最佳音效奖、最佳美工奖、最佳吉祥物奖、最佳创意奖、最佳组织奖等奖项。微电影节的开展,提升了中学生的创造力、想象力和团队协作意识,提高了学生适应社会、独立生活的能力。

第一,带动培育组建多个特色社团。因微电影活动的开展,学生成立了新雨文学社、摄影社、影像艺术社、音乐社、美术设计社等社团。

第二,辐射开发系列校本课程。微电影作为一门融文学、艺术、现代技术和社会实践于一体的综合性素质教育课程,在活动开展时涉及剧本编写、摄像、录音、剪辑、音乐、舞美等方面的知识,学校就此开发了与之相关的海报制作、影视摄影、课本剧表演、电影制作、配音配乐等相关课程,对校本课程而言是一种很好的扩充。

第三,锻炼培养学生沟通、领导和协作等综合能力。通过参加微电影的创作、宣传、发布和全球展播等流程,学生能力得到锻炼;通过模拟院线影片的运作模式,经历出品宣传、展映节目、主持、演出形式、观众组织、展映现场的采编等程序,学生能力得到全面提升。学生导演需要起到组织和引领作用,团队成员分工责任明确,协作精神得到贯彻。在扩大见识、增加知识和提升艺术感受力的过程中,微电影节带动的学生成长是全方位和深层次的。

3. 体育:开展校园足球运动

足球项目在郑州二中具有悠久的传统,足球运动氛围浓厚,一直保持着优异的比赛成绩,2013年11月,学校荣获"全国开展校园足球工作优秀学校",2015年荣获首批全国青少年校园足球特色学校。学校以开展足球运动作为培养创新人才和促进学生全面发展的重要抓手。

第一,学校成立足球队。每一学年校足球队组建完毕后,都会完善相关训练、管理制度,告知队员,并严格执行。日常训练中,教练制订详细的训练计划,确保每次训练都有所成效,学校不定期以问卷等形式向师生了解训练情况。无论是小雨淅沥,还是寒暑假、节假日,校足球队的训练从来没有间断过,坚持不懈、日复一日的训练不但让队员们技能熟练、配合默契,而且很好地培养了他们的耐力和毅力。

第二,坚持班级足球联赛活动。班级足球联赛活动已经连续坚持了35年。每年的足球班级联赛都会在校园内掀起一场踢足球、看足球的热潮,比赛现场热烈的气氛会感染更多的孩子喜欢足球、参与足球,另外,通过班级足球联赛还可以发现一些好苗子,充实校队力量。

第三,训练、学习、品德同时抓。很多家长不让孩子踢球,主要原因是对孩子的学习成绩有顾虑,怕因为训练耽误了孩子学习。为此,每一位校队队员(包括足球、篮球、跆拳道、田径等)每一个星期都要上交给教练一份由班主任和任课老师填写的《学习评价表》,上面包括队员学习上的各种表现,包括课堂纪律、作业完成情况、上课发言情况、参加测试情况等。足球是一项集体项目,它还有助于培养学生的个人技能、决策能力、行动能力、心理与体力等能力,更需要球员间的默契配合、密切合作、协同作战。学校开展校园足球,十分注重培养队员的优秀的精神品质,强调团队意识和集体精神。如果队员在某一或某些方面做得不好,将面对相应的惩戒,直至被清退出球队。

第四,加强培训,提升教练水平。学校开展足球运动,力求从专业角度实施。学校非常重视足球队教练的培养和培训。不仅支持教练参加国内的各种观摩、培训,也从各个方面支持他们走出国门,到足球运动发达国家、地区学习先进训练经验,开阔训练视野。2012年,陈斌教练到德国拜仁慕尼黑俱乐部学习;2013年,孟帅教练到英国伦敦、利物浦、曼彻斯特等足球发达城市交流、学习。学校还邀请中国足球名宿迟尚斌等到校指导校园足球工作。这种专业指导,为足球运动的发展起到了真正的积极效果。

郑州二中在推动校园足球的同时,也强力推动其他运动项目的发展,努力让每个具有不同运动天赋、兴趣、爱好的孩子都能得到训练与发展的机会,力求更多的孩子在成长中获得快乐与发展。

2017年,郑州二中荣获全国学校体育工作示范校称号,初中和高中足球实验班开始面向河南省招生。在由中国足协举办的"2017年中国足球学校杯"男子U15组比赛中,郑州二中荣获冠军。

四、 实践教育创新的反思总结

悠久的办学历史,厚重的校园文化,是郑州二中宝贵的精神财富;良好的校风学风,较高的教学质量,使郑州二中成为郑州市知名学校。20世纪90年代中期是学校最辉煌的时期,是名副其实、人人向往的一流名校。但是,随着时间的推移,国家政策调整,兄弟学校崛起,郑州二中的影响力和光环逐渐减退。如何才能让学校走出困境,得到长足的发展? 如何才能担当起传统名校的荣誉? 这些都是学校探索教育创新发展的动因所在。总结近十年来郑州二中探索教育创新发展之路,可以获得以下结论。

1. 解放思想，开放办学

面对发展的新形势，学校认识到学校发展停滞不前的深层次原因在于队伍思想观念和学校办学方式的封闭性。主要表现在：学校没有充分认识社会责任感和使命感，对培养什么人、怎么培养人的基本问题认识不清，忽视人的全面发展；同时，学校自身的教育资源不能满足日益发展的学校教育的强大需求，丰富的社会资源也没有很好地开发和利用；缺少对教育信息化的研究和运用，互联网和信息技术的迅猛发展没有成为促进学校教育现代化的有效途径和有力工具；更关键的是，学校内部结构和治理形式不能适应促进学生全面发展的价值追求的实际需要，缺少一套完整的基于人的全面发展育人观的教育结构和治理体系。正是由于这种封闭性，造成了学校领导和教师改革愿望不强、不求进取的心态，造成了缺少社会监督、社会关注，从而缺少社会支持的局面。

培养人的全面和谐发展的教育哲学与目前的"主智主义""应试主义"盛行之间的矛盾冲突呼唤着开放办学理念的回归；我国基础教育的发展方向和发展趋势昭示着开放办学是基础教育阶段学校办学理念和办学方式的必然选择；学校自身发展需求证明了开放办学是解决学校办学活力和发展动力不足、发展缓慢问题的有效途径。

正是对这些问题的认识与把握，使郑州二中认识到解放思想和开放办学的意义和价值。为此，学校顺应现代教育变革与学校制度建设的要求，首先在思想上寻找突破，以开放的理念促进学校的教育教学创新和变革，打破学校孤立无援和固步自封的困窘，自己把活水引进来。事实上，这在一定程度上也是当今高中教育改革与发展的基本要求。

要打破平衡，要给学校注入活水，要把学校置身于社会的监督之下，让学校在阳光下健康成长，就要创新办学思路、办学形式，持续开展开放办学活动。郑州二中为此提出具有价值意义的"四个通过"。

一是通过社会各界的考察评价，整合出社会眼中的郑州二中"优质之处"，以社会需要的优质教育推进学区制建设，办人民需要的教育。

二是通过社会各界民主评议，促进学校教育、教学、环境、安全、餐饮、文化、校务、管理等各条块工作日臻完善，整合社会进步的尺度推进学区制建设，办人民满意的教育。

三是通过社会各界走进课堂,整合社会的道德判断来构建郑州二中特色的道德课堂,以促进教育教学改革,带动郑州二中学区整体建设。

四是通过社会各界走进校园,架起社会与学校经常化沟通交流的桥梁,以期真正达到和谐育人、民主治校、和谐共建、合作共赢、示范引领,带动整个学区的提升。

我们将开放办学定位为:通过开放、多元、弹性、自主的办学机制和模式,最大限度地促进学生的全面发展与个性发展。

2. 立德树人,德育引领

在实施教育创新发展的过程中,郑州二中始终坚持立德树人的办学方向,将培育和践行社会主义核心价值观作为学校一切工作的重中之重。

学校注重把学生全面而有个性的发展作为德育工作的出发点和落脚点,把开展丰富多彩的学生自我教育活动和开发校本课程作为德育工作的主要路径,把搭建多种学生发展平台作为德育工作的实施策略,形成了学校独具特色的"自主—活动—课程—平台"的德育工作体系,取得了显著成效,促进了学校教育教学工作的全面提升。

郑州二中的学校德育创新工作至目前大体经历了三个阶段。

第一阶段(2010 年 10 月—2012 年 6 月):建立以自主发展为核心的德育三级管理体系阶段。该阶段,郑州二中确立了"自主发展、快乐成长"的办学理念,明确将德育工作的主体地位确立为学生,学生既是德育工作的受教育者,也是德育工作的教育者、参与者;学生全面发展、自主发展作为学校德育工作的出发点和落脚点,初步形成了郑州二中"学生发展中心宏观研究,年级团队自治管理,班级组织自我教育"的德育三级管理体系。

第二阶段(2012 年 9 月—2014 年 6 月):构建以自主发展为核心的德育活动体系和活动平台。学校开发实施了主题教育月活动体系、4S 课程体系、仪式教育、道德大讲堂教育、心理教育活动体系、志愿者活动、社会实践活动等,并创建了学生社团平台、TED 大会平台、微电影节平台、管乐团平台、校园足球平台、国际班平台等学生自主发展的活动平台。

第三阶段(2014 年 9 月—2017 年 12 月):确立"健康、博爱、有为"的校本化育人目标及校本课程体系,使德育体系逐步趋于成熟。学校将所有德育活动纳入课程化管理,相继开发了入校教育、军训教育、仪式教育、生涯教育、社会实践、研学旅行和创客教育等校本德育课程,确保了德育工作的有效开展以及德育目标的有效实现。

郑州二中制定并实施了教育质量综合评价实施方案,其中包含学生综合素质评价、班级评价、教师评价在内的德育评价。主要特点是运用信息化方式,坚持参与与互动、自评与他评相结合,实现评价主体的多元化,坚持终结性评价与形成性评价相结合,注重德育过程的评价。该方案的创新点是:突出评价育人理念,在过程性评价中学生自我教育、自我管理、自主发展的意识和能力得到充分体现。学校自主开发评价系统,建立数字化德育档案袋,评价者和被评价者坚持叙写过程性记录,事件描述与数据统计相结合、定量与定性相结合,确保德育评价育人功能的实现。

正是对学校德育的重视和有效实施,促进了学校在创新发展上的全面开展,也使学校管理、教育教学和组织活动等全方位的工作均凸显了立德树人的根本任务。

3. 成人成事,继续探索

郑州二中开放创新的勇气与办学思路使得学校在课程、教学和评价等方面不断完善,教师与学生的创新能力得到增强。郑州二中学生参与全国中学生创新大赛活动取得不俗的成绩,在第 15 届全国中小学信息技术创新与实践活动决赛中获得 2 个一等奖的好成绩;在第十八届全国中小学电脑制作活动中,郑州二中学子荣获 1 个全国二等奖、2 个全国三等奖,7 个省一等奖、4 个省二等奖。教师在信息化教学中不仅提高了课堂教学效率,提了教学成绩,也提升了自己的专业技能,教改意识增强,信息素养提高,信息技术与教学融合的创新能力都得到了提升,学校教师在全国校本课程设计、全国教育信息化教学等大型比赛中获得佳绩。学校连续两年荣获郑州市教育创新先进单位。

开放创新结出硕果的同时,学校在办学中也面临不少值得我们注意的挑战,越是强调创新的时代,越是需要对文化传统、学生的成人成事等看起来不那么新颖的内容加以坚守。一方面,课程的丰富,尤其是国际班引进外国教材,增加了学校课程管理的难度,学校需要确保国际课程的中国化、本土化和校本化,确保国际化的课程能够满足国家和民族的法律法规要求;同时,也需要使学校多样化的课程实践更加结构化和系统化,从而增加课程的育人合力。

另一方面,学校课程越在创新方面走向深入,就越需要落脚到学生的素养和能力的提升上,尤其要关注从技术等外部形式的创新向学生的创新能力转变的艰难性。研究表明,科技时代学生的注意力、控制力和伦理性品质才是真正的稀缺资源,学校通过新的科学技术创新学校实践、培养创新人才不能陷入纷繁复杂的创新外相,而必须关注到学生的成人成事的能力培养上来,让教育真正地立起来。

参考文献

［１］龙思达.新时代普通高中育人方式的价值取向与实践路径[J].科教文汇(上旬刊),2021(03)：154－155.

［２］林玮.普通高中育人方式改革的方向、路径与生成逻辑[J].教学与管理,2020(01)：5－8.

［３］杨银付.新时代普通高中育人方式改革如何推进[J].人民教育,2019,(Z2)：1.

［４］李建民,陈如平.新时代普通高中教育转型发展关键在育人模式变革[J].中国教育学刊,2019(9)：32－37.

第二章

开放，推进学校现代化发展

学校,应该是一个什么样的地方?

是学习、成长、创造、青春绽放的地方,还是知识的殿堂、大师的讲堂、智慧碰撞的课堂?是随处可读的图书馆、谈古论今的博物馆、写满创意的艺术馆、中外友好交往的会客厅、同行切磋的竞技厅、思想碰撞的报告厅、优异成果的发布厅,还是强健体魄的运动场、演绎人生的小剧场、科技探索的实践场?……

对郑州二中而言,这些说法都对。因为,郑州二中是一个开放的地方。这意味着,只要有助于学生的健康成长,在坚守育人目标和优秀文化传统的情况下,思想观念、环境设施、管理制度、课程开发、评价体系都是开放的,没有藩篱,没有界限,没有禁锢,没有"围墙"。学校社会,课内课外,线上线下,国内国外,学习随处发生,育人没有盲区。

陶行知先生在1933年出版的著作《古庙敲钟录》中批判当时的传统学校是"鲍鱼罐头公司","学生好比是一个一个罐头,先生好比是装罐工人。伪知识便是装在罐头里的臭鱼,没有煮熟,没有消毒,令人看了好看,吃了呕心泻肚送老命"。他提出"社会即学校",认为学校、社会均包含有彼此的意蕴,"教育的材料,教育的方法,教育的工具,教育的环境,都可以大大增加,学生、先生也可以更多起来。因为在这样办法下,不论校内校外的人,都可以做师生的"。他认为,丰富学校的内涵,打通学校与社会的联结,校内与校外相沟通,既可以学到文化知识,又可以学到社会技能,知识与技能的互用,可以更好地服务、改造社会。

如果把封闭守旧的学校称之为"传统"学校,那么现代化的学校就应该是开放和创新的。"传统"与"现代"的主要差别在于能否给予学生人格、精神上的影响,能否赋予学生更广博的格局和视野,能否转变学生的思维方式,能否给予学生丰富的生活阅历和深刻的生命体验,能否顺应时代的潮流。

第一节　开放,教育现代化发展的必然抉择

一、 开放推动着中国教育现代化进程

坚定中国教育现代化的方向目标

在全国教育大会上,习近平总书记明确指出,"我国是中国共产党领导的社会主义

国家,这就决定了我们的教育要把培养社会主义建设者和接班人作为根本任务。培养一代又一代德智体美劳全面发展的社会主义建设者和接班人,是教育工作的根本任务,也是教育现代化的方向目标"。这一重要论述是中国特色社会主义教育理论的最新重大发展,是坚持立德树人的重要认识论和方法论,为新时代加快推进教育现代化提供了根本遵循,提出了明确的方向目标。

中国教育现代化开启新征程

要推进教育现代化,开放是关键。改革开放以来,我国教育现代化走过了以下几个历程:

1983 年,邓小平为北京景山学校题词,"教育要面向现代化,面向世界,面向未来",反映了中国人民对教育发展的憧憬和决心,为中国教育的改革发展确立了思想基础和战略方向。

1993 年,《中国教育改革和发展纲要》首次明确提出实现教育现代化的时间目标,指出:"再经过几十年的努力,建立起比较成熟和完善的社会主义教育体系,实现教育的现代化。"

2010 年,《国家中长期教育改革和发展规划纲要(2010—2020 年)》明确提出:"到2020 年,基本实现教育现代化,基本形成学习型社会,进入人力资源强国行列。"

2019 年 2 月,中共中央、国务院印发的《中国教育现代化 2035》中明确提出:"推动教育向社会开放、向产业开放,推进产教融合、科教融合、军民融合,推动学校教育、社会教育、家庭教育有机结合,实现教育与经济社会深度融合,协同发展。"这是我国第一个以教育现代化为主题的中长期战略规划,开启了教育现代化的新征程。

二、 开放与学校命运休戚相关

梳理郑州二中的发展历史可以发现,开放是学校发展的一条重要脉络。

(一）建校之初,社会动荡,学校不得不开放

从战争时期建校到郑州解放期间,郑州二中的发展有着明显的被动开放特点。没

有校园,师生就在寺庙、祠堂、民居,甚至是在田间地头上课。五次迁校让全校师生的学习生活与国家命运紧紧联系在一起,与各种各样的社会生活联系在一起。学校把《义勇军进行曲》作为校歌,正是这唤醒民心的校歌,鼓舞一批批热血青年奔赴抗日前线;正是这鼓舞人心的校歌,使"战二中"的学生夺取了"反饥饿、反迫害"的一个个胜利。在抗战时期,郑州二中的毕业生多数都投笔从戎,加入到抗击日寇的洪流中。1948年10月郑州解放,高中部甚至初三学生大部分应召参加了人民解放军。作为郑州历史上的第一所中学,郑州二中不仅具备学习报国的精神基因,还具有独特的开放基因。

（二）恢复高考，政策稳定，学校常态化开放

改革开放以来,郑州二中的开放基因得到了很好的传承和发扬,学校建设快速发展。学校紧紧围绕国家教育方针,大力进行共产主义、爱国主义、国际主义教育;把教育与劳动相结合,走出去,请进来,学工、学农、学军,提倡艰苦奋斗精神,积极开展社会实践;积极推进教学改革,实施素质教育,倡导启发式教学。这一时期,学校省市文理科状元频出,教育教学质量在省市有口皆碑,成为郑州基础教育的一面旗帜、对外开放的一个窗口,享有极高的社会美誉。

（三）政策调整，情况有变，学校相对封闭

世纪之交,教育政策进行了一系列调整,生源陡变,学校进入了转型期。为扭转不利因素,学校一度自我封闭,欲破除一切"干扰",仅专注于升学,与外界逐渐脱离。这造成学校逐渐缺乏发展活力,缺乏应有的社会关注和支持,美誉度和吸引力受到了较大的影响,导致在2005年未能如愿获评首批河南省示范性高中,虽然后来学校通过了第二批省示范性高中评估,但也因此错失了很多发展机遇。

三、 开放是学校现代化发展的必然选择

学校八十年发展历史表明,躲在象牙塔里办学不行,把自己孤立于社会之外更不行。学校的发展离不开与外部世界互联互通,关起门来只能导致落伍,无法让社会和

人民满意。

当今世界是开放的世界,当今时代是开放的时代,新技术、新理念、新思想层出不穷。只有顺应时代潮流,融入其中,积极合作,主动对标,充分整合各种资源、学习先进教育思想和运用最新教育成果,才能发展壮大自己。坚持开放,既符合当今时代特征和教育发展规律,也是引领学校现代化发展的必然选择。

第二节 开放,成为学校现代化发展的办学主张

一、开放办学的内涵

开放办学是相对于传统的封闭办学模式而提出的一种办学理念,是以开放的思维、开放的行动来谋划和开展学校教育教学工作,使教育系统内外诸多元素之间不断地进行相互作用、相互渗透、相互交流。通过开放办学,促进学校教育系统与环境、学校内部诸系统之间的交流、融合、创新,激发办学活力,以最大限度促进学生全面而有个性地发展。开放办学的内涵可以概括为以下几点。

(一)教育思想开放

校长的主要职责是思想引领,即用自己的办学思想赋予学校一个清晰的办学愿景,并引导学校成员为实现这个愿景而努力。校长的思想领导力水平直接关系着学校的办学方向和办学水平,因此,在改革开放的大背景下,作为校长要有与时俱进的教育格局和视野,有海纳百川的教育胸怀和担当,有高度的社会责任感和使命感,乐意了解、研究、接纳、尝试新事物,解决新问题。要以多元的思想,面对开放的世界,高瞻远瞩谋划和设计学校的发展方向和发展思路。要以批判性思维打破固有的思维模式,冲破思想的牢笼,研究教育领域出现的新问题,以创新性思维探讨解决教育问题的新途径。

（二）教育体系开放

把教育置于国家发展、世界发展的时代背景中认识其价值、功能和行动策略；积极吸收借鉴古今中外一切优秀的办学经验，建设适应时代发展需要和学生成长发展需要的动态化、生长型学校课程体系，构建能够有效促进学生高水平主动发展的课堂，为学生提供丰富的学习体验和多样化的发展选择；建立能够促进学生自主发展的教育质量评价体系和激发教师专业动力和发展潜力的教育教学工作机制；建立能够促进学校教育系统与外部世界互动交流、协同发展的办学模式。

（三）学校管理开放

学校管理开放的基本特征是从管理走向治理，目标是推进教育治理体系和治理能力的现代化，路径是完善学校内部治理结构。校长要通过由集权到分权、由人治到法治、由自治到共治等方式，调整优化内部治理结构，推动学校由管理走向治理。构建扁平化管理机构，充分授权，与家长共有、共享、共管学校，开展协同教育，这些是学校管理开放的常态化形态。具体如：制定学校办学政策全体师生员工共同参与，民主决策；岗位开放，自主选择，团队发展；职务安排，能力为重，绩效导向，能上能下；吸收家长和社会参与学校工作等。

（四）校园开放

打破校园与外部世界之间有形和无形的各种藩篱，建立学校与世界交流融通的桥梁。把以往主要局限于校园的学校教育延伸、拓展到社会，让师生走向更加广阔的世界，在认识真实世界的过程中提高学校教育教学的质量；把丰富多彩的世界引进到往往被学校围墙阻隔的校园，引进到以书本知识学习为主的课堂，引进到往往是被动的学校发展过程，为学校发展注入新的生机和活力。通过校园开放，增进学校与其他共治主体和利益相关者对学校的了解和理解，促进学校和外部的教育资源交流交换，争取社会对学校办学的支持，协力提高学校教育的有效性。

教育作为传承文明、促进人的社会化的系统性活动，应该成为一个至大兼容的开放系统。只有秉持海纳百川的开放态度，学校才能真正强大起来，才能拥有独特的个性价值和创造精神,才能实现自身的和谐发展与进步。

二、 开放办学的理论支撑

学校开放办学不是一种臆想出来的理念,而是有着充分的理论依据,主要包括系统论、协同教育理论、马克思人的全面自由发展学说、人本主义教育理论以及杜威、陶行知的教育思想。

(一) 系统论

系统论的开放性原理:系统具有不断地与外界环境进行物质、能量、信息交换的性质和功能,系统向环境开放是系统得以向上发展的前提,也是系统得以稳定存在的条件。现实的世界中,系统都是开放系统。系统总是处于与环境的交换,通过交换,潜在的可能性就有可能转换为现实性,转化为现实的东西。通过开放内因与外因发生相互作用,相互转化,引起系统发生质量互变。

(二) 协同教育理论

协同教育理论认为,家庭教育系统、学校教育系统和社会教育系统是相对独立的,但也会产生系统间的相互联系与作用。当某一教育系统的要素或信息进入另一教育系统,与该系统要素相互联系与作用,就会产生协同效应。协同教育是开放办学的一个重要思想和重要内容。

(三) 马克思人的全面发展理论

马克思认为,人的全面发展是与人的片面发展相对而言的,全面发展的人是精神和身体、个体性和社会性都得到普遍、充分而自由发展的人。开放办学的最终目的是促进学生自由而全面的发展,这个教育追求既和我国的教育方针"德智体美劳全面发展"保持一致,也和马克思主义人的自由全面发展的学说保持高度一致。

（四）人本主义教育理论

现代人本主义教育理论至今仍然闪耀着以人为本教育思想的光芒，人本主义强调爱、创造性、自我表现、自主性、责任心等心理品质和人格特征的培育，人本主义教学思想关注的不仅是教学中认知的发展，更关注教学中学生情感、兴趣、动机的发展规律，这些都是与开放办学理念中以学生全面自主发展为出发点和落脚点的思想是高度一致的。

（五）杜威的教育思想

杜威的教育思想无论是对当前推进实施的素质教育，还是对开放办学理论与实践的探索，都具有积极意义。教育即"生活"、"学校即社会"、儿童为中心、"从做中学"、鼓励探究与创新，这些都是当前教育改革中亟需倡导和实施的重要教育思想，对于培养具有创新精神和实践能力的社会主义事业的建设者和接班人意义重大，对于学生的终身发展意义重大。

（六）陶行知教育思想

陶行知的主要教育思想有：生活教育思想，包括"生活即教育""社会即学校""教学做合一"；创造教育思想，他指出："行动是老子，思想是儿子，创造是孙子"，换言之，"'行动'是中国教育的开始，'创造'是中国教育的完成"。陶行知生活教育理论和创造教育思想与我们正在进行的新课程改革的基本理念十分吻合，对于我们今天的新课程改革具有借鉴意义。新课程改革是开放办学在教育教学结构改革中的一个重要组成部分。

三、从形式开放走向内涵开放

郑州二中开放办学的实践历程可以划分为三个阶段：第一阶段为开放管理、开放德育阶段，主要内容是天天开放日活动和基于自主发展的德育活动，激发了学校活力；第二阶段为开放课堂、开放资源阶段，主要内容是构建移动自主学堂、引进高端和优秀人才、实现资源共享,转变了教师教学方式和学生学习方式,扩大了教育资源,提升了课堂质量;第三阶段为开放课程、开放时空环境阶段,主要内容为构建开放的校本课程体系、开展创客教育、构建数字化校园,促进学生自主发展、全面发展。

中央电视台4套《中国新闻》节目以《郑州实行开放办学家长零距离参与学校教学》为题对郑州二中的开放办学活动进行了报道。

九年来,开放办学成为学校的日常存在。目前郑州二中正处于开放办学的第三个发展阶段,从校门的打开到思想观念的转变,从自有办学资源向整合社会资源转换,从简单的开放活动走向丰富多彩的开放课程,开放办学已从形式上的开放向内涵上的开放深化。九年的开放办学促进了学校管理水平全方位提高,办学行为进一步规范;促进了家庭、社会、学校三方有机结合,育人环境进一步优化;促进了教师专业化成长和课堂改革,课堂效率进一步提升;加强了学生自我约束、自主管理,学生养成水平进一步提高;增强了校长课程领导力,促进了学校校本课程建设。信念、方向、号角、力量、同伴这些开放办学的核心元素已经融入学校课程。通过课程梳理学校悠久的办学历史,讲好二中故事和二中人故事,进一步凝练提升了学校文化。

第三节　开放,明晰了学校现代化发展的战略方向

在开放办学过程中,学校确定了信息化、国际化、自主化的发展战略。信息化是通过技术融合促进教学方式转变;国际化是通过视野扩展促进内涵和活力提升;自主化是通过主体意识激发促进自主发展和个性发展。

一、信息化

《教育信息化2.0行动计划》指出:"党的十九大作出中国特色社会主义进入新时代的重大判断,开启了加快教育现代化、建设教育强国的新征程。……将教育信息化作为教育系统性变革的内生变量,支撑引领教育现代化发展,推动教育理念更新、模式

变革、体系重构,使我国教育信息化发展水平走在世界前列,发挥全球引领作用,为国际教育信息化发展提供中国智慧和中国方案。"

2011 年底,学校开始了信息化创新实验项目的探索——构建移动自主学堂。

"移动"体现了无处不在、无时不在的泛在学习,"自主"强调了学生为主体,"学堂"表明了课堂教学的本质是学生学习。构建数字化学习环境下的移动自主学堂,是信息技术与教学深度融合的课堂教学改革与创新人才培养研究实践项目,主要特征是基于学生每人一台平板电脑、无线网络环境、自主开发的学习平台,开展一对一数字化课堂教学,实现高中阶段教与学方式的转变,为创新人才的早期培养奠定基础。

郑州二中在高中阶段进行全学科、全时段的信息化教学课堂教学实践。通过移动互联技术和平板电脑,借助数字平台,转变教与学的方式,实现个性化教学,减轻学生过重学业负担,提高教育生产力,在学业质量稳步提升的基础上,力求解放学生的时间、空间,拓展学生的思想自由度,促进学生的全面发展。

主要内容:一是在高中阶段进行全学科、全时段的信息化教学课堂改革实验。从高一至高三建成 18 个创新班。二是构建了移动自主学堂发展模型,移动自主学堂总体教学模型、互动式生成课堂模型、四课型渐进式自主学堂教学模式、互动式作文教学模式等教学模型,学生学习评价模型、学习空间建设模型等学习平台模型。三是产生了一大批优秀课例,培养了一大批创新型教师。四是借助信息化手段大大提高了课堂效率,实现了传统教学无法做到的快速诊断、即时评价、定期矫正。五是课堂教学由教师教为主转变为以学生学为主,学生的学习意识和习惯发生本质变化,主动生成、动态生成、互动生成成为课堂教学的主旋律。六是成果推广惠及到创新班以外的班级,影响扩大到全国各地。

解决的主要问题是:高中阶段应试倾向严重,素质教育难以实施,创新人才难以产生;课堂教学以教师讲授为主,生成过程以预设生成为主;无法做到快速诊断,即时反馈。

在解决问题的过程中,我们采取了如下方法:一是积极构建数字化学习环境,每人一台的 iPad 学习终端由学校集中采购后提供给学生免费使用。二是主动进行优质教育资源的整合与开发。三是加大教师培训力度。四是建立研发及管理团队。五是完善制度规定,如为保证学生正确使用平板电脑,不网络迷航,学校采取了一系列教育与管理措施规范学生行为。四课型渐进式自主学堂的课堂形态,由基础先学课、展示反馈课、点拨思辨课、练习评价课四个课型组成。

除了构建移动自主学堂之外,学校还进行了智慧校园建设,开发应用了学校办公系统、平安校园系统、教育质量综合评价系统、学生选课系统、学生自助录课系统等管理和教学平台,提高了教育教学管理水平和效率。

移动自主学堂培养了一批创新型教师。近年来,全校教师共获得个人荣誉、奖项700余人次,如中国好人周士良、全国模范教师李正成,第四届、第五届郑州市名师姚彩梅、冯丽娟,郑州市十佳班主任吴鹏起、张杨,全国优质课大赛特等奖获得者夏坤峰,第二届河南省中小学班主任基本功展示活动一等奖获得者饶克,郑州市最美教师孙志刚、党茹、陈斌等。自2017年以来学校有92人次获市优质课一等奖,13人次获得国家、省级优质课一等奖;82人获省市骨干教师和学术技术带头人称号;数学教研组等七个教研组和组长被评为2018年郑州市先进教研组、优秀教研组长。

移动自主学堂促进了师生教与学方式的转变。学生的综合素质明显增强,学业成绩大幅提升,在市教育局组织的高中增值评价中,学校的增值型评价始终为正。由于办学成绩突出,市教育局自2018年起连续两年下达扩招计划,共扩大了30%的招生规模,使得郑州二中成为郑州市"性价比"最高的学校。

学校移动自主学堂的实践得到了肯定。2014年学校研究成果《构建数字化学习环境下的移动自主学堂》,荣获国家首届基础教育教学成果二等奖。受到教育部三次通报表扬,并在全国教育信息化工作会议上作经验交流。学校信息化案例入选教育部和联合国教科文组织联合印发的《推进信息技术与教育双向融合——中国的路径和经验》一书。2017年4月,学校被省教育厅评定为首批河南省普通高中多样化发展示范学校。2018年被确定为教育部第一批教育信息化试点优秀单位(郑州唯一一所学校)。

二、 国际化

《中国教育现代化2035》明确指出"开创教育对外开放新格局"。现代化的学校,既要扎根中国办教育,坚持四个自信,传播中华文明,讲好中国故事,也要加强对外开放,通过交流和合作,寻找并学习先进的教育理念、教学思想和方法,培养具有中国红心、世界视野、本土情怀的学子。寻标是为了对标，进而达标和超标，是为了让学生看得更远，站得更高，有更好的成长平台。

（一） 与托马斯·杰弗逊科技高中结缘

美国托马斯·杰弗逊科技高中建于 1985 年，坐落在美国首都华盛顿郊外，以培养科技创新人才闻名全美乃至全世界。2007—2012 年美国《新闻周刊》将该校列为美国最好的精英型公立高中，《美国新闻与世界报道》"美国 100 所最佳公立高中排名"将其排在榜首。2013 年该校成为历史上第一所由学生独立研制并发射卫星的中学。

2011 年初冬，在费尽周折联系上该校校长伊万·格雷泽后，两校相约通过网络组织一次学生间的对话。而该校校长在了解了学校的信息化项目后，很感兴趣，当年就来到郑州二中访问交流。之后，因发展理念相似，双方均认为应把信息化项目作为两校交流的桥梁，开始在学校管理、教师、学生、网络和课程五个方面进行合作，两校自此结为姊妹学校。

（二） 与美国加州汇点高中深度合作

美国加州汇点高中（CCHS）是美国旧金山湾区一所享有盛誉的学校。该校荣获美国教育部颁发的"蓝丝带学校优异奖"，这是美国教育界的最高荣誉。该校拥有多年的学术经验和声誉，配备了具有世界教育水准的教程，尤其是对有兴趣赴美读高中的中国学子量身定做了符合他们需求的学术课程。2015 年郑州二中与该校签订合作协议，该校为郑州二中国际班提供原版美国教材，双方共同进行课程开发及教学研究，为学生提供优质的教育资源。在学校国际化发展进程中，郑州二中与美国加州汇点高中继续保持密切的合作关系，开展了多种形式的教研交流，组织英语教师参加了合作方加州汇点高中在上海组织的 Achieve3000 和 Powschool 的专业培训；美国汇点生涯规划导师 Su 和校监 Robin 多次到达学校对国际部全体教师就课程开发、教学研讨和学生升学指导等内容进行深层次交流活动。与 CCHS 合作，首开了河南省第一家夏校。郑州二中国际部学生每年暑假均可到项目学校 CCHS 进行 1—2 个月的学习，感受美国本土课堂，参与国际义工，参观美国知名高校，每一次夏校归来，参加夏校的学生都会发生巨变，升学方向、人生目标更加明朗，奋斗意志更加坚定。与名校为伍，郑州二中也在高层次的国际交流中朝着国际化名校的方向稳步迈进。

（三）进一步拓展学校国际化发展空间

高起点的打开方式,极大地促进了学校国际化发展。学校与美国加州汇点高中、澳大利亚莫纳什学院等合作开设了国际部,提供了中美、中澳、中加等合作办学项目。定期举办全球青少年领袖峰会,校园足球国际邀请赛和一些单项赛事(如2017CRC挑战赛),参与了哈佛商学院领袖游学营、国际未来商业领袖峰会斯坦福科技营,学校乐团多次赴海外交流演出等。越来越多的学生视野变得开阔,国际理解能力和个人综合素养有了明显的提升,在中外交流中更加从容淡定。

学校还开展了同美国、加拿大、澳大利亚、意大利、法国、英国,"一带一路"沿线国家等多个方向的合作交流。与美国、加拿大、德国、韩国等多所知名学校成为友好交流学校。学校国际交流活动日趋频繁,每年都有众多外国友人到校交流访问。学校也组团出访交流,传播中国优秀传统文化,增强国家意识。各种各样的中期、短期、超短期的教育交流活动成为学校的常态,郑州二中已和世界紧密地联系在一起。

目前,学校的国际理解教育实现全覆盖,学生的国际视野得到了显著提升,在国际事务比较中学会了思考和分析。在2018年中国国际学校竞争力排行榜300强中,郑州二中国际部名列第114名,位于郑州六所上榜学校第三名。

（四）优质多元的国际化平台促学生发展成长

"TEDx郑州"已经成功举办四届,全球青少年领袖峰会选手选拔、世界机器人大赛郑州二中选手脱颖而出;世界青少年商业领袖联赛等众多面向全球优秀青少年的高级别、国际性课外活动中均有郑州二中学子的身影。郑州二中学子活跃在这些高端的国际平台上并取得优异的成绩。这些具有一定影响力的国际性平台,让学生们开阔了视野,增长了见识,促进了发展与成长。

（五）未来国际化发展的目标与举措

目标:全面提升学校国际交流合作水平,创新对外开放新格局,拓宽国际化办学途径,丰富国际交流渠道,尝试与"一带一路"国家教育交流合作,落实国家"一带一路"

教育行动计划。同时，强化国际部过程管理，提高管理的品质，开发实施国际部校本教材，丰富国际部学生活动，提高学生的综合素质，提高学业指导和生涯规划的力度和专业性，为学生提供更多通向世界舞台的机遇，培养"健康、博爱、有为"的郑州二中学子和具有"世界眼、中国心"的创新人才。促进学校国际化办学再上新台阶，扩大国际部在市内甚至省内的影响力，使之成为学校现代化发展的亮丽名片。

措施：一是开放创新，加强交流合作。创新学校对外开放新形式，尝试与"一带一路"国家教育交流合作，落实国家"一带一路"教育行动计划。加强与俄罗斯等"一带一路"国家的交流与合作，满足郑州二中管乐班的学生赴欧洲等地区学习艺术专业的需求。推进与国际组织及专业机构的教育交流合作，坚持举办国际教育展，全面提升国际交流合作水平。二是科学管理，优化育人环境。实施开放办学，对社会和家长开放，建立并完善国际部年级家长委员会制度，形成家长、社会、学校三位一体的和谐育人环境；将学校"自我教育，自我管理，自主发展"的学生德育管理模式纳入国际部德育管理体系，培养学生的责任感、领导力、创新力等综合能力，为学生发展播种希望的种子。三是专业引领，促进教师成长。加大对班主任、任课教师的培训力度，提升教师专业能力，提高教师过程管理的效能，打造专业、精业、敬业师资团队；加强教师校本教研，独立开发具有本土特色的校本教材；引进优秀教师资源，在学业指导和生涯规划上实现突破。四是规范课程，完善课程体系。在全日制高中必修课程的基础上，利用校本课程、社团活动、社会实践、专家讲坛等形式，提高学生在中国传统文化、哲学历史以及中西方艺术欣赏等方面的文化修养，丰富基础课程，规范境外课程管理，开启IB、A-level等项目课程，初步形成独立的、有特色的国际教育课程体系。五是密切联系，提升合作项目。国际部与美国加州汇点高中国际教育合作项目，要充分利用优质资源，加强两校间的合作，甄选原版美国教材，配备优秀的美国教师团队，共同进行课程开发及教学研究，搭建夏季学校、游学等更多元的平台，为学生提供最优质的教育资源，让国际部的学生获得最好的美国教育和最便捷的升学渠道。六是拓宽路径，优化合作方式。探索与上海交大集团等高校的中外合作办学项目新路径；开发中澳、中英、中加等新的合作项目。七是加强交流，丰富国际交流渠道。探索与姊妹校的交流渠道，实现定期互派师生交流；与更多国际名校缔结为姊妹学校，丰富师生国际交流活动；积极参加国际性师生论坛，举办国际性学生领袖峰会，为师生提供更多国际交流的机会。

三、自主化

"自主化"有两层含义,一是学校要坚持现代化、高质量、有特色的开放办学道路,有自己的节奏和坚定的信念,不盲从、不跟风;二是在教育教学中要不断激发学生主体意识,激励学生自主发展,从容面向未来。

开放,必然会时时面对错综复杂的国际形势、快速变化的社会和科技进步,因此必须树立强烈的忧患意识。高中阶段是学生自主发展最佳的成长期,学生必须掌握更多的"活知识",以"活知识"来应对多变、不确定的未来。

(一)自主:实现学生主动发展

我们认为,自主才能创新,自主是郑州二中创新发展的主心骨。自主发展是指学生形成自觉接受教育的内在动机,从而主动追求自我完善和自我成就,正是自主、自信、自立的自我成就动机推动学生的创新成长。我们坚持认为,学生具有自我完善、自我发展、自我追求的迫切内在愿望,学校应该引导而不是主导学生的自我认知与自我调整,通过发挥学生的主观能动性激发学生潜力。

首先是自我管理。我们赋予学生自觉以重要意义,给予学生充分的信任,通过帮助学生对自身优势的分析和确立,培养学生自我评价、自我激励和自我督促的发展习惯。以社团建设发展为例,社团文化的繁荣扎根于学生的自主管理上,除涉及方向的统一规划、顶层设计和宏观管理外,学校给予学生充分的自主开发、自主设计的权力,每个社团都是一个独立的学生自治组织。学校从一开始就下决心避免将社团建成学校的课外辅导班,通过广泛征集学生的愿望与需求,使社团能够代表学生的兴趣,学校和教师提供资源和智力支持,协助学生就社团建设进行可行性分析,制定社团活动计划和章程,鼓励高年级和低年级学生的共同参与,从而以传帮带促进社团活动开展。

其次是自主选择。大力拓展课程资源,满足学生个性化需求,从而增加学生自我判断和自我选择的能力。学校的策略是从学生的个性差异出发,提供大量可供选择的个性化课程,通过实践探索,形成一批学生参与的课程创建。师生共同"创建"了大量"班本课程"和"学生课程",真正实现了贴近学生的个性化需求,也使学校课程大系统反映出学生智慧,丰富的教育(课程)资源使自主发展成为可能。

最后是自主学习。落实学生学习的主体地位,课堂教学由教师教为主转变为以学生学为主,学生的学习意识和习惯发生本质变化,主动生成、动态生成、交互生成成为课堂教学的主旋律。培养学生自主学习的意识和能力,强调学习过程中学生自己的时间管理、精力管理和目标管理,把更多的时间与空间交给学生。通过更多的时间与空间,更多的自由与探索,在学生沉浸式的尝试、体验、感悟和领悟之中,创新理念和创新人才才能脱颖而出。

(二)培养学生自主发展素养

自主发展是学生在逐步学会自我教育基础上的主动发展,学生的独立性、主动性和创造性在此得到充分发挥,产生自觉接受教育的内在动机,实现主动、和谐、全面的发展,为学生的终身发展奠定良好的基础。

要充分相信学生具有自我完善,自我发展,自我追求的迫切愿望,引导学生进行正确的自我认知和自我调整,发挥学生的主观能动性,激发学生潜力,促进学生自我管理、自我教育和自我服务的能力。

1. 以人为本促进学生自主发展

作为教师,在教育教学中应尽量凸显学生的主体性,尽力营造一个平等、自由、民主、宽松的氛围,从学生的现实个性出发,真正做到信任学生、尊重学生,从自身做起,从细节着手,就一定能达到"以人为本",实现学生的自主发展。

为学生搭建多个自主发展平台,微电影节、TEDx 郑州、锋行天下图书义卖活动、创客等平台经过几年的发展已经成为学生心中的"明星级"平台,学生在这些平台上自主发展和成长,收获多元的素质和品质。

2. 激发自主学习培养学生自主发展

教育的目的之一,就是在教师的指导下,通过自主学习,使学生的认识水平不断提高。自主学习是建立在学生自我意识上的"能学",是以学生内在学习动机为前提的"想学",是以掌握一定的学习策略为保障的"会学",以及以学生的意志控制为条件的"坚持学",它包括三个子过程:自我监控、自我指导、自我强化。学生是学习的主体,培养学生自主学习的意识、方法、习惯和能力,是实现学生自主发展的客观需要。

在学生中倡导"勤"文化,学生之间彼此感染、彼此激励,形成了浓厚的学习氛围,校园内时时是学习之时,处处是学习之所,学生勤学勤思的身影成为学校里一道靓丽的风景线。

3. 加强自我管理培育自主发展

学校将一个个管理自主权放手给学生,充分发挥学生会的自主管理作用,依靠学生自身的力量进行自我教育和发展。此外,在每个班级设立班主任助理和班级安全委员,让学生在自我管理、自我实践中实现自我发展。

4. 开发校本课程助力学生自主发展

在满足学生个性发展需要方面,采取另外一种策略,从学生的个性差异和特长发展的需要出发,为学生提供大量的可供选择的满足学生个性发展需要的课程"个性化课程"。其特点:一是学生是可以选择的。让学生根据自己的需要进行选择,这样就为学生的个性发展留下了一个空间,给学生提供了自我个性张扬的现实条件。二是课程具有差异性。由于学生的学习是不同步的,学校开设的课程应能够满足学生差异性学习的需要。三是能够满足学生个性特长发展的需要。每个学生都可以对自己想学的内容作系统安排,根据自己将来发展的需要进行学习。四是课程的开设既可以由学校主动提供,也可以根据学生的需要,由学校创造条件单独开设。学生可以参照校方提供的校本课程清单,从中选择自己感兴趣的课程。不仅如此,学生在某种程度上还有参与课程决策的权利,既可以明确告诉教师自己想学什么、不想学什么,让教师去取舍,也可以不选某些课而让它自动消失。通过实践探索,形成一批学生参与课程创新,集结师生共同智慧的"班本课程"和"学生课程"。

每个学年,学校都鼓励起始年级老师结合自身学科特点或个人特长开发实施校本课程,由老师自编的"基于项目式学习 PBL 基础""中学物理与法庭科学""数字化科学探究""创意梦工厂——创意'魔法'课程""影像艺术与校园生活""艺术设计与创新思维""职业生涯规划"等优秀校本课程成为受学生追捧的经典课程。

5. 多彩社团引导学生自主发展

PRCC 科技社、TAI 科技社、NAO 机器人社、微电影社、无人机社、汉文化社、新雨文学社、TEDx 社、模拟联合国社团、爱心社、航空技术社、播音主持社、慕习社等社团集中一大批志同道合的学生"抱团"发展。

在各种各样的自主发展平台上，学生们一路探索着、实践着，也一路成长着、发展着。全国第二届李四光少年儿童科技奖金奖的陈俊豪；自主研发模拟飞行器、成立科技公司、被中央电视台摄制成两集专题片播出的赵思旭；因在科技创新方面成绩突出而被评为全国最美中学生的唐舒眉；高中阶段谋划，高考后便成功创建河南超创教育科技有限公司任 CEO 的大男孩周鑫；以强大的综合素质被录取率仅为 0.9% 的纽约大学阿布扎比分校录取并获得三十万美元奖学金的范谷雨等都是自主发展的典范。

第四节　开放，保障了学校现代化发展的育人目标

2014 年 3 月教育部在《关于全面深化课程改革 落实立德树人根本任务的意见》中指出，"……根据学生的成长规律和社会对人才的需求，把对学生德智体美全面发展总体要求和社会主义核心价值观的有关内容具体化、细化，深入回答'培养什么人、怎样培养人'的问题。……突出强调个人修养、社会关爱、家国情怀，更加注重自主发展、合作参与、创新实践"。

学校据此把在开放中形成的"全面而有个性的创新人才"的育人目标具体化为"健康（自主发展、个人修养）、博爱（社会责任、家国情怀）、有为（合作参与、创新实践）"素养，并建构了指向育人目标的核心素养体系和课程体系。

一、创新人才培养方式

构建创新人才培养模式是学校基于育人目标和开放办学理念而构建的系统化人才培养方案，解决的主要问题是培养什么人和怎么培养人的问题。学校确立了"培养全面而有个性的创新人才"的育人目标，并将育人目标分解为"健康、博爱、有为"三个核心要素。

我们对"全面"和"个性"发展进行了阐释：全面发展与个性发展之间在逻辑和哲

学上不是对立关系,而是辩证统一的关系:全面发展是个性发展的基础与前提,个性发展是在全面发展基础上的选择性发展。创新人才是在全面发展基础上的个性发展的结晶。

我们对"创新人才"也进行了界定:作为基础教育阶段,我们所说的"创新人才"不是一般意义上的"拔尖人才",同时仅有创新意识和创新能力还不能算是创新人才,创新人才首先是全面发展的人才;个性的自由独立发展是创新人才成长与发展的前提,作为工具的人、模式化的人和被套以种种条条框框的人不可能成为创新人才;当代社会的创新人才,是立足于现实而又面向未来的创新人才。

在培养方式方面,我们首先从课堂变革入手,开展信息化教学,构建移动自主学堂,引入思维导图,转变教与学方式,培养学生自主学习的能力和分析问题、解决问题的能力。在此基础上开展生涯教育,进行职业指导,学会认识自我和规划自我。继而是开发多元课程,建立开放的课程体系,实施创客教育,满足学生个性化选课需求。基本做法是:国家课程、必修课程校本化实施,学校课程、选修课程生本化建设,特需课程、研修课程个别化服务。之后建立多功能实验室、"苹果树下"创客空间等实践创新空间场所,支撑学生把创意变成作品。学生在前四个阶段的基础上,逐步形成一些科技成果,学校作为河南省知识产权教育示范学校帮助学生申请专利,进而孵化支撑,进入成果形成阶段。在这个过程中,搭建丰富的学生发展平台,培养学生核心素养,包括:搭建移动自主学堂平台,培养学生自主学习和信息化素养;搭建国际部平台,培养学生国际视野和多元文化素养;搭建校园足球平台,培养学生体育健康和团队协作素养;搭建学生管乐团平台,培养学生艺术和美学素养;搭建学生社团平台,培养学生创新实践和社会参与素养;搭建微电影节平台,培养学生文学艺术和媒体文化素养;搭建TED大会平台,培养学生发现探索和交流分享素养。开放管理是贯穿始终的推动力量,校长由人治走向法治,由集权走向分权,由自治走向共治,建立了扁平化的两横三纵管理模式,采取质量评价体系、质检组、ISO9000质量管理体系等管理措施,建立了教代会、教联会、专家智库等民主管理机构,形成了天天开放日、家长委员会、家长学校、六员进学校、妈妈学堂等协同教育机制,为创新人才培养创设了一个健康、宽松的成长环境。经过以上五个阶段的培养和实践,学生逐渐走上绿色人生之路,成为创新人才。

二、健康

现代人的健康内容包括躯体健康、心理健康、社会健康、智力健康、道德健康、环境健康等。世界卫生组织提出,"健康不仅是躯体没有疾病,还要具备心理健康、社会适应良好和有道德"。健康是人的基本权利,是人生的第一财富。全国教育大会强调要树立"健康第一"的教育理念。《中国教育现代化 2035》同样强调,"增强综合素质,树立健康第一的教育理念,全面强化学校体育工作"。

我们把健康作为学校育人目标的首要要素,就是要强化"健康第一"的教育价值观,确立健康素养在学生发展中的基础性地位。这里面包括"自主发展"和"个人修养"两个核心素养。"自主发展"和"个人修养"的核心要素是具有健康身体和健康心理以及智力、人格、情感、意志等方面的健康,健康心理的核心问题是"认识自我、发展自我、完善自我"。

以学校体育工作为例,近年来,学校面向全体学生强力推进校园足球、校园篮球、跆拳道、田径等体育项目,在普及中提高,在提高中强化,不仅全面增强了学生体质,还培养了学生意志品质和团队精神,使健康、博爱、有为实现了协调发展。

(一)大力推进校园足球,让健康为学生成长护航

1. 在普及中提高,在提高中强化

足球对于郑州二中学生来说,是一项普及性运动。为了普及和强化足球项目,学校对体育教学进行了调整,每周至少保证一节足球课。在持续了 35 年的班级足球联赛的基础上,又增设了女生联赛,让足球以不同的形式走进学生心里,促进足球运动和文化在学生间普及和推广,让更多的孩子热爱足球,享受足球带给他们的乐趣和成长。同时,为提高比赛成绩和运动水平,按年龄段成立学校足球队。截至目前,郑州二中有男女足球队 11 支,队员接近 200 人,在国家、省市等各级比赛中取得了卓越的成绩。

2018 年 1 月,球队获得 2017 年中国足球学校杯男子 U15 比赛冠军,让"中国足球学校杯"冠军首次花落郑州。2019 年上半年,学校足球队已经先后获得郑州大学第一届"贺岁杯"足球邀请赛冠军,全国第二届青年运动会男子足球 U15 组冠军、U16 组亚

军,郑州市"市长杯"初中男子超级组排位赛冠军,高中超级组排位赛亚军。其中全国第二届青年运动会男子足球 U15 组冠军,是我省时隔 34 年后再次在全国最高水平运动会足球项目中获得冠军。

2. 既有完美的团队,也有完美的个人

团队表现精彩,足球队员个人也都有着很好的发展。2016 年 9 月,队员刘庚鑫、彭宇翔入选中国中学生 U15 国家队,赴马来西亚参加了 2016 年亚洲 U15 中学生足球锦标赛;2018 年 4 月,14 位足球队员亮相外交部面向全球推介河南的形象片,向世界发出来自河南校园足球的邀请;2018 年 4 月、5 月,队员李宗灿和雷嘉诺作为河南省仅有的两位入选队员到俄罗斯担任了 2018FIFA 世界杯护旗手;2019 年 6 月,队员贾晓恒赴法国担任女足世界杯护旗手。

近年来,多名队员被引进到河南建业、山东鲁能等中甲联赛、中超联赛俱乐部;数十名队员通过大学特招被清华大学、北京理工大学、同济大学、重庆大学、四川大学、中国农业大学等知名高校录取;2021 年队员李猛、刘承睿两名同学被北京大学录取。

3. 解放思想,转变观念,队员实现"三好"

以开放的思维看待运动与人的关系,破除原来那种"头脑简单,四肢发达"的荒谬认识。有运动专长的学生,往往高度自律、意志坚定、性格开朗,这样的学生往往会有优秀的表现。我们结合训练时间,调整了授课安排,满足学生的学业需求。事实证明,这些学生学业成绩优秀,运动成绩杰出。在郑州二中,足球队队员普遍表现出学习好、运动好、习惯好的素质。

4. 探索取得实效,成绩得到肯定

2018 年 4 月,学校作为唯一一所来自河南省的全国青少年校园足球特色学校,成为全国学校体育联盟(足球项目)理事单位;2019 年元月,学校获得全国优秀校园足球特色学校,这项荣誉全国仅有 8 所中学获得;2019 年 2 月,学校在 2018 年中国中学生体育协会足球分会年会做经验汇报。

(二)各项体育项目蓬勃发展,全力提升学生健康水平

在学校的强力推动下,足球、篮球、田径等体育项目蓬勃发展。郑州二中的校园篮球工作发展后劲十足,校篮球队近两年取得了跨越式的进步,从省内中学篮球前八名跃升到省内数一数二的位置。2018 年 8 月,郑州二中高中篮球队获得省第十三届运动会中学生篮球比赛亚军;2019 年 1 月,篮球队获得 2018—2019 年中国初高中篮球联赛河南赛区男子高中组冠军和男子初中组亚军;2019 年 5 月,卫冕郑州市中小学体育节篮球赛高中男子甲组冠军。

2017 年 7 月,学生杨易难代表国家参加在印度举办的首届世界中学生武博会跆拳道项目 49 kg 级比赛,获得冠军,为国家赢得了荣誉。

在体育运动中,同学们挥洒汗水,拼搏奋斗,强健了体魄,磨炼了意志。他们为了梦想,不放弃,不抛弃,团结协作,奋勇向前,这些优秀的品质为他们身心的健康发展奠定了坚实的基础。

三、 博爱

博爱是更加广泛的爱,博爱是一种崇高的爱。主要包括对国家的爱,对社会的爱,对民族的爱,对世界和平的爱,对多元文化的包容和理解。我们把博爱作为学校育人目标的基本要素之一,就是强调了高尚的道德情操在人的全面而有个性的发展过程中不可或缺的核心地位和重要作用。其中包括"社会责任"和"家国情怀"两个核心素养。

2015 年 5 月 5 日,中国红十字会第十次全国会员代表大会在京开幕。习近平总书记会见全体代表,并发表讲话。习近平指出,要结合培育和践行社会主义核心价值观,在全社会弘扬人道、博爱、奉献精神,弘扬正能量,引领新风尚。(详见中国新闻网,2015 年 5 月 6 日《习近平:中国红十字会做了很多好事、善事》。)

(一) 构建开放德育体系,培育社会主义核心价值观

学校全面贯彻落实《中小学德育工作指南》的各项工作要求,大力培育和践行社会主义核心价值观,以培养学生良好思想品德和健全人格为根本,以促进学生形成良好行为习惯为重点,积极开展"少年传承中华传统美德"等德育活动。在德育工作中注重把学生全面而有个性的发展、自主发展作为德育工作的出发点和落脚点,把开展丰富多彩的学生自我教育活动和开发校本课程作为德育工作的主要路径,把搭建多种学生发展活动平台作为德育工作的实施策略,形成了学校独具特色的"自主——活动——

课程——平台"的德育工作基本模式。

学校把教育部颁布的《中小学德育工作指南》中德育工作总体目标与学校的育人目标紧密结合起来,把德育课程和学科课程、综合实践课程、校本课程紧密结合起来,强化目标导向,丰富课程内容,创新课程形式,注重课程效果,构建了学校德育工作课程育人的新模式。

除了注重通过常规德育渠道、日常教育教学对学生进行德育教育外,学校还积极开拓与时代、教育发展相契合以及学生喜闻乐见的德育渠道来增强德育成效。锋行天下图书义卖活动、创客教育、生涯规划、研学旅行、微电影节等载体和平台都深受学生的欢迎。锋行天下图书义卖活动经过数年的坚持已经成为学校品牌德育活动,学生在这个活动中不仅收获了奉献爱心、扶弱济贫的快乐,也让他们增强了交际和沟通能力。"读万卷书,行万里路"是增加见识、提升格局的重要途径,郑州二中已经连续两年组织研学旅行活动,让学生走出校园、走进社会,在更广阔的田地里感受传统文化的博大精深,感受祖国蒸蒸日上的发展面貌。

(二)成立慈善基金,让大爱与善良在学生心中流淌

2016 年 12 月 16 日,郑州二中首倡发起成立爱心助困慈善基金,为遇到困难的师生提供经济资助,并以这种特殊而有意义的方式庆祝学校 75 岁华诞。两年来,慈善资金已经为贫困学子学习生活、困难师生大病医疗、意外事故处理提供了诸多帮助,也让广大师生深刻了解"博爱"的意义,感受慈善的力量。

(三)多方引导、培养,涵养二中学子博爱之心

我们倡导学生做一个有大格局的人,鼓励他们在学习生活中要做到"风声雨声读书声声声入耳,家事国事天下事事事关心"。通过开展主题班会、时政论坛、纪念日主题活动等,引导学生情系祖国,心系天下,情奉社会。2017 年、2018 年连续两年,郑州二中学生郑婉茹、薛稚琦的微议案以其开放的格局、开阔的视野,从郑州众多学校、众多学生的微议案中脱颖而出,被全国人大代表在发言中采用。

在郑州二中,像郑婉茹、薛稚琦一样具有博大胸襟的学生还有很多。他们在锋行天下图书义卖活动中,用行动向贫困同学奉献爱心;他们在照顾孤寡老人的爱心"接

力"中，传承爱老、敬老的传统美德；他们在各种服务他人、奉献社会的志愿活动中，用自己炽热的情感温暖、感染身边的每一个人；他们在为"冰花男孩"等贫困群体奉献爱心中，传播着博爱的力量。

四、有为

有为即有扎实的学识、良好的技能，具有大格局、大视野、大胸怀、大思维、大担当；有创新意识和实践能力，竭尽全力的行动；为国家、社会、他人服务。

我们把有为作为育人目标的基本要素之一，就是要强调合作参与和创新实践在学生成长与发展过程中的重要地位与作用，强化学生的进取意识、参与意识和创新实践能力。

有为的核心内涵是：自立自强、主动进取、勇于担当。有为的逻辑内涵是："有为"的观念、意志、品质——"有为"的能力、本领。有为的行动目标应该是有层次的：有所作为的人——大有作为的人——改变世界的人。

中国文化的基本思想已形成了包括诸多要素的统一体系，而这个体系的总则是有为的思想。有为的思想是处理各种关系的总原则。刚健有为、自强不息，是实现自我价值的起始和前提，是中国人积极人生态度最集中的理论概括和价值提炼，也是人类在认识自我之后首先要建立的立命之说。中国传统"有为"思想包含了自强不息、积极入世、主动进取的精神，担当道义、不屈不挠的社会责任，正直充盈的独立人格和主动创造的精神等。

有为的文化思想经过历史的沉淀，成为中华精神的写照。自强不息、厚德载物成为中华民族的民族主体意识的核心，成为中华民族的独立意识、自我意识和自觉主动意识的鲜明标志。刚健有为精神，绝不是急功近利的个人奋斗，而是积极向上、充满活力、满腔热情地去实现自身价值，从而为国家、为民族、为社会作出更大的贡献。刚健有为的思想，可以激励我们发愤图强。在物欲张扬、精神式微的今天，强调刚健有为精神更有现实意义，人应当立志高远，积极进取，有所作为，奋发图强，敢于面对现实，善于化解矛盾，勇于迎接挑战，在挫折面前不气馁，在困难面前不低头，不妄自菲薄，不怨天尤人。

2013年五四青年节到来之际,习近平同各界优秀青年代表座谈,他强调,展望未来,我国青年一代必将大有可为,也必将大有作为。广大青年要勇敢肩负起时代赋予的重任,把理想信念建立在对科学理论的理性认同上,建立在对历史规律的正确认识上,建立在对基本国情的准确把握上,永远紧跟党,高高举起中国特色社会主义伟大旗帜,自觉树立和践行社会主义核心价值观,努力使自己成为祖国建设的有用之才、栋梁之材。

习主席的这段讲话深刻地阐明了"有为"与"合作参与"和"创新实践"之间在当代的密切关系,其中"肩负起时代赋予的重任"强调了担当意识、参与意识;"把理想信念建立在对科学理论的理性认同上,建立在对历史规律的正确认识上"强调了"有为"的能力、本领;"努力使自己成为祖国建设的有用之才、栋梁之材"强调了"有为"的目标,以及"创新实践"素养。

在信息化社会,学生获取知识的途径有很多,而纯粹以知识积累为目的的教育方式已经没有办法满足智能时代的需求,我们必须帮助学生获得更多的核心竞争力。经过多年的探索和实践,郑州二中已经形成了微电影节、创客教育、TEDx等诸多有利于学生获得核心竞争力的平台。

(一)微电影开辟多个发展领域,让学生"大有可为"

微电影是继语言、文字、数学之后最好的思维工具。它以独特的呈现方式,表达思想,传递情感,弘扬真善,创造美好,有着与众不同的价值。它正在成为学生未来的生活方式,也是新的社交分享方式,还是一种新的学习方式和创造、协作工具。

拍摄微电影虽然可能对学生提高学业成绩没有太大帮助,却可以很好地培养他们的品德、独立能力、多元视角、选择能力、投入度、专注度、毅力、抗挫能力和思辨能力。与获取知识答案相比,完整的世界观、自我管理和控制、情感意志力等才是核心竞争力,有助于让他们成为不可替代的人。

微电影是郑州二中在推进教育现代化进程中最具特色的多样化发展项目之一,也是为学生搭建的众多发展平台之一。围绕微电影,学校开发实施了微电影课程,创立了微电影节,建立了微电影社团,连续五年开展微电影作品评比活动,在促进学生全面而有个性发展的同时,极大地激发了学生的创新、创造热情,涌现出了许许多多的优秀作品。

近百米的红毯上，身着盛装，时尚范儿与青春范儿融于一身的靓丽、端庄的"女演员"，帅气、阳光的"男演员"；华灯璀璨的舞台上，富有仪式感的颁奖环节……这一切都让你仿佛置身于国内或国际知名电影节现场。这是郑州二中为学生们打造的微电影节颁奖礼，五届微电影节颁奖典礼，一届比一届规模更加盛大，气氛更加热烈，带给获奖学生的仪式感更强。几十秒的走红毯经历成就的不仅是一段美好的青春记忆，更能让他们在瞩目和欢呼中提高对于自我的认同度，激发他们成长、发展的动力。仪式感不光存在于走红毯和颁奖环节中，它贯穿整个微电影的制作、发布，从剧本编写的思维训练、镜头拍摄的分工合作、剪辑制作的技能实战到电影发布的策划宣传，在这些富有仪式感的活动中，学生担当不同角色，得到同学、老师、家长的多方关注，存在感逐步提升，内在动力不断被激发，真正实现学生对自己生活与学习管理能力的提升。

2018 年郑州二中以裸分 667 分升入北京大学中文系的赵佩汶同学就是一个微电影达人，她本身具有较强的文字表达能力，她编写脚本并与团队成员合作拍摄的《穿过二中的时间小巷》在学校第五届微电影节中获得了评委会特别奖。

经过五届微电影节，郑州二中已经涌现出很多优秀作品和像赵佩汶一样优秀的小微电影人。2017 年 12 月上旬，五部作品在全国权威中小学影视评选中斩获大奖，其中《抓住光》获得全国一等奖；2018 年 7 月，在全国第十九届中小学电脑制作活动高中组微电影评选中，李田苕、邵郜北、刘奕江三名同学均获二等奖；2019 年 4 月，学生王泓帆的两部微电影作品《不仅是一棵树》和《寻找城市精灵》均获得"香港·首届国际青少年微电影节"中学组一等奖。他们的微电影已经通过官方渠道正式从校内走向校外、走向世界，他们也许就会成为未来具有国际影响力的影视创作人，他们将带着郑州二中学子的重要标识"健康、博爱、有为"用作品去改变社会，用文化去影响世界，这样的未来，可期！

华东师范大学播音主持艺术专业委员会主任、传媒学院教授马力在参加了郑州二中第五届微电影后表示："在看到学校前四届微电影节精彩片段剪辑视频时，我很激动；在看了同学们走红毯的盛况，了解了你们的作品后，我不仅激动，而且非常震撼，你们热烈的青春朝气深深感动了我，你们作品题材的广泛性，你们综合运用多种表现手法的娴熟程度都令我深深震撼。在人人都是媒介的时代,对学生进行视频传播能力和媒介素养的培养,郑州二中是恰逢其时、与时俱进的。"

(二) 创客教育、TEDx 郑州等激发学生"有为"愿望

郑州二中创客教育项目是以创新人才培养为最终目标,旨在"以学带用、以用促学",即以应用创造激发学生的学习兴趣,用所学知识解决创造过程中的难题。学校根据《郑州二中创客教育课程开发实施方案》,开发实施了多种课程供学生选择学习。创客课程是校本课程,是面向全体学生、培养学生创造性个性的课程。在学校课程体系中,创客课程一定是不可或缺的课程。在郑州二中的创客课程中,既有面向全体学生的普及性课程,也有满足不同学生群体需求的课程,每一位学生都有属于自己的课程。在课程实施方面,我们开展了基于项目的学习活动,即有专门的课程、在教师的指导下的基于项目的学习。创客课程同时也是基于学生的突发奇想的活动课程,鼓励学生奇思妙想式的实践学习,探索跨界多样化的学习方式。创客教育课程体系的开发着眼于促进学生学习方式的变革,由单一性转向跨界多样性,由片面学习转向全面学习。通过参与性学习、体验性学习、探究性学习和实践性学习等方式,让学习回归自然性,促进学生知识与技能、过程与方法、情感态度与价值观的整体发展。

学生在创客课程中发挥聪明才智制作精美的作品,在各种科技创新大赛中获得的优异成绩,这些都增强了他们对于创新、创造的热爱。在成长过程中,学生战胜一个个困难形成的强大意志,协同作战中形成的团队合作意识,基于项目学习形成的科学素养和品质都会让他们受益终生。

创客教育让学生们在实践中获得能力,形成品质,而 TEDx 郑州则让同学们在聆听、分享社会各个领域杰出人物的思想、智慧、经验中获得成长的动力,思想的启迪,智慧的增长,眼界的提升。

TED 于 1984 年由理查德·温曼和哈里·马克思共同创办,从 1990 年开始每年在美国加州的蒙特利举办一次,如今,在世界的其他城市也会每半年举办一次。它邀请世界上的思想领袖与实干家来分享他们最热衷从事的事业。TED 是目前世界上最具号召力、影响力的演讲平台之一,世界上各行各业的精英人物都以在 TED 上传播思想、表达见解、分享故事作为人生荣耀。比尔·克林顿、比尔·盖茨、珍妮·古道尔、

U2 乐队主唱 Bono……都曾经担任过演讲嘉宾。TEDx 是由 TED 衍生而来,是一种本地化的、自行组织的活动,它可以把人们聚集到一起来分享类似于 TED 的经历和体验。

TED 大会是郑州二中为培养创新人才而搭建的一个开放性平台,每半年举办一次,学生自主申报,层层评选,最终确定参加演讲学生名单,分享他们在科学、技术、教育、文化等方面的看法。同时邀请社会名流参加演讲。从 2013 年开始郑州二中已经连续举办 5 场演讲。2013 年 TED 官方将郑州二中举办的级别批准为 TEDx 郑州二中,2016 年 3 月 TED 官方将郑州二中升格为 TEDx 郑州,成为区域演讲大会。TEDx 郑州助力郑州二中学生成长、发展、创新,推动学校的课程建设、创客教育以及国际化进程,成为郑州二中学生自主发展、快乐成长的高品质平台,也成为郑州对外交流的多样化平台之一。从 2016 年至 2019 年连续四届 TEDx 郑州大会,都有郑州二中学生代表在大会上分享交流。

第五节　学校现代化发展的成效与展望

一、成效

（一）办学水平全面提高

培养全面而有个性的创新人才,"健康、博爱、有为"的育人目标得到了很好的落实。在全面发展方面,健康的心理和健康的体魄成为学生全面发展的显著特征。学生初步形成了爱祖国、爱人民、爱劳动、爱科学、爱社会主义的思想和情感,初步形成了社会主义核心价值观;学生主动学习、个性化学习已经成为一种常态,分析问题、解决问题的能力显著提升。在个性发展方面,学生拥有自觉的自我意识,自我教育,自我管理,自主发展成为郑州二中学生的特有标签;在美的指引下,学生努力追求自身真善美;对生活的认识不断深化,敢于选择,学会选择,并培养自身的责任感和行动力。

在开放办学理念引领下,在教育创新的实践中,在学生发展的同时,教师也得到了同步发展。教师的职业幸福指数不断上升,专业能力持续提高,实现向研究型教师的转变,高素质、专业化、创新型教师队伍正在逐步形成。近三年,国家级课题结项3项;省级课题结项10项;市级重点课题立项5项,一般课题立项28项,专项课题立项14项;获省级成果一等奖5项、二等奖2项,市级一等奖11项、二等奖11项等。王瑞老师出版了《移动学堂改变课堂》《开放办学的理论与实践》,姜波老师出版了《新师说:"互联网+"怎么加》,陈胜老师出版三本共计55万字的著作。

在开放办学过程中形成和发展了学校的主流文化,这种文化是根植于学校的光荣传统,同时又有鲜明的时代印记,这个主流文化就是:为党培养人,为国家培养人,培养健康、博爱、有为的人,为教育事业勤奋终身。在这个主流文化引领下,学校形成了浓厚的教书育人、立德树人的文化氛围,展现出了领导勤政,教师勤业,学生勤学的精神面貌。在"勤"文化的熏陶和影响下,师生把自主发展当做自身成长和发展的自觉行动,师生发展的巨大潜力得到激发。

(二)办学特色进一步凸显

2017年郑州二中被河南省教育厅确定为首批河南省普通高中多样化发展示范学校,教育信息化是多样化发展的特色内容。到目前为止,学校形成了以教育信息化、创客教育、校园足球为核心的办学特色,促进了学校多样化发展。

学校荣获河南省中小学德育工作先进集体,学校德育案例入选全国中小学德育工作典型经验名单;人民日报、光明日报、半月谈、新华网、中国网、中央电视台、中国教育报、郑州日报等主流媒体都先后报道了郑州二中开放办学,推进教育现代化的实践探索,给予很高评价;学校创新教育案例《系统化创新驱动学校全面发展——河南省郑州市第二中学的实践》编入《中国高中阶段教育发展报告(2016—2017)》一书。

二、展望

中国历史进入新时代,社会主要矛盾发生关系全局的历史性变化。人民群众对教育的需求更为多样,必须顺应人民群众的期盼,加快发展更加公平、更高质量、更具个性的教育。

辩证唯物主义认为，内因是事物变化的根本原因，外因是通过内因而起作用的。对于学生发展来说，学生自主发展是内因，学校营造健康环境是外因。学校作为培养社会主义建设者和接班人的主战场，承担着为国育才、为党育人的责任和使命。我们应该为广大学生营造一个价值观鲜明、开放、宽松，适宜创新人才脱颖而出的成长环境。

2018 年河南省第一个人工智能创新班的开设，宣告了学校信息化创新班步入 2.0时代，也预示着郑州二中即将步入开放办学的第四阶段。未来的重点是课程、教学流程的重塑再造，创新深化，抢抓机遇，迎难而上。让教学更智能，学生更个性，学习自适应。

2019 年新校区的建设、新优质初中建设为学校的发展提供了新的机遇，长期困扰学校的办学空间狭小、教学资源有限、信息化基础亟待更新、数据需更广泛应用等问题将会逐一解决。开放的校园和政策机遇将给广大学生提供更加人性化、个性化、多样化的教育引领和成长平台。

结语

2019 年 6 月 1 日，一个叫孙宇晨的青年成为网红热搜，看到他的成长经历，我陷入重复多次的思考：

如果郑州二中有幸遇到这样一个孩子，他是否还能成为今天的孙宇晨？

学校是否做好了准备，关注他，支持他，成就他；而不是扼杀他，限制他，束缚他。

如果没有做好准备，就扩大开放力度，放眼世界，整合资源，改变观念，优化生态，倾尽全力。即便是因条件所限无力改变现状，索性打破藩篱，解放思想，果断放手，鼓励自主，乐观其成，这既是放开，也是一种开放。

近百年前，著名教授林砺儒兼任北京高师附中校长的就任演说中，他就曾批驳了中学教育不过是通往大学之路这样的谬见。林教授很精辟、形象地说："若有人问我中学毕业生做什么，我就说也不为士，也不为农，也不为工，也不为商，是为人：可为士，可为农，可为工，可为商的人。"

郑州二中坚持开放的价值在于：让每一位师生出彩，成为党和国家需要的人。

参考文献

［1］刘亚敏.大学发展中的开放与封闭：系统论的视角[J].现代大学教育,2006
（1）：14-17.

［2］李凡长,赵雷,孔芳,等.多维度协同教育理论与方法[M].北京：科学出版
社,2016.

［3］杨俊.马克思主义人的全面发展理论及其对新时代素质教育的启示研究
[D].重庆师范大学,2019.

［4］季翠兰.人本主义教育学习理论对我国当前教育模式的启示[J].文渊(高
中版),2019(1)：341.

第三章

基于育人目标的学校
课程体系建设

第一节　学校教育思想和育人目标的确立

21世纪是以知识的创新和应用为主要特征的知识经济时代,科学技术的迅猛发展,国际竞争的日趋激烈,社会的信息化,经济的全球化,使创新精神和实践能力成为影响整个民族生存状况的基本因素。因而21世纪将是教育和学习起核心作用的时代。在加快课程改革,变革教学过程,构建全面育人体系,全面推进素质教育的教育教学实践中,校长所倡导和实践的教育思想和办学理念起着至关重要的作用。苏霍姆林斯基就校长如何领导一所学校说过一句很经典的话,那就是:"领导学校,首先是教育思想上的领导,其次才是行政上的领导。"他还进一步指出:"没有教育思想的领导,也就没有校长。"显然,"教育思想的领导"无疑是一名校长的核心价值所在。因为校长的教育思想和办学理念是治理学校的前提,是一所学校发展的理想,它旨在体现新时代的特征和学校的特色。

理念,是人们经过长期的理性思考及实践所形成的思想观念、精神向往、理想追求和哲学信仰的抽象概括。教育思想,是教育主体在教育实践及教育思维活动中形成的对教育的理性认识和主观要求。它渗透着人们对"理想教育"的价值取向或价值倾向的向往、追求和观念。办学理念,是教育思想的子概念,是校长基于"办什么样的学校"和"怎样办好学校"的深层次思考。办学理念从某种意义上说,就是学校生存理由、生存动力、生存期望的有机构成。从内容上讲,包括学校理念、教育理念、教师理念、治校理念等;从结构上讲,包括办学目标、工作思路、办学特色等。办学理念的功能就是要回答学校的全部活动所涉及的三个基本问题:为什么? 做什么? 怎么做? 这三个问题的答案共同解决了学校的终极问题:学校是什么?

一、育人目标：培养全面而有个性的创新人才

学校最核心的任务就是立德树人、教书育人,育人目标的确立是学校教育价值追

求的具体体现,因此在学校办学思想体系中具有先导性。

(一) 育人目标的确立

郑州二中育人目标的确立是一个动态发展的过程,体现了时代性和发展性,在2016—2018 年学校三年发展规划中第一次明确了"培养全面而有个性的创新人才"的育人目标。

学校确立的育人目标与国家的育人目标相比具有相同和不同之处。

国家的育人目标是:"培养德智体美劳全面发展的社会主义建设者和接班人",依据是 2018 年习近平总书记在全国教育大会上的讲话和《国务院办公厅关于新时代推进普通高中育人方式改革的指导意见》(国办发〔2019〕29 号),这两个文件均明确提出了"培养德智体美劳全面发展的社会主义建设者和接班人"的育人目标。

作为学校的育人目标,我们保留了国家育人目标中"全面发展"的"全面"的意蕴内涵,增加了"个性"和"创新人才"的要素。这个育人目标的特点一是在办学定位上学校的育人目标的标准高于国家的基本标准,这是由郑州二中"河南省示范性高中""首批河南省普通高中多样化发展示范学校"的办学层次以及地处国家中心城市郑州的区域地位决定的;二是由学校的教育思想、办学理念和办学特色决定的,体现了中国特色社会主义在新时代发展的现实需要和教育现代化的发展方向,体现了"面向现代化,面向世界,面向未来"的教育主张。

学校的育人目标"培养全面而有个性的创新人才"中,"全面"发展是指培养受教育者在德、智、体、美、劳等方面都得到发展。"个性"发展是指个体在需求、生活习惯、性格、能力、兴趣、价值观念等方面形成稳定的心理特征。全面发展不是全才发展,不影响个性发展。全面发展与个性发展之间在逻辑和哲学上不是对立关系,而是辩证统一的关系:全面发展是个性发展的基础与前提,个性发展是在全面发展基础上的选择性发展。创新人才是在全面发展基础上的个性发展的结晶。

我们对创新人才也进行了界定:仅有创新意识和创新能力还不能算是创新人才,创新人才首先是全面发展的人才;个性的自由独立发展是创新人才成长与发展的前提,作为工具的人、模式化的人和被套以种种条条框框的人不可能成为创新人才;当代社会的创新人才,是立足于现实而又面向未来的创新人才。

（二）全面发展与个性发展

1. 全面发展

马克思主义认为，人的发展的最高境界是人的自由全面发展，是人的本质的真正实现，共产主义社会是"以每个人的全面而自由的发展为基本原则的社会形式"。马克思主义人的本质理论中所说的人，是现实的人、具体的人、实践的人。在马克思主义看来，人的发展不仅是社会发展的内在要求，而且是社会发展的最终体现。

实现人的自由全面发展，必须解决好人的个体发展和社会发展的关系。实现个人的自由全面发展，不仅要以社会发展形成为前提，将个体的人置身于社会关系之中，使人通过合理的社会制度、正当的社会调控、良好的社会秩序，不断突破固有的社会关系，获得发展的空间、条件和可能，以社会关系的不断丰富和发展推动人的自由全面发展。

习近平总书记多次深刻指出要"不断促进人的全面发展"。这是对马克思主义"人的全面发展"理论的继承和发展，是习近平新时代中国特色社会主义思想的重要内容，也是实现中华民族伟大复兴的根本之所在。在全国教育大会上习近平总书记强调，坚持中国特色社会主义教育发展道路，培养德智体美劳全面发展的社会主义建设者和接班人。

人的全面发展理论，要求我们的教育必须是全面发展的教育，也就是德育、智育、体育、美育、劳动技术教育全面发展的教育。德智体美劳全面发展，既是对人的素质定位的基本准则，也是人类社会教育的趋向目标。

2. 个性发展

20世纪70年代，美国的教育发生了重大的改革，把知识技能放在第二位，而把个性的发展，关注创造性的发展，关注人的尊严、自信等作为教育价值的取向。这一转变，带来的是美国经济持续高速发展。其实社会的发展从根本上决定人的发展，以人为本应该是现代教育最基本的理念。

所谓个性，是指人的意志特征、情绪特征、理智特征、思维和实践能力及其对现实态度的独特的总和，它涵盖了生理的、心理的、社会的等不同层次，简而言之，个性就是"不像任何其他人"，也是个人的一些意识倾向与各种稳定而独特的心理特征的总和。努力发展人的个性，使每个人都能得到全面的发展，这可以说是无数先哲导师们的美好愿望。因此,发展个性问题,不但是学校教育的重大课题,而且也是社会发展的一个重大课题。

学生的个性是在不断成长、不断发展中的,对于他们的个性培养是一项非常复杂、细致又非常艰巨的教育工作。学生个性的发展与培养,不是一次性的,也不能一部分一部分地组合去完成,要培养学生的个性,就要按照发展的观点、整体的观点,在不断发展、变化的过程中培养学生的个性,发展学生的个性特点。心理学告诉我们,学生的智力发展和思维变化,是按一定规律向前发展的,在这个发展过程中,他们的个性都能得到发挥。因为任何一个人自出生以来,就有一颗能生长出个人兴趣爱好的幼芽,这种幼芽早在少年初期就会顽强地萌发出来。要使个性的活力得到充分的发挥和滋养,就要使之在不断的学习过程中,逐步成长和进步,以形成完美的人格。

学生的个性发展,不单只是简单向复杂的扩展,而且也能从具体向抽象深化,由思维表面性向思维的深刻性过渡。个性就本质来讲,就是人对事物的看法,对客观规律的深刻性、全面性、准确性的认识。虽然学生的气质和素质很不相同,看法也各异,但其对本质问题、规律性问题,认识的深度和把握的程度,则是衡量一个人个性特征最重要的尺度。因此,我们不断地发展学生的个性,就是使他们从具体形象到概括抽象,直到逻辑规律的理性升华,使他们的思维从低级向高级发展,从而成为一个思维活跃、思路开拓、具有创新精神的人才。

二、 学生形象: 健康、博爱、有为

学校育人目标的确立体现了学校的教育思想和价值追求,而学生形象的确立是对育人目标的形象化表达,是从学生基本素质和关键能力角度对育人目标进行操作性、实践性解读,是对学校育人目标的多角度阐释。我们把学生形象"健康、博爱、有为"与中国学生发展核心素养进行了比较和关联,认为"健康、博爱、有为"涵盖了核心素养的全部内容,是对核心素养的高度提炼和校本化、特色化表达。

以下是中国学生发展核心素养确立的六大学生核心素养:

文化基础

文化是人存在的根和魂。文化基础,重在强调能习得人文、科学等各领域的知识

和技能,掌握和运用人类优秀智慧成果,涵养内在精神,追求真善美的统一,发展成为有宽厚文化基础、有更高精神追求的人。

1. 人文底蕴。主要是学生在学习、理解、运用人文领域知识和技能等方面所形成的基本能力、情感态度和价值取向。具体包括人文积淀、人文情怀和审美情趣等基本要点。

2. 科学精神。主要是学生在学习、理解、运用科学知识和技能等方面所形成的价值标准、思维方式和行为表现。具体包括理性思维、批判质疑、勇于探究等基本要点。

自主发展

自主性是人作为主体的根本属性。自主发展,重在强调能有效管理自己的学习和生活,认识和发现自我价值,发掘自身潜力,有效应对复杂多变的环境,成就出彩人生,发展成为有明确人生方向、有生活品质的人。

3. 学会学习。主要是学生在学习意识形成、学习方式方法选择、学习进程评估调控等方面的综合表现。具体包括乐学善学、勤于反思、信息意识等基本要点。

4. 健康生活。主要是学生在认识自我、发展身心、规划人生等方面的综合表现。具体包括珍爱生命、健全人格、自我管理等基本要点。

社会参与

社会性是人的本质属性。社会参与,重在强调能处理好自我与社会的关系,养成现代公民所必须遵守和履行的道德准则和行为规范,增强社会责任感,提升创新精神和实践能力,促进个人价值实现,推动社会发展进步,发展成为有理想信念、敢于担当的人。

5. 责任担当。主要是学生在处理与社会、国家、国际等关系方面所形成的情感态度、价值取向和行为方式。具体包括社会责任、国家认同、国际理解等基本要点。

6. 实践创新。主要是学生在日常活动、问题解决、适应挑战等方面所形成的实践能力、创新意识和行为表现。具体包括劳动意识、问题解决、技术应用等基本要点。

（一）基本定义

"健康"指身体健康和心理健康以及智力、人格、情感、意志等方面的健康。健康是基础性素养。

"博爱"是品质、境界,也是能力、胸怀。博爱以爱人为基础,涵盖爱集体、爱祖国、爱人民、爱生命、爱人类的生存环境、爱大自然、爱人类的劳动创造、爱文明进步、爱一切真善美的事物。博爱是健康基础上的升华。

"有为"的核心内涵是自立自强、主动进取、勇于担当。"有为"的逻辑内涵是："有为"的观念、意志、品质——"有为"的能力、本领；"有为"的行动目标应该是有层次的：有所作为的人——大有作为的人——改变世界的人。"有为"是在"健康"和"博爱"基础之上的行动表达，强调了社会参与的精神，

（二）与核心素养的关联

1. "健康"的内涵及其与"自主发展"的联系

（1）"健康"的内涵

"健康"在毕业生形象中处于基础性地位，"健康"不仅仅是身体健康，还包括心理健康、道德健康等。

世界卫生组织提出"健康不仅是躯体没有疾病，还要具备心理健康、社会适应良好和有道德"。现代人的健康内容包括：躯体健康、心理健康、社会健康、智力健康、道德健康、环境健康等。健康是人的基本权利，健康是人生的第一财富。

在第三届国际心理卫生大会上，心理健康被定义为：个体的心理活动处于正常状态下，即智力正常，情感协调，意志健全、人格完整、人际关系和谐、心理特征符合年龄特征，并与社会协调一致，能够充分发挥自身的最大潜能，以适应生活、学习、工作和社会环境的发展与变化的需要。

综上所述，"健康"的内涵包括身体健康和心理健康以及智力、人格、情感、意志等方面的健康。

（2）"健康"与"自主发展"的联系

"自主发展"素养包括"学会学习"和"健康生活"两个核心素养。在上述"健康"内涵清晰的基础上，"健康生活"的含义也就清楚了，它是"自主发展"的基础性素养。关键的问题就是"学会学习"和"健康"有什么关联，"自主发展"从整体概念上与"健康"有什么关联。

从整体概念来说，自主发展是指学生在逐步学会自我教育的基础上的主动发展，学生的独立性、主动性和创造性得到充分发挥，产生自觉接受教育的内在动机，实现主

动、和谐、全面的发展,为学生的终身发展奠定良好的基础。

学校教育就是要充分相信学生具有自我完善,自我发展,自我追求的迫切愿望,引导学生进行正确的自我认知和自我调整,发挥学生的主观能动性,激发学生潜力,促进学生自我管理、自我教育和自我服务能力。

因此,"自主发展"的核心要素是健康身体和健康心理问题,健康心理的核心问题是"认识自我、发展自我、完善自我"。

"认识自我"这四个字是镌刻在古希腊戴尔菲城那座神庙里的唯一碑铭,犹如一把千年不熄的火炬,表达了人类与生俱来的内在要求和至高无上的思考命题。尼采曾说:"聪明的人只要能认识自己,便什么也不会失去。"事实上,每个人都有巨大的潜能,每个人都有自己独特的个性和优势。"学会学习"实际上就是学会认识自我以及学会认知的过程,包括我为什么要学习? 我能够学习什么? 我适合学习什么? 我怎样学才能学好? 等,即使是"元认知"即关于认知的认知,也是认识自我的过程。

因此,"健康"与"自主发展"具有高度的关联。

2. "博爱"的内涵及其与"文化基础"的联系

(1)"博爱"的内涵

"博爱"是在"健康"基础之上的升华,"博爱"是品质、境界,也是能力、胸怀。博爱是以爱人为基础,包括爱集体、爱祖国、爱人民、爱生命、爱人类的生存环境、爱大自然、爱人类的劳动创造、爱文明进步、爱一切真善美的事物。

总之,博爱是一种崇高的爱。

(2)"博爱"与"文化基础"的联系

"博爱"的品质和能力不是与生俱来的,是可以培养的;学生的"文化基础"素养的价值指向其实就是"博爱"的高尚品质。

核心素养体系把"文化基础"分为"人文底蕴"和"科学精神"两大素养,把两大素养相提并论,非常准确地把握了人文精神素养与科学精神素养的重要作用,以及两者统一协调发展的重要意义。

人类的行为既要合目的性又要合规律性,人文为其合目的性提供基础,而科学则为其合规律性提供基础,两者互补才是行为合理性的保证。然而,科技的迅速发展给人类带来巨大财富的同时,也给人类社会造成了许多道德、伦理、贫富、环境等问题。

于是,历史上的科学主义者和人文主义者以形而上学的态度各执一端,认为科学精神与人文精神是完全不同的,因而也是分离的。

实现科学精神与人文精神的统一,要从"培养什么样的人,怎样培育人"的高度出发,在教育实践中确实把人文素质教育摆在更加重要的地位,把科技教育与人文教育统一起来,使科学精神与人文精神在具体的受教育者的精神世界里统一起来。

知识经济的综合性,要求现代教育必须是文化科学教育、思想道德教育和能力培育为主要内容的综合性教育,必然要求科技教育与人文教育的统一。

学生人文底蕴和科学精神相统一的素养的培养,最终的价值取向是培养学生"博爱"的情怀、"博爱"的责任以及实现"博爱"情怀、责任的科学精神。

3. "有为"的内涵及其与"社会参与"的联系

(1)"有为"的内涵

"有为"是在"健康"和"博爱"基础之上的行动表达,强调了社会参与的精神,契合了中国文化中积极入世的思想。核心内涵是自立自强、主动进取、勇于担当。

(2)"有为"与"社会参与"的关联

"社会参与"包括责任担当、实践创新两大素养,又具体分为社会责任、国家认同、国际理解,劳动意识、问题解决、技术应用六个基本点。"责任担当"对应的是"有为"的进取意识和担当意识,"实践创新"对应的是"有为"的能力、本领。"有为"与"社会参与"的内涵是完全一致的。两者相辅相成,共同诠释了"社会参与"基本素养的核心内涵。

2013年五四青年节到来之际,习近平主席同各界优秀青年代表座谈,他强调,展望未来,我国青年一代必将大有可为,也必将大有作为。广大青年要勇敢肩负起时代赋予的重任,把理想信念建立在对科学理论的理性认同上,建立在对历史规律的正确认识上,建立在对基本国情的准确把握上,永远紧跟党,高高举起中国特色社会主义伟大旗帜,自觉树立和践行社会主义核心价值观,努力使自己成为祖国建设的有用之才、栋梁之材。

习主席的这段讲话深刻地阐明了"有为"与"社会参与"之间在当代的密切关系,其中"肩负起时代赋予的重任"强调了担当意识、参与意识;"把理想信念建立在对科学理论的理性认同上,建立在对历史规律的正确认识上"强调了"有为"的能力、本领;"努力使自己成为祖国建设的有用之才、栋梁之材"强调了"有为"的目标,以及"国家认同"的素养。

三、核心办学思想:开放办学

开放办学是学校具有统领作用的核心办学思想,是针对传统封闭式办学而提出的,力图通过开放、多元、弹性、自主的办学机制和模式,最大限度地促进学生的全面发展与个性发展的办学思想和办学方式。

开放是胸怀,也是战略,中国教育的发展史,是从封闭走向开放的漫长历程。坚持开放办学,既体现了一所学校高瞻远瞩的视野、兼容并蓄的气度、海纳百川的胸襟,也代表了现代学校激发办学活力、拓展发展空间、实现育人目标的战略选择。

开放办学是一个相对于封闭办学而言的老话题,人们习惯理解为走出去、请进来、对外交流等。其实这些只是开放办学的部分手段或形式,在当今基础教育日趋国际化和信息化的新形势下,我们必须以立德树人价值观为指导,从更宽广的角度和更深的层次上把握其本质内涵,以更好地指导我们的办学实践。

"教育"的英文单词 Education 是苏格拉底发明出来的,是三个词根的拼写,前面那个"E"是向外的意思,"duce"是引导,"tion"是名词,引导出来。所谓的教育就是把一个人的内心真正引导出来,帮助他成长成自己的样子。

因此,教育的本质实际上就是引导学生从封闭走向开放,从认识自我到认识他人、认识自然和世界。与其说开放办学的实施是一种教育的创新,不如说开放办学的实施是一种教育的回归。

学校从 2010 年开始实施开放办学活动,从最初的"天天开放日"的"开门办学",到"移动自主学堂"的"开放课堂",再到后来的"做中学、创中学"的"创客教育",郑州二中开放办学的思想和行动越来越成熟,越来越具有统领性、指导性和可操作性。

四、办学理念:自主发展,快乐成长

郑州二中"自主发展,快乐成长"的办学理念是以学生的发展和成长为最终价值追

求,以"自主"为成长和发展的主要途径,以"快乐"为学生发展和成长的生存状态,这种办学理念实际上是一种培养学生核心素养的教育思想的校本化呈现方式,体现了"立德树人"的基本思想,以及高度的社会责任感和使命感,是"从育分走向育人"的具体实践。

"自主发展,快乐成长"的办学理念尊重体现的是教育的人文精神,引领体现的是教育的科学精神,快乐理念和发展目标的统一。快乐有多种多样,但最终还是要跟学校的发展目标统一起来,使师生在实现各自发展目标的过程中充满快乐的体验,而不是为快乐而快乐。

2020 年 3 月郑州二中初、高中分级管理之后,郑州市第二高级中学将"自主发展,快乐成长"修改为"自主发展,健康成长",以适合高中阶段教育的目标和任务。

教育是为了促进人的发展,个体的能动性是人的发展的重要因素,教育工作者的主要责任,就在于挖掘、激发和调动每一个受教育个体的能动性,使他们能够成为自主发展的人。

我们相信"每一个学生都是核燃料"。我们提出教育的价值追求是致力于每一位学生的发展,让每一位学生成为他自己。学生在个性发展中培养自主人格和创新精神。我们要给每一位学生装上自主发展的发动机。

具体来说就是培养学生自我认知的观念、自我控制的习惯、自强不息的志向,树立自主精神;使学生具备"学会做人、学会生存、学会学习"的自主能力,掌握合作学习、探究学习、研究性学习等自主学习方法;学会自主选择,追求自主发展,促成自主发展的行动;帮助学生形成自主人格和创新精神,为学生今后自我实现打下基础。

郑州二中坚持贯彻"最好的学校是自主发展的学校,最好的学生是自主发展的学生,最好的老师是自主发展的教师"的基本理念。

我们的基本做法:一是培养学生自主学习的意识和能力,通过构建移动自主学堂,让学生懂得自主学习的意义和方法,规范学生的学习流程,学会基于任务的学习、基于问题的学习、基于项目的学习等深度学习的方法;二是培养学生学会时间管理,科学运用时间,把正式学习和非正式学习有机结合为一个整体;三是多给学生一些时间和空间,让学生在自主实践中,去尝试、体验、探究、感悟,为创新人才脱颖而出创造适合的土壤和温度;四是培养学生的信息化素养,让学生学会数字化学习环境下的自主学习,在利用网络自主探究、个性化学习的过程中提升综合素养;五是为学生开设丰富的校本课程,让学生在选课学习过程中得到个性发展;六是为学生搭建多样化的体验和展示平台,如社团活动、创客空间、TEDx郑州、微电影节、艺术节、科技节等,让学生在展示和体验中自主发展,快乐成长。

五、 发展战略: 信息化、国际化、自主化

"信息化、国际化、自主化"是根据邓小平"三个面向"的教育理论而提出的郑州二中的发展战略,也是三大行动方案:"信息化"对应的是"面向现代化","国际化"对应的是"面向世界","自主化"对应的是"面向未来"。三个面向就是我们追求的未来教育的发展方向。

构建了数字化学习环境下的移动自主学堂,形成了"四课型渐进式自主学堂"的有效教学形态,转变教师的教学方式和学生学习方式,实现了课堂教学的变革;网络学习空间人人通工程实现了学生正式学习与非正式学习、拓展学习与深度学习的常态化进行;建设了未来教室、智慧广场等数字化环境的新型教室;开展创客教育、生涯教育,提升了学生的创新精神和实践能力。

我们建立了国际部,开展国际理解教育和国际交流,与美国托马斯·杰弗逊科技高中、美国加州汇点高中等学校结为姊妹学校,拓宽了学生的国际化视野。

郑州二中围绕学生终身发展,围绕学生主体地位,在教学中进行了学生自主学习的课堂教学转型探索。在"自主发展,快乐成长"理念引领下,学生社团风生水起,TEDx郑州享誉中原,学生管乐团声名鹊起,校园足球长盛不衰,微电影、创客成为学生成就自我的绚丽舞台。在自主发展的大旗下,郑州二中焕发出勃勃生机。

六、 学校文化:"勤"文化

"勤"文化是郑州二中的校园文化,是学校建校八十年以来积淀下来的最宝贵的文化,也是目前郑州二中承前启后、继往开来,做面向未来教育的最宝贵的精神力量。"勤"文化彰显了学校的专业精神。

"勤"是勤勉、勤谨的人生态度,"勤"是鞠躬尽瘁死而后已的责任心和事业心,"勤"是敬业、精业的职业精神,"勤"是勤廉、勤政的公仆情怀。"勤"是绩的基础,"勤"是德的外显,"勤"是能的源泉。"勤"字代表了郑州二中的核心文化,学校领导要勤政,教师要勤业,学生要勤学。"勤"文化倡导的是闻鸡起舞的奋起与进取,是鞠躬尽瘁的殚精竭虑。

《尚书·周书》中说:"功崇惟志,业广惟勤。"2013 年 3 月 17 日,中国国家主席习近平在十二届全国人大一次会议闭幕会上发表讲话。习近平说:"功崇惟志,业广惟勤。我国仍处于并将长期处于社会主义初级阶段,实现中国梦,创造全体人民更加美好的生活,任重而道远,需要我们每一个人继续付出辛勤劳动和艰苦努力。"习主席的这段讲话,就是对"勤"文化最好的解释。实现中国梦需要"勤",实现教育梦需要"勤",实现郑州二中的振兴之梦同样需要"勤"。

习近平主席在 2017 年新年贺词中指出:"上下同欲者胜。只要我们 13 亿多人民和衷共济,只要我们党永远同人民站在一起,大家撸起袖子加油干,我们就一定能够走好我们这一代人的长征路。"习主席的这段讲话鲜明地揭示了"勤"文化的两个核心要素"同心同德"和"埋头苦干",即习主席所说的"上下同欲"和"撸起袖子加油干"。"上下同欲"指的是"勤"文化的共同的目标、愿景意识、团队、团结意识。因为"勤"文化作为一种文化现象,就是社会性的、群体性的、组织性的,而相同的目标追求和强大的凝聚力、向心力是形成良性文化的基础要素,因此"上下同欲"是"勤"文化的一个核心要素。"撸起袖子加油干"指的是"勤"文化的苦干、实干意识,勤勉、勤谨意识,这是"勤"文化的第二个核心要素。这两个核心要素的关系也可以用"想和做"来概括:既要有共同的思想、理念,又要有共同的行动、作为。"想和做"如同鸟之两翼、车之双轮。离开了"想"的"做"是盲目的"勤"、无序的"勤"、无效的"勤",离开了"做"的"想"是虚无的"勤"、幻想的"勤"、有缺陷的"勤"。

郑州二中的"勤"文化倡导的是远离"急功近利""浅尝辄止""华而不实",摒弃"快餐"式读书、"粘贴"式做事,避免成为"头重脚轻根底浅,嘴尖皮厚腹中空"的人。

学校通过有效的教育活动使之成为师生的行为方式,通过多视角、多层面的"勤"文化建设,弘扬"勤"文化精神,使其成为师生追求的思想境界。

学校主要做法:一是创设有形的"勤"文化环境。在教学楼大厅制作大型"勤"文化浮雕,在 LED 大屏幕上持续播放"勤"文化内涵阐释,在会议室、教室等场所创设

"勤"文化氛围。二是追求有序的"勤"文化目标。学校领导做勤学习、勤调研、勤服务、勤协调、勤创造的创新型干部,教师做勤学习、勤实践、勤反思、勤合作、勤创造的创新型教师,学生做勤学习、勤劳动、勤锻炼、勤思考、勤创造的创新型学生。三是践行有为的"勤"文化精神。学校将育人目标分解为健康、博爱、有为,有为是学校、教师、学生共同追求的能力和作为,在"勤"文化的引领下,在践行"勤"文化的过程中相信每个师生都会大放光彩、有所作为的。

第二节 构建学校课程体系的价值方向和基础性框架

一、 学校课程体系构建的当代指向

课程作为教育的重要载体,其指向无疑是培养全面发展的人,但对此必须做进一步的阐述。马克思主义所讲的全面发展的人,是针对现代性问题而提出的,描述的是一种理想,即政治消亡社会中的一种自由而全面的而不是被奴役而造成的片面发展,因此在当代现实社会中,何为人的全面发展必然会有政治限度下的内涵,具有明显的现实性和时代性。这个问题在当代中国,面临两个至关重要的时代背景,而这两个背景给人的全面发展注入了重要的内涵。

第一个是新时代中国特色的社会主义思想与中国特色社会主义道路、制度、模式、文化,规定了"全面发展的人"的政治内涵,也规定了人的全面发展的水平和特色。社会模式决定了教育模式,当代中国教育模式由中国特色社会主义道路模式所决定。教育的内涵首先是政治教育,即培养政治的人的教育。核心素养的"核心"总是具有普遍的、基础性的、社会性的特点。当然核心素养或关键能力也照顾到了个体生命成长的需要,但这种照顾仍然要在政治教育的框架内进行,这是教育也是课程设置的根本哲学所在,即课程设置总是社会提出来的标准。课程设置的社会性同时也就具有了普遍性和基础性。这些特点在当代集中表现为明确的课程方向,即我们的课程一定是具有培养中国文化和中国价值的人,培养实践社会主义核心价值观的人,为中国特色社

主义制度和社会主义现代化建设培养人。

第二个是新技术的发展,特别是人工智能的发展,正在深刻改变人的学习方式、生活方式,对人的教育以及未来发展带来难以预测的冲击,包括两个方面,即影响和改变人的学习方式,甚至教学方式,以及改变人类劳动和社会模式,进而对人的素养培养提出要求。我们可以预计不久的将来人工智能代替人类的重复性劳动和工作,进而影响劳动力市场,甚至对人类社会模式产生深刻影响。这对教育意味着什么? 是否意味着教育必须关注于培养超越智能机器人的人? 或许技术可以在教育中获得很好的应用,包括改变课程样式、教学方式,但是技术对于培养什么样的人这一首要问题是否能产生根本性的影响还值得怀疑,除非技术改变了社会模式。值得仔细区分的是,技术的发展虽然可以改变教育模式,但未必就显著地改变教育的基础性内容,比如机器人代替了人的操作,导致操作工的大量减少,但这并不意味着操作技能的培养就不需要了。事实上,动手能力和实践能力培养仍然是教育的重点内容。因此教育的真谛和本质还是没有改变,也不应当改变。这个真谛就是,教育是培养人性的。人性有两点:一是人的灵性,即创造性,这是人独有的;二是人的情感性,包括人对自然、社会和世界的关系认识,以及由此及彼的对人自身的认识,进而获得生存和幸福。也因此,创新工场董事长李开复在2017年中国企业领袖年会上说,未来人类的工作就是创造型和关爱型。这正是基于对人性的认识,而技术发展强化了这一认识,对人的创造性培养提出了越来越强烈的要求。因此课程也必须大力增强与此相应的指向性。这也就是我们越来越强调人的直觉力、好奇心和想象力等创新能力培养的原因。

但我们经常讲的创新人才培养,绝对不能简单理解为创新能力的培养,必须看成是完整的人的培养。人在知识和能力的培养过程中,如果不能超越知识、能力,如果不能获得个体意义的丰富,就一定会迷失自我。

二、 学校课程体系构建的三个基点

关于课程的分类有多种,而学校课程体系的构建也是丰富多彩的,但是就基础教育而言,学校课程体系还是应当有基础性的框架,具有明确的方向。那么,应当根据什么样的基点呢?

基点的核心当然是课程的对象即人的培养。学校课程体系构建,显然是为培养人服务的,但人的存在归根结底是一种政治性的存在,为此首先必须落实国家课程意志。任何课程都是国家意志的体现,都具有政治性,国家设置统一的基础性课程的目的也在于国家要培养所需要的人才。同时人也总是在个体生命的成长中实现社会性,因此,课程还必须指向人的个性化成长。从这个意义上讲,学校课程体系构建首先必须把握两个基点,一是对国家课程的创造性实施,二是满足人的个性化成长需要。但是这两个基点能否实现,还要看课程功能是否能得以充分发挥。学校课程体系构建仍然需要回答并指向培养什么样的人和如何培养人的根本问题。培养什么样的人,就需要设置相应的课程内容;如何培养人,则需要通过课程功能的发挥得以实现。

(一)国家课程的创造性实施

当前的学校课程开发的重心在于对国家课程的补充上,即便有一些关于课程的拓展和深化的课程开发,但主要还是以知识强化为主的再重复训练,继续沿袭了传统的知识教学模式,尤其是艺术、科技教育等课程的开发,缺乏对国家课程创造性实施的深度开发。总体上看,这类学科课程开发未能把握好认知能力和创新能力等关键能力的培养。对国家课程的创造性实施,除了要突破知识教学实行学科整合外,最重要的是要探索有针对性的教学方式或实行不同的教学模式。

之所以要采用有针对性的教学方式,根本上是要使学生摆脱重复的知识训练,促进学生获得结构性知识和知识建构能力,从而为知识建构和知识运用提供基本方法。国家课程实施的实践追求适合的、具体的教学方式,比如启发式教学、聚焦于批判力培养的研讨式教学、以问题为中心的跨学科探究性学习、生活和实践性教学、以逻辑思维训练为主的知识系统性教学、以意义丰富为目标的情境式教学、实验教学、想象力激发的艺术创新教学,以及信息技术利用的网络教学等模式,就应当根据课程内容和育人功能需要加以多种运用。

(二)满足个性化需求的课程配备

只要是为社会所允许的个性成长,那么这种学生成长越是得到充分的满足,其社会性也就越丰满。从这个意义上说,学校课程体系需要充分满足学生个性需要。但问题是,学生个性成长需要的课程不可能没有最大量,或者说,学校课程体系永远不可能无限地实现学生的个性需要。学校也不可能具有这样的课程开发能力。当然学校可以借助于社会资源扩大课程开发和提供的能力,但学生的时间和兴趣也是有限的,因此,学校的个性化课程开发也需要有整体的统筹考虑,既需要对学生个性化课程做基本的调研判断,也需要着眼个性化课程的基础性框架构建,构建的关键是要找到较为有效的提升学生四大关键能力、艺术和体育特长或核心素养奠基性个性化课程,比如科技创新教育或创客教育,除了常规的"三模一电"外,还可以开设信息技术和计算机技术课程、机器人课程、人工智能课程,以及宽泛意义上的小发明小制作课程、以问题为中心的科技探究类课程或STEM教育课程等。艺术类课程的开发除了常规的乐器课程,还可以开设戏剧类、电影类以及动手和想象力培养的剪纸、绘画创作等。这些个性化课程之所以可以成为基础,一方面是特别能够培养人的能力和素养,另一方面具有综合性,可以通过一门课程培养学生多方面的素养和能力。当前学校在个性化课程开发和设置上的主要问题是不够基础,同时强调和过于关注某一方面或领域而忽视了整体布局,有时甚至是追求过于细化的知识或某一特长的训练。

个性化课程的开发和设置,应当着眼于实现课程的育人功能,促进学生多种能力或素养的发展;相应的,课程设置不宜过分细分,可以通过课程的综合,在有限的时间内满足学生个性化需要,培养多方面兴趣,培养综合素养。实际上,个性化课程设置的初衷还是在于激发和发现学生的潜能,保护和培养学生的兴趣,而并非完全在于培养学生的特长。因为就资源而言,学校并没有足够的教育资源提供给学生来实现充分的个性化成长。这样构建起来的个性化课程的基础框架就可以利用有限的资源实现学生的个性成长,同时也可以通过课程综合或整合,促进学生全面发展。

第三节　基于育人目标的学校课程体系构建

根据上述课程体系构建的基本思想和思路,学校构建了基于育人目标和核心素养、多种课程形态协调发展的课程体系。

一、 构建基于育人目标和核心素养的课程体系框架

2014年3月教育部颁布了《关于全面深化课程改革 落实立德树人根本任务的意见》，将研制并即将发布适合我国国情的学生发展核心素养体系作为推进课程改革和落实立德树人任务的首要问题。

根据该文件精神，我们从学校实际出发，把培养目标"培养全面而有个性的创新人才"具体化为"健康、博爱、有为"三个纬度，关联"立德树人"文件中突出和重点强调的六个方面，指向核心素养的九大领域，并且建立了相应的校本课程体系，基本形成了校本化的核心素养体系和课程体系。

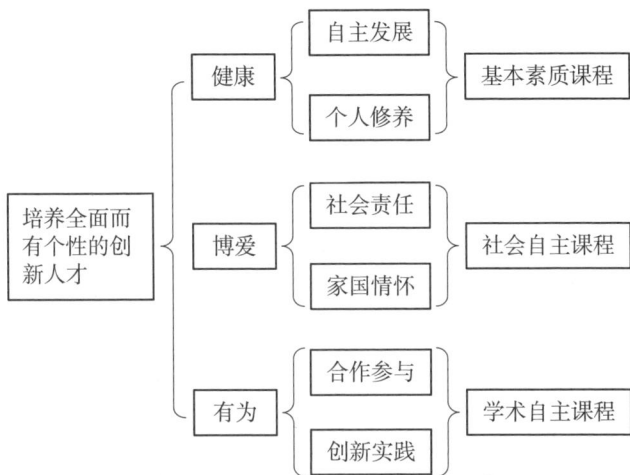

图 3-1 校本化核心素养体系图

在核心素养体系发布以后，我们进行了相应的修改和完善，见图3-2。

学校课程框架建构以后，学校进行了具体的方案设计和实施。

二、 构建多种课程形态协调发展的学校课程体系

新的课程体系以人生发展、个体成长为主线，以"培养全面而有个性的创新人才"为课程目标，围绕"健康、博爱、有为"三个子目标规划设计三个系列六个模块的校本课程。

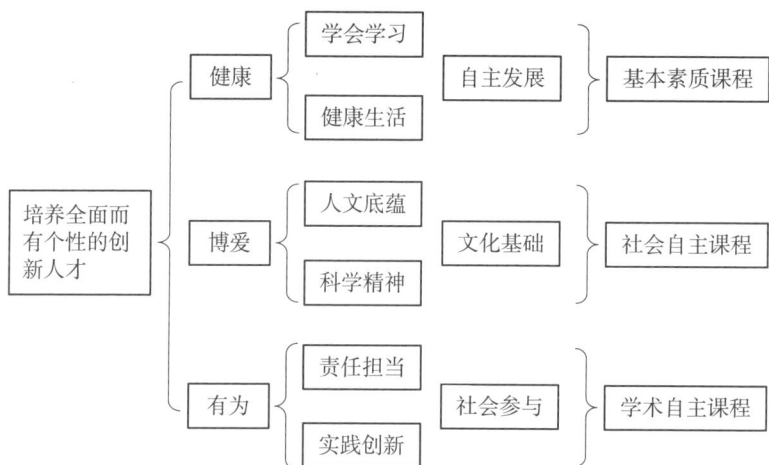

图 3-2 修订后的校本化核心素养体系图

（一）课程结构

学校在课程内容结构设置上不同于传统的直接按课程内容设置的方法，而是以课程目标确定课程内容，体现了课程为育人目标服务的课程思想。

第一系列：以培养"健康"素养为主题的"奠基健康人生"系列课程

模块一：学会学习

乐学善学：正确认识和理解学习的价值，具有积极的学习态度和浓厚的学习兴趣；养成良好的学习习惯，掌握适合自身的学习方法；能自主学习，具有终身学习的意识和能力等。

勤于反思：具有对自己的学习状态进行审视的意识和习惯，善于总结经验；能够根据不同情境和自身实际，选择或调整学习策略和方法等。

信息意识：能自觉、有效地获取、评估、鉴别、使用信息；具有数字化生存能力，主动适应信息化发展趋势；具有网络伦理道德与信息安全意识等。

模块二：健康生活

珍爱生命：理解生命意义和人生价值；具有安全意识与自我保护能力；掌握适合自身的运动方法和技能，养成健康文明的行为习惯和生活方式等。

健全人格：具有积极的心理品质，自信自爱，坚韧乐观；有自制力，能调节和管理自己的情绪,具有抗挫折能力等。

自我管理:正确认识与评估自我;依据自身个性和潜质选择适合的发展方向;合理分配和使用时间与精力;具有达成目标的持续行动力等。

第二系列:以培养"博爱"素养为主题的"升华博爱人生"系列

模块一:人文底蕴

人文积淀:具有古今中外人文领域基本知识和成果的积累;理解和掌握人文思想中所蕴含的认识方法和实践方法等。

人文情怀:具有以人为本的意识,尊重、维护人的尊严和价值;关切人的生存、发展和幸福等。

审美情趣:具有艺术知识、技能与方法的积累;理解和尊重文化艺术的多样性,具有发现、感知、欣赏、评价美的意识和基本能力;具有健康的审美价值取向;具有艺术表达和创意表现的兴趣和意识,在生活中拓展和升华美等。

模块二:科学精神

理性思维:崇尚真知,理解和掌握基本的科学原理和方法;尊重事实和证据,有实证意识和严谨的求知态度;逻辑清晰,运用科学的思维方式认识事物、解决问题、指导行为等。

批判质疑:具有问题意识;独立思考、独立判断;思维缜密,多角度、辩证地分析问题,做出选择和决定等。

勇于探究:具有好奇心和想象力;不畏困难,有坚持不懈的探索精神;能大胆尝试,积极寻求有效的问题解决方法等。

第三系列:以培养"有为"素养为主题的"进取有为人生"系列

模块一:责任担当

社会责任:自尊自律,文明礼貌,诚信友善,宽和待人;孝亲敬长,有感恩之心;热心公益和志愿服务,敬业奉献,具有团队意识和互助精神;主动作为,履职尽责,对自我和他人负责;明辨是非,具有规则与法治意识,积极履行公民义务,理性行使公民权利;崇尚自由平等,维护社会公平正义;热爱并尊重自然,具有绿色生活方式和可持续发展理念及行动等。

国家认同:具有国家意识,了解国情历史,认同国民身份,自觉捍卫国家主权、尊严和利益;具有文化自信,尊重中华民族的优秀文明成果,能传播弘扬中华优秀传统文化和社会主义先进文化;了解中国共产党的历史和光荣传统,具有热爱党、拥护党的意识和行动;理解、接受并自觉践行社会主义核心价值观,具有中国特色社会主义共同理想,有为实现中华民族伟大复兴的中国梦而不懈奋斗的信念和行动。

国际理解:具有全球意识和开放的心态,了解人类文明进程和世界发展动态;尊重世界多元文化的多样性和差异性,积极参与跨文化交流;关注人类面临的全球性挑战,理解人类命运共同体的内涵与价值等。

模块二:实践创新

劳动意识:尊重劳动,具有积极的劳动态度和良好的劳动习惯;具有动手操作能力,掌握一定的劳动技能;在主动参加的家务劳动、生产劳动、公益活动和社会实践中,具有改进和创新劳动方式、提高劳动效率的意识;具有通过诚实合法劳动创造成功生活的意识和行动等。

问题解决:善于发现和提出问题,有解决问题的兴趣和热情;能依据特定情境和具体条件,选择制订合理的解决方案;具有在复杂环境中行动的能力等。

技术运用:理解技术与人类文明的有机联系,具有学习掌握技术的兴趣和意愿;具有工程思维,能将创意和方案转化为有形物品或对已有物品进行改进与优化等。

(二)课程规划

按照上述框架结构和课程目标,规划学校、学科、教师三级课程体系。

1. 学校规划课程

(1)奠基健康人生系列课程:开启"勤"文化之门(入学教育),职业生涯规划(生涯教育)。

(2)升华博爱人生系列课程:天地之中(乡土教育)。

(3)进取有为人生系列课程:创客教育序列,游学旅行序列。

根据学校需求以及课程实施情况,每年购买、引进2—3门精品课程,包括实施课程的师资资源。

2. 学科规划课程

语文、数学、英语、物理、化学、生物、政治、历史、地理、体育、音乐、美术、信息技术,每个学科开发 1—3 门课程,纳入考核评价。

3. 教师开发课程

每个任课教师开发一门课程,纳入考核评价。

4. 课程分类

在健康、博爱、有为三个维度目标性分类的基础上,再进行二级分类:学科拓展类、跨界综合类、生活实践类、职业规划类、大学先修类。

(1) 学科拓展类:在现有中学学科基础上的拓展学习。

(2) 跨界综合类:打破现有学科界限的综合学习。

(3) 生活实践类:去学科化的生活类学习。

(4) 职业规划类:以职业规划为中心的职业类学习。

(5) 大学先修类:大学课程的先修学习。

(三) 课程实施

1. 校级课程为学生必修课,分散在三年中,每周 1 节课纳入课表。研学旅行课程纳入社会实践课时,在高二进行。

2. 学科课程为该学科的精品课程,经学校认定后作为学校的骨干课程,在高一、高二年级开设,学生选课后每周五下午统一进行。

3. 教师开发的课程要经过教师发展中心审核认定,符合条件后由学生选课,选课人数达到 20 人可以开课,少于 20 人可以作为课程资源,待场地条件允许时可以开设。

第四节　创客教育课程群开发与实施

一、问题提出

郑州二中的课程改革从 2012 年开始进入新阶段,主要内容是对国家课程的校本化实施,建设校本课程体系,增加课程的选择性。

到 2015 年年底,学校领导班子在进行新一轮课程规划时,发现学校的课程体系中依然是以学科教学为基础进行的延伸和拓展课程为主,加之以社会课程和技艺性课程,这些课程虽然也比较丰富,但是从课程功能来看,缺少探究性和实践性融合的课程,从学习方式来看,缺少项目式、跨学科学习的课程,培养学生综合素质、核心素养的能力要素不健全。

2015 年 1 月,以李克强总理访问深圳柴火创客空间为标志,创客教育走入了发展期。2015 年是中国创客教育的元年。教育部在《关于"十三五"期间全面深入推进教育信息化工作的指导意见(征求意见稿)》中提出:"有效利用信息技术推进'众创空间'建设,探索 STEAM 教育、创客教育等新教育模式,使学生有较强的信息意识与创新意识,养成数字化学习习惯。"

在区域推进创客教育方面,2015 年 11 月郑州市教育局出台了《郑州市教育局关于开展创客教育的实施意见》,要求积极开展创客教育的实践与探索,让每一间教室都成为创客空间,让每一个学生都成为创客。

在这种情况下,学校经过周密论证,决定有效利用学校的信息化教学优势,开发实施创客教育课程,弥补学校课程中缺失探究性和实践性课程,缺少项目式学习和跨学科学习的严重不足,培养学生的创新精神和实践能力,有效实现学校"培养全面而有个性的创新人才"的育人目标。

总体来说,创客教育课程的开发与实施着眼于解决三个主要问题:一是在课程建设中如何有效落实创新人才培养的育人目标问题;二是学校课程中缺少探究性课程和项目式学习方式而产生的课程功能不足问题;三是如何巩固和提升学校教育信息化质量和水平问题。

二、 解决问题的过程与方法

(一) 解决问题的过程

2015 年学校开始研究论证创客教育课程的开发与实施问题,此后的研究与实践在融合中发展,研究促进应用,应用又丰富研究。大致经历了四个阶段。

第一阶段(2015 年 11 月至 2016 年 1 月)准备阶段。这个阶段郑州二中对学校的课程体系进行了周密的研究和梳理,对于开设创客教育课程的必要性和可行性进行了认真的分析论证,统一了思想,理清了思路。决定从 2016 年 2 月份开始在高一和高二年级创新班率先开展,秋季开学后在高一年级全面展开。在两个多月时间内,学校落实了教师团队组建、创客空间建设、相关设备采购等保障问题。教师团队落实了初步的核心课程开发、教学模式确定、创客手册编写等课程准备工作。

第二阶段(2016 年 2 月至 2017 年 8 月)起步阶段。这个阶段在研究层面,进行了创客教育的顶层设计,开展教师培训,开发创客教育课程群,编写课程纲要、实施方案,编写项目式学习的具体学习流程,确定课程评价方式等。在应用层面教师发展中心排定课表,学生选课,走班上课,培养学生将创意制作成作品;组织学生参加各种机器人比赛、创新大赛等赛事;开展微电影比赛、举办微电影节。

第三阶段(2017 年 9 月至 2018 年 8 月)发展阶段。整合各种实验室,建设创客空间,完善空间功能,形成具有学校特色的"苹果树下"创客空间;开展基于学生自主管理、自主发展的教学管理与活动体系;组建学生社团,创建创客俱乐部,开展丰富的课内与课外结合的社团活动。

第四阶段(2018 年 9 月至 2021 年 2 月)完善阶段。进行师资建设与管理研究,完善师资建设制度机制;与商汤科技合作,引入人工智能课程,开办人工智能创新班;改进教学方式和评价方式,形成成熟的课程实施与评价体系;完善学生社团组织管理方式,丰富社团活动内容。形成成熟的品牌课程,促进学校育人目标的全面实现。

(二) 解决问题的方法

1. 总体设计。将创客教育与信息化教学、生涯教育进行整体设计,作为学校深化教育教学改革,变革育人方式的切入点和突破口。

2. 管理创新。由两名副校长主管教育教学工作,一名主抓常规教育教学管理,致力于提高教育教学质量;另一名主抓教育创新建设,致力于学校的内涵发展和提升。

3. 组织创新。学校成立了创客中心,地位和作用相当于学科教研组,而比教研组具有更多的自主性和独立性,由一名主任和两名专职教师组成。

4. 制度创新。将创客教育作为学校教育教学的一个重要组成部分进行规划和实施。

5. 课程创新。由单一性转向跨界多样性,由片面的学习转向全面学习。

6. 构建模型。构建基于项目式学习的教学模型。

7. 教学做合一。陶行知生活教育理论的精髓和方法是"教学做合一",这个理论在创客教育实践中得到了充分运用。

三、 学校创客教育成果

（一）创客教育的顶层设计研究

学校的根本任务是立德树人,而实现育人目标的主要路径是学校课程建设,学校课程必须体现对国家教育方针的落实,体现学校办学理念的表达。郑州二中确立了"培养全面而有个性的创新人才"的育人目标,并将育人目标概括为"健康、博爱、有为"三个核心要素。根据教育部《关于全面深化课程改革　落实立德树人根本任务的意见》精神和中国学生发展核心素养内容,学校将育人目标和中国学生核心素养相关联,制定了郑州二中基于育人目标的学校课程体系。学校课程体系以人生发展、个体成长为主线,以"培养全面而有个性的创新人才"为课程目标,围绕"健康、博爱、有为"三个子目标规划设计三个系列的校本课程。

在健康、博爱、有为三个维度目标性分类的基础上,再进行二级分类：学科拓展类、跨界综合类、生活实践类、职业规划类、大学先修类。

创客教育是学校的品牌和特色课程,主要担负着培养学生创新精神和实践能力,从而培养创新人才的课程重任,是学校课程改革的突破口和切入点,要举全校之力重点建设。

（二）基于项目式学习的创客教育课程群的开发、实施、评价方案

1. 概述

从人的成长角度设计和实施创客教育课程,能够积极培养和发展人的 21 世纪核心技能。创客教育通过基础课程融合、基于项目式学习、创新创意创造的人人能创造

课程实施,从而使学生的学习层级得到提升。从基础的记忆理解到中级的应用分析,最后到达最高层级评价创造。

创客教育的落地实施取决于课程的设计,课程的设计取决于学校已有或准备有的技术和教学工具的支撑。技术和工具的变革必然引发教学的变革。学校的创客课程经过近几年的探索和实践,将 iPad 作为轻量化的创客教育课程实施的工具。由于是基于 iOS/iPadOS 系统进行创客教育学习,因此提出了"iOS-Based Learning"的教学模式。借助轻量化的技术进行"发现"、"探究"和"创造"是创客教育得以实现的前提,并且促进一线教师在完成传统教学任务的同时,能够设计出容易实现的课程实施策略。

先从基础学科融合入手,拓展教学资源应用实践,开拓学生学科融合视野,大胆尝试,积极实践,最终能够找到最合适的课程内容,促进基础学科学习、传统学习层次的提升。

学校创客教育经历了两个阶段的发展。第一阶段是从 PBL 到 PBL^3 学习模式变迁;第二阶段是"人人能创造"模式。这两个阶段都有相应的课程作支撑,必修加选修模式课程、教师设计课程和学生设计课程。学习形式更多由学生自主确定,比如学生自发成立创客俱乐部,在创客俱乐部中,有不同的分支学习组织,也就是不同的创客社团。比如:机器人社团、TAI 科技社、蜂鸟无人机社、No.7 微电影社团、3D 社团、AR/VR 社团、NAO 人形机器人社团等。

在第二阶段的"人人能创造"创客教育课程实施过程中,突出了人人参与的特点,创客教育课程学习不再是一部分人的特权,而是面向全体学生,实现全面普及。课程设计结构发生了根本的改变,从创客教育课程内容学习到对应学生社团的建设,再到社团活动的实施。比如微电影课程——微电影社团——微电影节;机器人课程——机器人社团——机器人运动会和机器人竞赛;3D 建模课程——3D 社团——电脑制作比赛等。这些创客教育课程实施过程中依然延续 PBL^3 模式:PLAY——PROBLEM——PROJECT(-Based Learning)。

2. 创客教育课程建设实施方案

课程定位是:基于制造力培养创造力、基于行动力培养想象力的教育活动;基于所有学生的普及性教育活动;推进创客教育,让学生人人成为创客。

课程建设的总目标是:创新精神的培养,创客能力的习练,产业知识的启蒙。

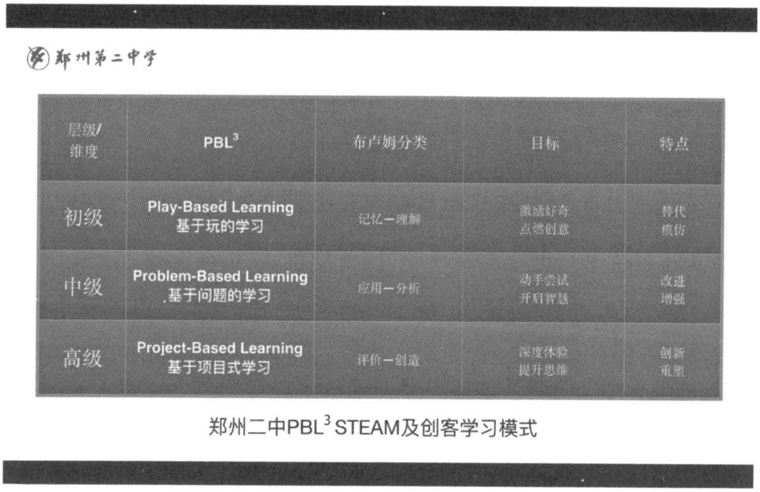

郑州二中PBL³ STEAM及创客学习模式

图 3-3 郑州二中 PBL³ 创客学习模式

课程开发的基本形式：包括团队开发、个体生成、协同开发、引进改造等。

课程实施的理念和机制：实施理念包括生活教育理念、创造思维理念、深度学习理念、STEAM学习理念、过程评价理念。实施要点包括回归真实世界的现实情境创设、基于高品质任务设计的教学等。

课程的学习评价：有评价原则、评价内容、评价方式三个方面的内容。

3. 创客教育课程课程要素及课型结构

表 3-1 创客教育课程课程要素

	要素	对应属性	要 素 内 涵
1	生活	现实性 成品性	创客课程设计的学习内容和目标都与现实生活紧密结合，与学生的生存、成长环境直接相关。
2	材料	工具性 成品性	创客课程中应遵循"先材料、后工具，先结构、后创意"的认知规律和生产规律，不可忽略或跳过对材料与结构的认知和研究，更不可为求简便而由教师取代学生对材料和结构进行思考。
3	工具	工具性 成品性	创客课程必然是在专门的创客空间里借助工具来开展实践和学习，其过程也一定包含工具的应用练习的内容，课程设计尊重各类型工具练习与应用的时间规律，留够时间与过程给学生，让学生在制造成品的工程中持续练习操作，避免精力分散、技能流于表面。

续　表

	要素	对应属性	要　素　内　涵
4	过程	周期性 工程性	创客课程设计应该充分考虑到过程和全局,应该意识到"过程"本身就是创客教育的重要组成部分,帮助学生研究过程、安排过程、控制过程、优化过程,应该成为创客教育贯穿始终的重要内容。
5	资源	现实性 工程性	为学生提供信息与工具资源保障以及指导学生遴选资源的教学行为作为创客教育不可或缺的内容。没有独立的对资源组合方式的选择与判断,创客教育就会失去其重要的训练价值。
6	分享	周期性 工程性	学生自发的相互分享交流是学生创客学习的重要动力来源,信息来源甚至评价手段,相互分享所带来的乐趣和成就感将激发学生精细优化、持续创新。因此,采用平台和机制确保畅通的交流分享是创客教育者必须思考和解决的问题。

表 3-2　创客教育课程课型结构

创客类型	课程内容	课型类别	课型特点
信息技术创客	Scratch、可视化编程、Arduino、APP inventer、机器人等	传统技术技能学习课型	一课一技能、一课一成果、逐步叠加形成复杂技能
艺术设计创客	陶艺、微电影、AutoDesk3D 设计、定格动画制作等	传统艺术创作学习课型	循序渐进、逐步加深技法和鉴赏水平、逐步形成复杂技能
创意制作创客	玩具、模型制作、生活用品优化、工具改造、文创作品加工等	创意制作学习课型	独立创意、优化设计、精益制作、逐步迭代

4. 创客教育课程实施策略

将创意、点子变成现实的过程就是创客的核心价值所在,创客教育就是培养创客的教育活动,通过循序渐进的方式开展创客学习活动。布卢姆教学目标分类学为创客教育的实施提供了理论依据和思考支架。初级阶段:激励好奇,点燃创意,替代、模仿;中级阶段:动手尝试,开启智慧,改进、增强;高级阶段:深度体验,提升思维,创新、重塑。

5. 创客教育选修课程

开发出"基于项目式学习- PBL 基础(必修)""创意梦工厂""影像艺术与校园生活""中学物理与法庭科学""数字化科学探究""艺术设计与创新思维""多旋翼无人机"等课程。

6. 项目式学习的实施策略

(1) 创客课程的设计理念:①培养学生的核心素养和 21 世纪技能。批判性思维、团队协作和领导才能、ICT 素养、沟通交流和媒体素养等。②推动课程改革。从育分走向育人。③深度学习的需求。跨学科学习是深度学习的必由之路,也是进行创客教育的常态学习模式。

(2) 课程实施策略:①课时安排:每周两节,计入学分。课堂模式:基于项目式的学习。②基本学习和思考工具:创客手册(小组为单位)。③实施过程:成立创客项目小组——选题并制定计划——导师指导和激励机制——创客项目执行。

(3) 创客课程管理和运行:一是课程开发。创客活动常态化,不限定具体的课程和实施时间,通过全学科课程推动活动:跨学科课程开发和实践,特色创客课程开发和实践。二是管理和运营。培养学生管理的能力,在导师的指导和引领下,由学生管理功能教室。三是成立创客俱乐部。创客俱乐部设有学生领导管理系统。俱乐部以社团形式开展创客活动,至少保证每周一次活动。

7. 项目式学习的具体操作

项目式学习启动发布会——组建小组和确定项目主题——管理项目学习——课下活动课上分享——展示和发布。

8. 课程评价

对学生创客学习过程的评价指标系统分为三层,核心层是"问题发现和方案规划能力",中间层是"工具应用和问题解决能力",外表层是"信息沟通和资源协作能力"。

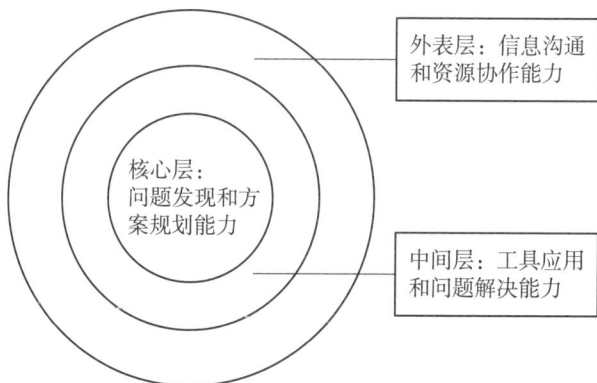

图 3-4　学生创客学习三层评价指标示意图

（三）创客教育师资队伍建设研究

学校为保证创客教育的顺利开展,建立了三级管理体系。学校层面由副校长姜波负责教育创新工作,主管创客教育;教师发展中心作为职能部门负责创客教育的师资管理和课程管理;在此基础上,建立了创客教育中心,王建伟老师担任中心主任,另外还有两名专职教师。这是学校成立的第一个学科中心,之所以称作学科中心而不是教研组,就凸显了创客教育的综合性和跨学科性,也体现了学校把创客教育作为课程建设和教育创新的重点项目重点建设的发展思路。

兼职创客教师队伍建设是创客教育师资建设的重要组成部分,一是学科教师基于学科的创客教育课程开发实施,二是开放校外资源,聘请校外教师担任创客教育教师。对于学科教师,校长既要善于发现,又要积极鼓励,也要从指定某些学科开始,还要合理地计算课时量与工作量。同时有计划地引进或者招聘教师;还可以与社会上的众创空间合作,聘请兼职教师等。

对创客师资队伍进行培训。主要内容:国内外创客文化、创客教育实施方法、开源硬件基础知识、创客教育工具的应用、创新手造技能、主题系列课程实操及示范、教师创客课程讲授技能强化等。

（四）创客空间的设计、实施、使用方案

1. 确定创客空间的基本定位

让创客空间建设成为一个鼓励、培养多学科教师联动,开发、实践创客课程的新型开放教室,一个可供学生研究跨学科的综合性项目,提升技术的开放实验室,打造一个传播创客文化的造梦工厂。

2. 创客空间的设计思路

一是合理分配空间。空间内一部分区域主要承担学习、分享的功能,一部分区域主要承担制作、活动的功能,一部分区域主要承担阅读、展示的功能。二是充分利用空间。为了充分利用空间,除了加工区的工作台、设备等位置相对固定以外,其他区域里的桌椅都要相对容易移动和收纳,以方便打开空间,满足一些大型活动使用需要。三是注意安全规划。

3. 创客空间建设

学校整合了生物组织培养实验室、环境监测实验室、电子显微镜实验室、数学建模实验室、数字星空实验室、机器人实验室、3D打印创新实验室和未来教室等类型多样、特点不同的个性化实验室，并且整合通用技术实验室、计算机教室等空间，建立统筹规划下的创客空间——苹果树下。学校通过全面规划和资源整合，最大限度地发挥硬件建设在创客教育中的作用，使创客教育更切合教学改革的潮流，适应素质教育和创新教育的需求。

4. 创客空间的管理

管理和运营：培养学生管理的能力，在导师的指导和引领下，由学生管理功能教室。一是职位设立；二是出入许可；三是明确权利义务。

器材及耗材：基本原则利用已有物资资源进行创客活动，根据创客手册统计学生的特殊需求，导师审核提出申购特殊器材和材料。

（五）基于课程的创客社团组建、运行方案

1. 创客教育社团建设的基本定位

创客社团是学校开展创客教育的组织形式、活动形式，参与创客教育的学生按照所选修的创客教育课程的不同，分别参与一个社团的课程学习和实践活动，课程学习是基础，实践活动是主线，参加大赛是平台。创客社团的集合成为创客俱乐部。

2. 创客社团的基本情况

俱乐部主要社团课程有：无人机、Arduino设计与发现、趣味电子DIY、3D打印与激光雕刻、FIRST机器人、NAO人形机器人、微电影与摄影、创意手工、小提琴制作、数字化科学探究、法庭科学、国际生态学校项目、基于平板电脑的编程课程等。主要社团有：科技社、机器人社、无人机社、微电影社、创意手工社、3D打印社、编程社等。

创客俱乐部设有学生领导管理系统。俱乐部以社团形式开展创客活动，至少保证每周一次活动。

3. 创客社团的活动开展（以科技社为例）

（1）学生活动。充分利用软硬件资源，以社团活动为基本渠道、以探究性课题研究为基本载体，通过开展各种科技课题的研究，使学生获得积极体验，形成对自身、自然和社会的整体认识;学会做人、学会做事、学会生存、学会探究;促进德、智、体、美、劳在创客教育中的相互渗透,促进学生自主发展。积极带领社团骨干成员参加省市创客教育、综合实践活动、科技创新大赛活动等。

(2)教师指导

活动开始时,教师要注重方法的指导。引导学生进行主题分解,产生研究课题以及子课题;要让学生熟悉常用的科学研究方法,学会根据课题特点选择合适的研究方法的能力;活动过程中,教师要注重鼓励和监督并举。活动结尾时,教师要注重表达和交流。依据学生特点,指导学生采用个性化的展示形式;依据材料特点,指导学生采用最优化的展示形式。指导学生如何撰写结题报告,总结活动过程的思路、成绩和心得等。

四、效果

(一)学生创新精神和实践能力显著提升

在基于问题的学习、研究性学习、做中学等新型学习方式的学习中,学生的创造性思维和动手能力被大大地激发出来,把创意变为作品、人人都是创客的理念成为了现实。开展创客教育活动以来,学生参加了国际、国内各类机器人大赛、编程及电脑制作大赛、创新大赛、微电影制作大赛等赛事,参赛、获奖达到300多人次,有10余人获得了发明专利,显示了学生较强的创新实践能力。

(二)学生学习质量提升

由于采用了跨学科、探究式、项目式学习,转变了教学方式和学习方式,激发了学生的学习兴趣,学生自主学习、合作学习的学习风气普遍形成,这种学习方式和学习风气又迁移到学科学习中,大大提升了学习质量。开展创客教育以后,2017—2020年四年高考一本上线人数和一本上线率大幅度提升,一本上线率由2015年的30%左右,上升到80%左右。近三年连续有学生被清华、北大录取。这一数据说明,开展创客教育在提升了学生的创新和实践能力的同时,也提升了学生分析问题、解决问题的能力,这样才能从容应对新高考带来的显著变革。

（三）较好地处理了创客课程与普通高中必修课程之间的关系

郑州二中给创客教育课程群的定位就是"必修＋选修"（每个学生必须在创客课程群中选修一门课程)性质的学校课程,是落实普通高中课程方案的具体举措,是通用技术课程、研究性学习课程、综合实践课程的整合课程。在开展创客教育的过程中,所有学生都参加了以项目式学习为特征的创客教育课程学习,全部都设计出了本人或小组的创意作品,每个学生均参加了一个创客社团,在培养学生创新实践能力方面做到了普遍性与均衡性。

（四）培育了一批创新型教师

创客教育课程群的实施给教师专业素质的提升带来了难得的发展机遇,无论是专职教师还是兼职教师,通过实施创客教育课程,对普通高中新课程新教材新高考,对发展学生核心素养和培养学生创新实践能力有了更为深刻的理解和体验,他们将这种理念和教学方式自觉地融入学科教学之中。近三年来,学校有92人次获市优质课一等奖,13人次获得国家、省级优质课一等奖;82人获省市骨干教师和学术技术带头人称号;数学教研组等七个教研组和组长被评为"2018年郑州市先进教研组、优秀教研组长"。

（五）学校荣获多项国家和河南省相关重要荣誉

2020年荣获普通高中新课程新教材实施国家级示范校;2017年荣获首批河南省普通高中多样化发展示范校;2018年荣获首批河南省中小学创客教育示范校。

五、附录

（一）注释和参考文献

［1］梁森山.中国创客教育蓝皮书基础教育版［M］.北京：人民邮电出版社,2016.

［2］宋述强,等.创客教育及其空间生态建设［J］.现代教育技术,2016,26(01)：13－20.

［3］杨现民,李冀红.创客教育的价值潜能及其争议[J].现代远程教育研究,2015(02)：23-34.

［4］李丹妍.创客教育：创新人才培养的新路向[J].教育研究与实验,2016(04)：30-34+67.

［5］祝智庭,孙妍妍.创客教育：信息技术使能的创新教育实践场[J].中国电化教育,2015(01)：14-21.

［6］雒亮,祝智庭.创客空间2.0：基于O2O架构的设计研究[J].开放教育研究,2015(04)：35-43.

［7］张茂聪等.创客教育：本质、功能及现实反思[J].现代教育技术,2016(02)：14-19.

［8］钟柏昌.创客教育究竟是什么——从政策文本、学术观点到狭义创客教育定义[J].电化教育研究,2019,40(05)：5-11.

［9］潘希武.学校课程体系构建的基础性框架[J].教育学术月刊,2018(003)：97-103.

（二）已发表的文章和已出版的书籍目录

1. 王瑞.创客教育背景下项目式学习的探究——以郑州二中为例[J].中小学信息技术教育,2016(08)：40-44.

2. 王瑞.创客与新客[J].中小学信息技术教育,2016(10)：1.

3. 崔明月.职业生涯规划[M].郑州：郑州大学出版社,2017.

4. 开发了创客教育系列教材《郑州二中创客教育校本课程丛书》。这套丛书目前由七门课程组成：王建伟老师的"PBL基础""法庭科学""数字化科学探究",陈月阳老师的"创意梦工厂——Arduino创意'魔法'课程",武绍伟老师的"影像艺术与校园生活",王珂老师的"艺术设计与创新思维",崔明月老师的"生涯规划"。其中陈月阳老师的"创意梦工厂——Arduino创意'魔法'课程"、武绍伟老师的"影像艺术与校园生活"、王珂老师的"艺术设计与创新思维",崔明月老师的"生涯规划"已经由郑州大学出版社出版发行。

5. 李陶然.创客教育郑州宣言[M].北京：中国科学技术出版社,2017.

第四章

构建移动自主学堂

信息技术与教学深度融合是普通高中育人方式改革的一项重要内容,《国务院办公厅关于新时代推进普通高中育人方式改革的指导意见》在"深化课堂教学改革"中明确要求"推进信息技术与教育教学深度融合"。

为加快教育现代化和教育强国建设,推进新时代教育信息化发展,培育创新驱动发展新引擎,教育部于 2018 年印发了《教育信息化 2.0 行动计划》。教育信息化 2.0 行动计划是加快实现教育现代化的有效途径。没有信息化就没有现代化,教育信息化是教育现代化的基本内涵和显著特征,是"教育现代化 2035"的重点内容和重要标志。行动计划明确指出"积极推进'互联网 + 教育',坚持信息技术与教育教学深度融合的核心理念,坚持应用驱动和机制创新的基本方针"。

倡导信息技术应与教育全面深度融合、与教学融合,是希望找到一种全新的、能够实现教育信息化宏伟目标的有效途径与方法,即能够实现"教育系统结构性变革"的途径与方法,以解决长期以来信息技术在教育领域的应用一直成效不显著,即信息技术对教育发展始终未能真正产生出革命性影响这一重大问题。

第一节　构建移动自主学堂的背景及启动

一、背景

（一）教育自身存在强烈的变革需求

1. 高中阶段应试倾向严重,素质教育难以实施,创新人才难以产生

基于高考制度,中国的学生在十二年的学习中所积蓄的能量就为了那一次考试,为了他们所谓的美好的明天,他们被用最磨练意志的方式训练成百考不倒的金刚战士。人们对美好生活的向往在中学阶段已转化成对顶尖大学的向往,学生的学业负担越来越重。有统计表明,仅数学一个学科高中三年的试题数就达到 1.6 万道,且这个数字每年还在增长中。现阶段的高中,相当多的学校的工作方针已演变成新的三个面向,面向分数,面向竞争,面向过去。相对于国外的教育体系,中国的教育弹性太小,捆的较死,学生们没有足够的个人成长空间、时间和思想自由度。国外的教育并非完美,但张力大,学生自由支配的空间相对大,这就为创新提供了可能性。

2. 课堂教学以教师讲授为主,生成过程以预设生成为主

在传统教育体制下,以教师为中心、教材为中心、考试为中心成为一种普遍现象,教师教学方式以教为主,教学生成以预设生成为主,完全忽视了学生的学和教学生成的动态生成。

(二) 信息技术的发展呼唤教育变革

信息化和大数据已经改变了人类知识获取的方式。如何充分利用信息化和大数据的技术优势,满足学生个性化学习需求,提升学校教育与管理水平,已成为教育改革的必然趋势。在基础教育界,以"翻转课堂"(Flipped Classroom or Inverted Classroom)为手段的变革正迅速到来,"慕课"(Massive Open Online Courses, MOOCs)与"翻转课堂"的有机结合,为班级授课制度带来了巨大挑战。

在网络快速发展的今天,我们的生活习惯逐渐被改变,购物、出行在信息化的大环境下变得方便快捷。当然,作为教育工作者,我们将如何面对瞬息万变的信息时代呢?技术如何助力教育,教育如何被信息化改变呢?美国印第安纳大学邦克博士的观点给了我们很多的启发。

邦克从一名精于技术的教育家的视角出发,传递了一个核心理念:今天,任何人能够在任何时间向任何人学习任何东西。他提到了十大改变全球学习方式的关键技术,并将它们作为开启网络学习世界的十把金钥匙。邦克博士描绘了十把金钥匙如何通过个人学习之旅,改变了学习者,并变革着整个世界。这十把金钥匙包括:电子图书世界中的网络搜索;数字化学习与混合学习;开放源代码与免费软件的可用性;起杠杆作用的资源和开放式课件;学习对象库与门户网站;开放信息社群中学习者的参与;电子协作;替代现实学习;实时可移动性与便携性;个性化学习网络。有趣的是,这十把金钥匙的英文首字母,恰好构成了"我们——所有人——学习"(WE ALL LEARN)这个核心理念。

时值信息化飞速发展的年代,技术和知识的更替让我们应接不暇,自感危机在于:技术的更新从本源上触发了教育的发展,教育的变革又反作用于技术,触发了技术不断普及创新。

1. 技术的发展触发了教育者理念的更新

互联网＋商务，电子商务出现了；互联网＋银行，网上支付出现了；互联网＋交通，网约车出现了……

面对技术的力量，教育何去何从？当知识的获取因为互联网的快速普及而不再是持有者的"固有资产"的时候，教师该如何面对固守五年、十年、二十年也不愿意放手的讲授、千篇一律的练习、机械的教学方法，以及已经泛黄的教学设计？在教育领域，我们的谨小慎微与自我保护常常会压抑我们的进取和创新。正是在外界不断地借助互联网技术，让更多受教育者发生根本变化并取得令人羡慕成绩的时候，它会幻化成动听的歌曲，慢慢地触动一些宁愿埋头固执前行的既得利益者，"外面的世界很精彩，外面的世界也很无奈，当你觉得外面的世界很精彩，我会在这里深深的祝福你"，面对风雨，尝试就是一种成功，可能还需要等待，因为摆脱和放弃是需要勇气的，尤其是教育行业，被应试固化思想不可怕，怕就怕明知错了也"任性"。

2. 技术的发展触发了教育者角色的转变

数字技术成为我们日常生活的一部分已经好多年了，所以从逻辑上来讲，我们周围有一代人从出生就已经习惯有互联网和无线技术的陪伴，对他们来说，这些数字技术丝毫不稀奇。这一代就是我们所说的"数字原住民"，出生在20世纪80年代之后的都属于这一代。与之相对的自然就是"数字移民"了，他们出生年代早于"数字原住民"，已经情愿或者不情愿地适应了这个数字世界，并且将各类数字工具运用到生活当中。

互联互通时代更是一个信息开放、共享的时代，当获取知识的成本降低到零的时候，教师和学生之间的关系就会发生根本的变化。我们要考虑更多的是以学生为中心，是以他们的需求为出发点，从原来的教师定位，转变为现在的导师角色；从原来知识的单项传递，到现在的多边互动；从原来的机械记忆，到现在的主动参与；从原来的主导灌输，到现在的陪伴尊重等。

（三）教育部十年发展规划为教育信息化指明了方向

教育部关于印发《教育信息化十年发展规划（2011—2020年）的通知》中指出：人类社会进入21世纪，信息技术已渗透到经济发展和社会生活的各个方面，人们的生产方式、生活方式以及学习方式正在发生深刻的变化,全民教育、优质教育、个性化学习和终身学习已成为信息时代教育发展的重要特征。面对日趋激烈的国力竞争,世界各国普遍关注教育信息化在提高国民素质和增强国家创新能力方面的重要作用。《国家中长期教育改革和发展规划纲要(2010—2020 年)》明确指出:"信息技术对教育发展具有革命性影响,必须予以高度重视。"

教育部的十年发展规划的发布实施意味着教育信息化已经从讨论、论证阶段发展到推进实施阶段,落实国家教育信息化相关政策,顺应信息化时代潮流,解决学校存在的突出问题,构建全新的育人体系和教学形态是郑州二中的必然选择。

信息技术教学应用在我国基础教育领域有着广阔的发展空间,有些方面也已取得了初步的成效。在网络学习空间、教育云服务和教育大数据日益普及的背景下,技术应用于教育及对教育带来的影响,成为教育界研究的热点。学校如何迎接及应对"互联网＋"带来的教育改革,如何利用好开放的教育资源、科技资源,为终身学习、全民学习提供教育公共服务,这些都是亟待解决的问题。在这样的技术环境下,面对 21 世纪对创新型人才的需求,学校必须要重新制定人才培养目标、更新教育观念、改革教学体系、加强对学生的综合素质和创新能力的培养,才能应对社会对人才培养的新需求。由传统课堂到技术支持的移动自主课堂变革有其必然性,同时相关领域的迅猛发展则为变革的实现提供了客观可能性。

二、命名

我们把项目名称确定为"移动自主学堂",明确了教学思想、学习方式、课堂形态。"移动"体现了无处不在、无时不在的泛在学习、数字化学习的基本特征;"自主"强调了学生为主体,变被动学习为主动学习,变教师组织集体学习为学生自主学习的教学理念;"学堂"表明了课堂教学的本质是学生学习,课堂即学堂的教学理念。

三、启动

本项目的性质为信息技术与教学深度融合的课堂教学改革与创新人才培养研究

实践项目,主要方式是基于学生每人一台平板电脑、无线网络环境,和河南师范大学合作开发的学习平台,开展一对一数字化课堂教学,实现高中阶段教与学方式的转变,为创新人才的早期培养奠定基础。

项目关注的焦点确定在移动自主学堂的环境设计与技术支持对教与学带来的变革上,集中体现在三个方面,即:构建新型课堂形态,转变教师教学观念与教学行为;建构学生学习支持服务平台,为学生有效学习提供服务支撑;聚焦学生自主学习的学习能力,为实现学生终身学习与发展奠定坚实基础。

2011年底,凭着一份热情,一种预感,一份责任和一份使命,按照教育局的整体规划,我们开始了信息化创新实验项目的探索。计划以现有生源为基础,通过移动和平板技术,实现个性化教学,减轻学业负担,提高教育生产力,力图在学业质量不下降的基础上,解放学生的部分时间空间,促进他们在其他方面的素质和品质培养。重点做了以下几项工作:

一是教师队伍的筛选和高端专业培训。二是与高校之间的教科研与研发机制的建立。三是教学云平台的研发与测试。四是信息化教学环境的构建。五是教学模式与资源的整合。六是学科与技术的融合。七是教学方式、学习方式逐步转型的模型分析。八是各种数据的收集和处理。九是与苹果公司和数据公司的密切合作。十是与知名教育机构合作,在资源和技术上分享协同。

第二节 创建培养模型与确立学习方式

学校在确立了"培养全面而有个性的创新型人才"的育人目标以及"自主发展、快乐成长"的办学理念之后,随即开始了创新人才培养模型的研究和构建工作。

一、明确"创新型人才"的含义

虽然各国都非常重视培养创新型人才,但各国对创新人才的理解并不一致。我国从 20 世纪 80 年代中期开始倡导培养创新型人才或创造型人才以来,有关创新型人才培养的学术论文不胜枚举。但对于什么是创新(创造)型人才,大家的观点并不一致。我国教育界主要是从创造性、创新意识、创新精神、创新能力等角度阐释创新人才或创造型人才的。这似乎给人一种错觉,只要专门培养人的创造性、创新意识、创新精神、创新能力等素质,创新人才的培养便可大功告成。虽然也有个别专家的定义、解释涉及了基础理论知识、个性品质和情感等因素,但并没有形成主流。还有一种认识认为创新人才就是拔尖人才。

国外对创新人才的理解比我国要宽泛一些,大都是在强调人的个性全面发展的同时突出创新意识、创新能力的培养。

在对创新人才的理解上,我们坚持以下基本认识:

1. 所谓创新人才,就是具有创新意识、创新精神、创新思维、创新知识、创新能力并具有良好的创新人格,能够通过自己的创造性劳动取得创新成果,在某一领域、某一行业、某一工作上为社会发展和人类进步做出了创新贡献的人。

2. 创新人才的基础是人的全面发展。创新意识、创新精神、创新思维和创新能力并不是凭空产生的,也不是完全独立发展的,它们与人才的其他素质有着密切的联系。从这个意义上讲,创新人才首先是全面发展的人才。

3. 个性的自由发展是创新人才成长与发展的前提。日本临时教育审议会关于教育改革的第一次审议报告指出:"创造性与个性有着密切的联系。"虽然不能说个性自由发展了人就有创造性,就能成为创新人才,但没有个性的自由发展,创新人才就不可能诞生。从这个意义上讲,创新人才就是个性自由、独立发展的人。

4. 当代社会的创新人才,是立足于现实而又面向未来的创新人才,是"健康、博爱、有为"集于一身的具有综合素质的创新人才。

二、 构建创新人才培养模型

为使学校培养创新人才的育人目标能够成为实实在在的行动纲领,郑州二中构建了创新人才培养模型,如图 4-1 所示。

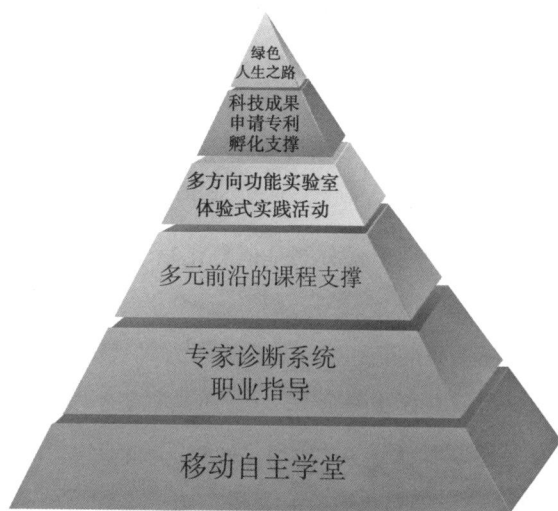

图 4-1　创新人才培养模型

创新人才培养模型共分为六个阶段。

第一阶段;构建移动自主学堂:主要解决的是学生的学业负担、学习习惯、资源配置等问题,从激发学生兴趣、节省教学时间、提高学习效率中解放学生,开阔学生视野,培养学生的自主学习能力与创新能力,使学生有足够的个人成长空间、时间和思想自由度。

第二阶段,专家诊断系统＋职业指导:对其进行职业指导分析,给其提出合理建议。

第三阶段,多元前沿的课程支持:学生自主选择丰富多元的校本课程,提升核心素养。

第四阶段,多方向功能实验室＋体验式实践活动:学生可以根据自己的个人前景发展意向或者兴趣爱好,选择相关的功能实验室,进行体验式学习。

第五阶段,科技成果＋实验报告＋种子风投:学生在学有所成之后,撰写相应的科技成果,提交实验报告,学校根据其可行性程度,选择是否对其进行风投。

第六阶段,绿色人生之路:学生已找到自己的发展方向去实现自己的人生价值,走向绿色人生之路。

学校从 2011 年开始本模型的探索和实践,第一阶段的实验基本完成,取得了显著成效,正在进行第二至第四阶段的实验。

三、 确立学习方式

确立数字化学习环境下的教与学方式是信息化教学的最核心问题。这其中要解决两个问题。

一是关于信息化教学的目的问题。一定的教学方式、教学手段一定是服务于明确的教学目的的。简单地说就是要服务于"育分",还是服务于"育人"。如果服务于"育分",重点就在于提高课堂效率,反复操练,强化巩固,不改变传统的教学方式。如果服务于"育人",重点就在于通过信息化教学转变教学方式与学习方式,培养学生主动学习的意识和能力,培养学生思维能力和创新能力。

二是关于信息化教学的方式问题。明确是保持传统为主,以信息技术手段为辅,还是彻底抛弃传统,完全使用在线教育的方式进行课堂教学,或者是采取混合式学习方式进行课堂教学。

郑州二中选择了以"育人"为目的的信息化教学价值观,同时不排斥提高课堂教学效率,遵循高考升学规律。在信息化教学方式的选择上,郑州二中选择了混合式学习的方式。

传统课堂的优点是有利于系统知识的掌握,有利于教师主导作用的发挥,有利于教学过程的组织管理,有利于师生情感的沟通和人际关系的交互等。缺点是形式、内容单一。

在线学习的优点是具备丰富的网络学习资源,改变了传统教学中的师生关系,充分实现了学生的个性化学习,突破了时空限制,让学生的自主学习成为现实。缺点是不利于系统知识的学习,不利于对学生学习过程的监控,不利于师生情感的沟通,易产生厌倦情绪。

如果单一地选择某种学习方式,都会有一定的局限性。

之所以选择混合式学习方式主要基于以下考虑:一是我们所处的教学环境还是传统教室,教学组织形式还是班级授课制,因此不能完全放弃传统教学方式。二是高考制度没有根本性改变,还是纸介质课本、纸介质考试,因此不能完全开展在线教育。三是从认知规律来看,教师在现实场景中的主导作用在课堂教学中还是相当重要的,学生主动学习的能力是需要教师在日常教学中逐渐培养、浸润的,因此基于教师启发式教学的传统教学的优点还是应当保留的。

1. 混合式学习的含义

"所谓混合式学习就是要把传统学习方式的优势和网络化学习的优势结合起来,也就是说,既要发挥教师引导、启发、监控教学过程的主导作用,又要充分体现学生作为学习过程主体的主动性、积极性与创造性。"(以上定义来自正式倡导"混合式学习"这一概念的何克抗教授。)

2. 混合式学习的内容

学习理论的混合:混合式学习的学习策略需要多种学习理论的指导,以适应不同的学习者,不同类型的学习目标,不同学习环境和不同学习资源的要求。包括建构主义学习理论、人本主义学习理论、教育传播理论、活动理论、虚实交融理论、情境认知理论等。倡导以学习者为中心,主动探索式的学习。

学习资源的混合:精心开发的在线课程、在线资源,具有启发点拨特点的教师讲解,同学间的展示分享,全面的资料积累等,把资源尽可能多的整合到一个平台上,建立"一站式"的学习,形成强大的知识管理中心,实现隐性知识显性化、显性知识体系化、体系知识数字化、数字知识内在化。

学习环境的混合:一个理想的混合式学习模式综合了多种功能,能够使学习者参与多个正式、非正式学习活动。它是建立在完全以学习者为中心的环境中,从信息到教学内容,从技能评估到支持工具,从训练到协作环境,一切围绕学生展开。

学习方式的混合:充分利用网络的力量,将网络学习与课堂教学有机结合。有实时与非实时、同步与异步的教师讲授,可进行讨论学习、协作学习,基于"合作"理念的小组学习,还有传统和围绕网络开展的自主学习。将正式学习与非正式学习无缝对接,让学习浑然一体。

3. 混合式学习的混合方法

混合式学习的重点在于如何混合,目的在于实现学习效果的最优化,关注系统性和平衡适度是基本原则。

4. 混合式学习的关键步骤

培训——导学——预习——展示——讲授——思辨——尝试——评估——作业——拓展——指导——互助。

第三节　建设教学环境

一、数字化教学环境的含义

构建数字化教学环境是开展数字化教学的必备要素,这种学习环境,经过数字化信息处理具有信息显示多媒体化、信息传输网络化、信息处理智能化和教学环境虚拟化的特征。为了适应学习者的学习需求,数字化学习环境包括如下基本组成部分:

1. 设施,如多媒体计算机、多媒体网络教室、校园网络、因特网等;

2. 资源,为学习者提供的经数字化处理的多样化、可全球共享的学习材料和学习对象;

3. 平台,向学习者展现的学习界面,实现网上教与学活动的软件系统;

4. 通讯,实现远程协商讨论的保障;

5. 工具,学习者进行知识构建、创造实践、解决问题的学习工具。

二、数字化教学环境的发展

数字化教室是数字化课堂教学的主要教学环境,基本要素有短焦投影仪、交互式电子白板、班班通资源,较好地实现了师生互动。随着新技术的发展,智慧教室或者叫未来教室逐渐取代了数字化教室,其主要特点是能够对教室内的设备方便地进行控制和操作,便于师生接入教学资源以及开展教与学活动。

未来教室已逐渐开始成为课堂教学的主阵地,这也是时代作出的选择。

三、 郑州二中数字化教学环境的构建

（一）原则性设计

郑州二中面对当代教育改革、大数据及各种网络技术应用的情形，为使教学效果达到最优化，对移动自主学堂教学环境进行了原则性的设计。其核心为：以教育改革为宗旨；以自主学习为中心；以学习资源为支撑；以实时交互为特色；以学生学习支持服务系统为环境；以电子学档为管理手段。

（二）技术支持

面向未来的教育，是关注学生全面发展的教育，除了思想上的引领外，更需要技术的支持。要做到学生的全面与个性发展，就要在环境设计中体现出其人性化、交互性、智能性、开放性、生态化等特性，做到人与资源的无缝衔接，为课堂教学提供一个完善的环境支持和高效的学习支持，这些都离不开技术的支持。移动自主学堂教学环境的实现主要涉及的技术有泛在网络技术、云技术、智能实录技术等。

1. 泛在网络技术——未来课堂的高效运行的基石

随着无线通信技术的产生，传统的网络技术已不能满足人们的需求，无线网络应运而生。无线网络是网络技术与无线通信技术有机结合的产物，通过无线信号来实现网络设备之间的通信，并实现通信的个性化、移动化和宽带化。泛在网络技术是硬件、软件、终端、系统和应用的融合，它把信息空间、网络空间和人们生活的物理空间集合成一个整体，使网络无处不在，融入人们生活和工作的方方面面。为使教学中的所有资源融合到一起，相互交互，提高获取信息的速度，加快人与人、人与资源之间的交流，未来课堂的建设需要泛在网络技术的支持。

移动自主学堂是一个技术增强型的课堂，泛在网络技术是移动自主学堂的高效运行的基石。泛在网络技术能够构建一个可以在任何时间、任何地点都能够交流与学习的学习环境。在泛在网络技术的支持下，课堂的形成可以在校园里、在家里等，学习者无处不在地学习，指导者随时随地地跟进与引导，实现了人、资源与环境的无缝衔接。

泛在网络所涉及的技术有基础网络技术、智能终端系统和应用技术三大类。泛在网络是在现有的基础网络设施的基础上新加的网络设施构成的,具备融合性,即融合固定与移动通信业务的能力,是未来发展的趋势。未来的网络需要超强的智能感,需要满足各种层次的信息需求,其最重要的特征就是无缝的移动性,最重要的基础网络设施是移动宽带网络。智能终端,不仅仅是传统意义上的通信融合终端,也是对人进行多方面的能力延伸的终端,例如具备多功能传感技术、环境感知能力、音视频识别技术等。在应用层技术方面,泛在网络提供了公共服务支持环境,具备开放性和规范性等特征,主要包含资源描述与组织、信息安全保证、数据分析与挖掘、网络计算等。

泛在网络超强的融合性与智能感为未来课堂提供了一个舒适的学习环境与个性化的教学方式。利用无处不在的网络,学习者可以随处获取各种资源;利用智能终端,可获取个性化的教学资源,人与人、人与物之间的各种互动让学习者享受一个舒适的学习环境。

2. 云技术——学习者源远流长的知识海洋

开放性的课堂以学习者为中心,需要为学习者提供个性化的服务与支持,更提高了对所教授知识的广度与深度的要求。云技术的海量数据存储与数据管理等功能满足了未来课堂对教学的需求。

云技术是一种按需所用、灵活便利的资源池,由网络信息技术、整合技术、管理平台应用技术等架构起来的。需要存储大量的数据与资源(如图片网站、视频网站等)在技术网络平台的后台,以服务于云计算技术。随着物联网的发展与盛行,每种资源都可能存在自己的标识,都需要传输到后台根据不同类别进行分类逻辑处理,各行各业海量的数据需要强大的系统来支撑,即云计算。简单的云计算在网络中随处可见,如网络信箱、搜索引擎等,只要输入关键词就能搜索到大量的信息。云计算核心技术能同时解决进行多种资源的计算问题,可以通过虚拟化技术、分布式海量数据存储技术、海量数据管理技术、编程方式、云计算平台管理方式等技术完成信息的存储与检索。云计算可以将教育过程录播实况存储到信息中心的流存储服务器上,方便在课后进行检索、点播、评估等应用。其提供的服务优势有:云端存储数据、云计算软件服务、随时随地提供服务、充分满足用户需求。

在这个以人为中心的云技术支撑下,教师在管理教学过程时可以方便地利用教育云来提高课堂教学效率。移动自主学堂里的教育云作为云计算的一种应用,是教育技术系统的一个子类,作为公共服务平台,包含的服务有教育共享资源库、教育即时通讯、学生学习服务平台、电子档案平台、社区服务平台等。教育云的架构如图4-2所示。

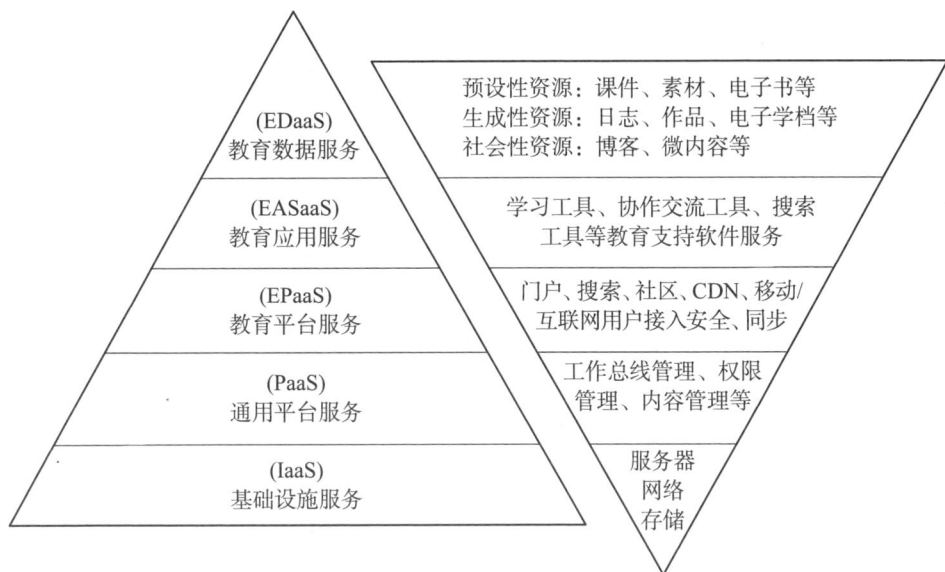

图 4-2 教育云的架构

在迅速发展的"教育云"时代,教师可以根据自己教学的实际需要,充分利用云计算里提供的各种资源(软件、硬件、数据等)设计满足学生个性化学习的教学过程,支持学生全方位的学习与教师高效能的教学,培养学生的群体智慧和思维能力,提高教学质量。

3. 智能录播技术——教学轨迹的有效跟踪

教学是一个不断反思的过程,在反思中进步。传统的教学反思是基于学生的阶段反馈与师生的面对面交流过程中的,对整个课堂过程及教师的教学行为并没有系统地了解。智能录播技术,完成了教师对教学的需求,能将整个教学过程完整地记录下来,实现了教学资源的共享,同时为教师课后反思提供了资源支持,也促进了学生的深度学习及教师的专业成长。智能性主要体现在能对教师与学生自动跟踪,如对屏幕显示进行跟踪与捕捉,对小组学习活动智能记录等。

智能录播系统一般分为声音系统建设、图像系统建设、控制系统建设和环境建设四部分,设备主要包含学生自动跟踪系统、教师智能跟踪系统、智能音频处理系统、全景及板书跟踪系统、自动跟踪录播服务器、摄像机组件等。它集网络流媒体技术、多媒体技术、自动控制和人工智能技术于一体,将教师授课过程、师生互动场景、课堂板书、所有音频以及授课电脑 VGA 信号等进行智能化地跟踪与切换录制,并自动将课程资源上传到服务器资源平台,供下载分享或学习研究。它是将教学理念、教学手段和教学设备相结合,实现教学过程的全面完整再现,形成自动化、智能化、常态化的课程资源建设和应用的服务平台。

(三)智慧教室建设

学校建设了三类智慧教室,并探索与之相适应的教学形式。

1. 基于标准教室的智慧教室建设。这类教室用于创新班的日常教学。建设重点是用触摸式一体机替代常规白板、单屏向多屏发展、录播设备的普遍使用、学生桌椅的更新、无线网络环境优化等。教学形式为移动自主学堂的优化与提升。

教室容纳的学生最多 50 人,桌椅可以自由摆放,能够开展常态化的基于人手一台平板电脑终端的数字化学习活动,教学形式为"四课型渐进式自主学堂"。

2. 基于大空间的未来教室建设。这类教室作为功能教室供教师根据需求选用,亦可用于观摩教学和交流分享活动。这类教室与普通教室的设施基本相同,只是环境更加舒适和宽敞,桌椅摆放更加灵活,多屏互动、人机互动、师生互动更加便捷。教学形式为移动自主学堂。

3. 基于超大套间的智慧广场建设。智慧广场是多空间、多主题、个性化学习的新概念教室。建设重点是完善设施、无线网络、录播设备,营造校园历史文化氛围,开发教室的多用途、多功能。教学形式以基于任务和问题的"分散学习、合作学习"为主。

智慧广场是郑州二中继"未来教室"之后构建数字化学习环境,进行开放教育的新尝试。已经投入使用的智慧广场是多空间、多主题、个性化学习的新概念教室。随着学校"智慧广场"的创建,传统意义上的"单间"教室,发展到了"套间"教室,学习环境的创新,为教与学方式的创新创造了条件。

智慧广场的环境构建几乎满足了开放教育的所有条件：开放、资源、咖啡桌、沙发、座椅、会议室、展示设备、录播设备、网络环境、电脑终端、足够的空间、温控设施、照明设施，能够满足100余人同时分组汇谈。

在智慧广场进行教学活动的基本特点：在时间上，宜于两节课连排，即90分钟；人数控制在100人以内；学科上，以文科为主；表达工具，创新班学生可用平板电脑、纸、笔，普通班学生使用手机、纸、笔；课堂资源，包括网络资源和教师推送的专题资源。

学习流程：教师组织全体学生在展示厅安排本节课的学习任务及方法——学生根据学习主题选择自主学习、小组合作学习、探究式学习等个性化学习方式——在不同的学习区域借助各种工具进行分散学习——教师巡回观察指导，帮助学生——学生根据需要随时变换学习方式，并随时和他人交流——集中展示，交流分享——教师或学生总结。

（四）郑州二中一对一数字化学习环境构建

一对一数字化学习环境是由学校和教师创设的以学生为中心的学习环境，其目的在于促进学生的个性化学习，这一环境具有以下主要特点：

1. 每位学生拥有一台数字化学习终端，比如平板电脑、智能手机。

2. 提供能够支持学生个性化学习的网络教学平台和数字化课程。

3. 不仅包括教师、同学、家长，也包括个人学习网络、学习社区、有共同兴趣和爱好的伙伴，还包括知识建构工具、信息管理和传播工具及信息、数据、资源等。

郑州二中在征得学生和家长同意的基础上，从2011年开始就选用iPad作为学习终端，主要是考虑到iPad的稳定性和可靠性。在开发网络教学平台方面，学校采取了自主、合作相结合的方式进行系统开发。学校在顶层设计和规划的基础上，充分借助大学的技术优势，与河南师范大学合作开发学生学习支持服务系统，之后转入学校自主研发提升阶段，形成了独具特色的郑州二中数字化学习平台。这个平台以服务支持学生混合式学习方式为出发点，将资源、工具、数据集于一体，兼有资源中心、测试中心、消息中心、问卷中心等功能模块，建立了包括教师、学生、家长在内的互动社区，满足了学生个性化学习、教师个性化教学、家长适时参与教育教学互动的教学需求。学生平板电脑同步有各种学习工具软件和资源软件，支持学生基于网络的自主学习。教室里的交互式电子白板或交互式一体机为教师的教与学生的学提供了便捷的展示工具，丰富了数字化教学的内容和形式。教室里的自动录播系统以及学校自主开发的学生微课自主录播系统支持教师和学生随时把上课情况录制下来，并作为生成的资源上传到学校资源中心，随时调取使用。

第四节　研发学习支持服务系统

为实现学生泛在学习、个性化学习、自主学习等多种学习方式，培养学生检索、评价、使用信息的信息素养，及养成学生批判性思维与创造精神，依据建构主义学习理论和现代教学设计理论，借助现阶段常用技术，学校与高校联合研发了一种学生学习支持服务系统。该系统是课上与课下教学与辅导的结合，学生能在平台进行网上自学、师生或生生交流、学习过程跟踪、小组项目学习、成绩管理发布、学生自我评价、课程内容搜索等，是一种综合性的教学服务支持系统，能给学生提供实时及非实时的教学辅导，充分激发了学生自主学习的意识，并能积极主动地参与到课堂中。教师不仅能利用此系统进行教学活动和学生学习活动，还能根据平台的跟踪记录及分析来了解学生的学习情况和进度。

学习系统支持与实现了学生基于网络的学习和探究，为学生提供了一系列的学习辅助工具，帮助了学生自主学习，创建了一个个性化的学习环境。师生、生生之间在时间和空间上可以是分离的，同时也能实现及时的互动，利用 E-mail、bbs、QQ 视频等在线交流技术展开实时讨论、求助解疑。除此之外，还设有答题反馈系统，学生答题提交后，系统能将结果及时反馈给学生，并将学生的错误知识点自动归类到在线错题本上，方便学生后期查漏补缺，不断巩固。除了实时与非实时互动、在线答疑、自建档案外，还提供了丰富的学习资源，有教师上课的讲义和一些课堂学习资料；还连接了网上资源库，学生检索到适合的资料，也能自动保存下来。这样双向流动的学习资源库，通过不断接受新的知识，也不断拓展学习资源，保证了自身的生机与活力，做到了真正的资源共享。智能评价、实时反馈模块，帮助教师根据教学结果实时的调整教学策略，真正做到了以学习为中心,实现个性化的学习。

学习支持服务系统的特征如图4-3所示。

图4-3 学习支持服务系统的特征

一、概述

学生学习支持服务系统"睿迅课堂"是郑州二中根据创新实验班的教学需求,与河南师范大学合作开发的学习平台,具有学生学习轨迹记录、学习成绩记录与分析评测、学习行为采集,资源的聚合、再现与分享等功能,拥有自主知识产权。利用该系统,教师可以实现教学与评价的高效、便捷,学生可以实现自主学习、个性化学习和高效学习,学校管理人员可以随时掌握教与学的数据信息,为教学决策提供基本依据。为做好系统开发与运行保障工作,郑州二中专门成立了教育信息化创新实验室,进行经常性的数据分析、系统更新、需求了解、教学服务。该系统目前已基本成熟,并在不断升级。为方便学生使用,系统兼顾了学生在纸介质上书写的方式,他们提交任务时,可以选择键盘输入、手写输入、语音输入和拍照输入等形式,有些时候教师还专门提醒在纸介质上先书写,然后再拍照传输。

二、"睿迅课堂"的功能

(一)互动反馈系统——连接学习者和知识资源的桥梁

移动自主学堂是一种高互动的课堂形态,借助学生学习支持服务支持系统与移动学习终端接入到云学习支持系统,进行课程的学习活动。泛在网络提供给学习者无处不在的学习机会,每位学习者人手一台移动学习终端,无论是在课上还是在课下,当遇到问题时,可以随时向老师及同伴们请教交流,实现实时的互动与反馈。在未来课堂中,正需要泛在技术来实现即时的互动交流——互动反馈系统,是连接学习者与知识资源的桥梁。

互动反馈系统是一种以计算机网络、多媒体等现代信息技术为基础的网络交流平台,使学习者人手一个移动设备,具有统计、测查和记录功能,实现即时的互动与反馈。课堂教学就是一个不断反馈与调控的过程,教师可以运用互动反馈系统的测试功能,编制试题,实时下发,学生当堂测试并提交,教师屏幕上能迅速显示出每道题的正确率,实现即时反馈,从而有效调控课堂,进行针对性地教学,提高课堂效率。互动反馈系统主要的形式有:1.前馈性测查,课前检查学生对知识的掌握程度,从而决定随后教学内容的重难点及进度;2.诊断性测查,学习一些新的基础知识后,对学生的掌握情况进行了解,科学地判定教学的起点;3.形成性测查,对教学过程的每个环节进行检测,查缺补漏,以决定是否进行下一教学环节;4.终结性测查,单元或阶段检测,了解学生整体的学习效果,检验、修改教学设计。通过互动系统,及时地调整教学策略,减少课堂中一些无用或低效的教学环节,从而提高教学质量。

互动反馈系统除了实时的课堂调控外,还具有高效的教学互动功能,如互动论坛、应答测试、抢答、问卷调查、投票选举、电子举手等,这些技术可以实现多种教学策略的实施,强化教学元素间的互动作用。主要表现形式有:1.分步教学:教学内容层层递进,引导学生利用互动系统阐述意见,思维逐步深化,动态地了解学生思维过程,开展针对性教学;2.分层教学:根据学生的层次划分不同的组合,因材施教;3.分组教学:将教学内容进行分组讨论,利用互动反馈系统进行小组间意见的交流,跨组讨论。

(二)虚拟社区——实时反馈与合作学习的良好平台

教育虚拟社区是跨时空的、自由的、开放的网络虚拟环境,成员之间借助软件系统平台进行知识分享、交流协作,最终形成具有共同社区文化心理的、生态式的社会关系共同体。它作为网络教育形式帮助学习者开展协作学习,进行情感交流,协助知识建构,促进智慧发展。在教育虚拟社区里,交往主体(教师或学生)利用信息技术工具(如移动自主学堂学习支持服务系统的短信息模块)进行信息交流,相互作用、相互影响,其内部交往的过程如图4-4所示。

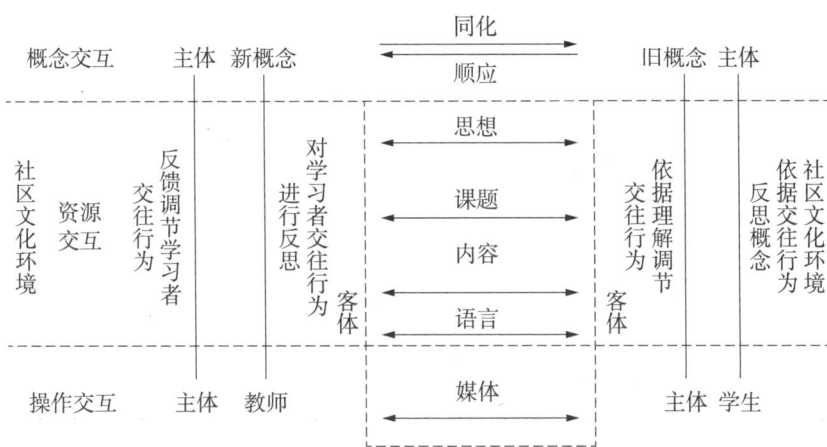

图4-4　教育虚拟社区交往过程

由上图可见,教育虚拟社区交往包括交往主体、交往客体、交往文化环境三大要素。在交往过程中,主体与客体之间都将自己最真实的一面展现出来,两者关系平等、相互尊重、相互理解,形成美好和谐的人际关系,建立了以学生为主体的学习环境。在这个环境里,在不断交互的过程中,提高了学生的协作学习、自主学习、研究性学习的能力。

移动自主学堂的虚拟社区里,教师可发布公告、布置作业、提供教学的方法等,学生可以就自己感兴趣的话题进行自主学习、协作探究。温馨的交往环境,使得每个社区成员都积极主动地参与,促进了学生全面健康的发展。

(三) 四大功能模块——满足学生自主学习、个性化学习的系统平台

移动自主学堂功能的实现,主要是基于郑州二中自主研发的用于提升与支持学生自主学习、个性化学习、泛在学习的学习服务平台。平台功能如图4-5所示。

利用学习服务平台,学生可以建立自己的学习成长档案,跟踪高中三年来的学习轨迹;家长可以通过平台,了解孩子在学校的学习动态;教师可以组建各种考试,快速收集统计学生信息,有针对性地选择教学内容,实施教学策略,同时还能共享优质资

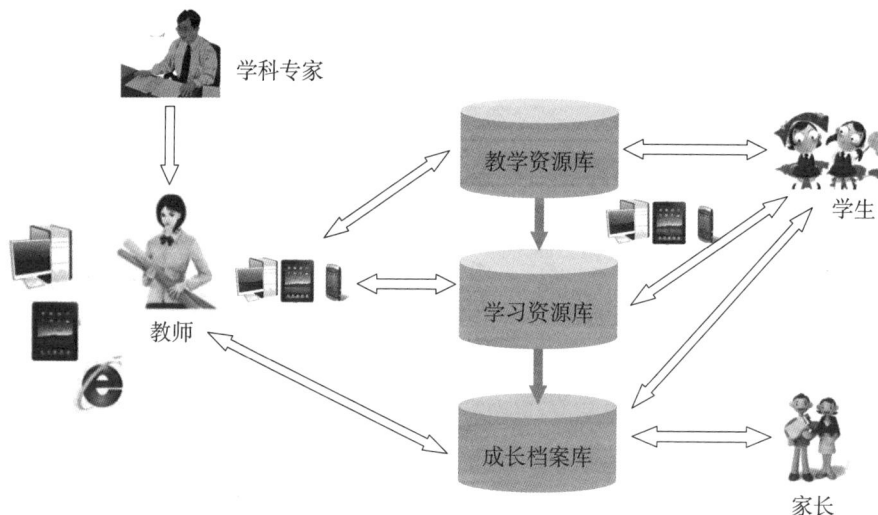

图 4-5 平台功能图

源,与学科专家进行交流对话;学校能掌握所有班级与学生的统计报告,评估学校教学质量等。学习服务平台根据使用对象的不同,可以分为教师端、学生端、管理员端三类。教师端功能主要包括登陆、短消息、人员、考试、试题、资源、设置等。学生端功能主要包括登陆、短消息、考试、试题、资源、课堂举手、笔记本等。学习服务平台功能模块大致包含四个部分,即消息中心、资源中心、测试中心和问卷中心。学习服务平台功能模块如图 4-6 所示。

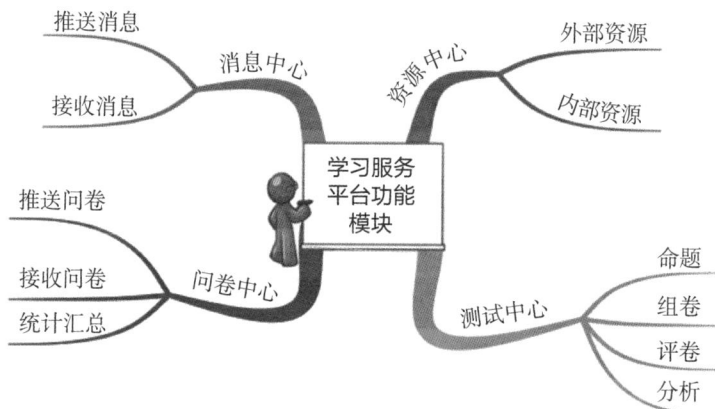

图 4-6 学习服务平台功能模块

1. 消息中心

学生可自主出题,并附上答案,发给教师。教师可以利用平台消息功能,把部分题目群发给每位同学,学生根据自己的喜好选择不同学生出的题并进行解答;教师也可根据学生出的题对学生的学习情况进行了解。学生也可以把自己感觉好的题目分享给同学,不用手抄,既方便又快捷。教师个性化地布置作业,答疑解惑;随时将推理清晰、卷面整洁的优秀作业分享给每个学生;个别有疑问又没时间讲的难题,教师可以录制讲解过程发布。

2. 问卷中心

教师为提高课堂教学效率,可根据教学内容设计调查问卷,推送给学生,了解学生对某些知识的了解程度,进而制定教学计划;学生能接收问卷并快速作答,然后反馈给教师。学习服务平台会对反馈结果分析统计,教师根据统计结果做出相关决策。

3. 测试中心

教师可利用平台上的资源或自己上传的优质资源,快速组卷,创建考试,也可对已有试卷进行重新编辑操作。学生接收试卷答卷提交,系统评阅出结果,将错题自动收藏到错题本里,学生可根据试题知识点,归类整理,同时也可查看历史考试记录,重新考试或选择错题重做。教师能根据即时反馈的测评成绩,评估教学效果,制定下一步教学内容。

4. 资源中心

教师可创建自己的资源、收藏网络优质资源或分享优质资源给学生。学生也可查看教师分享的资源,或网络查找自己所需资源,分类管理到自己的资源库里,长期使用。优质资源的创建与分享,促进了教师的专业发展,拓宽了学生学习之路,同时也促进了教学公平。

第五节　创立学习空间

郑州二中在进行移动自主学堂学习平台的构建过程中,同时进行了学生个人学习空间建设,以此作为移动自主学堂连接学生正式学习与非正式学习,支持学生个性化自主学习的一个私密空间、共享空间、一站式服务空间。

一、 学生学习空间建设的目标定位

学生学习空间建设的出发点和落脚点是要转变学生学习方式,为学生自主学习、个性化学习提供支持和服务,增强或改变学习效果,最终指向学生的发展。

学生学习空间建设的具体目标包括以下方面:

1. 提供学习者个性展示平台。学生以真实身份注册,显示真人照片、真实信息,展示学习者的个性特色和风采。

2. 构建学习资源中心。根据高中阶段国家课程和校本课程学习需要,根据学生个人学习需要,收集、存储和管理具有通用功能和个性特色的学习资源,为学生正式学习、非正式学习以及个性化学习提供特色资源服务。

3. 搭建网络学习平台。以个性化教育观念为指导,运用现代教育技术原理和方法,对基于网络空间的学习资源、方法和过程进行开发设计,为学生提供个性化学习环境。可以将现有学习平台与学生学习空间融合联通,也可以将学生学习空间作为非正式学习空间单独设计学习平台。

4. 建立互动交流学习社区。在空间上师生之间、生生之间可以实现沟通、互动交流,改变传统的互动联系方式,建立学生学习生活社区。

5. 记录学生的成长过程。包括学习者的档案信息、学习过程信息、学习成果信息、社会活动信息等,全面记录学习者的成长信息。

二、 学生学习空间建设原则

1. 学习个性化原则。在教学活动中,每个学生都是具有个性特征、活生生的主体,学生个性化空间建设必须适应个性化学习的需要。比如,学习者可自行制订学习计划,完全自主选课、自定学习进度和路径、设定学习日程;空间栏目以选项卡的方式组合,实现功能的拖拽、排列组合、删减等;信息服务可采取定制、推送方式,定制和推送新闻、定制和推送通知、定制和推送个性化消息等,与个人无关的干扰信息可以被屏蔽在外。

2. 开放互动性原则。在个性化空间设计中,充分整合各种 Web 2.0 技术,建设开放性学习环境。例如,在 Web 2.0 技术环境下,学生个人既是知识的消费者,也是知识的生产者与管理者,通过互动交流充分参与知识的创造和管理。学习作为一种对话与交流活动,和生活融合在一起。学生可以与教师、专家及其他社会成员进行交流或协作学习。

3. 多元化评价原则。利用个性化空间的交互式功能,学生可以得到同学、教师、自我等主体多元化的评价和多元化的精神激励。同时,利用个性化空间记录学生学习的全过程,实现总结性评价与形成性评价有机结合,使教学评价成为对学生的学习与成长的有效激励措施。

三、 郑州二中学生学习空间建设模型

(一) 基本思路

学生学习空间的构建对个性化学习有核心支持作用,可促成正式学习与非正式学习的连接,实现"网络学习空间人人通"。

学生学习空间需要如下要素:1.拥有一个支持服务学生个性化学习的资源中心;2.拥有一个属于学习者自己的表达空间;3.拥有一个专注于内容管理的工具;4.拥有一个和其他学习者互相联系的途径和方式;5.拥有一个学习者成长的记录档案。

(二) 内容结构

共六个模块:认证及个人信息模块,资源与应用模块,任务及学习模块,拓展与阅读模块,表达与联系模块,学生成长记录模块。

1. 认证及个人信息模块(一级)

(1) 实名注册认证(二级)。

(2) 个人基本信息(二级)。

(3) 个人个性特色(二级)。

2. 资源与应用模块(一级)

(1) 外部资源(二级):学习资源网站链接。

① 教育行政资源网(三级)

a. 国家教育资源中心

b. 河南省教育资源中心

c. 郑州市教育资源中心

② 学习网站资源网(三级)

a. 猿题库

b. 魔方格

c. 华东师大慕课中心

d. 添加

③ 图书资源网(三级)

a. 超星移动图书馆

b. 添加

(2) 内部资源(二级):学校资源应用。

① 郑州二中学习指导书、练习册电子稿(三级)

② 郑州二中慕课中心(三级)

③ 郑州二中试题库(三级)

④ 郑州二中同步资源包(三级)

3. 任务及学习模块(一级)

(1) 我的学习计划(二级)。

① 总体计划(三级)

② 分学科计划(三级)

(2) 我的学习任务(二级)。

① 当天任务及完成情况(任务列表)(三级)

② 当周任务及完成情况(任务列表)(三级)

③ 学习总结及反思(三级)

a. 日总结反思

b. 周总结反思

c. 月总结及反思

d. 学期总结及反思

4. 拓展与阅读模块(一级)

这一模块的子系统让学生个性化设计,留出若干单元空间,主要方式是下载后使用。

(1) 我的生涯规划(二级)。

(2) 我的研究性学习(二级)。

(3) 我的学科拓展(二级)。

(4) 我的阅读空间(二级)。

(5) 个性化设置(二级)。

5. 表达与联系模块(一级)

(1) 我的微博(二级)。

① 身份认证、实名注册(三级)

② 创建微博群(全校创新班师生范围内双向选择创建)(三级)

③ 微博创建与发送(三级)

(2) 经验与成果发布(二级)。

选择范围:班级、年级、全校创新班、教师创新团队。

(3) 学习交流(二级)。

以推送短消息形式与师生交流。

6. 学生成长记录模块(一级)

采取个人叙写成长记录/相关审核、相关部门数据录入、综合评价、学习平台及学习空间数据统计分析等方式记录学生成长过程。

(1) 学生档案信息(二级)。

(2) 学习过程信息(二级)。

(3) 学习成果信息(二级)。

(4) 社会活动信息(二级)。

第六节　教学资源建设

教学资源是指能利用在教学过程的有价值的元素,包含物质的、自然条件的、媒体条件、社会条件等资源,这里我们所说的教学资源是指电子和数字化的教学资源和信息。利用信息技术应用到教学活动(备课、授课、评价、练习、教研等)中的多媒体资料(图片、文字、声音、视频等)、课件、教案、试题、电子图书、教育论文、网络课程等都可以称为教学资源。

整合后的资源内容从支持"以教为主"向"教学并重"转变,资源类型从"预设性资源"向"生成型资源"转变,并根据教学需要将整合后的资源有选择地推送给学生,生成个性化教学资源。

一、　整合教学资源

为高效地支持教师们使用学习支持服务系统,促进教学质量的提高,建立适合郑州二中教学特色的教育资源库是必需的,那就需要对各种教学资源进行细分与整合。郑州二中教师需要的不仅仅是用于呈现教学内容的各种素材,而是需要能促进自我反思、支持自己教学思路的形成与改进的启发性和借鉴性的教学资源。基于这样的需求,对郑州二中教学资源重新进行了细分与整合。教育资源的细分与整合是依据教学需要,对各个独立的数字资源进行融合、类聚和重组,形成一个效率更好、效能更好的新的资源体系。

在移动自主学堂环境下,iPad 移动学习终端上,学校的"云端书库"存储着大量的书籍,"维基百科"中大量的百科知识,实现了学生对学科知识的延伸,"网易公开课"各种公开课视频,来自哈佛大学、牛津大学、耶鲁大学等世界知名学府,内容涵盖人文、社会、艺术、金融等领域。还有很多有关人文地理,生物进化的软件。各种网络化的资源,为资源的细分和整合提供了支持。

除学校移动平台上特有的网络资源外,学校还在充分利用国家教育资源公共服务平台、省基础教育资源网、郑州"优教班班通"资源共享平台和网络开放资源基础上,根据教师的教学资源需求,在资源选择四项原则的指导下,组织教师对资源进行了细分和整合。

在整合的过程中,以学科教研组为单位,遵循"整体规划、分工协作、资源共享"的原则,组织各学科教师协作进行。在细化解读课程标准、编写课程纲要的基础上,认真研读教学资源,先将教学资源根据所涉及的知识点按年级分开,再根据资源的素材类型进行分类。如教案或教材的整合归类于文本;试题要注明知识点、题型、认知目标属性;试卷也要注明所牵涉的单元等。在进行优质教育资源的整合中,做到多渠道采集资源:一是利用网上免费教学资源平台搜集与下载保存、汇总与整合;二是购买优质教学资源库,如学科网、移动图书馆等;三是自主开发教学资源,组织各学科教研组,根据各学科教学的需要自行研发,充分调动广大师生的积极性,共同学习、共同参与,鼓励教师共享备课资源,鼓励学生上传个人作品。在教师的集体努力下,编制了《郑州二中移动自主学堂优秀课例汇编》,材料里涵盖了各个年级与各个学科不同教师的经典教学案例,满足了教师对优秀教学案例的需求。移动自主学堂的智能录播技术,将优秀教师的教学过程记录下来,上传至资源平台,进行分享、交流、学习,满足了教师对优秀课堂实录的需求。

各种形式多渠道的资源细分与整合,涵盖了资源需求种类的各个方面,大大满足了教师的需求,提高了教学资源在教学过程中应用的有效性,实现了教学资源的共享。

二、 个性化资源的生成

优质资源的整合支持了学习支持服务系统的资源中心功能的实现,促进了教学质量的提升。资源库中多媒体资料(图片、文字、声音、视频等)、课件、教案、试题、电子图书、教育论文、网络课程等电子教学资源为教师走研究型之路提供了条件支持。但信息时代的混合学习模式是传统教学与数字化学习相结合的学习方式,课堂教学仍然继续着传统的纸质教材。教师能充分利用电子教学资源库,但对于学生,除了在线利用这些资源外,仍需要结合传统学习方式,才能使学习效果最优化。

在实际教学过程中,教师在利用已有的优质资源的基础上,根据学生特征与教学需求再对这些资源进行了重新筛选、修订与整合,并将筛选出的教学资源分为基础型、扩展型等多种类别,编写成具有郑州二中特色的校本化教辅读物《郑州二中自主学堂》,包括学习指导书和练习册,个性化地推送给学生,用于学生日常的学习与探究,以提高教学质量与效率。

个性化的资源成果(指导书与练习册)兼顾了不同学习层次的学习需求,便于学生个性化学习。除了个性化纸质资源的生成外,部分教师还进行了基于技术的个性化资源的生成。如英语教研组在熟练使用思维导图、睿迅课堂的基础上,大胆尝试了"完美计划产品"平台设计,即词汇记忆产品,就是把词汇和游戏结合起来,让学生集中两个星期学完两本书的全部词汇,然后再进行阅读等的学习。这种资源整合,不仅节省了时间与精力,还能实现学生更深程度的学习。

教师对优秀课堂实录、优秀教学案例的需求比较大,这些资源是教师备课、上课及个人专业发展中的重要资源。在创新班的教学过程中,教师们在基于标准的教学和四课型教学设计的基础上,结合自身学科、课型特点开展个性化教学,创新生成了许多信息技术与教学深度融合、体现学生自主学习和高效课堂的优秀课例,为学校全面提升教学质量,培养创新人才,做出了应有的贡献。应教师的专业发展需求,我们组织教师进行优秀课例汇编,展示教师团队的优秀教学成果,从2015起每年编印一本《移动学堂 改变课堂——郑州二中创新班优秀课例集》,同时也编制一本《郑州二中高中部优秀课例集》,用于非创新班教师的优秀教学成果展示,加强教师之间的交流与分析,满足教师对个性化资源的需求。

个性化学习资源的生成,重视学生自主学习,改变以往课堂教学过于重视知识传授的倾向,强调形成积极主动的学习态度,使获得基础知识与基本技能的过程同时成为学会学习和形成正确价值观的过程。它改变了过于强调接受学习、死记硬背、机械训练的现状,倡导学生主动参与、乐于探究、勤于动手,培养学生搜集和处理信息的能力、获取新知识的能力、分析和解决问题的能力以及交流合作的能力。

三、 学科教学资源网建设

为加快推进郑州二中学科建设的深入开展,促进教师专业发展,促进学校教育教学质量的持续提升,为学生提供更多更好的学习资源,根据学校教育信息化的总体安排,郑州二中从 2016 年秋季开始在全校范围内开展学科资源平台建设工作,现已建成投入使用。

平台建设由教师发展中心负责实施和管理。由各教研组长负责本组平台的建设和管理。技术支持:学校信息化研发团队;平台运行形式:嵌入郑州二中网站;平台网页设置:设置 1 个首页、12 个分页,由 12 个学科组建设管理。

平台网页内容设置:

首页。分为两个模块。第一个模块是首页上方的资源模块,分为精品、视频、高考/语、数、英、理、化、生、政、史、地、综合、生涯、创客/试卷、课件、教案、学案、指导书、练习册、预习、作业/高一、高二、高三 4 个分栏目,对资源进行分类。

第二个模块是在首页的主体部分,为宣传与展示模块。主要栏目设:新闻与动态、通知与公告、学科三年规划、专题活动、教师论坛、成果展示、专业发展、教师风采、校本课程等。

分页。按照语、数、英、理、化、生、政、史、地、综合、生涯、创客顺序设 12 个学科分页。分页的资源模块内容为:试卷、课件、教案、学案、指导书、练习册、预习、作业/高一、高二、高三/微视频、课例视频三个分栏目。

宣传与展示模块的栏目主要有:教师风采、学科三年发展规划、教师个人三年发展规划、校本课程、新闻与动态、成果展示、专题活动、教师随笔、学科课题、学科论文等。分页可个性化设置栏目。

本项目操作层面的责任主体为:校级负责:主管副校长;处室负责:主管主任;教研组负责:教研组长。

教师发展中心安排一名兼职教务员负责首页管理及分页管理。教研组安排一名教师做管理员具体负责学科分网页的操作。在教研组内任课教师人人有责。组内做的每一件资源、每一个作品、每一篇文章都要署名,一方面是尊重知识产权,另一方面是用于考核评价。

四、 开展教研活动生成教学资源

1. 优秀课例征集汇编

每一学年汇编一册创新班优秀课例集,作为信息技术与教学深度融合的成果展示,同时也是典型经验的交流与分享。

2. 教学微视频大赛

教学微视频是郑州二中资源建设的一个重要内容,也是学生课堂学习中预习先学资源包的必备资源,学校从 2016 年初开始每年进行一次教学微视频大赛活动。

活动的目的:通过活动推动学校微视频教学工作的全面开展,不断提升教学微视频的制作数量和质量,探索微视频教学的实践策略和运行规律,让微视频教学成为学校常态化、特色化的教学形式,为学校内涵发展、品质提升和质量提高打下坚实基础。

大奖赛成果申报人为郑州二中在职教师,成果为个人或与他人合作编制的系列教学微视频。教学微视频以一个知识模块为基础,由一组微视频组成,每个微视频一般不超过 10 分钟。

为保证评选活动公正、公开、公平进行,为尽可能地让教师的教学资源得到最大程度的传播,学校采用如下方式评选:将教师的全部微视频作品上传至郑州二中教育集团微信平台微视频栏目,由高中部全体师生每人一票进行在线评选,按照各奖项数量进行投票。每个学生、家长、游客的权重系数为1,每个教师的权重系数为2,每个中层领导的权重系数为3,每个校级领导的权重系数为5,由系统自动生成评选结果。获奖名单在郑州二中官网和微信平台公布,按照校级优质课赛讲级别记入教师业务档案,并纳入教研组学科建设考核。获奖作品将长期保留在微视频网站栏目。期末举行颁奖大会,由学校领导颁发获奖证书和奖品。

3. 公开课、示范课、优质课制度

学校在创新班推行了公开课、示范课、优质课制度,用以促进信息化教学应用的顺利开展。所有创新班教师每学期要上一节公开课,领导和教师均可听课,课例资料进入教师业务档案。每学期各学科骨干教师一人根据学校安排可上一节示范课,起到示范引领作用,计入学校考核奖励,课例资料进入教师业务档案。每学年举行一次全校优质课赛讲活动,评出一二三等奖,计入学校考核奖励,课例进入教师业务档案。

4. 开展同课异构活动

郑州二中与天津41中是姊妹学校,两个学校都在实验班采用了信息化教学方式,并且使用的是一个学习平台,两个学校在信息化教学方面紧密合作,开放共享,结成了信息化教学共同体。两个学校每年举行一次创新班同课异构活动,每次三至四个学科,活动地点依次轮换。每次活动两个学校都非常重视,整个学科组为讲课教师集体备课,通过讲课、评课活动促进了学科教研水平的提升,也促进了信息技术与学科教学的深度融合,实现了相互学习,共同提升的活动目的。

参考文献

[1] 周青政.信息技术与学科课程整合的内涵与策略[J].中国教育信息化,2010(12): 19 - 22.

[2] 何克抗.如何实现信息技术与学科教学的"深度融合"[J].教育研究,2017,38(10): 88 - 92.

[3] 何克抗.从 Blending Learning 看教育技术理论的新发展[J].中小学信息技术教育,2004(4): 21 - 31.

[4] 祝智庭,管珏琪."网络学习空间人人通"建设框架[J].中国电化教育,2013(10): 1 - 7.

[5] 王健,王晓林.生成性教学的理论基础及课堂互动模型[J].长春师范学院学报(人文社会科学版),2010,29(01): 136 - 140.

[6] 徐锦霞,钱小龙.数字化学习的变革:理论基础、学习文化与学习范式[J].中国远程教育,2013(11): 51 - 56.

[7] 刘濯源.刘濯源　思维可视化,让学习真正发生[J].当代教育家,2017(11): 69 - 71.

第五章

构建德智体美劳全面培养的育人体系

第一节　学校规划

郑州市第二高级中学
教育改革与发展"十四五"规划
（2021—2025）

2021 年是中国共产党"两个一百年"的历史交汇点，是"十四五"规划的开局之年，为进一步深化普通高中育人方式改革，全面提升立德树人的质量和水平，办人民满意的教育，开创学生发展、教师发展和学校发展的新局面，根据《中华人民共和国教育法》《深化新时代教育评价改革总体方案》《关于新时代推进普通高中育人方式改革的指导意见》《中国教育现代化 2035》等法律和文件精神，遵循教育规律，结合学校发展的实际情况，特制定本规划。

一、发展基础与形势

（一）发展基础

1. 立德树人赓续红色基因

郑州市第二高级中学建校于 1941 年，河南省战区二中即为学校前身，是一所具有光荣革命传统、文化底蕴深厚的历史名校，现为河南省示范性高中。学校传承了爱国、报国的红色基因，秉承"天下为己任"的校训，坚持社会主义办学方向，坚持为党育人、为国育才的价值追求，围绕立德树人根本任务开展学校教育教学工作，构建实施立德树人落实机制成为学校育人方式改革的一条主线。

2. 开放办学引领改革创新

学校坚持开放办学的教育理念，坚持培养全面而有个性的创新人才为育人目标和

"健康、博爱、有为"的学生形象,持续推进素质教育和改革创新,积极探索普通高中育人方式改革的校本实践,持续推进课程教学改革,在落实五育并举构建全面培养体系的基础上,形成了以"自主发展"为核心的德育特色,以"移动自主学堂"为核心的信息化教学特色,以"项目式学习"为核心的创客教育课程特色,以"普及加提升"为核心的校园足球课程特色。

3. 全面育人促进全面发展

培养全面而有个性的创新人才,"健康、博爱、有为"的育人目标得到了很好的落实。在全面发展方面,健康的心理和强壮的体魄成为学生全面发展的显著特征。学生初步形成了爱祖国、爱人民、爱劳动、爱科学、爱社会主义的思想和情感,初步形成了社会主义核心价值观;学生主动学习、个性化学习已经成为一种常态,分析问题、解决问题的能力显著提升。在个性发展方面,学生拥有自觉的自我意识,自我教育、自我管理、自主发展成为郑州二中学生的独有标签;在美的指引下,学生努力追求自身真善美;通过对生活认识的不断深化,敢于选择、学会选择,培养自身的责任感和行动力。

4. 队伍建设赋能专业成长

遵循教育规律和教师成长发展规律,把促进学生全面发展、健康成长作为教师工作的出发点和落脚点,加强教师思想政治教育和师德建设,大力提高教师专业化水平。教师得到了同步发展,教师的职业幸福指数不断上升,专业能力持续提高,高素质、专业化、创新型教师队伍正在逐步形成,实现向研究型教师的转变。据不完全统计,10年来,学校教师获得国家级奖项60多项;省级奖项130多项;市级奖项260多项,研究氛围浓厚。学生积极参与各级各类比赛,获得国家级奖项70多项,省级奖项210多项,市级奖项520多项,成绩斐然。

5. 初心使命支撑质量提升

在连续进行扩招、录取分数线较低的不利局面下,教师们凭借着不忘初心,牢记使命的责任担当,以超常的意志和毅力潜心育人,砥砺前行,取得了显著的教学效果,一本上线率稳居同类学校前列,连续三年有学生升入清华、北大,郑州二中被专家和社会誉为郑州市"性价比"最高的学校。

6. 多样化促进现代化

2017年郑州二中被河南省教育厅确定为首批河南省普通高中多样化发展示范学

校,教育信息化是多样化发展的特色内容。2018 年河南省第一个人工智能创新班的开设,宣告了学校信息化创新班步入 2.0 时代,也预示着郑州二中即将步入开放办学的第四阶段。到目前为止,学校形成了以教育信息化、创客教育、校园足球为核心的办学特色,促进了学校多样化、现代化发展。

7. 育人改革形成榜样示范

2018 年学校荣获河南省中小学德育工作先进集体,学校德育案例入选全国中小学德育工作典型经验名单;2020 年学校确立为新课程新教材实施国家级示范校。人民日报、光明日报、半月谈、新华网、中国网、中央电视台、中国教育报、郑州日报等主流媒体都先后报道了郑州二中开放办学,推进教育现代化的实践探索,给予了很高评价;学校创新教育案例《系统化创新驱动学校全面发展——河南省郑州市第二中学的实践》编入《中国高中阶段教育发展报告(2016—2017)》一书(华东师范大学出版社出版)。《半月谈》2018 年 18 期刊登了本刊记者采写的报道郑州二中的通讯《开放办学,让学生寻找更好的自己》。

(二)发展形势

1. 教育发展的新阶段

(1)中国教育发展新阶段。十四五规划期间,中国教育进入新发展阶段,这是中华民族实现教育强国百年梦想的新阶段,是中国教育实现高质量发展的新阶段,是中国教育从基本现代化到总体现代化的新阶段。《中华人民共和国国民经济和社会发展第十四个五年规划和 2035 年远景目标纲要》确定了教育发展新方向和新目标。进入新发展阶段,贯彻新发展理念,构建新发展格局,需要开创基础教育改革发展新境界,健全学校家庭社会协同育人新体系,创造高质量发展资源配置新模式,推进基础教育实现高质量发展。

中国教育进入新阶段,社会主要矛盾的转化关系全局的历史性变化。人民群众对教育的需求更为多样,必须顺应人民群众的期盼,加快发展更加公平、更高质量、更具个性的教育。

(2)学校教育发展的新阶段。十四五规划期间,郑州二高也将进入新的发展阶段。在国家教育新发展阶段的背景下,依托郑州市国家中心城市建设,学校将贯彻新发展理念,构建新发展格局,以培养全面而有个性的创新人才为目标,以育人方式改革为主线,通过完善学校内部治理结构,激发办学活力,创造高质量发展资源配置新模式,推进学校实现高质量发展,满足人民群众日益增长的享受优质教育的新需求。

2. 学校发展的新机遇

站在首批河南省普通高中多样化发展示范校、普通高中新课程新教材实施国家级示范校的高位发展起点上,借助新校区建设建成使用的资源优势,在河南省首次实施新课程新高考的发展背景下,天时地利人和要素高度集聚于一身的郑州二高将迎来难得的历史性发展机遇。

3. 学校面临的挑战与困难

十四五期间学校面临的问题也是十分突出的,这里面既有长期存在的问题,也有新产生的问题,需要我们在改革中认真加以解决。

(1) 生源质量需要努力提升。学校的录取分数线徘徊不前、持续下行,与学校的教育质量严重不匹配,是影响和制约学校发展的一个基础性问题。这里面有学校持续扩招的因素,也有技术性原因和学校宣传不够的原因。需要我们精准有效解决,为之后学校高质量发展打下坚实的生源基础。

(2) 教学方式需要进一步转变和提升。教学方式要由教师的"教"为主向学生的"学"为主转变,由学习知识向提升学习力转变,由浅层学习向深度学习转变。学习方式的转变必将带来整个教育结构的变革,要深入研究和探索基于课程标准和学科素养的目标导向、基于启发式教学和自主学习的主体导向、基于信息技术与教学深度融合的智慧课堂导向的教学形态和教学模式。

(3) 教学组织管理形式需要进一步变革和创新。新高考制度打破了高一结束之后文理分班的传统教学组织管理模式,取而代之的是选课走班制。教学组织管理必须对这种新的教学常态作出呼应。由于河南省是从2021年开始实施新课程新教材,还没有实行新高考,因此在选课走班制方面学校面临许多组织管理上的问题和挑战。需要借鉴外省经验,创新组织管理形式,从建立组织管理机构、开展学生生涯选课指导、整合师资及教室资源、加强选课教学班管理等方面建立一套系统化组织管理制度机制。

(4) 课程体系需要进一步完善和优化。学校目前的课程体系还不能完全适应新课程新教材实施的要求,在实现国家意志和落实普通高中新课程方案指导思想下,需要系统构建基于核心素养和学生全面而有个性发展的新课程体系。新课程体系要兼有**必修课程和选修课程、学科课程和跨学科课程、劳动教育课程和综合实践课程、探究性学习课程和项目式学习课程**,要凸显学校科技教育特色,开设多元课程,增加课程供给,满足学生多样性选择需求。同时加强德育课程建设,将分散的德育活动纳入课程体系。

(5)教育评价制度机制需要进一步改进和完善。学业质量标准体系尚未完全建立,基于信息平台的学生综合素质评价、教师教学质量评价、班级评价需进一步完善。要进一步优化数据类型和采集方式,形成全面性、过程性的数字化信息资源。要真正让教育评价制度成为促进学生全面而有个性发展的有效机制。

(6)学生发展指导需要进一步加强和创新。现有的学生发展指导机制不适应新课程新教材和新高考的现实需要。要建立专兼结合的指导教师队伍,通过学科教学渗透、开设指导课程、举办专题讲座、开展职业体验等对学生进行指导;在班主任、副班主任、任课教师指导机制基础上,全面推行全员导师制。

(7)师资队伍整体素质需要进一步提升。要进一步加强高端教师精准培养,提升教师专业影响力。进一步拓展教师专业发展的途径,提升教师学生发展指导能力,搭建多样平台,健全保障机制,通过骨干引领、示范,带动全体教师专业发展。

二、发展战略

(一)指导思想

坚持以习近平新时代中国特色社会主义思想为指导,深入贯彻党的十九大精神,全面贯彻党的教育方针,落实立德树人根本任务,全面落实新课程新教材的理念和要求,积极推进普通高中育人方式改革,全面提高教育质量,为学生适应社会生活、接受高等教育和未来职业发展打好基础,努力培养德智体美劳全面发展的社会主义建设者和接班人。

(二)基本原则

1. 坚持党的领导,落实立德树人。全面落实党和国家的教育方针,以党建来统领

"为谁培养人、培养什么样的人、怎么培养人"的事业。加强党在意识形态领域的政治引领,站稳立场,端正方向,筑牢教育发展的政治根基。

2. 育人为本,注重实效。把科学的质量观落实到教育教学全过程,夯实学生健康成长的基础,满足学生个性成长需要,进一步提高学生综合素质,着力发展核心素养。

3. 改革创新,内涵发展。把普通高中新课程新教材实施国家级示范校作为学校系统变革的抓手,全面促进学校治理创新、学习环境创新和技术应用创新,促进教师理念转型、课堂文化转型和学生学习方式转变。

4. 创新机制,强化保障。建立健全组织领导、系统培训、共建共享、监测督导、示范引领等工作机制,完善师资配置、专业研究、设施配备等保障机制,构建立德树人、五育并举的支持体系。

（三）发展目标

1. 总体目标

德智体美劳全面培养体系进一步完善,立德树人落实机制进一步健全。新课程新教材全面实施,适应学生全面而有个性发展的教育教学改革深入推进,选课走班教学管理机制趋于完善,学生发展指导和教育评价体系全面建立,师资和办学条件得到有效保障,多样化有特色发展的局面基本形成,科技教育和校园足球特色发展成熟。把郑州市第二高级中学建设成为在全省乃至全国具有鲜明特色和广泛影响力的知名学校。

2. 具体目标

(1) 育人目标

培养全面而有个性的创新人才。具体化为健康、博爱、有为三个核心要素。

内涵阐释:"全面"发展是指培养受教育者在德、智、体、美、劳等方面都得到发展。"个性"发展是指个体在需求、生活习惯、性格、能力、兴趣、价值观等方面形成稳定的心理特征。全面发展与个性发展之间在逻辑和哲学上不是对立关系,而是辩证统一的关系。创新人才界定:仅有创新意识和创新能力还不能算是创新人才,创新人才首先是全面发展的人才;个性的自由独立发展是创新人才成长与发展的前提。

"健康"指身体健康和心理健康以及智力、人格、情感、意志等方面的健康。"博爱"

是品质、境界,也是能力、胸怀。"有为"的核心内涵是自立自强、主动进取、勇于担当。

(2)办学理念

自主发展,快乐成长。

内涵阐释:"自主发展,快乐成长"的办学理念以学生的发展和成长为最终价值追求,以"自主"为学生成长和发展的主要途径,以"快乐"为学生发展和成长的生存状态。这种办学理念实际上是一种培养学生核心素养的教育思想的校本化呈现方式,体现了"立德树人"的基本思想,以及高度的社会责任感和使命感,是"从育分走向育人"的具体实践。

(3)办学思想

开放办学。

内涵阐释:开放办学是相对于传统的封闭办学模式而提出的一种办学思想,是以开放的思维、开放的行动来谋划和开展学校教育教学工作,使学校教育系统内外和学校内部诸多元素之间不断地进行相互作用、相互渗透、相互交流。通过开放办学,促进学校教育系统与环境、学校内部诸系统之间的交流、融合、创新,以最大限度促进学生全面而有个性的发展。

(4)校训

天下为己任,规矩成方圆。

内涵阐释:"天下为己任"强调的是理想信念的至高境界,体现了家国情怀和责任担当,与爱国报国的红色基因一脉相承;"规矩成方圆"强调的是法制意识和规则意识,确立了学生的法律和道德准则。具有爱国报国情怀和法律道德准则就是学校为学生制定的核心行为准则。

(5)教师队伍建设目标

遵循教育规律和教师成长发展规律,加强师德师风建设,培养高素质教师队伍,形成教师人人尽展其才、好教师不断涌现的良好局面。使教师队伍规模、结构、素质能力满足学校教育发展的需要。

到2025年,教师综合素质、专业化水平和创新能力大幅提升,培养100名骨干教师、30名卓越教师、10名教育家型教师。实现教师队伍治理体系和治理能力现代化。教师主动适应信息化、人工智能等新技术变革,积极有效开展教育教学。教师在岗位上有幸福感、事业上有成就感、社会上有荣誉感。

(6) 教育质量目标

树立科学的教育质量观,深化改革,构建德智体美劳全面培养的教育体系,健全立德树人落实机制,着力在坚定理想信念、厚植爱国主义情怀、加强品德修养、增长知识见识、培养奋斗精神、增强综合素质上下功夫。坚持德育为先,教育引导学生爱党、爱国、爱人民、爱社会主义;坚持全面发展,为学生终身发展奠基;坚持面向全体,教好每名学生;坚持知行合一,让学生成为生活和学习的主人。

在郑州市教育教学增值评价中,确保增值数据为正增长,高考升学率在全市出口位次高于入口位次,即升学位次高于当年中招分数线位次;每年都被评为郑州市教育教学先进单位。争取每年都有1至2名学生考入清华北大;争取成为北京大学生源基地学校。

(7) 教育改革目标

全面贯彻党的教育方针,落实立德树人根本任务,发展素质教育,遵循教育规律,围绕凝聚人心、完善人格、开发人力、培育人才、造福人民的工作目标,深化育人关键环节和重点领域改革,坚决扭转片面应试教育倾向,切实提高育人水平,为学生适应社会生活、接受高等教育和未来职业发展打好基础。

到2024年,德智体美劳全面培养体系进一步完善,立德树人落实机制进一步健全。新课程新教材全面实施,适应学生全面而有个性发展的教育教学改革深入推进,选课走班教学管理机制和学生发展指导机制基本完善,科学的教育评价基本建立,师资和办学条件得到有效保障,学校多样化、有特色发展的格局全面形成。

(8) 办学特色目标

坚持多样化、特色化办学理念,在全面构建立德树人落实机制,全面实施素质教育的基础上,形成学校的办学特色,为学生全面而有个性的发展提供更多的选择性和更开放的空间。

教育信息化、创客教育、校园足球是学校最鲜明的办学特色,需要重点规划和建设。教育信息化重在应用和融合,通过信息化促进教育现代化;创客教育课程群包括人工智能课程,重在探究和实践,培养学生的创新精神和实践能力;校园足球重在普及和提升,要让足球成为一条学校高品质育人的绿色通道,成为学校高质量发展的一个升学增长点,成为全国闻名的郑州二中足球模式和足球现象。

（9）校园文化目标

梳理学校八十年发展形成的校园文化,可以概括为:爱国报国的红色基因文化、天下为己任的责任担当文化、兼容并蓄的开放办学文化和艰苦奋斗的勤文化,这四种文化综合起来就是初心文化。初心文化的形成和发展经历了漫长的过程,在发展中内涵不断丰富,脉络越发清晰,这种校园文化的深入发掘对于学校在十四五规划的开局之年设计和谋划新发展阶段的目标任务具有重大的历史意义和现实意义。

到2022年,学校形成概念清晰、内容丰富、传承紧密、系统联系、表述准确的校园文化阐释文本,并以此为依据,通过校园环境设计建设、校本课程开发实施、展台媒体常态宣传、实践活动体验感悟、搭建平台弘扬践行等形式建设校园文化,让校园文化成为学校立德树人的一条重要路径,成为学校传承与发展的内在品质和精神力量。

（10）新课程新教材实施国家级示范校建设目标

新课程新教材全面实施,到2024年6月完成第一轮新课程新教材实施工作,形成可借鉴、可推广的经验做法和典型案例,充分发挥示范引领和带动作用;并将学科新课程新教材实施教学资源等阶段性成果及时向薄弱学校输出。

三、主要任务

（一）坚持立德树人

1. 坚持以习近平新时代中国特色社会主义思想为指导,全面贯彻党的教育方针,落实立德树人根本任务,遵循教育规律,强化教师队伍基础作用,围绕凝聚人心、完善人格、开发人力、培育人才、造福人民的工作目标,发展素质教育,培养德智体美劳全面发展的社会主义建设者和接班人。

2. 构建立德树人落实机制。立德树人落实机制必须系统构建、系统推进,才能最后形成教育合力,实现育人目标。根据学校实际情况构建如下立德树人落实机制总体模型:以立德树人为总目标,以开放办学和学校治理统领教育教学工作,通过制定实施三年发展规划的形式,形成确立育人目标、落实五育并举、构建学校课程、进行课堂变革、开展班级建设、建设教师队伍、改革评价制度等立德树人落实机制,形成三自教育、移动学堂、创客教育、生涯教育、校园足球、微电影节、智慧校园等特色项目,实现学校多样化发展和学生健康、博爱、有为的发展目标。

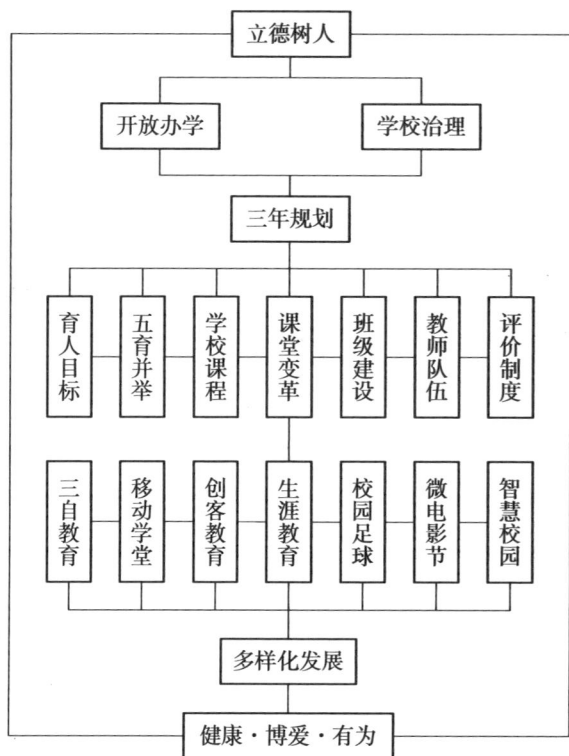

图 5-1　郑州二高立德树人落实机制模型图

（二）坚持五育并举

1. 突出德育时代性。充分发挥河南省中小学德育工作先进集体的优势,完善德育工作体系和制度机制,拓宽德育实施途径,深化课程育人、文化育人、活动育人、实践育人、管理育人、协同育人的工作体系,努力形成全员育人、全程育人、全方位育人的德育工作格局。加强理想信念教育、社会主义核心价值观教育、中华优秀传统文化教育、品德修养教育、心理健康教育,大力弘扬新时代爱国主义精神,全面提升科学素养和生态文明意识。要结合实际制定德育工作实施方案,突出思想政治课关键地位,充分发挥各学科德育功能,积极开展党团组织活动和主题教育、仪式教育、实践教育等活动。广泛开展先进典型、英雄模范学习宣传活动,积极创建国家级文明校园。坚持完善和推进郑州二中自我教育、自我管理、自主发展的德育工作有效形态。

(1) 开展党史学习教育

认真学习贯彻习近平总书记在党史学习教育动员大会上的重要讲话精神,按照党中央统一部署,开展党史学习教育,突出学校实际、教育特色,融入日常、抓在经常。开展"五分钟讲党史"主题活动,从百年党史中汲取奋斗力量;学唱革命歌曲,开展"颂歌献给党"合唱比赛;围绕党史学习教育,开展郑州二中教育联盟第七届微电影节、艺术节活动等。营造浓厚的党史学习教育氛围,引导学生听党话,感党恩,跟党走。

(2) 发挥学科德育功能

坚持"育人为本、德育为先",把立德树人作为教育的根本任务,把培育和践行社会主义核心价值观有机融入整个教育体系,全面渗透到学校教育教学全过程,充分体现在学校日常管理之中,在落小、落细、落实上下功夫。

坚持课堂讲授有纪律、公开发表有要求。积极推进"思政课程""课程思政"共同发展,把价值观教育、理想信念教育同知识教育、能力教育结合起来,把思政元素融入每一门课程教学。每学年举行一次学科教育与思政教育融合教学案例评选,择优结集成册推广学习。

(3) 构建德育课程体系

落实立德树人根本任务,围绕"社会主义核心价值观"这一核心,完善家庭、学校、社会"三位一体"的德育课程框架。定期举办"妈妈学堂",传递家庭教育正确观念,指导亲子沟通技巧,同时面向家长征集话题,解决家长困惑,进行个性化辅导。学校课程从入校、在校、离校分阶段实施,注重养成教育,引导学生规划人生、自主管理,关注学生心理健康。社会课程带领学生走出校门,到红色教育基地、到高校、到科研院所、到大型企业等开展社会实践,组织研学活动,帮助学生树立正确理想信念、正确认识自我,丰富社会认知,将个人选择与国家、民族命运紧密相连。

(4) 丰富日常德育活动

实现德育活动常态化、德育常规精细化,打造校园文化品牌。坚持每日校园广播审稿制,传递正能量;开展每周的升旗仪式、国旗下演讲、好书推荐、新闻播报等活动,学期末分类编印成册;结合各年级学生身心发展特点,班会课每周一个主题,内容丰富,形式多样,开展班会课观摩活动,提升德育实效。

充分利用 TEDx 郑州大会、全球青少年领袖峰会、模联、文学社、科技社、健美社团、微电影节等活动平台,为学生提供多样化成长体验。开展好入学教育、校史教育、十八岁成人礼、毕业典礼、志愿服务、社会调研等活动,加强学生爱国励志教育、生命安全教育、心理健康教育、法治教育、文明礼仪教育等,增强学生的社会责任感。

(5) 打造书香校园,推进阅读育人

充分发挥河南省中小学"书香校园"荣誉称号的优势,通过创设舒适的读书环境,推荐优秀的阅读书目,开展形式多样的阅读活动,培养师生的阅读兴趣和良好的阅读习惯,使阅读成为伴随终生的一种生活方式,从而为建设书香社会奠定基础。以图书馆为书香校园建设中心,创建校园文化环境,架构大阅读教学模式,将课外兴趣读物的泛读课程以及阅读素养提升课程列为重要的常设课程,开展师生共读活动和教师读书交流、研修活动,不断提升阅读育人的质量和水平。

2. 提升智育水平。以普通高中新课程新教材实施为契机,充分发挥普通高中新课程新教材实施国家级示范校优势和示范引领作用,大力培育学生学科素养,提升学生认知力、学习力,促进思维发展,激发创新意识。严格按照国家课程方案和课程标准实施教学,确保学生达到国家规定的学业质量标准。充分发挥教师主导作用,突出学生主体地位,转变教与学的方式,推进完善"四课型渐进式自主学堂"教学形态的实施;积极探索走班选课的组织管理和教学方法,继续开展生涯规划教育,提升学生新高考背景下的自主规划和选择能力;加强科学教育和实验教学,广泛开展多种形式的书香校园活动。包括高考升学在内的质量评价处于郑州市同类学校前列。

3. 强化体育锻炼。要坚持健康第一的教育理念,充分发挥第一批全国学校体育工作示范学校、河南省级体育传统学校、全国青少年校园足球特色学校的优势,健全学校体育工作制度机制,教学、训练、竞赛体系普遍建立;推动学生文化学习和体育锻炼协调发展,帮助学生在体育锻炼中享受乐趣、增强体质、健全人格、锤炼意志。严格执行学生体质健康合格标准,除体育免修学生外,未达体质健康合格标准的,不得发放毕业证书;开齐开足体育课,科学安排体育课运动负荷,深入推进"阳光体育大课间";开展好学校特色体育项目,大力发展校园足球和校园篮球,让每位学生掌握1—2项运动技能。广泛开展校园普及性体育运动,定期举办学生运动会或体育节;健全学生视力健康综合干预体系,保障学生充足睡眠时间。

(1) 发展校园足球、篮球。围绕立德树人根本任务,发挥校园足球、篮球的育人功能。编制足球、篮球校本教材,保证教学的科学性和连续性,将足球技术、篮球技术列为健康类课程必修教材,每周安排一节足球课,开展大单元篮球教学,使郑州二中学生人人能掌握足球、篮球运动的基础技能,坚持体育锻炼,提高青少年体质健康水平,减少"胖墩""眼镜"发生率。

(2) 以发展校园足球为引领,推进学校体育改革,每年春季召开学校球类运动会,秋季召开体育节,贯穿全年组织学生校园足球、篮球班级联赛。积极宣传足球、篮球文化,开展设计联赛徽标、制作联赛海报、编印联赛简报等活动,做到人人参与,形成良好的校园足球、篮球文化氛围,五育并举,全面发展。

(3) 落实《郑州二中校园足球章程》,制定《郑州二中校园篮球章程》,推动校园足球、篮球向着更加规范、更加优秀的方向发展,提升球队和队员的整体素质。以此带动更多的同学热爱足球、篮球,热爱运动,养成坚持运动锻炼的习惯,从体育锻炼中感受运动的乐趣,磨练意志品质,促进身心健康发展。

4. 增强美育熏陶。实施学校美育提升行动,严格落实学校美育课程开设的刚性要求,不断拓宽课程领域,逐步增加课时,丰富课程内容;树立学科融合理念,有机整合相关学科的美育内容,推进课程教学、社会实践和校园文化建设深度融合,大力开展以美育为主题的跨学科教育教学和课外、校外实践活动。开发艺术特色课程,广泛开展校园艺术活动,帮助每位学生学会 1—2 项艺术技能、唱好主旋律歌曲。积极开展舞蹈、戏剧、影视与数字媒体艺术等活动,推动高雅艺术进校园,引导学生了解世界优秀艺术,增强文化理解。继续办好学校管乐团,每年举办学校艺术节。

5. 加强劳动教育。充分发挥首批河南省中小学劳动教育特色学校的优势,发挥劳动综合育人功能,加强学生生活实践、劳动技术和职业体验教育。优化综合实践活动课程结构,确保劳动教育课时不少于一半。建立多方联动机制,学校与家庭结合,坚持劳动教育从家庭开始,引导家长给孩子安排力所能及的家务劳动;学校要坚持学生值日制度,组织学生参加校园劳动,积极开展校外劳动实践和社区志愿服务。努力提升劳动教育的技术含量,持续开展创客教育,完善劳动技术教育中心设施——"苹果树下"创客空间;以劳动教育为载体,探索多学科知识融合与应用。充分利用校外劳动实践基地和社区教育资源,深入工厂企业、农村家庭,体验生产劳动和生活劳动,使学生养成劳动习惯、掌握劳动本领、培养热爱劳动的品质,提高学生的劳动能力。

(1) 构建劳动教育课程体系。办好郑州二高劳动教育基地,科学设计劳动项目,组织劳动实践,不断完善《郑州市第二高级中学劳动教育实践活动评价手册》。坚持学生值日制度,组织学生参加校园劳动。充分利用学校"苹果树下"创客空间的导师、设备资源,通过机器人拼装、计算机编程、3D创意设计、电脑制作活动、青少年科技创新大赛等创新实践活动不断加强学生劳动创造能力。

(2) 建立多方联动机制,学校与家庭结合,坚持劳动教育从家庭开始,引导家长给孩子安排力所能及的家务劳动,每周课外活动和家庭生活中劳动时间不少于3小时。积极开展校外劳动实践和社区志愿服务,每学年设立劳动周,采用主题演讲、劳动技能竞赛、劳动成果展示、劳动项目实践等形式进行。弘扬劳动精神,引导学生崇尚劳动、尊重劳动,长大后能够辛勤劳动、诚实劳动、创造性劳动。

(3) 在学年内或寒暑假安排校内外劳动实践活动,以集体劳动和个人劳动相结合的形式实施,通过开展居家卫生大扫除、社区垃圾分类志愿者、环境保护小卫士等活动促使学生积极主动参与社会劳动实践,在劳动体验中不断增强劳动意识,提高劳动能力。

6. 实现"五育融合"育人。一是明确德智体美劳教育的发展目标,二是完善德智体美劳教育的基本内容,三是构建德智体美劳教育的立体途径,四是形成德智体美劳教育的评价体系。

(三) 聚焦课程体系

1. 依照普通高中新课程方案,合理安排三年各学科课程,开齐开足体育与健康、艺术、综合实践活动和理化生实验等课程。加强学校特色课程建设,积极开展校园体育、艺术、阅读、写作、演讲、科技创新等社团活动。严格学分认定管理,对未按课程方案修满相应学分的学生,不得颁发高中毕业证书。加强课程实施监管,落实校长主体责任,强化责任追究。

2. 以学生发展核心素养、学科素养的形成与发展为目标,严格执行国家新课程方案,明确必修、选择性必修和选修三类课程的性质与功能,对国家新课程进行校本化整合,形成校本化的新课程体系。在体现国家意志、落实国家新课程的基础上,构建基于育人目标和核心素养,功能齐备、结构完整、特色鲜明的学校课程体系。

3. **整体规划新课程实施体系,优化课程结构。**重组新课程领域。按照德、智、体、美、劳以及综合六大领域进行梳理和优化,形成新课程实施规划,落实国家育人目标的同时兼顾学校历史和特色。德育课程领域:思想政治、学科融合;智育课程领域:语文、数学、英语、物理、化学、生物学、历史、地理、技术(含信息技术和通用技术);体育课程领域:体育与健康;美育课程领域:艺术(音乐、美术);劳动教育课程领域:劳动。综合实践活动具有综合育人功能,属于综合育人领域。调整课程维度:为满足学生多元化、个性化的发展需求,适应社会、高考选科和生涯发展需求,对学生课程进行特色分类组合,为不同发展方向的学生提供适合的系列组合课程。

4. **构建学校课程体系,为学生发展提供多样选择。**

(1) 学校课程体系建设以人生发展、个体成长为主线,以"培养全面而有个性的创新人才"为课程目标,围绕"健康、博爱、有为"三个子目标规划设计三个系列的校本课程:以培养"健康"为主题的"奠基健康人生"系列课程,以培养"博爱"为主题的"升华博爱人生"系列课程,以培养"有为"为主题的"进取有为人生"系列课程。

(2) 按照上述框架结构和课程目标,规划学校、学科教研组、教师三级课程体系。奠基健康人生系列课程:开启勤文化之门(入学教育),职业生涯规划(生涯教育),校园足球(健康教育),劳动教育。升华博爱人生系列课程:天地之中(乡土教育)。进取有为人生系列课程:创客教育系列,研学系列。根据学校需求以及课程实施情况,每年购买、引进2—3门精品课程,包括实施课程的师资资源。学科教研组规划课程,每个学科开发1—3门课程,纳入考核评价。教师开发课程,每个任课教师开发1门课程,纳入考核评价。

(3) 课程分类。在健康、博爱、有为三个维度目标性分类的基础上,再进行二级分类:学科拓展类、跨界综合类、生活实践类、职业规划类、大学先修类。学科拓展类:在现有中学学科基础上的拓展学习。跨界综合类:打破现有学科界限的综合学习。生活实践类:去学科化的生活类学习。职业规划类:以职业规划为中心的职业类学习。大学先修类:大学课程的先修学习。

在此基础上,按照五育并举构建全面培养体系和培养全面而有个性的创新人才的课程思想进行功能性课程分类,为不同发展方向的学生提供适合的系列组合课程。见表5-1、表5-2。

表5-1　基于育人目标的校本课程框架表

一级课程类别	二级课程类别	三级课程类别	课程实施
健康类课程: 学会学习 健康生活 博爱类课程: 人文底蕴 科学精神 有为类课程: 责任担当 实践创新	1. 学科拓展类课程: 在现有中学学科基础上的拓展学习。 2. 跨界综合类课程: 打破现有学科界限的综合学习。 3. 生活实践类课程: 去学科化的生活类学习。 4. 职业规划类课程: 以职业规划为中心的职业类学习。 5. 大学先修类课程: 大学课程的先修学习。	一、校级规划课程: 1. 奠基健康人生课程: (1)开启勤文化之门(入学教育); (2)职业生涯规划(生涯教育)。 (3)校园足球课程。 (4)劳动教育课程。 2. 升华博爱人生课程: 天地之中(乡土教育)。 3. 进取有为人生课程: 创客教育系列;研学旅行系列。 二、学科规划课程: 每个学科开发1—3门课程,作为本学科规划课程。 三、教师开发课程: 每个任课教师开发1门课程,纳入考核评价。	1. 校级课程。 为学生必修课,分散在三年中,每周1节课纳入课表。研学旅行课程纳入社会实践课时,在高二进行。 2. 学科课程。 为该学科的精品课程,经学校认定后作为学校的骨干课程,在高一、高二年级开设,学生选课后每周五下午统一进行。 3. 教师开发的课程。 要经过教师发展中心审核认定,符合条件后由学生选课,选课人数达到20人可以开课,少于20人可以作为课程资源,待场地条件允许时可以开设。
学校育人目标	培养全面而有个性的创新人才		
学校学生形象	健康　博爱　有为		

表5-2　学校课程基本框架表

课程板块(Ⅰ级)	课程门类(Ⅱ级)	课程项目(Ⅲ级)	课程目标指向
基本素质课程	认知性课程	国家课程校本化实施 学科课程拓展 大学先修课程	健康类课程
	生存性课程	职业生涯教育 学生发展指导 体育俱乐部活动	
	生活性课程	劳动教育 现代礼仪 校内服务 社团活动	

课程板块（Ⅰ级）	课程门类（Ⅱ级）	课程项目（Ⅲ级）	课程目标指向
社会自主课程	德育课程 活动性课程	主题教育 仪式教育 行为通则 TED 大会 社团课程 志愿者服务 带课题社会实践	博爱类课程
学术自主课程	探究性课程	创客教育 研究性学习 研学旅行	有为类课程

（4）要完善和改进原有"生涯教育""创客教育课程群""人工智能教育""校园足球"等精品课程、特色课程，在课程内容和课程实施两方面进行优化，使之成为"双新"育人项目学校课程中的主打课程。

（5）加强劳动教育课程建设，实施模块化教学。采取积分制，打通校内外劳动教育通道。开展服务性劳动和生产劳动。持续开展日常生活劳动，熟练掌握一定劳动技能，固化良好劳动习惯；有选择地参加服务性劳动，获得真切的职业体验，培养职业兴趣；自主选择生产劳动项目，经历完整的实践过程，增强生涯规划的意识和能力。

（6）坚持科技教育特色。加强跨学科课程、综合实践活动课程、探究类课程建设和项目化实施，并将课程学习、参加社团、参与竞赛和应用活动结合起来，形成中学的学习方式。如微电影课程→微电影社团→微电影节；机器人课程→机器人社团→机器人运动会和机器人竞赛；3D 建模课程→3D 社团→电脑制作比赛等。

5. 编制课程实施方案，推进课程落实、落地、落细。

（1）编制学期课程纲要。组织教研组精研新课标、新教材、学情和课程资源，确定校本化的学期课程目标。以新课程标准为依据，加强统编教材和非统编教材特点研究，进行针对性实施。根据学期课程目标和学科学业质量标准，借助信息技术，完善全面反映学生素养的评价体系与方式。

（2）聚焦学科核心素养和深度学习，开展大单元教学设计。形成基于大观念、大问题、大任务、大项目的单元设计策略、模板与规格。基于单元设计的课时计划中，以逆向设计为指导,关注学习任务设计,加强学法指导,强化学后反思。

（四）创新教学组织管理

1. 完善教学管理制度。结合新教材新课程的推进实施,进一步明确教师岗位责任制,修订教师岗位职责白皮书描述,完善《郑州二中教学一日常规》《教师集体备课制度》《作业布置与批改制度》《星级办公室评选办法》和《教学事故认定办法》等,制定《郑州二高导师制实施办法》,健全教学管理规程,统筹制定教学计划,优化教学环节;开齐、开足、开好国家规定课程,不随意增减课时、改变难度、调整进度。教师发展中心对教学常规进行具体指导,统一要求,使教师的常规工作更加规范有序。

2. 系统设计和推进选课走班。

（1）构建规范有序、科学高效的选课走班运行机制。

创新教学组织形式和运行机制,探索建立行政班和教学班并存、大班教学与小班教学结合、线上教学与线下教学结合等多种教学组织形式;制订《郑州市第二高级中学选课走班指南》。在保证每个学生达到共同基本要求的前提下,分类分层设计可选择的课程,满足学生的不同发展需要,尊重学生的选课自主权,满足学生的选课需求。开发课程安排信息管理系统,加大对班级编排、学生管理、教师调配、教学设施配置等方面的统筹力度,提高教学管理水平和资源使用效率,构建规范有序、科学高效的选课走班运行机制。

（2）整体规划三年课程安排。合理排课编班和安排教学计划,确保必修、选择性必修和选修三类课程结构合理,学生负担合理。优化信息化排课系统。

（3）优化选课指导。指导学生形成个性化的课程修习方案。

（4）完善走班教学工作方案,有序开展选课走班教学。

3. 科学规划课程实施,优化学分管理模式。

（1）完善学分认定和管理。根据新课程方案修订学分认定和管理办法,指导教师、学生和家长合理规划高中学程。

（2）严格执行学分管理制度。把学生课堂表现、作业完成度、自主学习及活动课等统筹起来,依据学校《学生综合素质评价方案》,加强过程性评价,重视学生自我管理,全面评价学生在德智体美劳等方面的发展。在学分管理基础上,实现对学生学习生活质和量的全面管理。

(3) 修订学生免修、免考制度,倡导学生自主规划,主动学习,在确保底线的基础上增加其个性发展的时间与空间。

4. 加强学生发展指导。

(1) 健全学生发展指导制度,强化家校合作共育机制,丰富学生发展指导途径。提高学生的生涯规划能力和自主发展能力,引导学生理性确定选考科目和选修课程,引导家长正确对待、共同参与。

(2) 配备学生发展专职咨询师,推行"1＋1"基础上的全员导师制。在普通高中新课程新教材新高考全面实施的背景下,选课走班成为常态,学生生涯规划和高考科目选择成为每个学生都面临的实际问题,在这种情况下,行政班渐渐弱化,而学生需要发展指导的需求又非常强;另外,"全面育人,全员育人,全程育人"的理念也需要我们做出相应的制度安排。因此,实行全员导师制就成为"双新"育人项目中的一项制度创新安排。全员育人导师制是教师全员参与、覆盖全体学生,教师对学生的学习生活、心理健康、生涯规划等进行全面指导的育人新机制。学校将建立"1 个班主任＋1 个副班主任"为基础的全员导师制。

(五) 深化教学改革

1. 以新课程新教材实施国家级示范校建设为主线,全面深入开展教学改革工作。制定并实施《郑州市第二高级中学新课程新教材实施国家级示范校三年发展规划(2021—2024)》,开齐、开足国家课程,尤其是德体美劳课程,同时结合教情,加强新课程校本化实施。构建学科内整合、学科间关联的综合体系,推进课程综合化操作路径,形成具有学校特色的教学改革实践模式。

2. 深入开展"双新"育人工程。深入贯彻习近平新时代中国特色社会主义思想,落实立德树人根本任务,坚持素质教育,推进普通高中育人方式改革,依照《普通高中新课程新教材实施国家级示范区(校)建设指南(2020 年 7 月版)》文件要求,紧紧围绕普通高中新课程新教材实施国家级示范校建设任务,科学规划、创新实践、强力保障,争取在出标准、出模式、出经验、培养人等方面发挥示范全省乃至全国的作用。

(1) 做好顶层设计。把立德树人作为顶层设计的出发点和落脚点,坚持正确的政治方向,树立科学的教育观念,大胆改革创新,体现目标成果导向和发挥帮扶示范作用,围绕深化教育教学改革、促进教育内涵发展和全面提高教育质量等核心工作,认真组织实施好普通高中新课程新教材。系统思考和规划加强课程建设、深化教学改革、完善教学管理、健全评价办法和强化教研指导等示范校建设重点任务。充分发挥校长、教师等诸多课程实施主体的作用,让普通高中新课程新教材实施切实服务学生的全面发展、终身发展,推进普通高中育人方式变革,全面提高育人质量。

(2)实现重点突破。"双新"育人项目的重点是课程建设和课程实施,这里面既有技术性、专业性问题,也有理念和思想问题,还有一个高考升学价值和素质教育价值平衡点的确立问题,只有解决了这些重难点问题,才能确保"双新"育人的质量和水平。要以探索建构高品质落实国家新课程方案的实践模式为中心,在学校课程方案建设、选修课程开设、选课走班、学分认定和管理、学生发展指导、课堂教学新样态、综合素质评价等方面积极探索新路径、新经验。

(3)坚持首创精神。强化建设主体责任,围绕建设目标和任务进一步解放思想、积极探索、勇于创新、大胆实践、创造经验、贡献智慧,形成有效解决问题的新思路、新方法和新机制,促进新课程新教材实施水平的全面提升。

(4)加强系统推进。把新课程新教材新高考的实施放在一个系统内让三者相辅相成、协同推进;把新课程新教材实施的各领域和各主体协同起来,共同聚焦于普通高中育人方式转变。

(5)坚持以评促建。建立以评价促进示范校可持续建设的机制,加强建设工作的专项评估和综合评估,梳理工作进展、总结经验成果、发现先进典型、诊断问题不足,研究解决对策,促进改进完善。以评价推动示范校各项创建工作的扎实展开和有效落实。

(6)以"双新"育人项目为抓手,全面提升学校教育教学质量和水平。努力做好"双新"实施工作既是国家级示范校的责任和担当,又是学校育人方式改革迎来的一次重大历史机遇,学校将以项目带动的方式,通过课程体系构建和变革教学方式,促进学校多样化发展、特色化发展和可持续发展;促进学生全面而有个性的发展;促进教师专业化发展。

(7)建立"双新"育人项目推进机制,确保项目顺利进行,取得预期成果。学校将建立组织引领机制、专家指导机制、教学管理机制、教学研究机制、交流分享机制、示范领航机制、质量督导机制、质量评价机制等制度机制,稳步、科学、有效地推进项目实施。

3. 加强教育教学研究,把培育学科核心素养和学生发展核心素养贯穿整个教育过程,积极探索基于情境、问题导向的互动式、启发式、探究式、体验式等课堂教学方式,注重课题研究、项目设计、研究性学习等跨学科综合性教学,认真开展验证性实验和探究性实验教学。按照教学计划循序渐进开展教学,提高课堂教学效率,培养学生学习能力,促进学生系统掌握各学科基础知识、基本技能、基本方法,培养适应终身发展和社会发展需要的正确价值观念、必备品格和关键能力。

4. 转变教与学方式。积极探索基于情境、问题导向的启发式、探究式、讨论式、参与式、体验式等课堂教学方法,促进学习过程由教师的教为主向学生的学为主转变;由被动接受到主动学习;由单一学习方式到混合学习方式;由单向思维到批判性思维;由预设生成到动态生成。课堂氛围民主化、生本化,增进师生交互、生生交互,提高课堂学习效率,发展学生创造性思维。开展作业设计比赛活动,提高作业设计质量,精心设计基础性作业,适当增加探究性、实践性、综合性作业。

5. 研究新教材,加强学科和社会、自然、科技前沿的关联,增加情景素材,提升学生的兴趣;开展大单元、主题式教学,提高课堂教学效能;整合教材内容,聚焦核心和难点,注重思维和探究等学科核心素养的提升;供给拓展资料,为学生差异化学习提供机会。关注学生个体差异和学习过程,系统设计课前、课中、课后资源分配和学习方式。引导学生课前自主学习,养成探究学习的习惯,提高学生学习能力;课堂以问题为导向,加强师生互动,培养学生抽象思维和深度学习的习惯,提高学生的创新能力;设计任务式、综合性、实践性课后作业,与课前自主学习形成良性闭环。

6. 坚持教育信息化助力教育现代化的发展理念,促进教育深层次系统变革,推动信息化教学从简单应用走向深度融合,从新鲜感走向常态化,转变教师教学方式和学生学习方式;探索数字时代的人才培养模式和混合式教学新样态,构建以校为本、基于课堂、应用驱动、注重创新、精准测评的教师信息素养发展新机制,开展教师信息技术应用能力培训,全面促进信息技术与教育教学融合创新发展。

(1) 加强线上教育教学资源的建设与应用,实现教学应用覆盖全体教师和学生;坚持开展创新、创客教育,培养学生创新精神和实践能力。充分应用信息技术和智能技术赋能教育,开展线上线下混合教学模式,实现课堂教学模式转型。针对新课程新教材的各学科内容,形成联系社会热点或源自生活实际的教学案例,通过教案、支持材料、音视频材料等素材的积累,使其具备在一定范围内可推广、可普及的价值。

(2) 发挥学校信息化长期实践中所形成的经验与成果的优势,规避有深刻教训和效能不高的做法,总结在疫情期间线上教育教学的成功所得,注重新技术在教育教学中的支撑和迭代作用的发挥,积极推进新技术与教学和管理的有机融合。在信息化教学优秀试点学校的基础上,进一步更新观念,开阔视野,与时俱进,加大软硬件投入,增强软实力建设,提升教师的信息化意识,提高实际应用水平和覆盖面,充分发挥5G、人工智能、大数据、智慧校园在构建学校校园新生态方面的巨大作用,构建线上线下、课上课下、课内课外、校内校外、国内国外的信息化平台和通道,助推课程、课改、教学、管理、评价、资源、方法等方面的变革,顺应新课程新教材的实施和走班制的需要,让数据、信息和网络成为学校各项工作的重要支撑和利器。

(3) 落实《郑州二高教师信息技术应用能力提升工程2.0实施方案》的实施,每年校本培训中信息技术应用能力不少于20学时,探索数字时代的人才培养模式和混合式教学新形态,促进信息技术与教育教学融合创新发展,促进教育教学质量的提升。

(4) 以郑州二中教育联盟教学平台为载体,加强线上教育教学资源的建设与应用,注重资源的丰富性,除文化课外,增加党史课程、体育课程、艺术课程、劳动教育课程等相关内容,尤其是学校特色课程,如创客教育、微电影制作、生涯规划等,实现教学应用覆盖全体教师和学生。

7. 继续推进"四课型渐进式自主学堂"教学模式,转变教学方式。增加师生、生生之间交流、探讨,鼓励学生质疑,指导学生利用学习工具,将知识结构化,进行自我反思和合作反思,促进深度学习。以备课组为单位,加强课堂教学研讨,开展听评课活动,从学科角度探讨不同课型的课堂结构、课堂流程、课堂活动等,将学科核心素养落实到每一节课堂。

8. 开展单元教学视域下的作业设计研究与实践,使作业成为衔接课堂的纽带,建立学生自主学习、深度学习的平台。

(1) 基于学科核心素养的整体性特点,进行单元作业的整体设计,关注学生情感、态度和价值观,探索综合性作业设计,并嵌入表现性、过程性评价。

（2）探索跨学科课程的项目化作业设计。

（3）探索开放性、合作性、自主性作业设计，基于学生学习风格差异，设计差异化作业。

（六）强化校本教研

1. 校本教研要立足学校实际，以实施新课程新教材、探索新方法新技术、提高教师专业能力为重点，着力增强教学设计的整体性、系统化，不断提高基于课程标准的教学水平。学校要健全校本教研制度，开展经常性教研活动，充分发挥教研组、备课组、年级组在研究学生学习、改进教学方法、优化作业设计、解决教学问题、指导家庭教育等方面的作用。

2. 加强关键环节研究。加强对课程、教学、作业和考试评价等育人关键环节研究。准确把握国家课程方案和课程标准，做好课程实施工作；丰富学校课程体系，满足学生多样化发展需求。加强综合性和实践性教学研究，不断创新教学组织形式和教育教学方式。加强作业设计研究，完善作业调控机制，创新作业方式，提升作业设计水平。加强考试评价改革研究，提高考试命题质量，推动建立以发展素质教育为导向的科学评价体系。

3. 持续开展校内"四课"（新进教师汇报课、初级教师邀请课、中级教师公开课、高级教师示范课）活动，开展以有效教学为核心的校本研修活动，深入开展新课标、新教材学习研讨活动。开展教师培训需求问卷调查，定制培训内容，线上、线下齐发力，重点提升教师新课程实施、学生发展指导和走班教学管理能力。

4. 定期开展教学研讨。由教师发展中心牵头，分学科、定时间、有计划地组织开展教师集体备课、业务学习、专题研讨等活动。学年上期组织校内公开课，要求每位老师至少一节公开课，备课组集体备课、磨课、评课；学年下期开展说题、命题研讨活动；贯穿全年组织教师读书分享，每学期分享一本教育教学类书籍；开展新教材研读学习，组织线上教学观摩，备课组研讨等活动；邀请专家名师、省市教研员到校讲座、入班听课，与教师们面对面交流指导。

5. 健全课题研讨沙龙机制，以研讨促深化，以分享促共生，进一步提升教师科研能力，围绕新课程实施中的重点和难点问题，设立校级普通高中育人方式改革研究、新课程新教材实施研究专项课题,积极参与省、市级课题研究,力争形成一批优秀研究成果并推广应用。

6. 以"双新"育人工程建设为主线带动学校校本教研工作,通过构建实施"双新"育人模型,将校本教研工作纳入规范化、专业化轨道。

构建"双新"育人总体模型。作为普通高中新课程新教材实施国家级示范校,学校承担着艰巨的实践探索重任,同时对于学生发展、教师发展和学校发展来说,这也是一次千载难逢的机遇。因此,研究"双新"育人项目,是学校破解教育教学发展难题,构建以课程为中心的全面育人教育体系,落实立德树人根本任务的重要举措,也是国家级示范校应有的责任担当。本项目解决的主要问题是:学校实施新课程新教材的专业路径问题。

经研究讨论确定如下"双新"育人总体模型:国家课程校本化实施 + 学校课程体系化建设 + 基于学科素养和课程标准的规范化教学 + 基于教研组的专业化学科建设。

内涵阐释:国家课程校本化实施采取结构改造范式,即体现学科内整合与跨学科融合的思路;学校课程体系化建设采取多种方式对学校课程进行功能分类,形成真正系统化的学校课程体系;基于学科素养和课程标准的规范化教学是对国家课程校本化实施的具体操作;基于教研组的专业化学科建设是针对现行的许多学校实行年级组制,以此来追求升学价值,在强化年级管理的同时弱化了教研组建设,甚至以备课组代替教研组的现象而提出的强化教研组学科建设的新课程新教材实施举措,是"双新"育人项目总体模型中重要的组成部分。

7. 从学校层面进行系统设计和统筹规划,根据普通高中新课程新教材实施工作进度和实际需要,积极组织开展有针对性的校本研修活动,切实解决教师在教学改革中遇到的实际困难和问题。配合学校课程体系建设,定期开展基于新课程新教材的重难点和实践问题的调查和培训活动;围绕新课标新教材实施,通过集体备课、课题研究、课堂教学比赛,促进教师教学能力的提升;主动联系省内外著名高校,开展教师分类分层培育项目,特聘专家导师,健全长期合作机制,实施混合式的常态研修;积极与示范区配合开展开放培训、系列公开课、校际教研等活动,发挥好对薄弱学校的帮扶作用。

8. 学校将依托高校科研院所专业力量和新课程实施先发地区的先进经验,成立新课程新教材实施国家级示范校建设学术指导团队,组建校内专家团队,定期对学校的课程方案、课程实施、课程管理和评价等环节提供专业指导。由教师发展中心和教研室牵头，以学科教研组为主渠道，遴选各学科科研能力强的中青年教师组建课程研究团队，围绕课程建设与课程管理、教学改革、考试评价、教研工作等领域开展专项研究，及时评估改进、总结推广经验、完善校内课程文件等。

（七）改革评价制度

1. 综合评价。评价即育人，这是学校对评价功能的基本认识。学校以教育部、省教育厅、市教育局关于中小学生综合素质评价的有关文件为指导，结合学校实际，修订完善校本化的教育质量综合评价改革实施方案。评价方案涵盖学生评价、班级评价、教师评价等方面的评价内容。学生评价突出学业评价、综合素质评价、特长评价等。班级评价突出班级建设和学习小组建设。教师评价应促进教师质量观、评价观的转变。发挥学校信息化优势，开发教育质量综合评价操作平台，将过程性材料随时录入操作平台。学生评价模块的重点、难点以及创新点都在学生叙写的成长记录上。班级评价模块的重点、难点及创新点是叙写班级成长记录。教师评价模块教师本人要按学期叙写自我评价报告。

2. 改革教师评价。坚持把师德师风作为第一标准：坚决克服重教书轻育人等现象，把师德表现作为教师业绩考核、职称评聘、评优奖励的首要要求，健全教育、宣传、考核、监督与奖惩"五位一体"的师德建设长效机制，建立个人师德、师风档案。突出教育教学实绩，把认真履行教育教学职责作为评价教师的基本要求，引导教师上好每一节课、关爱每一个学生。强化一线学生工作，学校要明确领导干部和教师参与学生工作的具体要求，落实教师家访制度，将家校联系情况纳入教师考核，青年教师晋升高一级职称，至少须有一年班主任等工作经历。

3. 改革学生综合素质评价。树立科学成才观念，坚持以德为先、能力为重、全面发展，创新德智体美劳过程性评价办法，完善综合素质评价体系，切实引导学生坚定理想信念、厚植爱国主义情怀、加强品德修养、增长知识见识、培养奋斗精神、增强综合素质。

（1）完善德育评价。引导学生养成良好思想道德、心理素质和行为习惯，立志听党话、跟党走，立志扎根人民、奉献国家，通过信息化等手段，探索学生、家长、教师以及社区等参与评价的有效方式，客观记录学生品行日常表现和突出表现。

（2）**强化体育评价**。建立日常参与、体质监测和专项运动技能测试相结合的考查机制，将达到国家学生体质健康标准要求作为教育教学考核的重要内容，引导学生养成良好的锻炼习惯和健康的生活方式，锤炼坚强意志，培养合作精神。

（3）**改进美育评价**。把中小学生学习音乐、美术、书法等艺术类课程以及参与学校组织的艺术实践活动纳入学业要求，促进学生形成艺术爱好、增强艺术素养，全面提升学生感受美、表现美、鉴赏美、创造美的能力。

（4）**加强劳动教育评价**。引导学生崇尚劳动、尊重劳动，让学生在实践中养成劳动习惯，学会劳动。严格学业标准，完善学生学业要求，严把出口关，完善过程性考核与结果性考核有机结合的学业考评制度，加强课堂参与和课堂纪律考查，引导学生树立良好学风。

4. **加强过程性评价**。

优化学校校园办公 OA 系统，加强学生管理板块的建设使用。学生的日常规范、校内外生活轨迹等德智体美劳各方面的表现，均可形成图片及时上传，为综合素质评价提供过程性材料。借助信息化手段，探索学生、家长、教师以及社区等参与评价的有效方式，客观记录学生品行日常表现和突出表现，为学生提供个人发展报告，在学分认定、综合素质评定、学生生涯规划、升学指导等方面发挥作用。

（八）建设高素质专业化教师队伍

1. **加强教师队伍建设**。建设一支"有理想信念、有道德情操、有扎实知识、有仁爱之心"的"四有"教师队伍。遵循教育规律和教师成长发展规律，把促进学生全面发展、健康成长作为教师工作的出发点和落脚点，加强教师思想政治教育和师德建设，大力提高教师专业化水平，建立健全教师管理制度，切实保障教师合法权益和待遇，确保教师队伍建设政策措施落到实处。形成一支师德高尚、业务精湛、结构合理、充满活力的高素质、专业化教师队伍，为构建全面培养教育体系提供坚实的师资支撑。

2. **加强班主任队伍建设**。班主任作为教师队伍的重要组成部分，是班级工作的组织者、班集体建设的指导者、学生健康成长的引领者，在构建全面培养体系工作中具有不可替代的作用。学校要坚持班主任骨干岗位选聘制度、培养制度、管理制度和评价制度，将最优秀的教师选聘到班主任岗位。班主任要在常规工作的基础上，在新课程新教材实施的背景下,重点做好学生全面发展指导工作,成为学生健康成长的引路人。

(1) 系统推进班主任队伍建设。对加强和改进班主任队伍建设工作进行顶层设计和系统规划,以大幅度提高班主任待遇为切入点,以系统推进班主任队伍建设为路径,通过组织系统、支持系统、竞聘系统、行动系统、研修系统、评价系统等子系统建设,不断丰富班主任队伍建设内涵,创新班主任队伍建设方法,整体提升班级管理质量和水平,从而促进学校德育工作和教育教学质量全面提升,形成德育工作和班主任工作的新样态。

(2) 落实《郑州二高班主任能力提升方案》和《星级班主任评选方案》,不断提升班主任政策解读与执行、组织管理与协同、洞察力与换位思考、学习反思与创新等七大能力。

(3) 定期召开班主任例会,开展班主任读书分享活动,组织班主任管理大赛,提高班主任管理水平。开展"名班主任工作室"系列活动,充分发挥"名班主任工作室"的引领作用。

(4) 在每年6月份做好班主任骨干岗位选聘工作,每位班主任每学期写1篇班级管理故事,每学期至少召开两次家长会。鼓励班主任积极开展班级管理课题研究,促进班主任队伍从经验型向专家型提升跨越。

3. 加强学科教师队伍建设。重视教师理想信念教育和师德师风教育,建立学校、教师、家长、学生、社会"五位一体"的师德师风监督网格,每年评选一届"郑州二高最美教师",开展"二高教师赞歌"活动,引导践行"勤"文化。采用走出去,请进来的方式,到已经实施"双新"(新课程、新教材)的名校、地区考察学习;邀请"双新"有关专家、名校一线教师来校培训指导。指导教师制订个人专业发展三年规划,完善郑州二高教师梯级攀升机制,继续推进"青蓝工程",定期举行青年教师沙龙。发挥名师示范引领作用,开设"名师讲堂",推进名师工作室建设,做好每年一度的学校教育专家智库选聘工作,继续发挥智库专家在思想引领、行为示范、学科教学和教师梯队建设等方面的积极作用。

4. 加强思想政治工作队伍建设。引导学科教师树立首先成为思政教师的意识,落实好《中共郑州市第二高级中学委员会、郑州市第二高级中学加强学校思想政治工作实施方案》的实施。每学年召开1次学校宣传思想工作专题会,学校领导干部每学期至少给师生上1次思想政治课,每学期组织全体教职工到红色教育基地参观学习1次,每学年组织学生开展1次红色基因传承研学活动,持之以恒地加强理想信念教育。

紧密结合时代发展要求和中学生思想实际,改进教育教学方法和手段,提高思政课教学的亲和力和针对性。积极发挥"研习社"作用,采用专题讲座、读书分享、报告会等方式,每月组织1次研习活动,做到"研习社"活动有计划、有方案、有过程、有总结,加强师生思想政治引领,打造一支政治强、情怀深、思维新、视野广、纪律严、人格正的思政课教师队伍。

5. 实施教师梯级发展攀升工程。遵循教育规律和教师成长发展规律,按照"建标准、育名家、强体系、抓引领、促全员"的发展思路,努力建设一支高素质专业化创新型教师队伍,为学校教育发展提供坚实的人才保障。

(1)建立健全教师专业化发展体系,探索教师专业成长的有效途径和方法,构建"合格教师——教学骨干——学科带头人——教学名师——市级骨干——市级名师——省级骨干——省级名师——中原名师"梯级攀升机制,搭建一个开放、高效的教师专业化发展平台。

(2)培养选拔一批善于在课堂教学中全面适应课程改革,有效实施素质教育,教学效果优异的各个层次的优秀教师,进而培养一支由名优教师组成的研究型、专家型教师队伍。

(3)通过培养使学校教师具有系统坚实的政治理论修养、教育教学理论基础、学科专业知识功底、精湛的教育教学技能,掌握本学科教学和课改最新研究成果和发展动态、现代教育技术、教育科研方法,逐步成为研究型、专家型教师。

(4)引导和激励各层次教师树立终身学习、不懈追求、进取攀登的职业意识,建立和营造自我激励、同伴互助、专业引领的工作状态,体验和提升教师专业成长的幸福感。

(5)培养一批能够发挥示范、带动和辐射作用的省市级骨干教师和名师,提升学校教师专业发展的层次和水平。

(九)完善学校内部治理结构

1. 治理体系和治理能力现代化。党的十八届三中全会明确提出,全面深化改革的总目标是完善和发展中国特色社会主义制度,推进国家治理体系和治理能力现代化。包含在国家治理体系组成部分之中的学校治理体系，就是在党的领导下，管理学校的制度体系。而治理能力，则是指运用制度管理学校各方面工作的能力。治理体系是制度建设，治理能力是制度执行，二者密切相关，相辅相成。推进教育治理体系和治理能力的现代化，必须立足学校这个基础，建立工作机制促进学校的健康发展，最有效地激发学校内在活力。

2. 从管理走向治理。要实行现代学校制度，形成自我约束、自我规范的内部管理体制和监督制约机制。相对"管理"而言，"治理"更强调主体的多元性、参与性、协同性，它要求学校建立从人治走向法治、从封闭走向开放、从集权走向分权、从自治走向分治、从控制走向协调的治理体系，优化内部组织结构，完善制度体系建设，不断提升治理能力，推动学校转型。这也是我们变学校管理为学校治理的观念基础。

3. 实施多主体治理。学校治理是一个持续的过程，需要校长、教师、家长、社会等各方力量的共同参与。在推进学校治理工作的过程中，既需要依托已有管理制度，遵守相关政策和法规，充分发挥校长责任和权力，又要发动教师、学生、家长、社会人士的力量，积极参与到学校各项工作，通过协商与合作等方式来实现学校治理现代化。

(1) 解放校长：规范政府和学校的关系。就是要依法治教，明确规范政府与学校之间的义务和权力边界，将管理权限限定在法定范围之内，这是当前现代学校制度建设的前提。

(2) 解放教师：规范学校与教师的关系。教师是学校管理的主体，学校重大事情必须通过教职工代表大会审议，这是现代学校制度建设的重大步骤。在学校内部的治理体系里，要发挥教职工代表大会的作用，尊重教师的主体地位，激发教师活力。最有效的制度是自我公约，最有效的管理方式是自我组织管理，最有效的发展是自主发展。当学校真正解放了教师以后，便会产生极大的活力和创造力。

(3) 解放学生：规范学校和学生的关系。学生是学校教育的主体，是学习的主体。在学校治理体系当中，学校应该建立学生代表大会制度，让学生民主参与学校管理，维护学生在学校管理中的利益诉求。学生参与学校管理可以培养学生的主人翁意识、责任感和使命感。

(4) 解放家长：规范学校和家长委员会的关系。家庭是学校教育的内在力量。每位家长都是独一无二的教育资源，孩子的生活背景、生活样式、生活故事是最鲜活的具有生命力的课程。学校要让家长走进学校，走进课堂，参与交流。我们要让每位家长都成为教育的同盟者，他们应该是教育的知情者、建议者、协同者、参与者、监督者、共同成长者。

家长委员会是家长参与学校教育活动的一种有效组织形式，是现代学校治理体系的重要组成部分。家长委员会参与学校教育活动要履行好三大职能，在两大合作空间推进家校合作共育。三大职能分别是参与学校的民主管理、参与学校的课程建设、利用家长开设家长教育课程。两大合作空间，一是让家长走进学校、了解学校、理解学校、支持学校；二是在家长所联系的社会资源的支持下，让学生走出校门，参与社会实践。

(5) 解放社区：规范学校和社区的关系。社区是学校存在的文化背景，是学校的资源环境，社区和学校之间应该形成一个发展共同体。探索成立社区教育理事会，社区里各行各业的代表人物都能进入到社区教育理事会，参与学校的民主管理，支持学校教育发展，同时也对学校进行监督。

4. 开展协同教育。学校教育资源为社区全面开放。社区资源给予学校充分开放。持续办好家长学校，坚持家长委员会制度，建立"家访"制度。建立学校与家庭的信息通道。利用信息技术条件下便捷的通讯技术，通过建立校讯通服务平台、实行学生一卡通制度、开发学校微信平台、建立班级家长群等。建立家教咨询中心，举办"妈妈讲堂"家庭教育讲座，持续对家长进行系统培训。创新家长会形式和内容。充分利用社区派出所、法院、敬老院、消防队、综治办、教育基地等教育资源，全方位多角度发挥教育职能，开展"六员进学校"活动。

5. 在2015年《郑州市第二中学章程》的基础上修订完善《郑州市第二高级中学章程》。建立现代学校制度，要加强以章程为核心的学校管理制度建设。现代学校制度，其最核心和根本的任务是落实在制度建设上，因此，形成一系列现代学校发展、运行管理及学生教师成长的制度体系，尤为重要。要通过发动群众、层层讨论，认真制定好学校制度。

6. 实施体系化学生发展指导制度。学生发展指导是普通高中育人方式改革的一项重要内容，也是贯彻落实《中小学德育工作指南》的重要路径。学校采取全员导师制——班主任激励机制——构建班级生命共同体三位一体的学生发展指导制度体系。全员导师制的核心内涵是全员育人，全员是导师，学生人人有导师，从协同育人的角度讲,家长也是导师;全员导师制体现的是育人主体的广泛性。班主任激励机制的核心内涵是确立班主任在德育工作中的突出地位,学生发展指导中的引领地位,通过系统的激励机制打造一支优秀的班主任队伍和骨干导师队伍;班主任激励机制体现的是育人骨干的先导性。创建班级生命共同体的核心内涵是确立班级授课制体制下培养学生优秀德育品质的团队共建培养模式;创建班级生命共同体机制体现的是学生优秀德育品质班级环境下的形成机制。

7. 构建开放的实践教育体系。充分利用校内外实践教育资源,发挥多主体教育功能,融合多样的教育主题,采取多种形式,构建开放的实践教育体系。

(1) 构建开放的校内实践教育体系。

充分利用和不断优化校园资源,面向学生提供更广阔的活动空间,让学生身处更为丰富的生活情境,在实践中经过自主或合作探索、思辨、操作等,更好地提出问题、解决问题,在德智体美劳诸方面得到全面发展和提高。

实验室、植物园、体育馆、图书馆、心理木屋、健身中心、瑜伽室等,除教学正常使用、社团定期使用外,面向学生常态开放;教学楼各层均设有老周书吧,班级设立图书角,方便学生随时阅读,与书为伴;广播站、摄影中心、创客空间、智慧广场等,为学生提供创新创造的场地。

进一步整合校内资源,扩建校史馆、建设特色学科教室、升级电子阅览室等,鼓励学生在学习知识之余,养成勤锻炼、善思考、有情趣、爱劳动的生活取向,发挥校史、学校特色课程、校园文化的育人功能,最大限度创设条件,激发学生的创造活力,将学生培养成品德高尚、体魄强健、审美高雅、热爱劳动、素养全面的新时代好青年。

(2) 构建开放的校外实践教育体系。

加强家庭与学校之间的双向沟通,营造家长、教师和学生之间互动的教育氛围,完善家庭教育指导服务机制,持续开办"妈妈学堂",不断丰富内容、更新形式,引导家长树立正确的教育观和成才观。挖掘家庭、社区、社会等场所中的五育资源,设置学生乐于参与的家庭体育项目、劳动项目、艺术活动等,培育学生吃苦耐劳、精益求精的品质。

建好学校劳动教育基地,完善设施设备,锻炼学生劳动能力;每学年开展黄河风土人情研学、传承红色基因研学活动,带领学生走出学校,走进科技馆、博物馆、爱国主义教育基地等,从教室走向社会实践大课堂;鼓励学生积极参加社区建设、环境保护等公益活动,强化社会责任意识和奉献精神。

开展研究性学习,将学科知识学习与社会实践有机结合。加强研究性学习的有效指导,每个课题组完成活动方案、研究报告、专题网页等跨学科、跨领域的成果展示,每个学生提交活动小结和反思评价,使学生通过综合性、开放性的探究和实践,获得积极、全面的发展。

8. 实施办学特色重点工程。学校目前的办学特色为教育信息化、创客教育和校园足球三个项目,在坚持已有的办学特色基础上,重点规划和实施校园足球的提升工程。提升的重点内容:一是提升校园足球的专业化、学术化水平,形成众多的学术成果;二是开辟绿色升学通道,让大批有足球特长的学生考入一流名优高校,特别是持续考入清华北大;三是继续提升球队竞赛水平,确保稳居在国内前三的位置上,争创三大足球赛事的单项冠军。发展目标:成为全国普通高中校园足球超级学校。

(十)校园文化建设

1. 坚持社会主义先进文化发展方向,用社会主义核心价值体系引领文化建设。要弘扬社会主义主旋律,培养有中国特色社会主义理想、爱国主义情怀的合格建设者和可靠接班人。坚持郑州地域特征与校园文化相融合的原则。要把郑州区域文化中的代表性元素,植入、融汇进校园文化,倡导区域文化进校园,使之形成具有鲜明区域文化特征的校园文化。

2. 梳理、确立学校文化特征与内涵,将学校的校园文化概括为初心文化,包含爱国报国的红色基因文化、天下为己任的责任担当文化、兼容并蓄的开放办学文化和艰苦奋斗的勤文化。在校园文化建设中要充分体现和凸显这种薪火相传的初心文化。

3. 系统化开展校园文化建设。建设思路:一是现代化环境建设,二是人文环境建设,三是师生的精神家园建设,四是信息化环境建设。建设内容:文化设施建设,文化制度建设,文化形象建设,文化活动建设。

4. 结合文明校园创建活动,发挥好文化的浸润作用,在"自主发展、快乐成长"办学理念引领下,因地制宜建设积极向上、格调高雅的校园文化,提高校园文明水平。

5. 注重校风教风学风建设,加强学生社团建设,充分利用板报、橱窗、走廊、广播电视网络等设施,传播主流价值,营造体现主流意识、时代特征、学校特色的校园文化氛围。建设校园绿色网络,引导学生合理使用网络,提升网络素养,避免沉溺网络,打造清朗的校园网络文化。依托省教育厅开展的"书香校园、书香班级"评选活动,积极开展丰富的系列阅读活动,倡导读书学习的文明风尚,推动广大师生养成爱读书、读好书的良好习惯。

6. 通过广泛动员,持续改进,科学构建体系,合力搭建平台,建立党委统一领导、部门各负其责、师生共同参与的校园文化建设格局,营造良好的校园文化氛围。开展形式多样、健康向上、格调高雅的校园文化活动;在加强管理的基础上,创新微博、微信、微视频的内容制作和呈现方式,创建文化育人"微"品牌。

（十一）支持保障

1. 坚持党的全面领导。加强学校党的建设,充分发挥学校党组织领导作用,学校党委和领导班子要全面贯彻党的教育方针,落实立德树人根本任务,坚持社会主义办学方向,树立正确的业绩观、发展观,不断完善学校治理体系,高度重视落实五育并举、构建德智体美劳全面培养教育体系工作,严禁片面以升学率来考核评价教师。

2. 成立领导小组。为加强对本项工作的领导,成立学校"十四五"规划工作领导小组,组长由校长王瑞担任,督导由学校党委书记陈明担任,副组长由副校长狄雷刚、谢悦担任。下设办公室,办公室主任由学校办公室主任马震华担任。领导小组负责宏观的制度机制和实施方案的制定工作,过程督导和评价工作,办公室负责组织实施工作。

3. 落实部门职责。学校各职能部门要按照部门和岗位职责,围绕立德树人根本任务和服务学生全面发展的中心工作,落实部门职责,开展创新工作。教师发展中心侧重教师发展和教学管理工作,学生发展中心侧重学生发展和学生管理工作,行政服务中心侧重保障和服务工作,各部门分工协作,创新实践,保证各项工作顺利进行。

4. 强化考核督导。要把落实五育并举,构建全面培养教育体系工作纳入学校干部和教师、班主任考核督查范围,并将结果作为干部选任、教师职称评审和表彰奖励的重要参考。要完善学校治理体系,推进现代学校制度,充分发挥学校教育质量检查组的督导检查作用,按照学校 ISO9001 质量管理体系运行标准和程序进行质量监控,形成闭环管理,切实提高五育并举、全面育人工作的质量和水平,实现学校育人目标。

5. 加强后勤保障。根据郑州市普通高中学校布局规划和学校自身的发展需要，做好政通校区综合办公实验楼建设和经开校区开工准备及建设工作，为学校进一步现代化发展奠定坚实的环境和设施资源基础。在经费保障方面，要及时做好经费预算工作，对于重大发展项目及时申请专项资金，确保"十四五"期间学校教育改革和发展工作的资金支持。

2021 年 7 月 5 日

第二节　立德树人落实机制

学校秉承爱国报国的光荣传统，坚持为党育人，为国育才的社会主义办学方向，坚持培养全面而有个性的创新人才的育人目标和健康、博爱、有为的学生形象，构建了系统的立德树人落实机制，取得了显著的成效。

一、　目的和意义

目前，中国基础教育发展正处在从注重数量规模发展到注重内涵建设，从功利主义走向全面育人的转型期，当务之急是要从"应试教育"走向"素质教育"，而实现的路径就是全面系统的教育改革创新，也就是育人方式改革。作为普通高中的校长应该以高度的责任心和使命感来构建学校的教育思想体系和立德树人落实机制，通过宣传教育和规划引领真正落实立德树人根本任务。

立德树人落实机制改革的重点方向是真正树立以人为本的教育质量观，改变传统教育中只重视知识传授，而忽视人的能力培养、人格养成和全面发展的倾向，把育人为本作为教育工作的根本要求，把促进学生健康成长作为学校一切工作的出发点和落脚点，把育人质量作为评价教育质量的核心要素。

立德树人落实机制改革的重点领域是课程与教学，要真正实现以教师为中心向以育人为本的转变；实现以知识为中心向以能力为本的转变；实现以传授为中心向以学习为中心的转变。要把教的创造性留给教师，把学的主动权还给学生。把学生培养成有创新精神的人，是教师的历史使命。

立德树人落实机制改革就是要重新审视当代普通高中的发展使命。在国家现代化和教育现代化的背景下，普通高中教育要回到培养每个人全面而有个性的发展、实现立德树人根本任务上，使高中成为每个人身心健康、愉悦成长、个性发展、终身发展的阶段，使高中学生更有获得感、幸福感和成就感。

二、 内容和对象

（一）构建立德树人落实机制总体模型

构建总体模型。学校认为立德树人落实机制必须系统构建、系统推进，才能最后形成教育合力，实现育人目标，形成学生发展、教师发展和学校发展等协调发展、多样化发展的绿色教育生态。经过反复研究论证、不断改进完善，学校构建了立德树人落实机制总体模型。这个模型以立德树人为总目标，以开放办学和学校治理统领教育教学工作，通过制定实施三年发展规划的形式，形成确立育人目标、落实五育并举、构建学校课程、进行课堂变革、开展班级建设、建设教师队伍、改革综合评价制度等落实机制，形成三自教育、移动学堂、创客教育、生涯教育、校园足球、微电影节、智慧校园等特色项目，实现学校多样化发展和学生健康、博爱、有为的发展目标。构建总体模型成为学校立德树人落实机制中的顶层设计机制。

（二）系统化落实机制的分项机制

1. 确立教育思想。总体模型的前提和立足点是确立教育思想或者说是办学思想。学校确立了"开放办学"的教育思想，将"开放办学"的内涵界定为：开放办学是相对于传统的封闭办学模式而提出的一种办学方式，是以开放的思维、开放的行动来谋划和开展学校教育教学工作，使教育系统内外和内部诸多元素之间不断地进行相互作用、相互渗透、相互交流。通过开放办学，促进学校教育系统与环境、学校内部诸系统之间的交流、融合、创新，以最大限度促进学生全面而有个性的发展。从 2010 年开始至今学校持续开展开放办学已经 10 年多。学校管理开放的基本特征是从管理走向治理,目标是推进教育治理体系和治理能力的现代化,路径是完善学校内部治理结构。校长通过由集权到分权、由人治到法治、由自治到共治等方式,调整优化内部治理结构,激发办学活力,推动学校由管理走向治理。开放办学和学校治理成为学校立德树人落实机制的思想机制和治理机制。

2. 制定实施三年发展规划。学校从 2012 年开始制定实施三年发展规划,将立德树人落实机制融合、分解到三年规划中。三年发展规划得到了郑州市教育局全程的指导、督导和评估,成为立德树人落实机制的规划机制。

3. 确立育人目标。学校确定"培养全面而有个性的创新人才"的育人目标,并将育人目标分解为"健康、博爱、有为"三个基本要素,并对其中的概念逐一进行了界定。育人目标成为学校立德树人落实机制中的目标机制。

4. 落实五育并举,构建全面培养教育体系。制定实施《郑州市第二高级中学关于落实五育并举,构建全面培养教育体系的实施方案》,从 18 个方面进行工作任务和制度机制的安排制定。基本思路是:构建德智体美劳全面培养的教育体系,必须把握好"五育"之间的内在联系与相互融合、相互促进的发展规律。在实施培养的各环节、各主体要努力探索五育并举的育人模式,坚持一项活动渗透五种教育,五种教育指向同一目标的工作理念,各发其力,同频共振,合力打造品德高尚、学识扎实、体魄强健、心灵美好、尊重劳动的全面发展的社会主义建设者和接班人。构建全面培养教育体系成为立德树人落实机制中的方案机制。

5. 系统构建学校课程。课程体系建设的逻辑起点是育人目标,而育人目标的上位是教育理念和办学理念。学校首先构建了基于育人目标和核心素养体系的学校课程总体模型,在此基础上构建了学校课程框架图。

课程创新是学校创新的关键,也是培养学生创新素养的主要路径。学校建立校本化学生发展素养体系,从而实现了一方面将学生素养校本化,另一方面沟通了学校培养全面而有个性的创新人才的目标同课程类型之间的关系。构建学校课程体系成为立德树人落实机制中的课程机制。其中创客教育、生涯教育和劳动教育课程是学校的重点课程和特色课程,分别侧重培养学生的科学素养、创新素养、健康素养和劳动素养。

6. 构建移动自主学堂。学校的教育教学改革创新选择课堂教学改革为突破口，以转变教师教学方式和学生学习方式为路径，以信息技术与教学的深度融合为技术手段，以创办信息化创新实验班为抓手，推动课堂教学的改革创新。确定了现实课堂与虚拟课堂相结合、纸介质与多媒体并用的数字化学习方法、学习环境和教学模式，探索建立了移动自主学堂的教学模型。

构建了"四课型渐进式自主学堂"教学形态，为转变教师教学方式和学生学习方式提供了教学模型。见表5-3。

表5-3　"四课型渐进式自主学堂"教学形态表

第一课型　基础先学课			第二课型　展示反馈课		
学习内容	掌握基础部分 理解重难点部分		学习内容	就第一课型内容展示、交流、分享	
教师推送	资源包	视频　音频　文本　PPT	展示分享	形式	个体自荐展示；小组代表展示；教师指名展示；教师提问展示
	导学案	第一层级：学习目标、学习方法 第二层级：基础内容 第三层级：重难点内容 第四层级：展示反馈 第五层级：练习评价		内容	第一课型学习方式展示 第一课型目标达成情况展示 第一课型疑难困惑展示
教学形式	学生自学 第一、二、三层级	个体自主学习 小组合作学习 讨论	全面反馈	通过导学案反馈测试题，全面反馈	立即统计反馈结果
	教师观察指导			通过学习平台以客观题形式迅速反馈	立即统计反馈结果
第三课型　点拨思辨课			第四课型　练习评价课		
学习内容	突破重难点内容 批判思维能力的培养		学习内容	形成性评价	知识生成阶段评价	不宜过早与高招联系
学习形式	依据	第二课型生成的数据 第二课型疑难问题汇总、归类 教师经验观察 本科知识体系内在规律			过程性评价	为下节学习提供依据
	形式	教师主导下的学生讲解 讲解后的学生质疑、新见解 教师点拨小结 学生质疑——学生新见解 教师小结			全面评价	就本节内容来说是全面的评价 就参与的学生来说是全部参与
				推送形式	利用学习平台推送 通过导学案第五层级练习评价	
			学习形式	练习	在平板电脑上做完后提交	
				评价	下课前自动统计评价结果并讲评	

"四课型"包括基础先学课、展示反馈课、点拨思辨课、练习评价课4个阶段,实际上是课堂教学的四个环节,每一个环节的内容、时间由教师根据实际情况灵活确定。"渐进式"反映了认知的规律性,由陌生到熟悉,由简入繁,由表及里。"自主学堂",体现了以学生为主体,课堂即学堂的教学理念。

构建移动自主学堂成为立德树人落实机制中的课堂机制。

7. 班主任队伍建设。立德树人落实机制的最基层阵地是课堂和班级,而班主任是立德树人落实机制的骨干力量,班级建设的重点是班主任队伍建设。学校领导班子在确立了开放办学教育理念的基础上,于2011年对加强和改进班主任队伍建设工作进行了顶层设计和系统规划,确定了以大幅度提高班主任待遇为切入点,以系统推进班主任队伍建设为路径,整体提升班级管理质量和水平,从而促进学校教育教学质量全面提升,落实立德树人根本任务的方案。经过10年来的探索和实践,学校创新机制,激发活力,逐步形成了校本化的班主任队伍建设的新样态,取得了显著成效。班主任由过去的"不待见"变成现在的"香饽饽",大大强化了立德树人骨干队伍建设,加强了学生发展指导的力量。

班主任队伍建设成为立德树人落实机制中的班主任机制(见图5-2)。

8. 教师队伍。培养和建设师资队伍是基础教育的一项前提性、基础性工作,又是学校提升内涵、可持续发展的一项长期性、关键性工作。学校近年来以制定并实施学校三年发展规划为切入点,将办学理念、培养目标等价值追求明确表述出来,将师资队伍建设的目标与措施科学计划,并纳入学校整体规划,保证了计划的顺利实施。以习近平总书记考察北京师范大学时提出的有理想信念、有道德情操、有扎实学识、有仁爱之心的"四有"好老师标准指导开展教师队伍建设。主要举措:一是加强师德师风建设;二是进行全员培训;三是实施分层培养;四是实施教师发展性评价;五是激励教师自主专业成长;六是以科研促提升。

教师队伍建设成为立德树人落实机制中的师资机制。

9. 综合评价。评价即育人,这是学校对评价功能的基本认识。学校以教育部、省教育厅、市教育局关于中小学生综合素质评价的有关文件为指导,结合学校实际,制订并实施了校本化的教育质量综合评价改革实施方案。基本原则是:其一,整体全面。评价方案涵盖学生评价、班级评价、教师评价等方面的评价内容。其二,重点突出。学

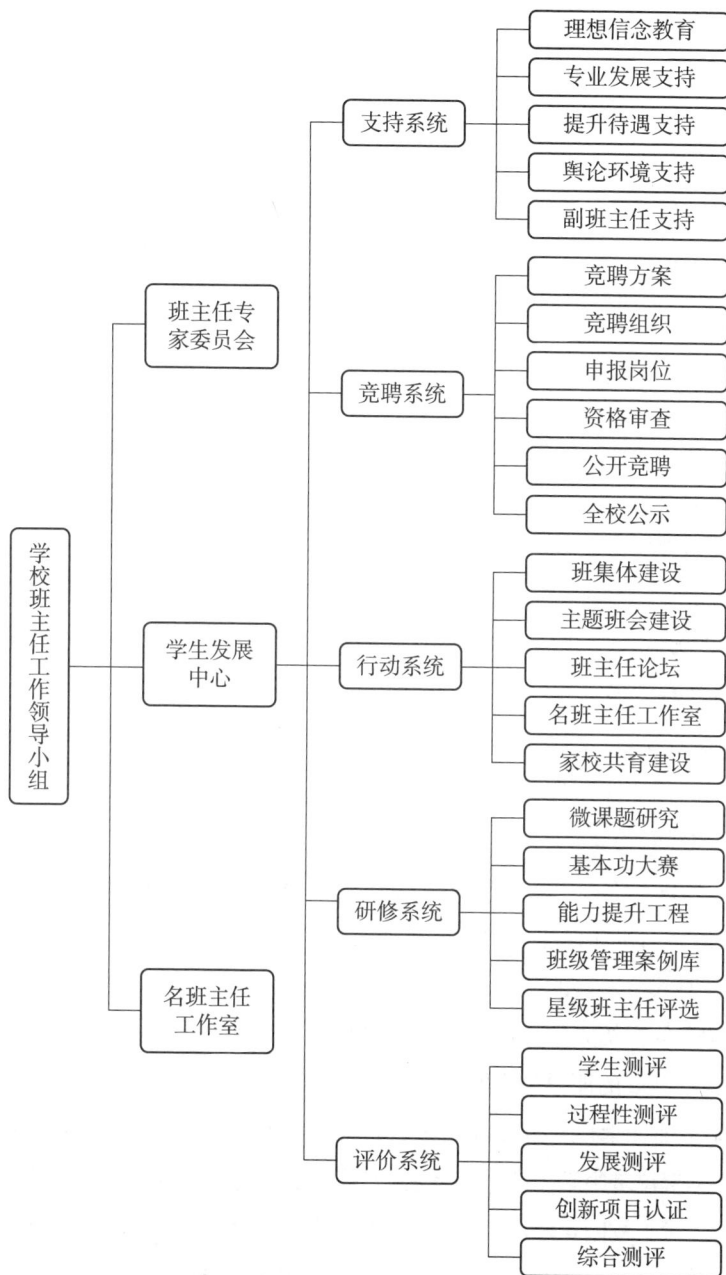

图 5-2　班主任队伍建设模型图

生评价突出学业评价、综合素质评价、特长评价等。班级评价突出班级建设和学习小组建设。教师评价应促进教师质量观、评价观的转变。其三,易于操作。评价方案是一个操作方案,简单易行,便于操作实施。本方案的最大亮点是发挥学校信息化优势,开发了教育质量综合评价操作平台,将过程性材料随时录入操作平台。学生评价模块的重点、难点以及创新点都在学生叙写的成长记录上。班级评价模块的重点、难点及创新点是班级叙写班级成长记录。教师评价模块要教师本人按学期叙写自我评价报告。

教育质量综合评价成为学校立德树人落实机制中的评价机制。

(三) 支撑机制的特色项目

1. 三自教育。学校在德育方面的特色性举措是实施了"自主发展"的理念,教育引导学生"自我教育,自我管理,自主发展"。充分体现了立德树人的主体性原则。学校为学生自主发展搭建了丰富的平台。

2. 移动学堂。移动学堂是学校信息化教学的特色项目,通过开办信息化创新班,转变教与学的方式,进行混合式学习,探索在数字化学习环境下创新人才的培养方式。

3. 创客教育。创客教育是学校基于育人目标和办学理念以及信息化特色而构建的综合实践课程项目,是学校课程体系中探究类课程的重点内容。创客教育课程群面向全体学生,属于选择性必修课程,课程指向一是对国家课程的创造性实施,二是满足学生的个性化成长需要。

4. 生涯教育。生涯教育是学校课程体系中一门重要的必修校本课程。在普通高中开展生涯教育有助于学生了解并适应社会发展需求,建立学校学习与未来发展的内在联系,形成对人生发展的清晰认识,促进自我设计与完善,为学生的终生发展和创造有价值、有意义的幸福人生奠定基础。生涯教育贯穿于高中三年,高一课程的主要内容是认识自我,高二的课程是生涯认知,高三的课程是生涯决策。

5. 校园足球。学校开展校园足球运动已经有 30 多年的时间,是河南省传统体育学校。近几年学校着眼学生的全面发展,统筹规划,整合学科资源,促进学生德智体美劳全面发展。对于校园足球活动,从组织建设、课程建设、教学实施、师资建设、多元评价等方面展开探究,探索校园足球发展的新模式,总结校园足球发展的途径和策略,为其他学校开展校园足球提供参考和借鉴。构建了高品质全面育人整体模型,形成了以

"健康第一"为特色的足球文化,探索出了校园足球普及与提升协调发展,全面育人与高水平竞技同步推进的校本化实施策略。

6. 微电影节。学校微电影课程作为"有为"类课程之一,其教材《影像艺术与校园生活》围绕学生校园生活进行开发,课程采用基于问题的学习、项目的学习螺旋式上升的 PBL3 创客教育模式,激发学生的创作兴趣,提升学生解决问题的能力。微电影节深受学生喜欢,现已成为郑州二中学生自己的奥斯卡,成为河南省最具影响力的学生电影节。每年一次的微电影节,为学生提供了一个展示青春记忆和生活片段、充分发挥学生潜能的创意平台,通过微电影节把信息技术与微电影结合,实现了学生拍电影的梦想,在电影创作的过程中,学生的合作能力、创作能力和自我管理得到了快速提升。

7. 智慧校园。学校通过加大对"数字化校园"基础设施升级改造的投入,在无线网络全覆盖的基础上,构建功能完善的校园网系统,通过网络创设了一个全新的育人环境。虚拟学校为师生们提供了数字化的管理平台、办公平台和学习平台,各个教学室配备功能完善的数字化教学设施,建设了未来教室、智慧广场等数字化教学环境;在软件建设方面,学校开发了一系列实用的教学管理软件,构建了教学资源库、学校网站、学科网站和教学平台等。

三、程序和方法

学校制定并实施立德树人落实机制是一个动态的发展过程,根据学校和国家教育发展进程以及实际情况不断优化和完善落实机制。最先实施的是开放办学,从 2010 年秋季开始,通过开放办学,打开了学校的大门,解放了教师的思想,激发了办学的活力。之后是确立学校育人目标和实施三年发展规划,第一个三年发展规划是 2012—2015 年,这个规划对学校的立德树人落实机制进行了系统安排。初步构建了落实机制。第二个三年规划(2016—2019 年)完善了学校课程建设,增加了创客教育、生涯教育课程,深化了开放办学的研究,强化了五育并举、全面育人的制度安排。第三个三年规划(2020—2023 年)进一步完善了立德树人落实机制,重点是在普通高中育人方式改革和新课程新教材新高考背景下,学校立德树人落实机制的新形势、新特点和新对策,重点研究基于学科素的新课程实施,基于走班制的学科教学,基于全员育人的导师制的建立,基于学生综合素质评价改革的校本化评价实施策略,以及进一步完善学校落实五育并举,构建全面培养体系的实施方案等。

基本方法就是价值引领、思想先行、顶层设计、规划落实、突出特色、动态提升。

四、 效果和影响

全面构建立德树人落实机制取得了显著效果,促进了学生全面而有个性的发展,促进了教师创新发展,促进了学校多样化发展。

(一)效果

1. 办学水平全面提高,办学特色进一步凸显

培养全面而有个性的创新人才,"健康、博爱、有为"的育人目标得到了很好的落实。在全面发展方面,健康的心理和健康的体魄成为学生全面发展的显著特征。在个性发展方面,学生拥有自觉的自我意识、自我教育、自我管理,自主发展成为郑州二中学生的独有标签;在美的指引下,学生努力追求自身真善美;对生活的认识不断深化,敢于选择,学会选择,并培养自身的责任感和行动力。

在教育创新的实践中,在学生发展的同时,教师也得到了同步发展。教师的职业幸福指数不断上升,专业能力持续提高,高素质、专业化、创新型教师队伍正在逐步形成,实现向研究型教师的转变。

2017 年郑州二中被河南省教育厅确定为首批河南省普通高中多样化发展示范学校,教育信息化是多样化发展的特色内容。到目前为止,学校形成了以教育信息化、创客教育、校园足球为核心的办学特色,促进了学校多样化发展。高考一本上线率和名校录取率都处于同类学校前列。

2. 学校荣获的荣誉

学校荣获普通高中新课程新教材实施国家级示范校、首批河南省普通高中多样化发展示范校、河南省中小学德育工作先进集体、全国优秀校园足球特色学校、全国教育信息化优秀试点学校、河南省中小学劳动教育特色学校、首批河南省中小学创客教育示范校、首批河南省中小学人工智能教育实验校、河南省中小学书香校园、河南省首批普通高中生涯教育试点学校。

（二）影响

1. 取得成绩

专著《移动学堂改变课堂》由北京师范大学出版社出版发行。

郑州二中男子足球队荣获 2020 参考消息杯全国高中校园足球锦标赛第三名，2020 全国青少年足球联赛高中组亚军，这两项都是全国校园足球顶级赛事。标志着郑州市第二高级中学足球队已经处于全国前三的水平。

2. 主流媒体报道

2016 年 12 月 28 日人民日报第 21 版"各地传真"栏目刊登郑州二中教育信息化和创客教育新闻《郑州二中多形态推进教育信息化——数字化课堂走红中学校园》。

2017 年 10 月 1 日央视播出喜迎十九大特别节目《还看今朝·河南篇》，郑州二中科技创新社团——TAI 科技社成为唯一亮相的河南学生科技社团，充分显示了郑州二中在开展创客教育，培养创新人才方面的广泛影响力。

郑州日报、郑州晚报 2014 年 6 月 17 日头版发表报道郑州二中的通讯《素质教育的郑州实践》，并加了编者按。

五、 经验和体会

进入新时代，中国社会主要矛盾发生了历史性变化，人民群众对优质教育的需求更为迫切，教育需求更为多样，作为现代学校必须顺应人民群众的期盼，加快发展更高质量、更加公平、更具个性的教育。

高中阶段现代化发展的目标清晰明确：有效满足学生个性化、多样化发展需求，学生自主发展能力显著增强，为成长成才提供坚实的知识和能力储备。从辩证唯物主义认识论来看问题，内因是事物变化的根本原因，外因是通过内因而起作用，对于学生发展来说，学生自主发展是内因，学校营造健康环境就是外因，那么，我们应该给学生营造一个什么样的成长环境呢？应该是一个价值观鲜明、开放、宽松、适宜创新人才脱颖而出的成长环境。

第三节　德育模式

郑州市第二高级中学近年来坚持立德树人办学方向,坚持实施素质教育,切实把党和国家关于中小学德育工作的要求落在实处,大力培育和践行社会主义核心价值观,以培养学生良好思想品德和健全人格为根本,以促进学生形成良好行为习惯为重点,不断完善中小学德育工作长效机制,积极探索德育工作实施路径,不断丰富德育内容,形成了基于校本化育人目标的课程育人实践策略和"自主——活动——课程——平台"德育模式,取得了显著成效。

一、基于校本化育人目标的课程育人实践策略

学校把教育部颁布的《中小学德育工作指南》中德育工作总体目标与学校的育人目标紧密结合起来,把德育课程和学科课程、综合实践课程、校本课程紧密结合起来,强化目标导向,丰富课程内容,创新课程形式,注重课程效果,构建了学校德育工作课程育人的新模式。

（一）育人目标与德育目标的融合

郑州二中在落实立德树人根本任务的过程中确立了"培养全面而有个性的创新人才"的育人目标和"健康、博爱、有为"的学生形象,并且进行了深入阐释。强调创新人才必须是全面发展和个性发展的人才,是立足于现实而又面向未来的创新人才。而"健康、博爱、有为"的学生形象是对学校育人目标的形象化描述,是学校价值的具体落地,体现了学生的核心素养。"健康"是基础性素养,"博爱"是"健康"基础上的升华,"有为"是在"健康"和"博爱"基础之上的行动表达,强调了社会参与的精神。

教育部《中小学德育工作指南》中将德育工作总目标确定为:培养学生爱党爱国爱人民,增强国家意识和社会责任意识,教育学生理解、认同和拥护国家政治制度,了

解中华优秀传统文化和革命文化、社会主义先进文化,增强中国特色社会主义道路自信、理论自信、制度自信、文化自信,引导学生准确理解和把握社会主义核心价值观的深刻内涵和实践要求,养成良好政治素质、道德品质、法治意识和行为习惯,形成积极健康的人格和良好心理品质,促进学生核心素养提升和全面发展,为学生一生成长奠定坚实的思想基础。

学校把育人目标与德育目标融合起来,互为阐释和解说,形成了丰富内涵和简明表达的育人目标。

(二)育人目标与课程目标的融合

学校在校本课程内容结构设置上不同于传统的直接按课程内容设置的方法,而是以课程目标确定课程内容,体现了课程为育人目标服务的课程思想。

近年来,足球、篮球、跆拳道等能够充分体现学生"健康"素养的体育运动项目发展迅速,在国家、省级比赛中获奖无数。唐舒眉同学因创新能力突出,获得"全国最美中学生"称号;郑婉茹、薛稚琦所提的微议案先后被全国人大代表带到2017年、2018年全国两会上;2018年考入北京大学中文系的赵佩汶足球踢得也超棒……这些同学是郑州二中"健康、博爱、有为"学子的优秀代表。

(三)学科教学与德育教学的融合

学科教学与德育教学的有效融合是德育目标在学科教学实践活动中实现有机结合。通过有效融合来有效培养具有健全人格的目标的教学活动。在课程实施过程中,学校通过制度机制来确保教师在学科教学中有效实现德育教学目标。

一是建立一岗双责制度。学校对任课教师的一岗双责制度有两个内容:学科教学与德育教学一岗双责,学科教学与安全教育一岗双责。教师在教学工作中履行一岗双责情况纳入教师考核评价。

二是要求教师树立系统观念和"大德育"观念,认真设计课堂教学。教师要开展基于标准的教学,坚持三维目标,重视情感态度和价值观标准。教师要用系统观念设计自己每一堂课,把各种相关因素都纳入思考范围,把每一节课放在学校整体育人背景下来设计。把学生的道德发展放在家庭、社会、学校的整体环境中来认识。教师还要树立"大德育"观念,加强教师间的合作,形成"一体化"育人机制。

三是尊重学生主体地位,寓德育于平等的师生互动之中。学校课堂教学通过教师与学生、学生与学生多级主体之间的交往活动,以实现学生社会化;不断提高学生的主体意识,使其成为自我教育、自我发展的主体。学校充分相信学生具有自我完善、自我发展、自我追求的迫切愿望,引导学生进行正确的自我认知和自我调整,发挥学生的主观能动性,激发学生潜力,促进学生自我管理、自我教育和自我服务能力。

(四)国家课程与校本课程的融合

课程育人的基础是课程的开发与实施,学校在国家课程方面,坚持开好每一门课程,特别是艺术体育课程和社会实践课程,这对于学生形成正确价值观和健全人格至关重要,这些课程成为学校的特色课程。在此基础上,学校开发了丰富多彩的校本课程供学生选修,形成了创客教育、生涯教育、研学旅行等精品校本课程。国家课程促进了学生全面发展,校本课程则促进了学生个性发展和创新发展。

锋行天下图书义卖活动经过数年的坚持已经成为学校德育活动的品牌,学生在这个活动中不仅收获了奉献爱心、扶弱济贫的快乐,也让他们增强了交际和沟通能力。在创客教育中,学生获得了超强的创新意识和创造能力,在世界级、国家级等各种科技创新比赛中屡屡获奖也大大增强了同学们的自信心。"读万卷书,行万里路"是增加见识、提升格局的重要途径,郑州二中已经连续两年组织研学旅行活动,让学生走出校园、走进社会,在更广阔的田地里感受传统文化的博大精深,感受祖国蒸蒸日上的发展面貌。微电影节已经举办过四届,微电影已经成为郑州二中学生表达思想、传递情感、弘扬真善、创造美好的重要方式。微电影里涵盖的大量开放课程,丰富的个性化学习资源让参与其中的同学们获得了综合素养的大幅度提升。

二、"自主——活动——课程——平台"德育模式

(一)背景

在一段时间内,在一些地方,面临着严重的教育危机,那就是在"应试教育"思想的

禁锢下,许多学校在"育分"和"育人"之间迷失了方向,忘记了初心,松懈了责任,一些教师重"教书"轻"育人",一些校长重"智育"轻"德育",学生们对美好生活的向往在中学阶段已转化成对顶尖大学的向往。在这个背景下,国家的教育方针无法得到全面的贯彻实施,学生全面而有个性的发展也无从落实。

2014年教育部下发了《教育部关于全面深化课程改革 落实立德树人根本任务的意见》文件,明确指出:"立德树人是发展中国特色社会主义教育事业的核心所在,是培养德智体美全面发展的社会主义建设者和接班人的本质要求。课程是教育思想、教育目标和教育内容的主要载体,集中体现国家意志和社会主义核心价值观,是学校教育教学活动的基本依据,直接影响人才培养质量。"这个文件的下发,表明我国当前教育的价值追求已经通过制定法律法规和课程建设明确地确定下来,中国教育由此进入了一个崭新阶段。

郑州二中正是在这样一个教育变革时期,出于高度的责任心和使命感,开始从办人民满意的学校的教育宗旨出发,从培养全面而有个性的创新人才的育人目标出发,尝试和探索德育工作的新理念、新途径、新方法。

(二) 实施过程

郑州二中德育工作创新实践过程大致经历了三个阶段。

第一阶段(2010年10月—2012年6月)建立以自主发展为核心的德育三级管理体系阶段。2010年,郑州二中确立了"自主发展,快乐成长"的办学理念,明确将德育工作的主体确立为学生,学生既是德育工作的受教育者,也是德育工作的教育者、参与者;学生全面发展、自主发展作为学校德育工作的出发点和落脚点。学校将贯彻学生自主发展理念的主要职能部门政教处和团委整合为学生发展中心。在此基础上,学校积极探索适应学生自主发展的德育管理新模式,初步形成了郑州二中"学生发展中心宏观研究,年级团队自治管理,班级组织自我教育"的德育三级管理体系。

第二阶段(2012年9月—2014年6月)构建以自主发展为核心的德育活动体系和活动平台。这个阶段,学校开发实施了主题教育月活动体系,4S课程体系,仪式教育、道德大讲堂教育、心理教育活动体系,志愿者活动、社会实践活动体系,文明创建、安全创建体系;搭建并实施了学生社团平台、TED大会平台、微电影节平台、管乐团平台、校园足球平台、国际班平台、世界青少年领袖峰会平台、创新大赛平台、艺术节平台、科技节平台等学生自主发展活动平台。

第三阶段(2014年9月—2017年6月)确立"健康、博爱、有为"的校本化育人目标及校本课程体系。2014年教育部下发了《教育部关于全面深化课程改革 落实立德树人根本任务的意见》文件之后,郑州二中将学校的育人目标确定为"培养全面而有个性的创新人才",并且构建了创新人才培养模型。在此基础上将学校育人目标落地为"健康、博爱、有为"三个核心要素。构建了郑州二中基于育人目标的校本课程体系。

(三) 总结和反思

郑州二中构建的"自主—活动—课程—平台"德育工作模式是以立德树人为根本任务,把学生作为德育工作实施主体,注重把学生全面而有个性的发展、自主发展作为德育工作的出发点和落脚点;把开展丰富多彩的学生自我教育活动和开发实施校本课程作为德育工作的主要路径;把搭建多种学生发展活动平台作为德育工作的实施策略,积极主动地构建以学生为中心,以学生发展为中心,以学生自主发展为中心的德育工作系统体系,创新开展社会主义核心价值观教育、德育教育,取得了显著成效。主要体现在:

(1) 学生综合素质整体提升。社会主义核心价值观深深根植于郑州二中的师生心里。在学校高考升学率全面提升的基础上,学生的国家意识、责任意识、创新意识显著增强,特别是学生自我教育、自我管理、自主发展的意识和能力全面提升,学生的家国情怀和国际视野得到了协调发展。

(2) 学校的办学思想、办学水平、办学成绩得到了社会广泛认可,给予积极评价。郑州二中近年来连续被郑州市教育局评为德育工作先进单位,被河南省文明办评为文明单位,学校李正成教师被评为全国模范教师,2017年王瑞被评为全国课改优秀校长。学校2017年被评为河南省中小学德育工作先进集体、首批河南省普通高中多样化发展示范学校、郑州市校本课程建设先进单位。

(3) 学校为学生搭建的许多德育发展平台已经成为郑州市乃至河南省的品牌项目。如TED大会已经由郑州二中升格为郑州;微电影节已经成为河南省最具影响力的学生电影节。

第四节　劳动教育

郑州市第二高级中学从 1958 年开始贯彻教育与生产劳动相结合的方针,坚持对学生进行劳动教育,促进学生全面发展。在六十多年不平凡的实践历程中,学校不断创新劳动教育的内容,探索劳动教育的新方式。在认真学习习近平总书记在全国教育大会上重要讲话的基础上,学校确立了"五育并举,以劳为基,自主发展"的核心理念,引领学校劳动教育的新发展。

一、主要内容

(一) 传承是劳动教育创新发展的基础

为了贯彻教育与生产劳动相结合的方针,学校从 1958 年开始创建校办工厂,生产棉秆纤维;1973 年在西郊创办农场,开展校厂结合的勤工俭学活动,创办以校办工厂为主阵地的校内劳动基地,学生轮流到工厂和农场劳动,将劳动纳入教学计划。勤工俭学劳动一直持续到 90 年代。从 2000 年开始顺应课程改革需要开设劳动技术课程和通用技术课程,突出技术教育的核心作用,不断提高劳动教育的技术含量。到 2016 年开始进行创客教育,开展综合实践课程的校本实践,在做中学,在学中做,把创意变为劳动作品。在培养学生基本劳动技能的同时,激发学生的创造力,为劳动教育在人才培养中的地位进行新的解读,将劳动作为人才培养的立身之本,充分体现了学校一脉相承的"劳动教育人,劳动发展人"劳动教育理念。

(二) 课程化、制度化是有效实施劳动教育的保障

贯彻立德树人、培养学生核心素养离不开劳动教育课程。学校把劳动教育课程作为课程体系的重要组成部分,构建以"培养全面而有个性的创新人才"为总体目标,以

"健康、博爱、有为"为教育基本元素的课程体系。其中,劳动教育涵盖于"博爱"之中,其特色是建立国家课程、校本课程逐层递进的课程群。突出以项目为中心的思路,以技术设计为核心内容。学校努力提升劳动教育的技术含量,完善劳动技术教育中心设施,建设了"苹果树下"创客空间,为学生提供了规范、现代化的动手实践环境,实现劳动意识与技术能力、劳动思想与技术思想的结合;建立课程执行制度,不允许削减、挤占劳动教育课,保证开足开好。

（三）多学科融合是创新劳动教育的体现

以劳动教育为载体,探索多学科知识融合与应用,在实践中培养学生的创新精神,是学校创新劳动教育的重要举措。学校将已有技术课与社会实践、社区服务、校本选修、社团活动整合起来,不但强调数学、物理、化学、艺术等学科知识的渗透与应用,同时,还在道德与法治(思想政治)、语文、历史等学科教学中加大劳动观念和劳动态度的培养,在物理、化学、生物学等学科教学中加大动手操作和劳动技能、职业技能的培养。这种双向融合既丰富了相关学科课程,又为劳动教育课程争得了更多话语权,使其进入学校课程体系和日常教学课程设置更加理直气壮。

（四）多方联动是丰富劳动教育的渠道

学校注重劳动教育实施渠道的拓展,建立了多方联动机制。学校与家庭结合,坚持劳动教育从家庭开始,转变家长对孩子参与劳动的观念,使学生形成劳动观念、养成劳动习惯。从自我劳动、家庭劳动,到学校的服务岗位责任区,鼓励学生把自己的事情做好,把劳动的理念和行为渗透到生活、学习中去。学校与社区、基地结合,充分利用教育资源磨练学生的劳动意志。充分利用校外劳动实践基地和社区教育资源,组织学生参加社会实践活动、公益劳动,担任社区志愿者,深入工厂企业、农村家庭,体验生产劳动和生活劳动,提高学生的劳动能力。

二、 实施途径

学校将劳动教育纳入人才培养全过程,丰富、拓展劳动教育实施途径。

（一）独立开设劳动教育必修课程。确保劳动教育课平均每周不少于 1 课时，用于活动策划、技能指导、练习实践、总结交流等，与通用技术、校本课程等有关内容进行必要统筹。主要围绕劳动精神、劳模精神、工匠精神、劳动组织、劳动安全和劳动法规等方面设计。

（二）在学科专业中有机渗透劳动教育。思想政治、语文、历史、艺术等学科有重点地纳入劳动创造人本身、劳动创造历史、劳动创造世界、劳动不分贵贱等马克思主义劳动观，纳入歌颂劳模、歌颂普通劳动者的选文选材，纳入阐释勤劳、节俭、艰苦奋斗等中华民族优良传统的内容，加强对学生辛勤劳动、诚实劳动、合法劳动等方面的教育。数学、地理、创客技术、体育与健康等学科注重培养学生劳动的科学态度、规范意识、效率观念和创新精神。

（三）在课外、校外活动中安排劳动实践。将劳动教育与学生的个人生活、校园生活和社会生活有机结合起来，丰富劳动体验，提高劳动能力，深化对劳动价值的理解。每周课外活动和家庭生活中劳动时间不少于 3 小时；每学年设立劳动周，采用专题讲座、主题演讲、劳动技能竞赛、劳动成果展示、劳动项目实践等形式进行；发挥学校"信息化"优势，充分利用学校"苹果树下"创客空间的导师、设备资源，通过机器人拼装、计算机编程、3D 创意设计、电脑制作活动、青少年科技创新大赛等创客创新实践活动不断加强学生劳动创造能力；在学年内或寒暑假安排校内外劳动实践活动，以集体劳动和个人劳动相结合的形式实施，通过开展居家卫生大扫除、社区垃圾分类志愿者、环境保护小卫士等活动促使学生积极主动参与社会劳动实践，在劳动体验中不断提高劳动认知。

（四）在校园文化建设中强化劳动文化。将劳动习惯、劳动品质的养成教育融入校园文化建设之中。通过制定劳动公约、每日劳动常规、学期劳动任务单，采取与劳动教育有关的兴趣小组、社团等组织形式，结合植树节、学雷锋纪念日、五一劳动节、农民丰收节、志愿者日等，开展丰富的劳动主题教育活动，营造劳动光荣、创造伟大的校园文化。通过举办"劳模大讲堂""大国工匠进校园""校友返校日""优秀毕业生报告会"等劳动榜样人物进校园活动，组织劳动技能和劳动成果展示，综合运用讲座、宣传栏、新媒体等，广泛宣传劳动榜样人物事迹，特别是身边的普通劳动者事迹，让师生在校园里近距离接触劳动模范，聆听劳模故事，观摩精湛技艺，感受并领悟勤勉敬业的劳动精神,争做新时代的奋斗者。

三、 保障机制

（一）每学期的劳动技能和劳动养成教育必须有计划、有总结、有活动记录。

（二）建立学校、家庭、社区三结合的教育网络。实现课内课外、校内校外相结合。充分利用开放办学、家委会等渠道,加强学校与家庭的联系,共同培养学生的劳动养成教育。

（三）劳动社会实践活动每月至少安排两次。争取一周一次。充分发挥实践教育基地作用。尽可能不占用教学时间,充分利用双休日或节假日时间。

（四）劳动教育与校园环境卫生和校园美化相结合。实行楼道、场馆等公共区域各班大包干,明确班级及个人职责。

（五）学生发展中心负责活动安排,标准制定,目标检测考评,违纪情况统计通报,劳动技术指导;总务处负责物质保证、工具发放、回收;年级组负责督促、协助各班按要求开展好劳动教育课,对各年级各班劳动情况评估并记入班级考评,组织好本年级任科教师按要求参加劳动课的组织指导;班主任分配落实责任,组织督促,指导学生进行劳动实践,评价每个学生的劳动情况,组织学生填写《郑州市第二高级中学劳动教育实践活动评价手册》,劳动成果记入个人综合素质评价系统。

四、 主要成效

学校劳动教育工作取得了显著成效。学生的劳动观念增强,劳动技能提升,劳动实践经常化、制度化、劳动教育提升了学生综合素质,促进了教育教学质量全面提高。2020 年 7 月,学校被确定为普通高中新课程新教材实施国家级示范校,2020 年 12 月学校荣获首批河南省中小学劳动教育特色学校,2018 年荣获首批河南省中小学创客教育示范校。

郑州市第二中学在全面育人教育中选择校园足球作为切入点和突破口,统筹规划,整合学科资源,以球育德、以球健身、以球益智、以球砺志,促进学生德、智、体、美、劳全面发展。着力构建教育主导推进、体育专业指导、学校积极组织、学生广泛参与、社会资源支持的发展格局,让"足球引领,综合育人"的教育理念深入人心。

一、问题的提出

1. 学校全面育人的立足点和突破口的定位问题,健康第一的教育理念有效落实问题

在中国特色社会主义进入新时代,基础教育迈入全面提高育人质量的新阶段,郑州二中确立了"培养全面而有个性的创新人才"的育人目标,并且将育人目标具体化为"健康、博爱、有为"三个核心目标。

学生全面发展,学校全面育人是新时代教育给予学校的历史使命和责任担当,这种使命和担当是去功利化的,是以满足人民群众追求日益增长的对优质教育的需求为出发点,以为党、为国家培养全面而有个性的创新人才为根本目的的。那么,如何实现学生全面发展,甚至是高品质全面发展,这里面既有思想和理念问题,也有实践策略和学校特色文化问题。

2015 年,习近平总书记对中国足球改革发展作出了重要批示,2015 年 3 月,《中国足球改革发展总体方案》公布,2015 年 7 月,《教育部等六部门关于加快发展青少年校园足球的实施意见》发布。在国家大力推进校园足球的大背景下,我们认为以推进和发展校园足球为立足点和突破口,可以以点带面,将足球精神迁移、应用到德、智、体、美、劳各个方面,从而促进学生积极进取,在"健康"的基础上,促进学生"博爱"品格的养成,最后达到"有为"的理想境界,从而实现学生高品质全面发展。

2. 作为足球传统学校在新时代引领校园足球发展的路径与策略问题

郑州二中是全国足球传统学校,1964 年学校就荣获过全国青少年足球比赛冠军,那么作为足球传统学校在新时代应该如何继续引领校园足球的发展,构建具有学校特色的校园足球发展路径和实施策略,是摆在学校面前的一个现实而亟待解决的问题。

3. 校园足球工作中普及与提升的关系问题

长期以来学校体育本身存在着两个突出问题:一是"教不会",上了 14 年体育课,绝大多数的学生甚至一项运动技能都没有学会;二是"无竞赛"。学校开展校园足球首先要解决好普及问题。一是要教会学生足球技能;二是要让学生广泛地参与到校园足球的竞赛中来。这既是发展校园足球的必然要求,也是推进学校体育改革发展的重要举措。但同时学校作为一所足球传统强校,又要主动承担起为国家培养足球后备人才的使命和担当,这样就需要学校在普及的基础上积极探索选拔和提升高水平运动员的培养路径问题,最终形成具有学校特色的校园足球文化和校园足球生态系统。

二、 解决方案

针对以上问题,我们确立了以下解决方案:构建高品质全面育人目标体系,确立"培养全面而有个性的创新人才"的育人目标和"健康、博爱、有为"的学生形象,把"健康"作为学校全面育人的立足点和突破口进行重点建设,将校园足球定位为"健康第一"理念有效实施的支撑项目,在全面育人的同时为国家输送大批优秀的足球人才。

第一阶段(1984 年 9 月—2010 年 8 月)起步阶段,学校通过坚持开展班级、年级、校级足球联赛,组建学校高水平足球运动队,开展经常性的训练和比赛活动,成为足球传统学校。

第二阶段(2010 年 9 月—2016 年 8 月)发展阶段,学校通过开设足球课程,坚持每周一节足球体育课,开发实施校本课程教材,加强足球教练队伍建设,坚持普及与提升协调发展,被教育部确定为全国青少年校园足球特色学校。

第三阶段(2016 年 9 月—2019 年 12 月)完善阶段,构建高品质全面育人目标体系,确立以校园足球为立足点和突破口的发展战略,经河南省教育厅批准开设足球实验班,建立高水平足球运动员培养和上升机制,打通校园足球的升学通道。

三、保障措施

1. 校长引领,组织保障。学校成立了以校长为组长的校园足球工作领导小组,负责校园足球工作的宏观设计和组织领导工作,在此基础上成立了学校足球管理中心,并将该中心的负责人纳入学校的骨干岗位管理。

2. 资金支持,物质保障。学校于2011年建设了标准足球场,每年有专项资金用于校园足球工作的顺利开展。

3. 队伍建设,师资保障。学校通过校内选拔、校外选聘、择优引进等方式形成雄厚的教练队伍,并进行持续培训。

4. 制度建设,机制保障。每周一节足球课,开发足球课程,开设足球实验班,形成课时、课程和生源的保障机制。

5. 文化建设,全员保障。教师全员参与,整合学科资源,形成校园足球文化。

四、"校园足球"建设成果

(一) 构建了学校育人目标理论体系和高品质全面育人的整体模型

1. 高品质全面育人的内涵

全面育人是党的教育方针一贯坚持的教育思想,强调的是面向全体学生,促进学生全面发展。普通高中教育是国民教育体系中的重要组成部分,在人才培养中起着承上启下的关键作用。在普通高中坚持高品质全面育人就是高标准、高质量地促进全体学生全面发展,努力培养德智体美劳全面发展的社会主义建设者和接班人。

具体来说就是坚持全面贯彻党的教育方针,落实立德树人根本任务,发展素质教育,遵循教育规律,围绕凝聚人心、完善人格、开发人力、培养人才、造福人民的工作目标,深化育人关键环节和重点领域改革,为学生适应社会生活,接受高等教育和未来职业发展打好基础,努力培养德智体美劳全面发展的社会主义建设者和接班人。

新时代普通高中高品质全面育人的主要任务就是完善德智体美劳全面培养的育人体系,立足培养担当民族复兴大任的时代新人。高品质全面育人是新时代党和国家赋予基础教育学校的时代要求和历史使命,同时也是郑州二中多年来出于教育自觉而始终坚持的教育思想和教育实践。

2. 郑州二中高品质全面育人的目标及内容

郑州二中的育人目标是:"培养全面而有个性的创新人才",为了更好地落实这一目标,学校将这一目标具体化为"健康、博爱、有为"三个维度,从而形成了郑州二中学生形象。

"全面"发展是指培养受教育者在德、智、体、美、劳等方面都得到发展。"个性"发展是指个体在需求、生活习惯、性格、能力、兴趣、价值观念等方面形成稳定的心理特征。全面发展不是全才发展,不影响个性发展。全面发展与个性发展之间在逻辑和哲学上不是对立关系,而是辩证统一的关系:全面发展是个性发展的基础与前提,个性发展是在全面发展基础上的选择性发展。创新人才是在全面发展基础上的个性发展的结晶。

我们对创新人才也进行了界定:仅有创新意识和创新能力还不能算是创新人才,创新人才首先是全面发展的人才;个性的自由独立发展是创新人才成长与发展的前提,作为工具的人、模式化的人和被套以种种条条框框的人不可能成为创新性人才;当代社会的创新人才,是立足于现实而又面向未来的创新人才。

(1) 健康。"健康"是育人目标的基础维度,具有基础性和前提性,全面育人首先要培养一个健康的人,包括身体健康和心理健康。体育是培养"健康"目标的主要路径。体育应是培养和发展学生现代人格的重要手段,因为它蕴涵着丰富而积极的教育功能。只有把心理教育融于体育教育中,才更符合现代教育的要求。习近平总书记在全国教育大会上指出:"要树立健康第一的教育理念,开齐开足体育课,帮助学生在体育锻炼中享受乐趣、增强体质、健全人格、锤炼意志。"在"健康"的基础上使学生掌握1—3项体育技能。

(2) 博爱。"博爱"是育人目标的发展维度,具有多样性和选择性。德育、美育、劳动教育是实现"博爱"目标的主要路径。主要内容:厚植爱党、爱国、爱人民的思想情怀,积极践行和培育社会主义核心价值观,帮助学生养成良好个人品德和社会公德,培养广泛的兴趣爱好,培养学生艺术感知、创意表达、审美能力和文化理解素养,养成热爱劳动的品质。

(3) 有为。"有为"是育人目标的提高和升华维度,具有深刻性和实践性。德育、智育是实现"有为"目标的主要路径。培养担当民族复兴大任的时代新人,树立为中华民族伟大复兴而勤奋学习的远大志向,提升学习力和创造力,将学生培养成具有创新精神和实践能力的创新人才。

3. 以校园足球为突破口构建高品质全面育人的整体模型。

学校着眼学生的全面发展,以校园足球为着力点和突破口,统筹规划,整合学科资源,促进学生德、智、体、美、劳全面发展。对于校园足球活动,从组织建设、课程建设、教学实施、师资建设、多元评价等方面展开探究,探索校园足球发展的新模式,总结校园足球发展的途径和策略,为其他学校开展校园足球提供参考和借鉴(见图5-3)。

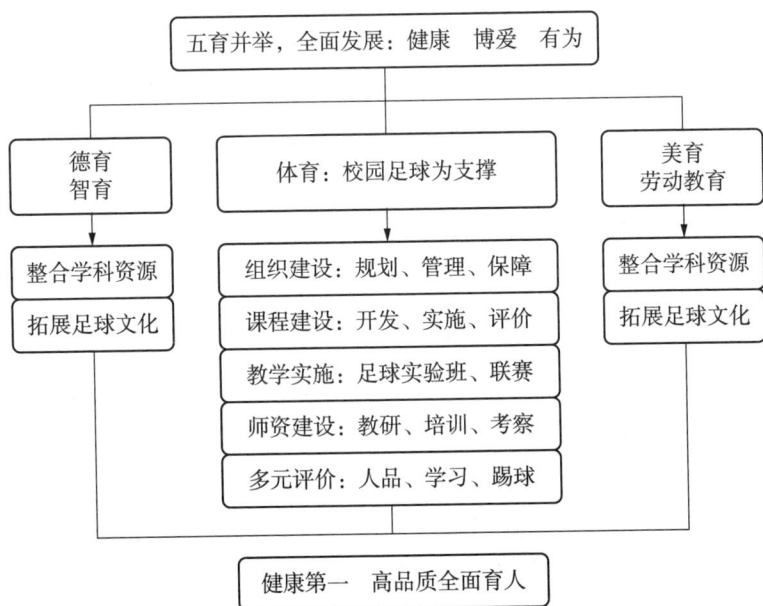

图5-3　以校园足球为突破口构建高品质全面育人的整体模型

（二）形成了以"健康第一"为特色的足球文化，探索出了校园足球普及与提升协调发展，全面育人与高水平竞技同步推进的校本化实施策略

1. 以"健康第一"为特色的足球文化的构建。郑州二中是一所具有深厚历史积淀、浓郁文化氛围和鲜明足球特色的学校。学校从 20 世纪 50 年代即开展了足球教育，是中国校园足球最早的发起学校之一，1964 年就荣获河南省青少年足球比赛冠军。现在的二中以"健康第一"为宗旨，弘扬六十余年来的足球精神，发挥足球育人功能，让更多学生热爱足球、享受足球，并成为学生适应社会规则和道德规范的有效途径，形成了独特的校园足球文化。学校在传承足球传统的过程中，形成了"拼搏进取、团结合作"的足球精神，这种精神成为激励学校和学生奋发有为、追求卓越的精神动力，成为学校积淀的优秀文化内涵。在此基础上不断丰富文化内涵，形成了郑州二中特有的"球文化"："以球立德"，培养规则意识、团队意识、拼搏意识，促进学生良好心理素质和良好品质的形成；"以球健体"，促进身体协调能力、运动能力、体能和竞技水平的提高；"以球育智"，促进思维活跃、记忆力增强、注意力集中，并开发智力和提高学业成绩。

2. 校园足球普及与提升协调发展，全面育人与高水平竞技同步推进的校本化实施策略。就郑州二中的实际情况来说，校园足球普及与提升的基本含义是：普及是面向全体学生的足球教育，提升是面向有兴趣、有特长、有天赋的学生的足球教育；普及着重的是兴趣激发、习惯养成、营造氛围、发挥全面育人的功能，提高是要在普及的基础上重点学习足球技战术，在专业训练中提升，然后在比赛中获得好的名次。

普及与提升的关系是：以普及促提高，以提高带普及；在普及的过程当中注重优秀队员、优秀球队的培养，推动校园足球科学健康、持续发展。普及为提高奠定了坚实的基础，提高为普及保障了质量。

学校构建了校园足球普及与提升协调发展运行模型（见图 5-4）。

学校开展校园足球首先要解决好普及问题。一是要教会学生足球技能；二是要让学生广泛地参与到校园足球的竞赛中来。这既是发展校园足球的必然要求，也是推进学校体育改革发展的重要举措。但同时学校作为一所足球传统强校，又要主动承担起为国家培养足球后备人才的使命和担当，这样就需要学校在普及的基础上积极探索选

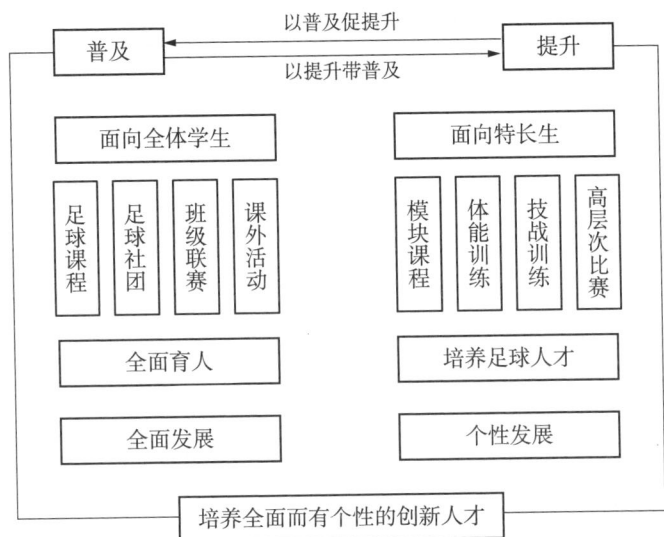

图 5-4 普及与提升协调发展运行模型

拔和提升高水平运动员的培养路径问题,最终形成具有学校特色的校园足球文化和校园足球生态系统。

(三)开发实施了校园足球课程体系和评价体系,构建了自主活力足球课堂

校园足球的高水平发展需要高质量的学校足球教材、科学的足球课程设置、实用的足球教学方法和生动的足球信息化教辅手段,以《全国青少年校园足球教学指南(试行)》为指导,根据郑州二中完全中学的学段特点以及全国青少年校园足球特色学校的办学特色的实际情况,建设校园足球课程体系和评价体系,构建自主活力的足球课堂。

1. 课程目标及主要内容。坚持立德树人,以普及校园足球,培养学生综合素质和促进青少年健康成长为目标,从促进身心发展、传播足球知识技能、推动素质教育、培养足球人才、打造校园足球文化等方面对校园足球课程进行价值定位。丰富校园足球课程内容,从普及——提高——输送足球人才,建立科学系统的校园足球课程文化体系。

以目标引领内容,注重学生足球意识、观察能力、交流能力和协作能力的培养。学生在初中阶段主要是掌握足球比赛的基本要素和竞赛规则,提高控球能力,能够在对

抗条件下展现足球基本技战术能力。高中阶段主要是进一步发展对抗条件下的足球技战术能力,培养特长技术和位置意识(见表5-4和表5-5)。

表5-4 初中一年级校园足球教学基本要求(以40课时为例)

学习目标	学习内容		课时(%)	教学要点
	类别	主要内容		
1. 积极参与足球活动。 2. 发展组合技术能力,掌握基础战术方法。 3. 通过足球活动树立自尊和自信。	球感	活动中的综合球感	2(5)	1. 注重培养学生在活动中的技术能力。 2. 注重培养学生的战术协作能力。
	技术	运球及运球过人	4(10)	
		活动中的踢、接地滚球、空中球、反弹球	4(10)	
		结合射门的组合技术	6(15)	
	战术	1vs1、2vs2、3vs3等攻防	6(15)	
		角球、任意球攻防	2(5)	
	比赛	小场地比赛	12(30)	
	理论知识	足球理论概述	4(10)	
	身体素质	速度素质、耐力素质	——	

表5-5 高中一年级校园足球教学基本要求(以40课时为例)

学习目标	学习内容		课时(%)	教学要点
	类别	主要内容		
1. 通过足球养成良好的体育锻炼的习惯。 2. 发展学生对抗中技战术的综合运用能力。 3. 在足球活动中表现出良好的体育道德和合作精神。	技术	对抗中的综合运控球	6(15)	1. 注重培养学生的位置技术。 2. 注重培养学生的团队合作意识。 3. 注重培养学生对抗中技战术的综合运用能力。
		对抗中的综合踢球、接球及射门等	8(20)	
	战术	定位球攻防	2(5)	
		局部攻防	6(15)	
	比赛	小场地或全场比赛	14(35)	
	理论与实践	整体攻防战术、比赛分析	4(10)	
	身体素质	力量素质、耐力素质	—	

2. 教学方法。在校园足球教学过程中,采取阶梯式教学法,依据学生的实际水平

来设置阶梯型的教学训练,教师应注重游戏教学法、趣味教学法和比赛教学法的运用。

3. 课程评价。建立健全基于"健康第一"理念的足球课程评价体系,评价对象包括校长、班主任、体育教师、足球教练和全体学生。

4. 建设足球课堂。在落实每周一节足球课的基础上,大力研究和实践足球自主课堂,创新教与学方式。

一是变革课堂教学组织形式,探索分层次、处方式和俱乐部等教学组织管理方式。

分层次的课堂组织模式,是教师根据身体素质、足球技术等标准将学生分为不同层次,设计不同的教学目标,使全体学生在足球课堂上都能"跳一跳,摘果子",以便树立和强化他们学习足球的信心。

处方式教学模式,同样需要教师通过科学的方法对学生的身体素质和足球技术进行测量,建立电子档案后出训练处方,根据处方安排学生的学习。

俱乐部课堂组织模式,则是拓展体育课堂的容量,将常规足球课与第二活动课堂紧密结合起来,为体优生打造继续学习高难足球技术的环境,也为普通学生欣赏足球艺术提供良好的去处。

二是对学生的学习方式进行变革。在新型模式下,学生的主体地位被肯定和强化。教师在进行课堂教学组织的过程中,更加乐于走进学生之中,更加强调根据学生的实际情况来选择教学方式,更加注重采用多种手段来发挥学生的主观能动性,为学生提供更大的展示空间。其中,优秀学生成为足球课堂教学的"教练员",为其他学生提供示范和指导;学习有困难的学生受到更多的关注,更加积极地参与到学习中来。学生或者是通过互助合作,或者是通过有序竞争,相互激励、一起进步、共同提高。

(四)学校坚持 35 年开展班级、年级和校级足球联赛

班级是学校教育的重要组织形式和教育阵地,班级联赛是校园足球的重要内容和教育阵地,在校园足球竞赛体系处于基石地位。学校有 35 年举办班级足球联赛的历史。35 年来,学校各班有足球队,年级有足球队,学校有足球队。如今,班级联赛不仅有男生联赛,而且还有女生联赛。从班级联赛到年级比赛,再到年级冠军分别参加初中部、高中部决赛,在逐层推进中,吸引了更多的学生参与。同时,围绕赛事学校各个职能部门有效配合,组织形式多样的普及足球知识、展示足球文化的活动,比如制作海

报、评选最佳运动员、进行足球解说、举行足球知识竞赛等。

（五）足球人才培养

建立了高水平运动队选拔、组织、管理、训练和比赛的运行模式,打通了学生良性发展的升学通道;发挥校园足球在培养足球后备人才中的主渠道作用,构建校园足球和职业足球优势互补、与国际接轨的现代足球人才培养体系,源源不断地培养优秀足球后备人才。为中国中学生足球队、职业足球俱乐部以及著名高校输送了大批优秀队员。

学校在普及校园足球的基础上,大力实施建设高水平足球队的发展战略。通过校内班级联赛、招收足球特长生、开办足球实验班等形式选拔优秀足球特长生组建学校足球队。目前,学校足球代表队共有 200 人,按照年龄层次,高中分为两个队,初中分为五个队。

1. 精心规划,刻苦训练。每年年初,学校足球管理中心都会根据各个球队实际情况制定各支队伍全年训练、比赛规划。日常教学中,确保每一个阶段的训练都有所成效。包括寒暑假、节假日,校足球队的训练从来没有停止过。连续多年在春节期间,组织队员赴广西北海足球训练基地进行训练和比赛。

2. 加强师资,重视交流。学校通过校内选拔、引进优秀大学生、聘请校外优秀教练的方式,组建了由 12 人组成的教练团队。其中,有负责球队整体训练、比赛的教练,也有强化球队、队员单项技能的教练。省校足办和市校足办向学校提供了全国青少年校园足球外籍教师的支持项目,学校现聘请一名塞尔维亚籍教练来学校指导足球训练和教学。教练组中拥有亚足联职业级、A 级、B 级各一名,C 级四名,D 级五名。支持教师赴足球发达国家取经学习。2016 年孟帅老师参加 2016 年度中国校园足球教练员赴法留学项目,在法国里昂大学学习三个月理论和实践课程。2017 年,陈斌老师参加 2017 年度中国校园足球教练员赴英留学项目,在英国伯恩茅斯大学学习三个月理论和实践课程。

3. 以赛带练,以赛促练。校足球队实施了"以赛代练、以赛促练"的发展战略,学校全年选择含金量标高的赛事积极参加,在实战中不断与高手过招,接触不同的战术,寻找自身差距,不断提升队员和球队的意志品质和竞技水平。

4. 在足球实验班招生、教学、管理和训练方面形成了一套行之有效的实践策略,

"人品好、学习好、踢球好"的三好学生成为足球实验班学生的成才标准,品学兼优的足球人才源源不断地涌现出来。

面向全省、全市招收足球实验班是河南省教育厅打通校园足球特长生初中、高中、大学的升学通道,为国家培养高品质全面发展的足球人才的一项创新举措,也是对优秀校园足球特色学校重点支持的战略型布局,全省只批准了三所河南省示范性高中具有招生资格。郑州二中从 2017 年开始已经连续三年招收足球实验班,初中部面向全市招生,高中部面向全省招生。

周密安排日程,确保训练质量。七年级实验班上午训练,八、九年级下午训练,两个校区同时使用球场,学校每天安排大巴进行接送。初中一、二队和高中一、二队下午分别在各自球场训练。

全面发展,队员实现"三好"。学校在提升足球训练水平和比赛成绩的同时,注重学生的学业成绩和身心发展。一是成立足球教研组,采取双周教研制度,对教学内容和进度根据训练、比赛情况进行调整。二是合理编排课程表。兼顾学习和训练。三是配备优秀任课教师。四是任课教师随队外出比赛,在比赛之余为学生上课。四是开发足球实验班自主学堂学习平台,学生通过平板电脑进入平台进行自主学习,教师在线为学生进行教学指导。五是保证营养健康。每月召开专题会,由足球教练、营养专家、学校领导、后勤服务负责人等共同研究餐标,学校餐厅专门配餐,确保学生健康成长。六是为住校生提供专门宿舍,配备有洗澡间和烘干洗衣机,尽量为学生训练和生活提供好的条件。

五、 创新点

1. 育人体系创新。构建基于高品质全面育人培养体系下的校园足球生态系统。学校的育人目标是"培养全面而有个性的创新人才",并将这一目标具体化为"健康、博爱、有为"三个维度目标,从而形成了郑州二中学生形象。"健康"是育人目标的基础维度,全面育人首先要培养一个健康的人,包括身体健康和心理健康。学校正是基于上述育人体系而构建了校园足球生态系统,使之成为学校育人体系的重要组成部分,带动了学生和学校全面发展。

2. 育人模式创新。构建足球实验班的育人模式。2017 年经上级批准学校开始分别在初、高中各招收一个足球实验班,分别面向全市和全省招生,经过专业和文化课测试,进入足球实验班的学生均具备较高的足球技能和文化水平。经过三年的探索实践,足球实验班形成了独特的教学体系和教学方法,初、高中足球实验班作为一个教学整体进行统筹规划、整体推进、系统培养,构建了高水平实验班育人新模式。

3. 育人机制创新。建立中学阶段高水平足球运动队和足球特长生的培养机制。一是打通优质初中、高中、大学升学通道,建立优秀足球人才无缝衔接机制;二是建立学科教学与足球训练、比赛相互促进、协调发展的校内协同培养机制;三是建立共享社会资源、共育足球人才的校外协同教育机制。

六、 效果与反思

(一) 应用效果

通过在学校初中部和高中部持续全面应用实践,在实践中不断创新和提升,促进了学校高品质全面育人工作的开展,促进了学生全面而有个性的发展,2019 年学校荣获全国优秀校园足球特色学校(全国仅有 8 所中学获得)。

1. 本成果在校园足球全员普及工作中的应用。一是每周一节足球体育课,学生全员参与;二是开发校本足球课程,供学生系统学习和训练;三是制定并实施各年级学生足球运动技能等级评定标准,用于对学生教学评价;四是大课间和课外活动开展足球活动;五是坚持一年一度的班级、年级和校级足球联赛;六是成立各种形式的足球社团;七是贯穿整个足球生态系统的足球文化的建设。校园足球普及工作在提高学生健康素质的同时也培育了学生的德育素养,提高了学业成绩。近几年学校高考升学成绩大幅提升,跃居同类学校前列。

2. 本成果在校园足球高水平提升工作中的应用。一是做好足球特长生的招生工作,奠定优秀的生源基础;二是组建不同年龄段的学校高水平足球队,进行梯次培养;三是选配高水平教师担任专业教练;四是参与各种形式的高端培训,参加高层次的学习和交流活动;五是开展高强度的体能和技术训练;六是以赛代练,以赛促练,在高水平赛事中不断提升;七是建立优秀教练促进鼓励机制。校园足球高水平提升工作促进了优秀人才脱颖而出,提高了校园足球的质量和水平。

3. 学生身体素质和心理素质全面提升,促进了学生全面发展。学生在校园足球活动中享受乐趣、增强体质、健全人格、锤炼意志,团队意识、规则意识、拼搏精神得到了显著提升,校园足球培养了学生对足球运动的兴趣和对足球精神的认同,培养了一批批阳光自信的青少年。2017 年学校荣获河南省中小学德育工作先进集体。

4. 学校校园足球工作成效显著。学校球队获得 2017 中国足球学校杯男子 U15 比赛冠军,2019 年全国第二届青年运动会男子足球 U15 组冠军、U16 组亚军,高中足球队 2018 年、2019 年连续两年获得目前全国竞技水平最高的中国高中足球锦标赛第四名。2019 年学校三名队员入选中国中学生足球联队。获得 2019 年中国足球学校杯男子甲组 U17 冠军。

(二)应用反思

学校校园足球工作在促进全面育人教育中发挥了重要作用,成为学校育人方式改革的一个切入点和突破口,并且取得了显著的成效。但是从立足国内,放眼世界的格局观来看,我们的校园足球发展水平与国际校园足球水平相比还有很大差距。通过郑州二中连续两届举办国际校园足球邀请赛的情况来看,我们与韩国、俄罗斯高中足球队的竞技水平还有较大距离,球员的作风、团队精神、文明素养等综合素质也有提高的余地。我们培养的学生进入职业球队、考入名牌大学、进入国家中学生球队的人数还不够多。在足球育人和健康第一为宗旨的普及性方面,还有很大的提升空间,特别是在形成足球文化和足球特色方面还需要系统构建和实践积累。

第六节　"四课型渐进式自主学堂"课堂形态

"四课型渐进式自主学堂"课堂形态的构建是郑州二中在郑州市道德课堂建设的进程中,根据学校"培养全面而有个性的创新人才"的育人目标和"自主发展,快乐成长"的办学理念,而进行的课堂教学改革实验,旨在转变教师教学方式和学生学习方式,让学生从被动学习走向主动学习,从浅层学习走向深度学习。主要流程为基础先学课、展示反馈课、点拨思辨课、练习评价课。内在理论依据是建构主义学习论,技术上基于一定的信息技术环境。

本课堂形态于 2013 年、2016 年和 2019 年连续三次被郑州市教育局评审为郑州市道德课堂有效形态。

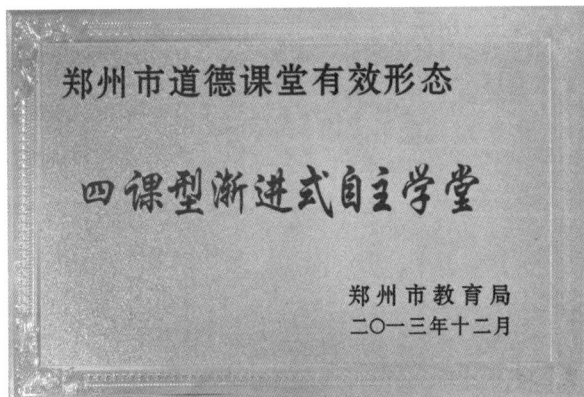

一、 理念提炼

郑州二中"四课型渐进式自主学堂"课堂形态的构建是在郑州市道德课堂建设的进程中,根据学校"培养全面而有个性的创新人才"的育人目标和"自主发展,快乐成长"的办学理念,而进行的课堂教学改革实验,旨在转变教师教学方式和学生学习方式,能够让学生从被动学习走向主动学习,从浅层学习走向深度学习,是郑州市道德课堂建设"从育分走向育人"核心内涵在郑州二中的校本化实施。

"四课型渐进式自主学堂"是郑州二中在信息化创新实验班进行教学转型实验中采用的课堂形态,该课型在实验过程中取得了良好效果,引起社会广泛关注。学校将这种教学模式在全校推广,兼顾到其他班级没有学习支持服务系统和移动终端的情况,我们基于班班通电子白板,形成了具有普遍意义的课型模式。

"四课型渐进式自主学堂"的核心是"自主学堂",体现了学生是主体,课堂即学堂的教学理念。"四课型"即预习先学课、展示反馈课、点拨思辨课、练习评价课,实际上是课堂教学的四个环节,之所以命名为"课型",一方面说明每个环节都是一种可以独立研究和实施的课型;另一方面这些课型的组合,时间分配等是灵活的,而不是像环节一样的规定性。"渐进式"反映了认知的规律性,由陌生到熟悉,由浅入深,由表及里,由具体到抽象。

本课堂形态基于一定的信息技术环境,即班班通电子白板环境,结合纸介质媒介,如果具备学生每人一台移动终端则效果更佳。

本课堂形态的内在理论依据是建构主义学习论,强调学生的参与、体验、经历、感悟。特点是,以郑州市道德课堂形态为基础,以先学、展示、反馈为基本元素,增加点拨思辨课型,将教师的精讲和学生的质疑、将预设目标生成和非预设目标生成打包进入教学设计,从而培养学生的主动学习能力和批判思维能力。

在建构主义理论体系下,我们选择"生成"作为课堂形态的内涵特征,即课堂教学是学生自主学习的过程,这个过程的标志就是学生在已有知识的基础上通过经历、体验、感悟,建构和生成新的知识和能力,而不是教师单向传输地告诉学生知识和能力。

在课堂生成过程中,教师和学生是平等的,学生的生成结论和教师的不一样,教师要和学生平等探讨,不能以教师的结论为正确答案,学生对教师的结论要有质疑环节,形成生生质疑、师生质疑的批判思维氛围,从而培养学生创新精神和批判思维能力。

形神兼备原则。道德课堂的形态固然重要,而"神"更重要,"神"就是以上所说的"建构""生成""批判思维能力""创新"等元素。如果形式大于内容,或者评价只注重形式,就舍本逐末了。因此,在形神不能兼备的情况下,我们宁可"得其意而忘其形"。

二、 理论依据

郑州二中"四课型渐进式自主学堂"课堂形态的内在理论依据是建构主义学习论、"三生"教育理论(即生本、生态、生成理论)、数字化学习理论以及思维可视化理论。

1. 建构主义理论

建构主义认为学生的学习过程是根据已有的知识、经验来认知、建构新的知识、经验,并形成能力的心理结构变化过程。这个过程强调学生的参与、体验、经历、感悟。这种学习论不同于行为主义的学习论,即学习的过程是知识的量的增加和程序的熟悉程度的提高。要充分理解和认同建构主义的学习理论,并以此为指导进行教学设计。

建构主义的知识观:知识不是对现实的纯粹客观的反映,任何一种传载知识的符号系统也不是绝对真实的表征。它只不过是人们对客观世界的一种解释、假设或假说,它不是问题的最终答案,它必将随着人们认识程度的深入而不断地变革、升华和改写,出现新的解释和假设。所以,教学不能把知识作为预先决定了的东西教给学生,不要以我们对知识的理解方式来作为让学生接收的理由,用社会性的权威去压服学生。学生对知识的接收,只能由他自己来建构完成,以他们自己的经验为背景,来分析知识的合理性。在学习过程中,学生不仅理解新知识,而且对新知识进行分析、检验和批判。

建构主义的学习观:当代建构主义者主张,世界是客观存在的,但是对于世界的理解和赋予意义却是由每个人自己决定的。我们是以自己的经验为基础来建构现实,或者至少说是在解释现实,每个人的经验世界是用我们自己的头脑创建的,由于我们的经验以及对经验的信念不同,于是我们对外部世界的理解便也迥异。所以,学习不是由教师把知识简单地传递给学生,而是由学生自己建构知识的过程。学生不是简单被动地接收信息,而是主动地建构知识的意义,这种建构是无法由他人来代替的。

建构主义的教学观:建构主义者强调学习的主动性、社会性和情境性,对学习和教学提出了许多新的见解,主要有:

由于事物的意义并非完全独立于我们而存在,而是源于我们的建构,每个人都以自己的方式理解事物的某些方面,教学要增进学生之间的合作,使学生看到那些与他不同的观点。因此,合作学习受到建构主义者的广泛重视。这些思想是与维果斯基对于社会交往在儿童心理发展中的作用的重视的思想相一致的。学习者以自己的方式建构对于事物的理解,从而不同的人看到的是事物的不同的方面,不存在唯一的标准的理解,通过学习者的合作使理解更加丰富和全面。

教学不能无视学习者的已有知识经验,简单强硬地从外部对学习者实施知识的"填灌",而是应当把学习者原有的知识经验作为新知识的生长点,引导学习者从原有的知识经验中,生长新的知识经验。这一思想与维果斯基的"最近发展区"的思想相一致。教学不是知识的传递,而是知识的处理和转换。

教师不单是知识的呈现者,不是知识权威的象征,而应该重视学生自己对各种现象的理解,倾听他们时下的看法,思考他们这些想法的由来,并以此为据,引导学生丰富或调整自己的解释。教学应在教师指导下以学习者为中心,当然强调学习者的主体作用,也不能忽视教师的主导作用。教师的作用从传统的传递知识的权威转变为学生学习的辅导者,成为学生学习的高级伙伴或合作者。教师是意义建构的帮助者、促进者,而不是知识的提供者和灌输者。学生是学习信息加工的主体,是意义建构的主动者,而不是知识的被动接收者和被灌输的对象。简言之,教师是教学的引导者,监控学习和探索的责任由教师为主转向学生为主,最终要使学生达到独立学习的程度。

2. 生本、生态、生成课堂教学理论

"三生"教育理论,即生本、生态、生成理论,"四课型渐进式自主学堂"从这个角度说也叫"三生课堂"。"生本课堂"强调了以学生为本,以学生为主体的课堂教学观;"生态课堂"主张变革传统的师生关系,师生之间是一种平等、民主、自由、宽容、鼓励和帮助的"伙伴"关系,学生通过与教师的交往和对话而成长,教师通过与学生的对话而充实,从而达到共享知识、共享智慧、共享人生的价值和意义;"生成课堂"是指在弹性预设的前提下,在教学的展开过程中由教师和学生根据不同的教学情境自主构建教学活动的过程。生成,是生长和建构,是根据课堂教学本身的进行状态而产生的动态形成的活动过程,具有丰富性和生成性。"三生课堂"理念体现了以学生为本,以学生自主学习为特征,以学生的终身发展为目的的教学思想。

生本教育是相对于以教师为中心的整套教育观念方式而言的新的教育观念和方式。它强调把学生看作是教育的终端,是教育的最重要资源,学生是获得教育的受体,更是自我教育的重要予体,是教育过程的重要生产力,我们的一切教育行为,最终通过学生自己才能最后完成。

生本教育的理论体系包括"起点非零"的儿童观、"教皈依学"的教学观、"回归符号实践"的课程观、"生命牧者"的教师观、"以儿童美好生活为基础"的德育观、无为的繁荣的生态观、从控制生命走向激扬生命的评价观等。

"生态的课堂"是为师生发展而教,为师生发展而学,以创新的教学方式促进学生养成可持续发展的生活、学习和工作的习惯,培养学生人类可持续发展的责任心,造就张扬的个性、开放的思想、创新的品质。生态课堂强调转变教师角色,变单纯的知识的传授者、学习成果的评判者为学生精神成长的引导者、全面发展的促进者及学生的伙伴;转变教案的设计思路:变以课本知识为本的教案设计为以学生发展为本的学案设计;转变课堂功能:变单纯的传授知识的场所为师生合作交往的场所,学生生命成长的精神家园。

生成性教学认为,教学是一种关系性存在,教师的教与学生的学同时存在,相互依存。在教学中,教师的行为之所以能称其为"教",是因为它引起了学生的反应,促进了学生的学;同样,学生的行为之所以能称其为"学",是由于经教师的引导展开了对未知之旅的探索。教学的根本在于使学生获得主动生长发展的能力,同时也是教师自身获得不断学习和生长的过程。"教学相长"就是对教师和学生的教学互存,师生通过教学而成就自身的最好表述。把教学看做是一种师生以教材知识为抓手的关系性交流,经由教学,教师和学生能够不断生成、发展和完善自身。

3. 数字化学习理论

"信息技术与课程融合"是我国面向 21 世纪基础教育教学改革的新视点,是与传统的学科教学有着密切联系和继承性,又具有一定相对独立性特点的新型教学类型,对它的研究与实施将对发展学生主体性、创造性和培养学生创新精神和实践能力具有重要意义。

4. 思维可视化理论

思维可视化(Thinking visualization)是指运用一系列图示技术把本来不可视的思维(思考方法和思考路径)呈现出来,使其清晰可见的过程。被可视化的"思维"更有利于理解和记忆,因此可以有效提高信息加工及信息传递的效能。

三、 课堂流程

(一) 基本学习流程

包括 4 种课型、10 个环节。

基础先学课:1.发送资源:教师前一天通过学生学习支持服务系统或公共邮箱

向每个学生发送资源包,包括微视频、导学案、课件、测试题及有关学习资源——2.基础先学:学生参考资源包,依据课本进行预习先学——3.完成任务:基于任务的学习。

展示反馈课:4.展示反馈:学生通过平板电脑或其他媒介展示反馈学习成果,或教师通过学生学习支持服务系统进行前测,通过测试展示学习成果——5.互动分享:学生在展示反馈过程中互动交流学习,发表不同意见。

点拨思辨课:6.精讲点拨:教师根据展示反馈情况,在互动交流基础上对重难点内容由学生或教师进行精讲点拨——7.质疑思辨:学生的动态生成结果与教师的预设生成不一致的时候,主动质疑思辨——8.总结归纳:教师在学生充分质疑交流的基础上进行归纳总结。

练习评价课:9.练习评价:通过学习平台或测试系统进行评价测试,系统自动统计测试成绩并进行分析——10.综合讲评:根据测试结果由学生或教师进行综合讲评,包括知识的认知和思维能力的培养。

(二)课型内容及学习方式

第一课型基础先学课:

1. 学习内容:掌握基础部分、理解重难点部分。

2. 教师推送:(1)资源包形式:视频、音频、文本、PPT;(2)资源包内容:第一层级:学习目标、学习方法、情境创设;第二层级:基础内容;第三层级:重难点内容;第四层级:展示反馈;第五层级:练习评价。

3. 教学形式:(1)学生自学第一、二、三层级;个体自主学习;小组合作学习、讨论;(2)教师观察指导。

第二课型展示反馈课:

1. 学习内容:就第一课型内容交流、分享、提升。

2. 展示分享:(1)形式:个体自荐展示;小组代表展示;教师指名展示;教师提问展示;(2)内容:第一课型学习方式展示;第一课型目标达成情况展示;第一课型疑难困惑展示。

3. 全面反馈:(1)通过导学案反馈测试题,全面反馈——立即统计反馈结果;

(2)通过学习平台以客观题形式迅速反馈——立即统计反馈结果。

第三课型点拨思辨课：

1. 学习内容：突破重难点内容；批判思维能力的培养。

2. 学习形式：(1)依据：第二课型生成的数据；第二课型疑难问题汇总、归类；教师经验观察；本课知识体系内在规律；(2)形式：教师主导下的学生讲解；讲解后的学生质疑、新见解；教师点拨小结；学生质疑，学生新见解；教师小结。

第四课型练习评价课：

1. 学习内容：(1)形成性评价：知识生成阶段评价，不宜过早与中高招联系；过程性评价，为下节学习提供依据；(2)全面评价：就本节内容来说是全面的评价，就参与的学生来说是全部参与。

2. 推送形式：(1)通过学习平台发送给所有学生；(2)通过多媒体推送至交互式白板；(3)通过第一课型教师推送环节中导学案(纸介质)部分的第五层级练习评价；(4)通过纸介质测试题评价。

3. 学习形式：学生现场答卷，在下课前提交给教师；在下课前通过小组互评的形式统计评价结果提交给教师。

（三）"四课型渐进式自主学堂"与五星教学法

戴维·梅里尔(David Merrill)博士于 2002 年发表的《首要教学原理》和《波纹环状教学开发模式》两篇论文，正式宣示了五星教学原理研究的启动。戴维·梅里尔博士是当代著名教育技术与教学设计理论家、教育心理学家，是国际教学设计领域最受尊敬的学者之一，他提出的"五星教学原理"是近年来一直倡导的新教学理论，受多数教育家们的推崇，用以改进在线教学、多媒体教学或者 E-learning 学习中只重视信息呈现、忽略有效教学特征的弊端。该原理包括了梅里尔教授研究的大部分教学设计理论，以促进更有效、高效或积极的学习为宗旨，被多数研究者支持，普遍适用于学习系统或教学体系中。

五星教学原理可以简单地概括为"一个中心、四个阶段"，其核心思想是以问题或者任务为中心，聚焦解决问题，教学过程是由"激活旧知""示证新知""尝试应用"和"融会贯通"四个阶段构成的循环圈。梅里尔教授指出，最有效的学习结果或学习环境是以任务为中心,它处于四个明显的学习阶段中,即激活原有经验,演示知识技能,应用知识技能,将知识技能整合到实际生活中。整个模式不仅关注教学过程,同时更关注学习过程,不仅有表层的循环圈,也有由"结构—指导—辅导—反思"构成的更深层的循环圈。

在五星教学法的指导下,我们构建了四课型教学设计,实际上是课堂教学的四个环节,每一个环节的内容、时间由教师根据实际情况灵活确定。

下面从梅里尔的聚焦问题、激活旧知、示证新知、尝试应用和融会贯通五大原理方面来阐述四课型渐进式自主学堂的教学流程。

1. 聚焦问题

聚焦问题是五星教学原理的核心思想,梅里尔认为当学习者参与到解决现实生活问题中,及早向学习者交代在完成某一学习活动后能够做什么或学会解决一些什么问题时,才能够促进学习;当学习者介入一个完整的问题或者任务时,并且经历循序渐进逐渐加深的问题解决过程,才能够促进学习。

四课型渐进式自主学堂集中体现了学生是主体,课堂学习是学生自主学习的过程的理念。学生需要参与到整个教学过程,由教师提出任务或者问题,学生通过自主学习、小组合作、讨论、分享交流等方式学习新的内容,在基础先学、展示反馈、点拨思辨、练习评价四个教学过程后,学生掌握了解决问题的方法,并获得了新知。这种"渐进式"的学堂反映了认知的规律性,由陌生到熟悉、由浅入深、由表及里、由具体到抽象,学生在已有知识的基础上通过了经历、体验、感悟、建构和生产新的知识和能力。整个教学过程在聚焦问题的思想下指导完成,体现了循序渐进,逐渐加深的问题解决过程,有效地促进了学习。

2. 激活旧知

在此过程中,五星教学原理认为当引导学习者回忆、联系、说明和应用相关的旧知识以作为学习新知识的基础,及向学习者提供相关的经验以作为学习新知识的基础时,才能促进学习。

基础先学课是四课型的第一教学阶段。在此环节中,教师前一天通过学生学习支持服务系统向每个学生发送资源包,包括导学案、课件、测试题及有关学习资源,学生参考资源包,依据课本进行预习自学。学生利用各种资源,激活旧知,在已有的知识框架基础上学习基础性的内容,对自己的知识架构再次重塑。

3. 示证新知

在示证新知阶段,教师需向学习者示证新知而不仅仅是告知新知,向学习者示证新知时要做到与学习目标的要求相一致,引导学习者关注相关的信息,及向学习者展示多种表征,并对不同的表征做出明确比较,同时让媒体对教学起到了恰当的作用,这样才能促进学习。

在四课型中与示证新知相呼应的阶段是展示反馈课,学生通过移动学习终端或其他媒介向教师与同伴们展示反馈在第一阶段的基础先学课中的学习成果,或通过学校自主研发的学生学习支持服务系统进行前测,通过测试展示学习成果。

4. 尝试应用

尝试应用中要求学习者在解决问题时运用新知识,且解决问题的活动与学习目标的要求相一致,教师们要引导学习者如何检查和改正错误,通过适当地辅导并且从扶到放指导学习者解决问题,才能促进学习。

四课型教学设计中第三阶段的点拨思辨课是对重难点内容的突破及创新能力与批判思维的培养。对重难点内容由学生或教师进行点拨,在学生充分质疑交流的基础上进行归纳总结。

5. 融会贯通

五星教学原理认为融会贯通就是要让学习者展示自己的新知识技能;让学习者反思、探讨和论证自己的新知识技能;让学习者创造、发明和探索新的个性化的新知识技能应用方式,这样才能促进学习。

四课型渐进式自主学堂的第四阶段为练习评价课。在前三个阶段的基础上,学生已经对自己已有的知识框架进行重新组合,并形成了自己特有的认识,现需要向老师同伴们展示自己的新技能及自己独特性的应用。本阶段中学生通过学习平台进行练习评价课,由学生学习支持服务系统自动统计测试成绩并进行分析,之后由学生或教师进行讲评。在评价的基础上,让学生去反思、去探讨、去改进。

在五星教学原理的指导下,四课型渐进式自主学堂充分利用了技术带来的便利,做到了"重技术"的同时,也对教学资源进行了系统的整合,发挥了学生的自主性。随着技术的发展,利用各种移动设备与学习支持系统进行自主学习,已是教学改革的方向,基于五星教学原理的四课型渐进式自主学堂会在以后的课堂中不断深入与发展,为后续的研究与实践提供借鉴。

四课型渐进式自主学堂围绕一个教学任务,进行基础先学、展示反馈、点拨思辨、练习评价四个阶段的教与学活动,来培养学生的创新精神与批判思维。学生课前先学已成为学习流程的一部分,并且成为学习习惯;学生学习的内容和深度由学生自主选择,学生为达到学习目标,可以广泛使用软件工具和网络资源,自主开展深度学习和拓展性学习。同时,在移动学习终端、泛在网络环境和学习系统支持下,学生可以随时、随地地自主学习,实现了课堂学习与课外学习、实体课堂与虚拟课堂的有效结合。教师可以利用学习支持系统和学习效果评价分析系统,即时了解学生知识点的掌握情况,由教师实施一对一的个性化辅导和重难点问题针对性指导,有效提高了学习效率和教学效果。

(四)思维可视化的应用

在"四课型渐进式自主学堂"实施过程中,为培养学生的思维能力,提高学习效率,我们引入了华东师范大学现代教育技术研究所思维可视化教学实验中心刘濯源主任的思维可视化教学应用项目,作为自主学堂教学形态的一个组成部分,在日常教学中普遍使用。教师和学生通过运用思维可视化的图示工具、绘制思维导图的软件在教与学过程中绘制思维导图,梳理知识结构和学习成果。

1. 主要用途

展示教学内容,呈现知识结构;体现思维过程,解释理论体系;设计教学过程,实现知识建构;个人学习管理,小组头脑风暴。

2. 实践意义

培养学生的学习兴趣;培养学生学习方法及自学能力;帮助学生构建知识网络;有利于开展思维训练。

3. 思维可视化的教学应用

(1)阅读自学,课前预习。用思维导图预习法,学会抓关键词、要点,并画出一张导图。

(2)合作讨论,头脑风暴。将某一个知识点或现象进行集中与发散思考,发挥每个组员的主观能动性。

（3）周、月、学期科目知识点归纳、总结。

（4）解题模块化,作文写作。

4. 使用思维导图的三个原则

（1）必须让学生去画;（2）必须给学生展示及改进的机会;（3）必须使导图与学科内容深度融合。

四、 策略构建

1. 学校高度重视

学校站在做有未来的教育、从育分走向育人的高度来推进道德课堂建设,从落实学校育人目标"培养全面而有个性的创新人才"的视角来规划和实施道德课堂建设,把"四课型渐进式自主学堂"的课堂形态作为学校实现教与学转型,推进课堂教学变革的有力抓手,从顶层设计到宣传动员,从活动开展到评价考核,从创新班试点到全面推广,都显示出学校层面实施道德课堂建设的决心以及"严"和"实"的工作态度。

2. 建立制度机制

（1）将实施道德课堂有效形态的工作纳入到学校价值追求体系中规划安排。郑州二中"自主发展,快乐成长"的办学理念以学生的发展和成长为最终价值追求,以"自主"为成长和发展的主要途径,以"快乐"为学生发展和成长的生存状态,这种办学理念实际上是一种培养学生核心素养的教育思想的校本化呈现方式,体现了"立德树人"的基本思想,以及高度的社会责任感和使命感,是"从育分走向育人"的具体实践。"四课型渐进式自主学堂"的课堂形态是"自主发展"理念在课程实施过程中的具体体现。

（2）建立道德课堂有效形态的配套评价标准。根据学校的教育理念,综合课堂教学的各种要素,制定了便于操作的《郑州二中道德课堂评价标准》,作为听评课的评价依据。

（3）将实施道德课堂有效形态的工作作为教学工作的常态。学校在教师备课本、听课记录上面都印制了"四课型渐进式自主学堂"简介和操作流程;学校领导和教研组、备课组听评课,各种优质课、展示课、公开课等的评价都要参考"四课型渐进式自主学堂"的有效形态的应用情况;坚持开展基于"四课型渐进式自主学堂"有效形态的优秀教学设计汇编工作。

(4) 将实施道德课堂有效形态的工作与学科建设、基于标准的教学、国家课程校本化实施工作整体推进。"四课型渐进式自主学堂"有效形态的实施工作不是一个孤立的事件,它是学校学科建设、基于课程标准的教学、国家课程校本化实施等系统化建设工程的一个组成部分,一个标志性项目。

(5) 将实施道德课堂有效形态的工作纳入教师、备课组、教研组考核评价。学校对教师和教研组、备课组都实施了发展性评价,基本途径是开展基于教研组的学科建设,基本做法是制定并实施教研组和教师个人三年发展规划,实施道德课堂有效形态的工作是评价的一项内容。

(6) 在实施的过程中,对相关的一些要素进行了优化。在基础先学这个课型中,我们做了两个优化。一是推送的资源包进行了文件分类的优化。二是教学微视频作为资源包内的重要内容,学校加强了微视频资源建设,一方面学校内部各学科教师按照知识点力争将其全部制作成微视频,另一方面积极开发学生自助微视频录播系统,再有就是积极引进外部优秀微视频,比如华东师大慕课联盟微视频等。这样就充实了基础先学课的资源内容,提高了基础先学的质量。

在展示反馈和练习评价两个课型中,也有一些优化。郑州市教育局于2016年秋季为郑州二中各班安装了基于交互式白板的答题系统,这个系统安装在教学机中,教师在白板上展示测试题,学生用答题器输入答案,提交后系统会自动统计得分及数据分析。这个系统与郑州二中创新班使用的测试系统功能一样,很好地弥补了非创新班由于没有测试系统,造成不能进行数字化的全面展示反馈和练习评价,只能进行纸质测试的缺陷,提高了展示反馈和练习评价的效果。

点拨思辨课是教师充分发挥主导作用,突破重难点,达成教学目标的关键课型,也是学生自主学习过程中最需要得到的生成性教学资源,我们从资源建设和学生自主学习两个角度出发,开发了学生自助微课录播系统,学生可以借助平板电脑或手机在课堂上随时自主录制教师上课视频,作为资源上传至学校资源中心,随时调取观看。

3. 开展各种活动

（1）培训活动

围绕实施"四课型渐进式自主学堂"有效形态,学校开展了多种形式的培训活动。一是有关建构主义理论、教育信息化理论、道德课堂理论的教育理论培训。二是关于课堂教学流程的培训。三是关于教育技术应用的培训。从形式上说,有教师全员培训,有新教师培训,还有创新班教师的深度培训。

（2）交流活动

在全校范围内开展多种形式的交流分享活动。主要内容是经验交流和主题研讨。每周一、三是教研组活动时间,在教研组内进行关于道德课堂有效形态的交流分享和主题研讨是常规内容。每两周一次的创新班教师教研会的一项重要内容就是交流分享。在学校层面每学期举行一次全体教师参加的,以备课组为单位交流的道德课堂推进会。每学期学校编印一本《郑州二中"四课型渐进式自主学堂"有效形态优秀教学设计汇编》,一本《郑州二中道德课堂推进会交流汇报汇编》。

（3）优质课大赛

学校每学年举行一次以"四课型渐进式自主学堂"有效形态为主要内容的校级优质课大赛,以备课组为单位进行初赛,推荐参加学校复赛,复赛期间组织全校教师听评课,组织评委会评出一、二、三等奖,颁发证书,保存课例资源。

（4）观摩课

学校每学年举行一次以"四课型渐进式自主学堂"有效形态为主要内容的观摩课活动,每个教研组推选一名教师代表本组上观摩课,组织全校教师听评课。

（5）青年教师汇报课

青年教师汇报课主要在教研组内组织开展,近两年参加工作的教师每学期至少上一次以"四课型渐进式自主学堂"有效形态为主要内容的汇报课。

五、 课堂评价

为保证道德课堂教学顺利实施,学校制定了道德课堂评价标准。

表5-6　郑州二中道德课堂评价标准

评价项目	评价内容	评　价　标　准
教学内容 （20分）	学习目标（5分）	A级：有明确的学习目标，切合新课标，切合学生实际，科学性强。（5分） B级：有明确的学习目标，但是不够切合新课标或学生实际，或科学性不够强。（3—4分） C级：没有明确的学习目标，或者没有展示目标。（0—2分）
	教学重点（10分）	A级：知识内容准确系统，重点突出，层次清晰。（7—10分） B级：知识内容比较准确，重点较突出，层次比较清晰。（4—6分） C级：知识内容不够准确，重点不够突出，层次不够清晰。（1—3分）
	教学深度和密度（5分）	A级：教学容量适中，有一定的深度和广度，符合学生知识现状和接受能力。（4—5分） B级：教学容量大体适中，大多数学生能基本掌握和理解教材内容，效果较好，但缺乏一定的深度和广度，细节上有点小问题。（3分） C级：教学容量不够适中，过深、过密，或者过浅、过疏。（0—2分）
教学方法 （40分）	课堂教学组织结构模式（16分）	A级：现代启发式。学生自主学习，注重学生主动参与学习的有效度、小组合作学习的实效性，体现学生自主发展、差异发展等教学策略。教师针对不同的课程采用适宜的教学方法，抓住重点、难点精讲，师生之间互相质疑问难，小组合作，交互讨论，探讨真理。教师的主要精力放在发展智力、培养能力上。课堂教学活而不空，实而不死。学生学会知识，会学知识。学生主动参与教学活动，学生可通过上讲台讲解等方式，说明自己对课堂教学内容理解、认识的程度。（14—16分） B级：普通启发式。学生预习，学习兴趣较浓，大胆举手，大胆发言，主动发问，师生间能质疑问难。教师在学生的智能发展上下功夫，课堂教学基本上是活而实。（11—13分） C级：初级启发式。教师讲问问，逐步引导启发，学生有点兴趣，有点主动性。教师发问，直接性的问题多，学生举手，照课本中现存的答案回答，遇到思考性的问题就不够大胆，不能畅所欲言，教师有时包办代替，害怕活而乱，往往实而死。（8—10分） D级：填鸭注入式。教师讲学生听，教师说学生记，教师演学生看，教师写学生抄，以教代学，以讲代练，教师张口就灌，伸手就填。有时提问学生也是为教服务。教师积极性高，学生主动性差，学生求知欲受到抑制，学习缺乏兴趣。教师提问，学生被叫起来回答，表达能力很差，怕羞，勉强举手，寥寥无几。（0—7分）
	课堂教学信息反馈方式（8分）	A级：信息反馈是多向的，学生间发生"平行影响"，小组合作交流，学习主动、积极，课堂成学堂。（7—8分） B级：信息反馈是双向的，师生"平等"，学生有较多的主动性。（5—6分） C级：信息反馈是双向的，但侧重于教师的引导，学生有些主动权。（3—4分） D级：信息反馈是单向的，教师独占课堂，学生学习被动，课堂只是讲堂。（0—2分）

评价项目	评价内容	评　价　标　准
教学基本功(31分)	课堂教学气氛活跃程度(6分)	A级：学生大胆发言,小组互相讨论,语言交锋,求知欲望盛,当堂解决问题效率很高。(5—6分) B级：课堂气氛活跃,学生大胆发言,求知欲望盛,当堂解决问题效率较高。(3—4分) C级：课堂气氛较活跃,学生活动有一定的比例。通过"练"能当堂解决问题。但学生的探索精神,发现问题能力较差。(1—2分) D级：课堂气氛沉闷,不少学生神情呆板,注意力分散,思想僵化,是一种静听的课堂。学生等着"喂"而不进行积极思维,完全依赖教师。(0分)
	课堂教学电教媒体教具实验选用(10分)	A级：能够根据教学需要,正确选择电教媒体、教具和实验,符合媒体、教具和实验选择原则。(8—10分) B级：能够根据教学需要,选择电教媒体、教具和实验,基本符合媒体、教具和实验选择原则。(5—7分) C级：能够选择电教媒体、教具和实验,但使用的比较勉强。(3—4分) D级：在教学过程应该使用电教媒体、教具和实验的地方,而没有使用。(1—2分)
	教师语言的准确与流畅(6分)	A级：普通话准确、流畅,语言准确、精练、动听,逻辑性强,有感染力。(5—6分) B级：普通话较好,语言较准确,也还动听,没有病句。有方言土语,但语言流畅、准确、精练,逻辑性强,有感染力。(3—4分) C级：未说普通话,语言不够精练,没有感染力。(1—2分) D级：方言土语严重,语言拖泥带水,缺乏逻辑性,有些语病。(0分)
	教师板书的书写与设计(6分)	A级：板书精心设计,布局科学合理,书写工整流畅。板书能科学地用媒体代替。(5—6分) B级：板书精心设计,布局比较合理,书写工整但不流畅,或者书写流畅但不工整。(3—4分) C级：板书书写工整流畅,但随意,没有布局。(1—2分) D级：板书随意,没有布局,书写零乱。(0分)
	教师的仪容仪表与教态(6分)	A级：教师仪表端庄,神态自然,优雅亲切,能用动人的体态吸引学生,抓住学生的注意力。(5—6分) B级：教师仪表比较端庄,教态比较自然,能用体态吸引学生,抓住学生的注意力。(3—4分) C级：教师仪表和教态一般,不能用体态吸引和抓住学生的注意力。(1—2分) D级：教师仪表和教态较差,不能用体态吸引学生和抓住学生的注意力。(0分)
	教师的情感与态度(6分)	A级：关注学生的课堂感受,关注学生的人格尊严,教师以对学生的良好情感引发学生的情感反应,学生学习愉快、轻松、有序、和谐。(5—6分) B级：关注学生的课堂感受,关注学生的人格尊严,教师以对学生的良好情感引发学生的情感反应,学生学习比较愉快、轻松、有序、和谐。(3—4分)

评价项目	评价内容	评 价 标 准
教学效果 （16分）	学生回答课堂提问和随堂练习情况 （10分）	A级：学生积极主动,乐于动脑、动口、动手,乐于争论、讨论、辩论,思维积极,发言踊跃,学习兴趣浓,信心足,感受到成功的快乐。思考、分析和解决问题能力增强。学生回答课堂提问和随堂练习的正确率在80%—90%（根据班级不同程度而定,以下同）以上。（8—10分） B级：学生双基比较扎实、自学能力、积极思考,分析和解决问题能力有一定增强。学生回答课堂提问和随堂练习的正确率在70%—75%以上。（5—7分） C级：学生双基一般、能思考、分析和解决一些基本问题。学生回答课堂提问和随堂练习的正确率在60%以上。（3—5分） D级：学生双基不够扎实,缺乏自学能力,思考、分析和解决问题能力没有进展。学生回答课堂提问和随堂练习的正确率在60%以下。（0—2分）
	电教媒体教具实验的使用与效果 （6分）	A级：电教媒体、教具和实验选用恰当,操作准确、熟练、规范,视听效果和实验效果好。（5—6分） B级：电教媒体、教具和实验选用比较恰当,操作比较熟练,视听效果和实验效果较好。（3—4分） C级：电教媒体、教具和实验选用比较恰当,操作比较熟练,但操作和效果还存在一点问题,效果一般。（1—2分） D级：电教媒体、教具和实验选用和操作存在明显的错误,没有达到预期的教学目的。（0—2分）

这个课堂评价标准充分体现了新课改和道德课堂的教学理念,注重基于标准的教学,注重从单向型教学向多向性教学转变,从记忆型教学向思维型教学转变,从应试型教学向素养型教学转变,有效发挥评价的导向作用,在各种听课、评课中均采用以上课堂评价标准,在教师教案本和听课记录上均印有道德课堂评价标准。

六、 价值创新

课堂变革既是一种价值追求,又是一种文化建设。课堂变革是学校教育变革的主阵地,直接反映了学校教育的价值追求和文化取向。课堂变革的逻辑起点是摒弃功利,回归本源。摒弃功利就是摒弃以应试教育为标志的功利行为,回归本源就是回归到培育人的最原始、最基本的创造属性上来。

郑州二中课堂变革的价值取向直指学生的长远发展和终身发展,直指创新人才培养,在这个过程中彰显了学校"自主发展,快乐成长"的文化取向。

学校是一个学习的地方,学生的主要任务就是学习,支撑学生终身发展和创新人才形成的核心要素是持续的学习力。学习力由三个要素组成,分别是学习的动力、学习的毅力和学习的能力。学习的动力体现了学习的目标;学习的毅力反映了学习者的意志;学习的能力则来源于学习者掌握的知识及其在实践中的应用。学习力包括收集、筛选、处理、整合信息的能力,自学力、阅读力、记忆力、迁移力、想象力、思考力、分析力、评价力、应用力、判断力、质疑力和创造力等能力。中学阶段教育的主要任务其实就是培养和发展学生的学习力、创造力。

在传统的师生关系中,重视的是教育的控制功能。长期以来,社会期待教师在处理师生关系时,把家庭中的父子关系作为参照框架(所谓"师徒如父子"),师生关系似乎更倾向于被异化为"人——物"关系,学生面对教师时所充当的更多的是趋于物的角色,缺少主体意识和独立思考意识。20世纪80年代末以来,素质教育在我国逐渐兴起,培养学生的主体性是全面推进素质教育的重要内容。首先被提出的是怎样真正地激活学生的学习热情,引导他们把人类社会的知识财富转化为学生个体的知识,把凝聚于知识中的智力活动方式转化为学生个体的智力素质,把蕴含于知识中的思想观念、道德规范转化为学生个体的思想和行为,切实提高学生素质。

在培养学生学习力、创造力的过程中,要遵循学生学习规律、成长规律,将"自主发展,快乐成长"作为一种理念、一种文化来实施和建设。郑州二中"自主发展,快乐成长"的办学理念以学生的发展和成长为最终价值追求,以"自主"为成长和发展的主要途径,以"快乐"为学生发展和成长的生存状态,这种办学理念实际上是一种培养学生核心素养的教育思想的校本化呈现方式,体现了"立德树人"的基本思想,以及高度的社会责任感和使命感,是"从育分走向育人"的具体实践。"自主发展,快乐成长"的办学理念尊重体现的是教育的人文精神,引领体现的是教育的科学精神、快乐理念和发展目标的统一。

"四课型渐进式自主学堂"课堂形态很好地体现了上述价值追求和文化取向。学生在学习的过程中由教师的教为主到学生的学为主,由被动接受到主动学习,由单一的学习方式到混合式学习方式,由单向思维到批判性思维,由预设生成到动态生成;课堂氛围民主化、生本化,增进了师生交互、生生交互,特别是引入了信息化教学方式,开阔了学生视野,增加了学习资源,促进了学生的个性化学习;提高了学习效率,提升了学习质量,发展了学生的创造性思维。

参考文献

［1］郝显军.实施"全人教育"促进学生全面发展[J].中国民族教育,2013(06)：20‑21.

［2］童宏保,高涵,谈丰铭.从"全人教育"到"人的全面发展"辨析[J].中小学德育,2018(12)：8‑13.

［3］范德伟.论学校德育教育的渗透及创新[J].速读(下旬),2016(05).

［4］李英.在教学中渗透德育教育[J].考试与评价,2018(06).

第六章

开放办学：完善学校
内部治理结构

　　党的十八届三中全会明确提出，全面深化改革的总目标是完善和发展中国特色社会主义制度，推进国家治理体系和治理能力现代化。包含在国家治理体系组成部分之中的学校治理体系，就是在党的领导下，管理学校的制度体系。而治理能力，则是指运用制度管理学校各方面工作的能力。治理体系是制度建设，治理能力是制度执行，二者密切相关，相辅相成。推进教育治理体系和治理能力的现代化，必须立足学校这个基础，建立工作机制促进学校的健康发展，最有效地激发学校内在活力。要实行现代学校制度，形成自我约束、自我规范的内部管理体制和监督制约机制；要从人治走向法治，从集权走向分权，从自治走向共治，通过完善学校内部治理结构，最大限度地解放教育生产力，激发学校内在活力。

　　开放办学是郑州市第二中学的核心办学理念，也是学校完善内部治理结构，提升学校治理体系和治理能力现代化的实践路径，在普通高中育人方式改革实践中，构建学校内部开放式治理体系，提升开放式治理能力，推进学校教育现代化发展发挥了重要作用。

第一节　开放办学的理论体系构建

一、问题提出

　　经过充分调研论证，学校确立了以培养全面而有个性的创新人才为育人目标，以开放办学为统领，以信息化、国际化、自主化为行动支撑的办学思路和顶层设计。

　　实施以开放办学为统领的办学理念主要基于以下三点认识：

（一）培养人的全面和谐发展的教育哲学与目前的"主智主义""应试主义"盛行之间的矛盾冲突呼唤着开放办学理念的回归

　　培养人的全面和谐发展是教育责无旁贷的责任。无论是西方的主流教育价值观，还是马克思主义关于人的"自由全面发展"的理论，还是我国建国以来始终坚持的"德智体美全面发展"教育方针,都把人的全面、自由、和谐发展作为学校教育的根本目标和价值追求。然而我国目前的学校教育在相当多的地方,在很大的程度上仍然是"主智主义""应试主义"盛行,学校教育在某种程度上限制了学生的自发性、好奇心与创造力的发展,压抑了学生学习的兴趣,贬抑了学生的人格、自尊与价值,以至于许多孩子视上学为畏途,视学校如牢笼,谈考试而色变。

教育究竟出现了什么问题? 目前问题主要集中在重智育而轻德育、体育、美育,教育功利化,忽视思维和创新实践能力培养等。教育怎样才能变得有吸引力,怎样才能回归到教育的本质属性上来? 实施开放办学的理念和治理方式是一种创新选择。

(二) 从我国基础教育的发展方向和发展趋势来看,开放办学是基础教育阶段学校着眼学生全面发展、个性发展办学方向的必然选择

2010 年 7 月 29 日备受关注的《国家中长期教育改革和发展规划纲要(2010—2020年)》正式全文发布。这是中国进入 21 世纪之后的第一个教育规划,是今后一个时期指导全国教育改革和发展的纲领性文件。文件指出:

"要以学生为主体,以教师为主导,充分发挥学生的主动性,把促进学生健康成长作为学校一切工作的出发点和落脚点。关心每个学生,促进每个学生主动地、生动活泼地发展,尊重教育规律和学生身心发展规律,为每个学生提供适合的教育。努力培养造就数以亿计的高素质劳动者、数以千万计的专门人才和一大批拔尖创新人才。"

"健全充满活力的教育体制。进一步解放思想,更新观念,深化改革,提高教育开放水平,全面形成与社会主义市场经济体制和全面建设小康社会目标相适应的充满活力、富有效率、更加开放、有利于科学发展的教育体制机制,办出具有中国特色、世界水平的现代教育。"

"坚持全面发展。全面加强和改进德育、智育、体育、美育。坚持文化知识学习与思想品德修养的统一、理论学习与社会实践的统一、全面发展与个性发展的统一。"

"高中阶段教育是学生个性形成、自主发展的关键时期,对提高国民素质和培养创新人才具有特殊意义。注重培养学生自主学习、自强自立和适应社会的能力,克服应试教育倾向。"

"促进办学体制多样化，扩大优质资源。推进培养模式多样化，满足不同潜质学生的发展需要。探索发现和培养创新人才的途径。鼓励普通高中办出特色。"

"注重知行统一。坚持教育教学与生产劳动、社会实践相结合。开发实践课程和活动课程，增强学生科学实验、生产实习和技能实训的成效。充分利用社会教育资源，开展各种课外及校外活动。加强中小学校外活动场所建设。加强学生社团组织指导，鼓励学生积极参与志愿服务和公益事业。"

规划纲要明确指出了学校教育的最终目的是促进学生全面而有个性的发展，明确指出了要扩大教育开放，提高教育的开放水平，要建立现代学校制度，这些都为郑州二中开放办学理念的实施指明了方向。

二、 开放办学的概念界定

通常对"内涵"的解释是："内涵是指一个概念所反映的事物的本质属性的总和，也就是概念的内容。"那么，"开放办学"的内涵是什么呢？

梳理国内外相关研究成果，我们发现近年来多数的研究集中在"开放大学"领域和层面。关于对中小学阶段开放办学内涵的研究中有关观点梳理如下：

莫利生（G. S. Morriison）从学习者参与的态度、学习选择权及学习方式三个方面阐释了开放办学：第一，开放办学是一种"鼓励儿童主动参与自己的学习活动"的态度。在开放办学的环境中，教师鼓励学生主动参与学习活动，允许学生自主选择学习的内容与学习方式。无论学校或社区环境状况如何，均可以实施开放办学。第二，开放办学是一种"儿童拥有相当的自由"的教育方式。利用开放办学模式进行教育，学生拥有相当的自由，可以突破成人权威及抽象规则的限制。但是这并不是说学生可以随心所欲地做任何自己想做的事情，学校对基本的读、写、算仍然相当重视。学生在共同协商的行为指引范围内，可以自由地进行交谈，参与自己感兴趣的活动。第三，开放办学是"以儿童为中心"的学习方式，在开放办学的教学活动中，教师并不是教学的垄断角色，而是鼓励学生成为主动参与的学习主体，不断地提高学生对学习活动的组织、决定及计划的能力。

肯恩（R. C. King）认为，"开放教育是儿童中心、教师中心及教材活动中心兼具的,学习的目标、教材以及活动内容是师生共同商议决定的"。

人文主义教育家史英认为,"开放教育,一言以蔽之,就是人为的限制'较少'的教育;人为的限制愈少,教育就愈开放"。

还有一些学者对开放办学也做出了界定,列举如下:

黄世孟:鼓励学童树立热衷自己学习的态度。开放教室中的学生自由但不放任,以学生为学习中心,教师只是适时地介入辅导;由此理念衍生出各种学习方法及课程规划,朝向时间的开放、空间的开放、学习内容的开放,以及学习方式的开放发展。

邓运林:开放教育的真谛在于让学生有自我决定机会及对自我的决定负责任,这与培养独立自主的人格有密切的关系。它具有几个特性:一是反对知识膨胀的教学,二是反对权威性的教育。

黄政杰:开放教育哲学都是以学生为中心的,强调人本、自由、开放、多元和个性,重视课程之连贯与统整性,教育的适切化,促进学生的全面而充分的发展。

陈伯璋、卢美贵:"开放教育"一词,若就其字面意义而言,意味着开放的课程与教材、开放的学习方式、开放的学习空间、开放的辅导制度、开放的人际关系——一般所谓的开放教育,是指上述概念的某一部分、数部分或全部。

加藤幸次:开放教育在日本的实践过程中,其实就是一种个别化的教育;也可认为,是在为将成为21世纪国民的现今儿童,提供一种较为适切的教育方式的一种学校教育的改革。

平野朝久:开放教育可说是脱离固有观念,重视每一位自动自发的学生,并以尊重之心为出发点来支持他们学习的教育。

郑州二中所实行的"开放办学"的内涵不同于国内现阶段以大学为研究对象,以"开放与远程教育"为特征的"开放办学"和"开放教育",而是以中小学为研究对象,以学校内部"开放的思想观念与行为方式"为特征开展教育教学活动的办学理念和办学方式。与"素质教育"的概念相比较,素质教育强调了育人目标的价值功能,而"开放办学"强调了育人方式的价值功能。

学校将开放办学的内涵定义为:开放办学是针对传统封闭式办学而提出的,力图通过开放、多元、弹性、自主的办学机制和模式,最大限度地促进学生的全面发展与个性发展的办学理念和办学方式。

三、 开放办学的价值

开放是胸怀，也是战略，中国教育的发展史，是从封闭走向开放的漫长历程。坚持开放办学，既体现了一所学校高瞻远瞩的视野、兼容并蓄的气度、海纳百川的胸襟，也代表了现代学校激发办学活力、拓展发展空间、实现育人目标的战略选择。

开放办学是一个相对于封闭办学而言的老话题，人们习惯理解为走出去、请进来，对外交流等。其实这些只是开放办学的部分手段或形式，在当今基础教育日趋国际化和信息化的新形势下，我们必须以立德树人价值观为指导，从更宽广的角度和更深的层次上把握其本质内涵，以更好地指导我们的办学实践。

"教育"的英文单词 Education 是苏格拉底发明出来的，是三个词根的拼写，前面那个"E"是向外的意思，"duce"是引导，"tion"是名词，引导出来。所谓的教育就是把一个人的内心真正引导出来，帮助他成长成自己的样子。

因此，教育的本质实际上就是引导学生从封闭走向开放，从认识自我到认识他人、认识自然和世界。与其说开放办学的实施是一种教育的创新，不如说开放办学的实施是一种教育的回归。

（一）开放办学是教育变革的需要

一所学校可以看成是一个"系统"，系统以外的事物是该系统的"环境"，系统可以划分为两大类：封闭的和开放的。开放系统的特点是：系统与环境之间有信息、能量和物质的交流。封闭系统则不然，它与环境之间没有沟通。系统理论指出：封闭系统是逐渐衰退、消亡的系统，而开放系统可以成为向上的、发展的系统。实行开放办学，就是要把学校办成开放的系统，使他们与各自的环境之间不断地进行相互作用、相互渗透、相互交流。

海纳百川、有容乃大。教育是一个至大兼容的开放系统。它以无与伦比的宽阔胸襟凝聚着深邃广备的开放精神。"开放"是以开放的思想、开放的视角、开放的举措来谋划和开展学校教育教学工作。只有怀着海纳百川的开放态度，一个学校的内心才能真正强大起来，才能拥有独特的个性价值和创造精神，才能实现自身的和谐发展与进步。

（二）开放办学是基础教育促进人的全面、自由与和谐发展的必然选择

马克思在其人的全面发展学说中指出，人全面发展的最基本的层次就是人的智力与体力的最充分、自由、和谐与统一的发展。传统教育模式之所以不能实现人全面发展的目标，就在于人的智力与体力没有真正实现完善的结合，开放办学就在于使主体不断打破各种现代教育制度的限制，在广阔的社会与生活环境中选择性学习与创造性活动，使人有全面自由发展的空间和可能性条件，实现个体智力与体力和谐结合，使个体主体性得到真正的还原，缩短实现教育目的的进程。

（三）开放办学旨在激发学生生命能量

开放办学关键要有高远的视野，开阔的心胸，千方百计满足学生需要，以激发学生生命能量。人类个体发展是立体的、多维的，其过程需要更广阔的空间和时间；教育不仅是个体学科知识与专业技能的获得，而且是个体生命独立、自由与人格力量的养成过程，是赋予个体和谐精神与能力以提升其生命质量和升华人生境界的过程。开放办学在于整合一切有利于人发展的教育力量，实现知识与成长的联结、贯通。学校要打破校际界限，充分利用教育资源，实现教育因素与学生生命能量的良性互动和相互促进。

（四）开放办学是全方位、立体式的

开放办学是一种自由的教育组织结构，它能把学习者吸引到一种充满反思与创造的复杂活动中。互动与对话成为教育的主要形式，教师与学生不再是一种教与学的关系，而是一种服务与被服务的关系。教师给学生提供积极的、全方位的服务，而学生则利用多种渠道自主探索学习知识。生活、社会和实践成为重要的课程形式，学生接受知识的途径广泛化，学生的许多知识来自网络、媒体、图书馆、企业、社会实践及社会交往中，而不是来自一个教师、一个专业或一个学校中，学生在自己的社会交往与生活体验中，会选择自己的生存方式，把握自己的命运，改变自己的人生。

（五）开放办学是对差异性的尊重与多样性的理解

一方面,开放办学体现了教育尊重人类个体发展差异性的科学规律。学生有求知、成才的渴望,当学校不能满足他们的要求时,可以做引路人,让所有的学生"往自己天赋能量"的方向走,让所有的学生到社会上寻找适合自己的位置。另一方面,开放办学是对人才多样性的包容。不能忽视人才的多样性,比如说,一个职业工人或商人都有可能成为我们的教师,而我们的教师进入车间也可能是一个学生。因此,开放办学不仅是理智上对不同知识与价值的理解与接纳,而且是情感上对他人的包容与理解,体现了教育的科学精神与人文精神的统一。

（六）开放办学是教育信息化的必然选择

教育信息化的发展,必然会给教育形式和学习方式带来重大变革,进而促进教育改革。这也是开放办学的一种重要形式和价值。

（七）开放办学是中国教育融入国际教育的基础性工作

开放办学的一个重要功能就是要让我们的教育立足中国,"面向世界",融入世界。邓小平三个面向中"教育要面向世界",阐明了立足中国和学习借鉴世界现代教育优秀成果之间的辩证关系,强调了中国教育的改革和发展不仅要立足于中国,而且必须置身于世界发展的大潮之中去推行,揭示了教育事业开放性特点和本质,指明了更新中国现代教育理念和构建中国现代教育体系的路径——必须走向世界改革开放发展之路。

四、 开放办学的理论基础

开放办学的教育思想主要运用了系统理论、协同教育理论、马克思人的全面发展学说、人本教育理论、杜威的教育思想、陶行知的教育思想等理论,这些理论直到今天依然具有很强的现实意义。

系统论带给我们的启示：学校作为一个复杂的组织单位,也是由开放系统和封闭系统组合而成的，开放系统和封闭系统融合发展、协调发展，便成为学校自主发展理念的基本内容。

协同教育理论对开放办学理念的支撑作用：协同教育是开放办学的一个重要思想，也是开放办学的一项重要内容，为什么要实施协同教育的实践策略和行动纲领，它的理论基础是什么，这些问题都可以从基于系统论和协同学理论的协同教育理论中寻找到答案。

马克思关于人的全面发展学说对开放办学教育理念的指导意义：开放办学的最终目的是促进学生自由而全面的发展，这个教育追求既是和我国的教育方针"德智体美劳全面发展"保持一致的，也是和马克思主义人的自由全面发展的学说保持高度一致的。或者说开放办学的教育理念是以马克思关于人的自由而全面的发展学说作为理论基础的。这样就保证了开放办学教育改革方向的正确性。

人本主义教育理论对开放办学理念的支撑作用：现代人本主义教育理论至今仍然闪耀着以人为本教育思想的光芒，人本主义强调爱、创造性、自我表现、自主性、责任心等心理品质和人格特征的培育，人本主义教学思想关注的不仅是教学中认知的发展，更关注教学中学生情感、兴趣、动机的发展规律，这些都是与开放办学理念中以学生全面自主发展为出发点和落脚点的思想是高度一致的，或者说开放办学理念中关于学生全面自主发展的思想是以人本主义的教育理论为基础的。

杜威教育思想对开放办学理念的支撑作用：杜威的教育思想无论是对当前推进实施的素质教育，还是对开放办学理论与实践的探索，都具有积极意义。教育即"生活"、"学校即社会"、儿童为中心、"从做中学"，鼓励探究与创新，这些都是当前教育改革中急需倡导和实施的重要教育思想，对于培养具有创新精神和实践能力的社会主义事业的建设者和接班人意义重大，对于学生的终身发展意义重大。

陶行知教育思想对开放办学的指导意义：陶行知生活教育理论和创造教育思想与我们正在进行的新课程改革的基本理念十分吻合，对于我们今天的新课程改革具有借鉴意义。新课程改革是开放办学在教育教学结构改革的一个重要组成部分，主要强调学生社会实践能力和创新创造能力的培养，基本特征是课程与社会生活紧密结合，也就是课程向社会生活开放，加强研究性学习课程，增加研学旅行课程、创客教育课程，强调在做中学，这些都是课程向社会生活开放的有益探索。

五、 开放办学的路径

建立现代学校制度是开放办学的路径选择。开放，意味着学习、交流、合作、融入，意味着改革、创新，只有开放才能实现"政府宏观指导，社会参与监督评估，学校自主办学"的现代学校管理模式；而构建现代学校制度则是开放办学工作健康、持续开展的有效路径。

（一）建立现代学校制度的政策依据

2010 年 7 月，国家颁布了《国家中长期教育改革和发展规划纲要（2010—2020年)》，《纲要》明确要求进行教育体制改革，建设现代学校制度。2012 年教育部印发了《依法治校——建设现代学校制度实施纲要（征求意见稿)》，为在全国推行现代学校制度提供了法规依据。

《国家中长期教育改革和发展规划纲要（2010—2020 年)》明确提出，要建立"依法办学、自主管理、民主监督、社会参与"的现代学校制度。党的十八届三中全会吹响了中国全面深化改革的号角，把完善和发展中国特色社会主义制度、实现国家治理体系和治理能力现代化作为战略目标。对教育而言，就是要实现教育治理体系和治理能力现代化。这是当前全面深化教育领域改革的总任务。教育治理体系除了教育系统自身外，还应包括政府和社会，是一个开放的复杂的系统。这样一个系统的治理，当然必须要突出其核心部分，即学校。在建立现代学校制度的基础上，推进学校治理体系和治理能力现代化建设，变得更为重要、更为紧迫。

（二）现代学校制度与开放办学理念具有高度的一致性

现代学校制度是一种适应时代要求的学校制度安排，强调的是制度安排的"现时性"，是一种"好的、先进的、能适应中国国情和时代要求的"学校制度。

现代学校制度是一种以学生发展为核心的制度安排。现代学校制度将"学校"作为自己的本质规定，更加重视教师的教和学生的学，并以此作为构建整个学校制度的法则。在现代学校制度的框架下，所有的规则体系都是围绕更好地促进学生发展来构建的,从而更加凸显教育的独立性和学校的自主性。

现代学校制度是一种协调校内和校外关系的制度安排。现代学校制度把学校视为一个开放的组织,它不仅关注学校内部的运作过程,而且也重视学校与家长和社会的互动过程。校内制度和校外制度是现代学校制度的两个主要内容。通常所提的学校制度不仅在制度的完整性上存在缺憾,而且也缺乏动态的观点。现代学校制度以学生的发展为核心来构建校内制度和校外制度,强调学校利益相关者在制度构建和发展中的作用。

现代学校制度的基本特征与开放办学的理念是一致的,可以说是开放办学理念落地为实实在在的教育行动的最好的制度安排,为开放办学的有效实施提供了政策依据和制度保障。

第二节　开放办学的实践研究

郑州二中开放办学的理论与实践研究项目是国内首个在高中(完中)阶段大规模、常态化持续开展基于培养全面而有个性的创新人才育人目标、改革学校治理方式和治理体系、变革教育结构和学习方式的校本化、系统化的开放办学实践活动,得到了中国教育学会名誉会长顾明远先生自始至终的关心和指导,得到了中国教育学会和中国教育学刊的大力支持和学术指导,实践活动取得了显著成效,产生了广泛的社会影响。开放办学是针对传统封闭式办学而提出的,力图通过开放、多元、弹性、自主的办学机制和模式,最大限度地促进学生的全面发展与个性发展的办学理念和办学方式。主要内容:构建了开放办学的理论体系,构建了开放办学的校本化实践体系,进行了十多年的开放办学实践;形成了天天开放日的开放管理、移动自主学堂的开放教学、创客教育的开放课程、综合素质评价的开放评价、学生自主发展的开放德育、文化及数字化校园的开放时空环境等特色、品牌项目;学生的学习潜能得到了充分挖掘,学生的学习方式实现了转变,学生的学习质量显著提升,学生的创新和实践能力大大增强;学校的教学质量大幅度提高,2014年教学成果荣获国家基础教育教学成果二等奖,2017年学校首批进入河南省普通高中多样化发展示范学校行列。

一、发展历程

郑州二中开放办学的历程可以划分为三个阶段。

（一）第一阶段（2010 年 10 月—2011 年 8 月）开放管理、开放德育阶段

1. 开放管理。开放管理的主要举措是开展"天天开放日"活动。这项举措是学校开放办学最先施行的、也是影响最大的项目，从 2010 年 10 月至今已经坚持十多年时间。

参访者可以到学校接待办直接预约。从 2010 年 10 月 11 日起，只要经过预约和身份确认，任何人都可以进入校园，推门听评任意一位教师的课堂教学；和二中的任意一个部门、任意一位教职员工沟通交流；免费到食堂与可爱的学生一起体验郑州二中的食堂管理及日常餐饮；参与二中的任何集体活动，并可留下意见和建议。

天天开放日活动得到了中国教育学会会长顾明远先生的大力支持和亲临指导。中央电视台 4 套《中国新闻》节目以《郑州实行开放办学家长零距离参与学校教学》为题对郑州二中的开放办学活动进行了报道。

2. 开放德育。建立以自主发展为核心的德育三级管理体系。2010 年，郑州二中确立了"自主发展，快乐成长"的办学理念，明确将德育工作的主体地位确立为学生，学生既是德育工作的受教育者，也是德育工作的教育者、参与者；学生全面发展、自主发展作为学校德育工作的出发点和落脚点。学校将贯彻学生自主发展理念的主要职能部门政教处和团委整合为学生发展中心。在此基础上，学校积极探索适应学生自主发展的德育管理新模式，初步形成了郑州二中"学生发展中心宏观研究，年级团队自治管理，班级组织自我教育"的德育三级管理体系。

《中国德育杂志》刊登了学校开放德育的工作经验。

（二）第二阶段（2011 年 9 月—2014 年 8 月）开放课堂、开放资源阶段

1. 开放课堂。以信息化教学为切入点，变革课堂教学方式和学生学习方式，采用

自主学习、泛在学习、混合式学习、合作学习、基于问题的学习、基于任务的学习等新型学习方式进行开放课堂的探索和实践。创建信息化创新实验班，构建移动自主学堂，开展基于每人一台平板电脑、无线网络环境、自主研发学习平台、开发学习资源的信息化教学实验，构建了四课型渐进式自主学堂的教学形态，构建了创新人才培养模型、移动自主学堂发展模型、信息技术与教学融合模型以及教师个性化教学的系列模型。课堂基本的教学模式是：基础先学课、展示反馈课、点拨思辨课、练习评价课。

开放的教学打破了以教师为中心的教学方式，强调学习者的主体性，并为学生的自主发展提供了丰富的文化刺激、精神氛围和人文环境。传统的师生关系被解构，教师不再是管理者和训练者，而是学习者的顾问、帮助者、咨询者，在教学过程中，充分尊重学生个体间的差异，教学方法多样灵活。

开放课堂工作取得了显著成效，产生了广泛影响。2013年9月学校在教育部组织的全国信息化教学应用现场会上作经验介绍，教育部网站两次表扬郑州二中，学校两次参加全国展演活动，教育部和联合国教科文组织联合出版的《推进信息技术与教育的双向融合——中国的路径和经验》一书中收录了郑州二中案例，2014年学校申报的成果《构建数字化学习环境下的移动自主学堂》荣获国家基础教育教学成果二等奖，河南省基础教育教学成果一等奖。

2. 开放资源。整合、开放校内外教学资源、人力资源，引导资源合理、有序流动，吸收引进优质人才，促进激励校内人才，形成资源共享、开放流动的教师资源培养使用的制度机制。在引进高端和优质人才方面，最典型的案例就是周士良老师的引进。

周老师是全国优秀教师、全国优秀班主任、上海市第二中学教师，从教48年，家访上万次。周老师长期致力于素质教育的研究与探索，取得了突出的成绩。2011年郑州二中聘请周老师担任学校班主任首席导师、学生发展总顾问，并担任老周班班主任。两个老周班在周老师先进教育理念引领下，在周老师身体力行、言传身教的带领下，学生"自我教育、自我管理、自主发展"工作有声有色地开展起来，班风正，学风浓，行为习惯规范，教育教学成绩优异，成为郑州二中德育工作和班主任工作的一个示范窗口，周老师高尚的人格力量、热爱学生的炽热情感、扎实严谨的工作作风都成为了全体班主任和教师们的道德高峰和精神家园。

学校在一些重点学科在全国范围内引入了一批特级教师作为校外学科带头人，引领、指导学科组建设。在国际部、管乐团、足球队、学生社团、创客教育等专业性强的组织岗位上聘用了许多专家作为导师和教练，弥补了师资资源的不足。

开放师资资源是相对于传统的师资管理方式而提出的改革举措。构建开放式师资队伍管理模式，首先就要转变传统的管理观念，立足于学校开放式办学的战略思维，以开阔的视野重新界定学校师资队伍建设的特色。重视对人才的开发和培养，努力培养学科带头人，激发教师活力；以开放的视野对人才市场进行优化配置，改善师资队伍结构，从而提高办学水平。主要做法是：专、兼职并存，开放流动；双向选择，岗位聘任；公开考核，加强激励；加强交流，推进合作；重点培养，加强培训。

开放师资资源引入了激励机制，优化了教师队伍，提升了教师队伍的整体水平，促进了学校教育教学工作的全面提升，促进了学生的全面发展和自主发展。

(三) 第三阶段（2014 年 9 月—2017 年 9 月）开放课程、开放时空环境

1. 开放课程。郑州二中在建设开放的多元课程方面采取了将学校育人目标、核心素养体系、校本课程体系系统化构建的实践策略。以课程建设为支撑，构建校本化核心素养体系。

根据教育部文件精神，从学校实际出发，学校把培养目标"培养全面而有个性的创新人才"具体化为"健康、博爱、有为"三个纬度，关联"立德树人"文件中突出和重点强调的六个方面，指向核心素养的九大领域，建立了相应的校本课程体系，基本形成了校本化的核心素养体系和课程体系。

开放多元的课程为学生全面发展、个性发展提供了丰富的选择性，学生在进行选修课的学习中不仅学习到相关知识，更重要的是开阔了学生的眼界，拓宽了学生的思路，提升了学生的思维品质，创新精神和实践能力显著增强。特别是创客教育引导学生从浅层学习到深度学习，从基于课本的学习到基于项目的学习，大大提升了学生的学习品质，提升了创新和创造力。郑州二中创客教育成为河南省特色品牌课程，郑州二中成为河南省创客教育示范学校。

2. 开放时空环境。开放办学在育人环境建设方面主要采用构建数字化校园以及数字化校园与校园文化建设相融合的实施策略，积极构建开放的时空环境。

(1) 完善和优化"数字化校园"相关的基础设施、网络基本服务系统、应用支撑系

统、信息服务系统和教育教学资源库,实现学校从环境、资源到应用的全面数字化。

郑州二中通过加大对"数字化校园"基础设施的升级改造的投入,在无线网络全覆盖的基础上,构建功能完善的校园网系统,通过网络创设了一个全新的育人环境。在软件建设方面,学校开发了一系列实用的教学和管理软件,构建了教学资源库、学校网站、学科网站和教学平台等。

(2) 利用"数字化校园"主动重构校园文化的模式。通过融"数字化校园"和校园文化建设为一体的实践策略,在完善"数字化校园"建设的基础上,利用"数字化校园"重构校园文化,达到营造出在教育信息化环境下有学校特色的现代校园文化,提升校园文化的教育功能,从而提高学校的办学水平,推动学校的跨越式发展和可持续发展。

郑州二中在数字化校园和校园文化融合建设方面进行了一些初步探索。通过构建开放的时空环境,为学生发展和教师发展创造了良好的育人环境和发展平台,形成了郑州二中以教育信息化为特色的校园文化。2016 年郑州二中被确定为全国智慧教育实验学校。

二、 主要内容

(一) 开放的教育理念

1. 开放的教育理念是本土情怀与国际视野相融合的理念

本土情怀与国际视野相融合的理念的提出,是基于经济全球化、社会信息化以及文化多元化的现实特征而作出的教育选择。从教师角度说,本土情怀就是忠诚党的教育事业,牢记立德树人的责任和使命,做有中国特色的教育,做有未来的教育;国际视野就是关注世界教育的现状与发展趋势,吸收世界先进的教育理念和教育方式,走向世界改革开放发展之路。从学生角度说,本土情怀就是对家乡、对祖国的热爱,对中华民族传统文化的热爱,有强烈的民族复兴的国家意识和责任意识;国际视野就是关注世界的现状与发展变化,了解主要文化及思维的主要特征,具有尊重理解和互利双赢的心态,具备追求人类和谐共处、共同进步的思想。

美国学者托马斯·弗里德曼说"世界是平的"，但是世界的文化是多元的。1988年1月在全世界诺贝尔奖获得者在巴黎集会时发表的宣言中说："如果人类要在21世纪生存下去，必须回首2500年，去吸收孔子的智慧。"在经济全球化日益加深的背景下，本土情怀下的国际视野是我们教育的必然选择。本土情怀与国际视野是一个整体，如果狭隘地理解本土情怀，就没有开放；如果孤立地理解国际视野，就很可能迷失自我。我们在国际视野的开放中，应该时刻体现出鲜明的民族特色、校本特色——把中华文化体现出来，把中国特色的教育体现出来，把校本化的教育特色体现出来。

2. 开放的教育理念是关注学生现实需要同时关注学生长远发展的理念

兼顾学生的现实需要与长远发展的理念的提出是基于目前注重"育分"，忽视育人的功利思想普遍存在的现状而做出的教育选择。从现实需要角度来讲，升学无疑是学生最急迫、最关切的现实需要，这是无可厚非的，这是学生在成长发展道路上的一个阶段目标，也是评价教育教学质量的一个重要维度。但是分数和升学不是学生现实需要的全部内容，比分数和升学更重要的是学生的健康成长，成长比成功更重要。以牺牲学生的健康成长为代价的应试教育无论成效多显著，都是得不偿失的。从长远发展角度来说，立德树人、基于学习力培养创造力是超越分数至上教育观，为学生终身发展奠基，为建设有中国特色的社会主义培养创新人才的必由之路。

3. 开放的教育理念是注重学生全面发展同时注重学生个性发展的理念

兼顾学生全面而有个性的发展理念的提出是基于目前相当多的学校强调学生全面发展的统一性而忽视学生个性发展的现状而提出的教育选择。人的全面发展是指人的各种基本素质和能力得到尽可能多方面的发展。这在我国《宪法》和《教育法》中都有明确的阐述。个性发展是一个人在思想、性格、品质、意志、情感、态度等方面不同于其他人的特质，是个人内在潜力的张扬。人的全面发展实质是追求基本素质的全面发展，个性发展是在基本素质全面发展的基础上实现爱好特长的和谐发展。全面发展与个性发展是辩证统一的关系。

4. 开放的教育理念是相信人人具有发展潜能并且相信人人成才的理念

"其实，你就是核燃料"的观点表达了郑州二中对学生人人具有发展潜能、人人成才的热切期望和坚定信仰，也反映了学校的育人理念，那就是着眼所有学生，着眼所有学生的发展，着眼所有学生全面而有个性的发展。

中国教育学会会长顾明远先生在《相信人人能成才是教师的第一信念》一文中指出:"人才培养体制改革首先要有正确的观念为指导,我们要树立人人成才的观念。什么叫人才? 人才是多样的,只要热爱祖国,有社会责任心,勤奋工作,为社会做出一定贡献的就是人才。我们要相信人人都能成才,每一个学生都能成才,是每一位教师的第一信念。只有相信每个学生都能成才,我们才会努力尽心地教育他们。因此,每位教师都要树立人人都能成才的教育信念。"

"把每一位学生都看作是核燃料"的共识体现了郑州二中的学生观。教育是挖潜不是"扼杀",是点燃不是灌输。美国心理学家詹姆士说过:"人类本质中最殷切的需求是渴望被肯定。"因此,"把每一位学生都看作是核燃料"就是把每个学生都看作是可造之才,在他们身上都蕴含着极大的能量,而我们学校和教师的任务就是"得天下可教者而育为英才",成就每个学生都能拥有健全人格、美好心灵、现代意识、创新精神。

(二) 开放的管理形态

1. 开放的内部管理

(1) 面向教师的开放管理

教师是学校教育教学的主要群体,也是学校管理的有机组成部分,他们的行为直接影响着学校发展的成败。如果教师能够结合自己的专业特长,从不同角度对学校的发展目标、行动方案、策略措施,以及教育教学过程中出现的重大问题提出建议,从而直接参与学校管理,不仅能让学校决策更加合理、准确,而且能增强执行学校决策的自觉性和主动性,从而提高学校整体管理效能。

营造一个民主、公开、和谐的环境是调动教师参与学校管理的有效途径。郑州二中实施"校长全面负责、党委监督保障、教代会民主管理"三位一体、全员参与的开放管理机制,学校重大问题由校长会集体研究决定,敏感问题由教代会讨论评议;健全教代会制度,定期召开教代会、教联会,商讨学校的改革大计,审议学校制度方案;定期召开学校工作通报会、各类座谈会,广泛听取教职工意见建议;成立由骨干教师、学科专家组成的智库专家团,为学校发展献计献策;通过各种形式进行校务公开活动,保证教工的知情权、参与权、监督权;注重人文关怀,关心教工生活,建立教工子女无忧中心,开放活动场馆,组建教工活动社团,组建教工之家等。

（2）面向学生的开放管理

苏霍姆林斯基说："真正的教育是自我教育。"在学校教育教学活动中，学生是学习的主体，也是自我教育、自我管理的主体。学生参与到学校管理中具有显著的优越性，能听到来自学生内心的声音，让决策、管理带有很强的目的性、针对性。因此，必须开放机制，提供机会，让广大学生参与到学校管理中来，将我们的培养目标和育人要求转化为学生自主发展、成长的内在要求，能够达到最佳育人效果。郑州二中采取多种形式促进学生参与学校管理。一是组建学生自主管理组织，开展自主管理活动；二是搭建多种平台，放手让学生组织开展工作；三是在学校做出牵扯学生利益和学生重大关切的决定时要首先广泛征求学生意见。

2. 开放的外部管理

促进社会各界人士参与学校的管理和监督，构建学校与政府、社会之间新型关系是建设现代学校制度的要求。让社会了解学校，让学校更好地为社会服务，可以争取到社会的理解、支持和帮助，可以借智兴校，借力兴校，实现资源共享、优势互补的目标。

（1）开放外部管理的现实需要

内部动力来自学校自身发展需要，外部动力来自办人民满意学校的需要，同时也是形成教育合力的需要。

（2）开放外部管理的举措

一是天天开放日活动。"天天开放日"接待嘉宾。这项举措是郑州二中开放办学最先施行的、也是影响最大的项目，从 2010 年 10 月至今已经坚持十多年时间。

二是开放家长参与管理机制。家长委员会机制。成立各班级、年级、学校三级家长委员会，班级、年级、学校中有关教育教学级学生管理的重大事项要听取家长委员会意见。家长学校机制。对家长进行有关家庭教育的定期培训，提升家长的教育和管理素质。评价教师机制。家长参与评价教师的师德、教育教学等情况，评价结果纳入教师业务考核。家长管理机制。家长可以随时进班听课，对教师上课情况、学生学习情况和班级管理情况提出自己的意见和建议；家长可以随时向学校领导反映教师工作情况以及对学校的意见和建议；家长可以通过学校微信、校信通等形式对学校共工作发表意见。

三是开放社区管理机制。学校管理向社区开放。学校吸纳社区参与学校管理,增进社区对学校的了解和支持,充分利用社区资源参与学校教育和管理。比如邀请社区共同筹划、实施德育活动;邀请劳动、法律、公安等领域专业人士到学校进行相关专门知识的指导、教育,并可担任校外辅导员、法制副校长;聘请社区专业的物业管理公司指导、管理学生宿舍等。

四是开放第三方评价机制。学校引入第三方评价机构对学校教育教学质量进行全面的专业评价,通过对各评价维度数据统计与分析,准确评估学校教育教学工作现状,并提出改进意见。这是一种主动寻求外部支持,利用外部资源改进学校工作的管理机制。

(三)开放的教育结构

开放办学的实施促进了学校教育理念的更新、育人目标的明晰和教学结构的重塑,实现教育现代化的学校发展目标在开放办学的过程中落地为实实在在的教育行动。

1. 开放的教育资源

教育资源包括人力资源、物力资源和教学资源,教育资源的开放实际上就是建设资源、共享资源和高效使用资源,使教育资源更好地服务于学校的教育教学工作。

(1)开放的师资资源

一是转变观念,开放视野。开放师资资源是相对于传统的师资管理方式而提出的改革举措。沿袭已久的传统管理体制,最显著的特征是高度计划下的封闭性。其表现形式是:师资来源单一、编制制约补充,机制缺乏活力,人员缺少流动。

构建开放式师资队伍管理模式,首先就要转变传统的管理观念,立足于学校开放式办学的战略思维,以开阔的视野重新界定学校师资队伍建设的特色。重视对人才的开发和培养,努力培养学科带头人,激发教师活力;以开放的视野对人才市场进行优化配置,改善师资队伍结构,从而提高办学水平。

二是专、兼职并存,开放流动。我国中小学教师队伍以往人才编制的固定性、统一性已经不能与当前人才的流动性和竞争性相适应,改变学校原来纯粹的单一编制,引入校际间互聘教师的交流,吸收有丰富经验的社会专业人才兼任学校部分教学任务,以及聘任外籍专业教师教学的新机制,建立一支以学科带头人为骨干,专、兼职并存的开放性师资队伍,使得教师人才的流动性转化为校际间的交流与合作,有效地保证学校师资力量相对稳定,有利于学校人才资源的合理配置,促使学校师资队伍结构的优化,提高教学质量和办学水平。

三是双向选择,岗位聘任。建立在学校与教师关系平等的基础上,改革聘任管理机制,实行学校和教师之间的双向选择,促进聘任关系的平等化、契约化、竞争化,实行优胜劣汰的适应市场经济发展的开放式学校教师聘任制;坚持公开、平等和竞争的原则,以专业水平和工作实绩为依据,严格职称评聘制度,以竞争性带动积极性;强化聘任管理,通过实行优者晋升、庸者警示、劣者退出,优劳丰酬的人力聘用制度,全面适应教学开放化发展趋势。

四是公开考核,加强激励。对教师工作实行公开化、透明化、公正化、规范化的考核,建立开放式的考核评价体系,客观反映教师的综合素质和水平,并且配合相应的重点培养、破格提拔等奖惩措施,促进优秀拔尖的青年教师迅速成长。提高学校师资队伍自我调节、自我完善的能力;对不合格教师及时调整,优化教师力量,提高教师履行岗位职责的责任心,激发教师进步的积极性。

五是加强交流,推进合作。随着国际、国内教育开放式格局的形成,为了促进教师开阔视野、丰富学术背景,需要加大推进师资队伍对外合作与交流,这有利于进一步加强学术交流,有助于教师教育教学水平的提高,有助于促进学校不断提高教育水平。学校采取公派和自费相结合的方法,鼓励、支持教师开展国际、国内学术交流,推进校际合作、校企合作。

六是重点培养,加强培训。国际上学校师资队伍建设中,教师接受培训多数体现为个人的自觉行为,而我国学校师资队伍培训则主要是表现为政府和学校行为,教师对接受培训缺乏自觉性和主动性。因此,坚持"立足国内、注重交流、在职为主、形式灵活"的原则,有目的、有计划地精心安排,重点培训,建设以中青年教师的能力为中心,以增强中青年骨干教师的教学水平为重点,注重教师教学科研实践训练,鼓励教师加强学术交流和国内外研修,逐步建立和完善一套科学的现代化的教师持续培养体系,从而提高教师队伍的综合素质。

(2) 开放的教学资源

开放教学资源是信息化教学应用的一种重要形式,是学校为全面开展信息化教学,转变教师教学方式和学生学习方式,进行混合式学习而做出的一种学习应用设计。

1)开放教学资源的含义。开放的教学资源就是把数字化教学资源通过互联网和应用平台开放、分享给学习者,以满足学习者自主在线学习的需求。包括学生和教师在学习与教学过程中所需要的各种数字化的素材、教学软件、补充材料等。一般来说有完整的课程、课件、教案、作业、试题等,从媒介形式上说有文字、图片、视频、音频等。

2)开放教学资源的形式。根据开放应用的不同程度,开放教学资源分为三种形式:静态共享应用模式、社交互动模式和实时互动应用模式。静态共享应用模式的特点是资源以一种单向的流动、一种被动式的访问、一种静态的、正式的存在形式;社交互动模式开放资源是一种双向的流动、一种主动式的访问、一种动态的存在形式、一种非正式的学习方式;实时互动应用模式就是创造一个以学习者为中心的实时互动教学平台,开放资源是一种多向的流动、一种全互动式的访问、一种动态的、可追溯、次正式的学习方式。

3)郑州二中的实践策略。郑州二中通过教学资源库建设、学科资源网建设以及学生个人网络学习空间建设来实现开放教学资源。上述三个平台既可以单独使用,同时又可以将教学资源汇集于学生网络空间,让学生在学习空间利用开放的教学资源进行次正式学习、非正式学习。由于采用了移动终端设计,学生可以通过平板电脑和手机进行无时不在、无处不在的泛在学习;由于个人空间进行了社区交流设计,学生可以实现在局域网内实时与学校教师、同学的互动交流。

2. 开放的多元课程

郑州二中在建设开放的多元课程方面采取了将学校育人目标、核心素养体系、校本课程体系系统化构建的实践策略。以课程建设为支撑,构建校本化核心素养体系。

学校课程建设的基本思路是,贯彻国家基础教育课程改革精神,突出课程在学校教育实践中的核心地位,加强课程领导力建设,立足以学生自主发展,快乐成长为本的办学理念和人的全面而有个性的发展的培养目标,加快推进学校课程体系建设,实现国家和地方课程校本化、校本课程特色化,丰富学校课程文化,营造全面实施素质教育的良好氛围。

根据教育部文件精神,从学校实际出发,学校把培养目标"培养全面而有个性的创新人才"具体化为"健康、博爱、有为"三个纬度,关联"立德树人"文件中突出和重点强调的六个方面,指向核心素养的九大领域,建立了相应的校本课程体系,基本形成了校本化的核心素养体系和课程体系。

学校于 2015 年开设了生涯规划教育课程,于 2016 年开设了创客教育课程,2017年 4 月起开展了研学旅行课程的开发与实施活动。

3. 开放的学习方式

开放办学的基本特征是以学生为中心,采用各种教和学的方法手段,取消和突破对学习的限制和障碍,实施个性化、个别化教学。教育信息化的迅速发展和创客文化的兴起,为中小学教学方式和学习方式的变革提供了新的思路、新的范式。

郑州二中注重学生自主学习能力的培养,主要做法是创建正式学习和非正式学习两个维度的方法体系和学习共同体体系。

(1) 建立正式学习与非正式学习的方法体系指的是让学生认识理解非正式学习和正式学习同样重要,是一体的两翼,密不可分。正式学习的主要特征是课堂学习,是教师主导的学习,是基于教学任务的学习,是以升学为主的学习。非正式学习主要特征是课堂之外的学习,是学生本人主导的学习,是基于自主任务的学习,是以升学和个性发展兼有的学习。

两者之间的关系是:非正式学习从正式学习做起,首先要通过正式学习的方式提升学习者的自主学习能力。这是因为非正式学习是基于个体的学习,学习者承担着主要责任,学习者需要自己去发现新知识、获得新观点、学会新技能;成功探究、掌握学习任务、使用获得知识。因此,教师需要提高学习者的自主学习能力,通过正式学习的形式教授他们学习的方法、技能和策略。

学习能力包括个体信息感知能力(速度、容量)、信息编码和记忆能力、元认知能力、问题解决能力和创造能力。学校和教师通过课堂教学活动使学习者了解个体的认知过程,帮助他们认识共享、协作、交流对于知识建构的重要性,帮助他们分辨显性和隐性知识等。

(2) 建立以学习者为中心的非正式学习共同体,营造良好的非正式学习氛围,具体方式为:

一是构建个人网络学习空间,即以学习者为中心创建基于学习共同体的网络空间,将资源与应用、任务与学习、拓展与阅读、表达与交流集于一体。

个人学习空间的构建对个性化学习有核心支持作用,可促成正式学习与非正式学习的连接,实现"网络学习空间人人通"。郑州二中自主开发的学生网络空间拥有一个支持服务学生个性化学习的资源中心,拥有一个属于学习者自己的表达空间,拥有一个专注于内容管理的工具,拥有一个和其他学习者互相联系的途径和方式,拥有一个学习者成长的记录档案。在个人学习空间实现了学生非正式学习的一站式服务,并且形成了以网络空间为平台的学习共同体。

二是开通移动图书馆,通过购买服务的形式以学习者为中心创建面向所有学生的在线阅读平台。

三是创建自助式书香校园,以学习者为中心创建支持泛在学习的校园学习环境。创建了开放式书吧、阅览室、图书馆、学习角、图书角、智慧广场等非正式学习场所环境。

4. 开放的质量评价

教育质量评价具有重要的导向作用,是教育综合改革的关键环节。推进中小学教育质量综合评价改革,是推动中小学全面贯彻党的教育方针、全面实施素质教育、落实立德树人根本任务的重要举措,是引导社会和家长树立科学的教育质量观、营造良好育人环境的迫切需要,是基本实现教育现代化、加强和改进教育宏观管理的必然要求。改革开放特别是新世纪以来,随着基础教育课程改革的实施,各地在改进中小学教育质量评价方面进行了积极探索,取得了一些进展。但总体上看,由于教育内外部多方面的原因,单纯以学生学业考试成绩和学校升学率评价中小学教育质量的倾向还没有得到根本扭转,突出表现为:在评价内容上重考试分数忽视学生综合素质和个性发展,在评价方式上重最终结果忽视学校进步和努力程度,在评价结果使用上重甄别证明忽视诊断和改进。这些问题严重影响了学生的全面发展、健康成长,制约了学生社会责任感、创新精神和实践能力的培养。要解决这些突出问题,适应经济社会和教育事业发展的新形势新要求,必须大力推进中小学教育质量综合评价改革。

——摘自《教育部关于推进中小学教育质量综合评价改革的意见》(教基二[2013] 2号)

教育质量综合评价改革是贯穿课程改革、素质教育全过程的重要内容,通过对教师教学质量和学生综合素质的精确评价,利用先进的评价方法从不同角度分析和反馈教育教学情况,充分发挥评价的导向功能,对于学校、学生和教师的发展具有重要意义。

教育质量综合评价的实施主体不仅只是教育行政部门,作为中小学校本身同样需要对学校自身教育质量进行综合评价。特别是在开放办学的教育理念下,学校更应该着眼学生发展和教师发展,实施校本化的教育质量综合评价改革。

郑州二中制定并实施了校本化的教育质量综合评价改革实施方案,内容如下:

(1) 基本思路

结合学校实际,针对存在的突出问题和薄弱环节,进一步建立健全包括学生评价、班级评价、教师评价等内容的以校为本的评价体系,确立"评价即育人"的理念,发挥评价导向功能,促进学生健康成长、教师专业发展、学校内涵提升。

(2) 基本原则

1) 整体架构。评价方案涵盖学生评价、班级评价、教师评价等方面的评价内容。

2) 突出重点。学生评价突出学业评价、综合素质评价、特长评价等。班级评价突出班级建设和学习小组建设。教师评价应促进教师质量观、评价观的转变。

3) 易于操作。评价方案是一个操作方案,简单易行,便于操作实施。

(3) 操作方法

1) 建立教育质量综合评价信息化平台。根据以上评价内容和方式,自主研发评价软件,利用郑州二中微信平台,实现全体师生实名注册、随时进入评价系统进行录入、评价、查询,学校在平台上进行通告、公示等,保证信息与数据及时传递、存储、统计、分析,让评价系统成为公开、公正、便捷、高效的信息化平台,确保评价工作顺利进行。

2) 以学期为单位,每学期评价一次。综合两学期评价为学年评价。

开学初,班级、教师上交并录入规划、计划、方案等文稿,录入、查询上学期期末学生学业成绩,含增值评价。期中考试后教师发展中心录入学生期中考试成绩,在全体学生范围内进行学生评价教师活动,期末全面进行自我评价、班主任评价、学校评价。学期过程中学生和班级随时填写学生成长记录、班级成长记录,学校和年级、班主任随时将有关信息数据录入系统中相应位置。

3) 学生评价模块的重点、难点以及创新点都在学生叙写成长记录上。成长记录是评价学生综合素质的重要依据,学生的成长轨迹就是通过事件、经历、数据、成绩、荣誉、成果等具体的东西来呈现的,将来为高校提供学生综合素质材料,其中最重要的一项就是成长记录。因此要教育、培训学生坚持写、及时写、真实写,学生写成长记录本身也是一种素质的呈现。

班级评价模块的重点、难点及创新点是叙写班级成长记录。将班级经历的大事、亮点都及时记录下来,这是班级评价的重要依据。

教师评价模块教师本人要按学期叙写自我评价报告,对一学期的教育教学工作进行总结评定,自我评价后的附件用以支撑正文材料。

4) 在教育教学质量综合评价平台上设立 4 个端口:学生端、班级端、教师端和家长端。学生端供学生叙写成长记录、自我评价,查看班主任评价、学业成绩、活动数据、成果、荣誉等评价信息。班级端供班主任使用,由班主任对本班学生进行评价、叙写班级成长记录、班级自评报告,查看班级总体评价结果,其中班级成长记录可由班主任委托学生干部叙写。教师端供任课教师叙写《我的教育质量观》文稿、学期计划、自我评价报告、《个人专业发展三年规划》等,查看本人单项及总体评价结果。家长端供学生家长查看学生评价结果,补充对学生评价(也可不填),给学校、班主任、任课教师提出意见建议。

5) 建立教育质量综合评价视导机制,成立由校长任组长,专职副校长任常务副组长、学科专家为成员的教育质量视导组,由学校质检组兼任,负责教育质量的日常视导工作。

5. 开放的质量体系

郑州二中从 2017 年初开始将 ISO9000 质量管理体系引入学校,2017 年年底通过认证,是学校运用开放办学理念在学校管理领域进行的创新管理的探索和尝试。

(四) 开放的发展平台

开放办学的价值追求就是促进学生的全面发展,促进学生全面发展,是实施全面素质教育的本质要求,是当代教育改革发展的战略主题,是全面建设社会主义现代化强国的战略要求。促进学生全面发展从学校层面来说,就是要从制度机制上,从课程建设上,从课堂教学上,从搭建平台上等多方面共同发力,共同作用,形成有利于学生全面发展的制度环境和文化氛围。

郑州二中为促进学生全面发展搭建了立体、多元、开放的发展平台，包括：

1. 搭建学生管乐团平台，培养学生艺术和美学素养

艺术教育对于立德树人具有独特而重要的作用。学校艺术教育是实施美育的最主要的途径和内容。艺术教育能够培养学生感受美、表现美、鉴赏美、创造美的能力，引领学生树立正确的审美观念，陶冶高尚的道德情操，培养深厚的民族情感，激发想象力和创新意识，促进学生的全面发展和健康成长。落实立德树人的根本任务，实现改进美育教学，提高学生审美和人文素养的目标，学校艺术教育承担着重要的使命和责任，必须充分发挥自身应有的作用和功能。

为促进学生在德智体美诸方面得到全面发展，积极推进素质教育，学校为学生成长搭建了丰富的发展平台，学生管乐团正是在这种背景下创立的。

郑州二中学生管乐团成立于 2011 年 9 月，乐团运行采用了面向社会招收特长生与面向全校选拔特长生相结合，面向社会聘用著名指挥和教师与选用学校音乐教师相结合，学生业余训练与短期专业培训相结合，每年举办新春音乐会与参加各种大赛和艺术节相结合的运行机制。

管乐团常任指挥由曾获得上海国际管乐节比赛优秀指挥奖、维也纳音乐节世界乐团比赛最佳指挥奖的扈汴英先生担任。学校还邀请中国音协管乐学会主席、国家一级指挥于海先生担任音乐会指挥。现已成长为河南省目前规模最大、编制最全、业绩最突出的学生乐团。乐团有着科学的学习、训练、提升计划；长期聘请国内外专业指挥家、省交响乐团著名演奏家为乐团的专职教师，让学生享受最优化的教育资源；为学生艺术素养提升和全面快乐成长提供了丰厚的软硬件条件。

乐团也在中外各类大型交流展示演出活动中影响力日盛。2011 年 9 月至今先后多次承担省内各种重要演出。

2012 年 6 月参加了台湾幼狮乐团来郑交流演出；

2013 年 8 月、2014 年 6 月、2015 年 8 月和 2016 年 7 月相继代表河南省中学生乐团在悉尼歌剧院、俄罗斯格涅辛音乐学院、维也纳金色大厅和德国斯图加特进行文化交流演出；

2015 年五一期间参加上海之春"中华杯"第九届国际管乐艺术节比赛与展演，获得了金奖等五项大奖和"中国金钟之星管乐团"的荣誉称号；

2015 年 6 月参加郑州市第六届教育艺术节比赛获得管乐第一名；

2015 年 10 月参加河南省第一届管乐节比赛,获得中学组第一名；

2015 年 12 月 28 日承办"'青春·梦想·飞翔——春之语'郑州市中学生新年音乐会"取得圆满成功；

2016 年 4 月在青岛参加全国中小学生第五届艺术展演；

2017 年 5 月获"中华号角—2017 上海之春国际音乐节管乐艺术节暨'中华杯'中国第十一届非职业优秀管乐团队展演"示范乐团荣誉；

从 2013 年到 2020 年在河南省艺术中心音乐厅已先后举办了 8 场迎春音乐会,得到社会各界广泛好评。

特别值得一提的是 2015 年五一期间参加上海之春"中华杯"第九届国际管乐艺术节比赛与展演。5 月 1 日,"中华杯"中国第九届非职业优秀(交响)管乐团展演暨中华号角—2015 上海之春国际音乐节管乐艺术节在上海隆重举行,郑州二中管乐团作为河南省唯一的中学管乐团参加了此次国际管乐艺术盛会,并荣获了全国中学组金奖。

来自北京、上海、深圳等全国 80 多个中学管乐团参加了此次艺术节比赛及展演,郑州二中管乐团共有 70 位学生参加了本次艺术节的演出,演奏了指定曲目《二泉映月》、自选曲目《五声神韵》。上海、北京两城市的中学管乐团几乎包揽了所有比赛的金奖,郑州二中管乐团是唯一一个非"上海、北京"籍的获金奖的团体。除此以外,郑州二中管乐团还荣获了"中国金钟之星管乐团"称号和"管乐发展特殊贡献奖",乐团指挥扈汴英老师获优秀指挥奖。

郑州二中管乐团的此次获奖不仅仅是学校自身艺术教育成果的一个里程碑式的彰显,对于河南省整个中学艺术教育同样具有非凡的意义,郑州二中管乐团是河南省首个参加国际音乐节并获得金奖的中学管乐团,可以说是实现了河南省中学管乐团"零"的突破。

郑州二中创建管乐团是学校开展艺术教育,培养学生综合素养的重要举措,为热爱艺术的学生搭建了自主发展的平台,也是学校实施开放办学,培养全面而有个性的创新人才的有益探索和尝试。

2. 搭建学生社团平台,培养学生创新实践和社会参与素养

郑州二中非常重视社团活动的开展,把社团活动纳入到校本课程建设的制度机制中来进行总体设计和规划,积极推进,稳步实施,成为学校促进学生全面发展、个性发展的重要平台,也成为学校教育教学改革和发展的一个特色项目、品牌项目。

(1) 总体规划,顶层设计

一是明确社团的目标及宗旨,二是健全社团的保障机制,三是加强社团活动内容的评估与管理,四是完善社团活动的评价机制。

(2) 社团组织的建立

经过学生自愿申报——学校审核批准——社团招募社员的程序之后,学生社团即宣告成立。之后社团制定章程,制订活动计划,社团活动即可展开。

社团活动一般安排在周五下午,一节课时间,活动场所和活动资源由学生发展中心负责协调。

经过多年的建设与完善,在校团委的组织、领导下,郑州二中的社团组织日趋完善,现有成熟社团共 51 个,其中足球社、TED 社、文学社、管乐团、科技社成为了学生们心中的明星社团并取得了丰富的硕果。

3. 搭建微电影节平台,培养学生文学艺术和媒体文化素养

郑州二中一直致力于为学生提供一种“自主发展,快乐成长”的高中生活,每年一次的微电影节活动的举办,为孩子们提供了一个很好的平台,通过这个活动把信息技术与微电影结合实现孩子们拍电影的梦想,每一个微电影作品都记录、展示他们青春记忆、生活片段,充分发挥学生的潜能,创造出意想不到的成绩。

学生的作品来源于他们的校园生活,每个学生都是自己生活的导演,在整个活动中学生用简单的电影手法、运用视听语言,表达自己的想法,提升学生的合作能力、创新能力、分配时间和自我管理等能力。

(1) 活动的开展

1) 筹备阶段。每学期期末集中培训阶段确定下一届微电影节活动主题,制定微电影节的活动通知、详细的微电影节工作计划。将微电影节活动分解任务到各学科的学科教学中,各学科确定与之相关的校本课程,并结合社团进行实践活动。

2) 发动阶段。高一利用军训阶段、高二利用开学第一周(因高一参加过这个活

动)下发本届微电影节活动通知,在信息技术课、艺术欣赏课上老师再做宣传发动。

3)文学剧本提交、审核、修改。有创作意向的学生提交自己的微电影文学剧本电子稿,语文组部分教师筛选评审文学剧本。

4)剧组构建。入选剧本公示后,入选剧本的各剧组构建剧组成员(导演、演员剧务、摄影、美术、后期制作等)。

5)制作阶段。各剧组搜集素材,在老师指导下拍摄制作微电影。

6)后期制作。

学生进行初剪、精剪、配音、配乐、字幕、特效等一系列制作,综合组老师提供指导帮助。

7)审核及修改完善。由综合组教师及编剧对学生的作品进行初审,修改和完善。

8)成果展示及评审。在郑州二中教育联盟微信平台精彩活动中的微电影栏目设立"郑州二中微电影节"作品展播并投票,在教学楼 LED 屏滚动播放每部作品。

投票方式:采取高中部师生、学生家长每人一票的方式,通过郑州二中教育联盟微信平台投票。

评奖方式:

以下奖项评选采用网络投票与微电影组委会评分相结合的形式:最佳故事片奖、最佳纪录片奖、最佳导演奖、最佳编剧奖、最佳男演员奖、最佳女演员奖、最佳摄影奖、最佳剪辑奖、最佳音效奖、最佳美工(海报设计)、最佳吉祥物奖、最佳创意奖、最佳组织奖。

以下奖项以微信投票数产生:最具人气奖、最具人气男演员奖、最具人气女演员奖。

9)微电影节颁奖仪式。每年都举办隆重的微电影节颁奖仪式,电影节让郑州二中的获奖同学过足了瘾,他们带着自己的梦想备受瞩目地走红毯,闪光灯下,他们笑得那么灿烂,接过奖杯的瞬间,他们是何等骄傲,获奖的学生用自己的作品诠释着他们的成功。

(2)取得的成效

微电影活动的开展,提升了中学生创造力、想象力和团队协作意识,有助于提高学生适应社会、独立生活的能力,对学生的综合素质和社会实践能力的培养也有着积极的促进作用。

1）组建多个特色社团。学生社团活动是学生自发自主开展的校园活动,活动中让学生在交流中学会合作、体会责任、品尝甘苦,给学生以极大的发展空间,因微电影活动的开展,学生成立了新雨文学社、摄影社、影像艺术社、音乐社、美术设计社等社团。

2）自主开发了丰富的校本课程。微电影作为一门融文学、艺术、现代技术和社会实践于一体的综合性素质教育课程,在活动开展时涉及剧本编写、摄像、录音、剪辑、音乐、舞美等方面的知识,学校就开发了与之相关的海报制作、影视摄影、课本剧表演、电影制作、配音配乐等相关课程,对国家课程是一种很好的补充和拓展。

3）培训学生领导才能。在微电影的创作过程中,导演不仅仅是要从影片制作的角度去创作,同时还要协调剧组工作人员,合理分配工作进度,掌控创作节奏,把握演员情绪,一个剧本拍摄完成后,做为导演的学生的组织力、领导能力也得到很大提升。

4）提高学生的团队意识。微电影的创作是需要团队精神才能够完成的事情,非个人利益的取舍,在影片创作的过程中,由学生自行独立分组,分工明确,选择自己擅长的工作,从前期的剧本筹备、到中期的影片拍摄、再到后期的剪辑制作,宣传工作等环环相扣,学生之间没有团队合作精神,很难顺利完成影片的创作。

5）锻炼学生的沟通能力。通过参加微电影的创作,不仅仅是停留在影片创作本身,其中还包括影片的宣传和发布,在创作结束之后,部分剧组还举行全球首映展播活动,在举办的过程中,模拟院线影片的运作模式,出品宣传、展映节目、主持、演出形式、观众组织、展映现场的采编播全线流程,都由学生独立承担并完成,老师只是引导辅助作用,在这个过程中,学生完成了与学生的沟通、与教师的沟通、与学校的沟通,而且这种沟通是可以触摸到并见到成效的,因此实现了学生的价值感、存在感。

4. 搭建 TED 大会平台,培养学生发现探索和交流分享素养

2013 年 7 月,经过郑州二中全体师生的不懈努力换来了 TED 总部的审批,取得了举办 TED 大会的资格,项目名称为 TEDx Zhengzhou No. 2 High School。2013 年 10 月 18 日,郑州二中举办了首场 TEDx 活动,参会演讲嘉宾有各领域知名人士,他们启迪人思想的精彩演讲引起了社会各界的关注;2014 年 5 月 9 日,郑州二中又一次成功申请到举办 TEDx 学生专场权利。其中共有 9 位学生登台演讲,他们独具个性的演讲震撼了无数人。两场高质量的 TEDx 大会视频(目前已在 TED 官方网站、国内"优酷"视频等知名频道收录)得到了 TED 美国总部的高度赞赏。

2014 年 12 月 26 日、2015 年 12 月 26 日、2016 年 6 月 9 日……自获批之日起,郑州二中已经成功举办了五场活动,每一场都力求成为精品,每一场活动都是对上一场活动的突破和超越。五场活动,演讲嘉宾从成年人到中学生,从郑州二中学生扩展至郑州市中学生。随着成功举办次数的增加,TEDx 郑州二中不仅在郑州市中学生中产生了广泛的影响力,而且给 TED 官方总部留下了美好的印象。在近三年的时间里,郑州二中不仅严格按照 TED 官方总部的要求组织 TEDx 郑州二中演讲活动,而且与官方总部保持着友好、密切的联系,负责该活动的郑州二中国际部张晓品老师不断将学校开展的与 TED 有关的活动图片文字发往总部,不断加深着 TED 总部对 TEDx 郑州二中的印象。2015 年 12 月上旬,TED Global(全球大会)在瑞士日内瓦,通过严格的申请、审核等环节,郑州二中通过了 TED 总部的严格审批与层层选拔,成功地获得了 TED Global 2015 的入场券,荣幸地成为全球数量有限的嘉宾代表之一。参加这次大会绝不仅仅意味着开阔眼界,学习先进策展经验,还意味着郑州二中具有了申请举办区域性演讲大会的资格。经过三个月的申请,郑州二中最终得偿所愿,获得 TEDx 郑州的举办资格。

随着 TED 影响的扩大,一些发达地市也已经开始举办区域性演讲大会,参加 TEDx 活动,作为嘉宾在 TEDx 上演讲已经成为精英人士以及新锐人物表达自我、展示自我的一种时尚方式。TEDx 郑州二中华丽转身为 TEDx 郑州,不仅让更多的人知道郑州二中的办学思想,而最为高兴的当属郑州二中学子,他们在这一平台将能领略到更多精英人物的精彩人生,领会到更多成功人士带给他们的人生启迪,感受到更多催人奋进、鼓舞人心的精神力量。演讲嘉宾从各领域知名人士到郑州二中学生,从郑州二中学生扩展至郑州市中学生……主角的转变无不使我们看到中国少年身上的光芒。

郑州二中创新班的唐舒眉同学,有"最美中学生"之称。在 2016 年 6 月 9 日的 TEDx 郑州上,作了题为《私想者·竞争者·发声者》的演讲。在此发声,她将"美"演绎得淋漓尽致。美在坚持,勇敢面对困难,不眠不休达成目标;美在收获,荣获多项国内国际科技创新大奖;美在出色,学业成绩好,综合素质高。从她的演讲中,我们看到了郑州二中创新意识和较强创新能力培养理念的缩影。参加过 TED 演讲的郑州二中学生席嘉怿说："一开始跟很多人一样，会感觉 TEDx 这个名字是如此的高大上，或者说不敢去想象未来有一天自己也能可以站上那个平台。过去，我们只是以一个聆听者的角色去看待 TEDx，但是在那里，我们总是能听到能看到许许多多有意思的人，为我们分享那些天马行空的思想或是创意，引起我们的共鸣，带给我们精神的饕餮盛宴。也许这就是 TEDx 的实质所在。"学生胡岸昕说："从 2012 年开始接触这个活动，到 2014 年站上 TEDx 的舞台，自己也为此做过非常多的努力，我深信这个活动可以带给我更多的东西。所以在接下来的两年，我选择了站在幕后看着更多人参与进来。参加过这么多届 TEDx 了，感触固然很多。把 TED 变为非营利性组织的安德森说过：'总是生活在自己的想法中，我之前就隐约地觉得，有很多好的想法如果能进行全球传播，是很好的事情。我发现，TED 是很好的工具。'因此，TEDx 是我们可以接触到的一个传播思想的殿堂。作为一个思想的传播者，我十分荣幸，如果我的思想能令你有所感悟，我更加开心。"学生魏含洁则说："我是个女权主义者，可因为作为一个普通的学生，影响力太过渺小，所以想要将女权这一概念灌输给身边的人真的很不现实。直到我遇到 TEDx，才将女权这一观念传播给更多的女性同胞和男性观众。我一开始并没有将 TEDx 当做一个展示自我的平台，而是一个机会——一个能够使自己发出更响亮声音的机会。性别平等，并不意味着只有女性处于弱势地位，由于社会压力，男性也同样因为各种因素而遭受歧视。而演讲过后，许多听众，有男性，有女性，都和我联系说很赞同我的观点，并想要了解更多关于女权的知识，问我是否能够帮助他们。听到这些之后，我很惊喜，也很欣慰。惊喜，是因为自己的号召力和影响力得到了回应；欣慰，则是因为明白了原来自己也可以为这个世界做出一点改变。在这之后，我清晰的感受到了自己对身边人的影响，可能这听起来有点陈词滥调，但我还是想说，感谢 TEDx 能够让我和社会对话。"……瞧，多么掷地有声的声音！TEDx 大会开拓了学生的思维，也让他们一直在收获的路上。

除此之外，郑州二中还于 2012 年成立了 TEDx 社团。郑州二中 TEDx 社团传承 TED 精神，自我教育、自我管理、自我服务是其鲜明的特征。学生社团沿着健康、有序的轨道自主发展，鼓励各种创新思想的展示、碰撞。到目前为止，TEDx 社团已经成功举办多次 TEDx 大会。

前期创办 TEDx 社团,取得举办 TED 大会的资格,从一场到五场成功举办 TEDx 大会,从 TEDx 郑州二中升级至 TEDx 郑州,从演讲嘉宾、知名人士到普通中学生……TED 大会活动成绩斐然。创办 TED 大会不仅是郑州二中"开放办学"理念的体现,助力郑州二中学生成长,助力郑州市学生发展,助力河南省学生创新,推动学校的课程建设,推动创客教育,推动国际化进程,将成为郑州二中学生自主发展、快乐成长的高品质平台,也终将成为郑州对外交流的多样化平台之一。

（五）开放的协同教育

开放的协同教育主要是依据协同教育理论和现代学校制度,整合和利用各种社会资源为学校教育教学工作服务,为学校教育教学工作注入强大的活力。主要策略是建立合作共同体,在共同的愿景和理念支撑下,培育合作组织机能,开展协同教育活动。

1. 建设学校、家庭、社区教育共同体

郑州二中在开放办学的过程中注重开展协同教育,其中一个重要举措就是构建了学校、家庭、社区的教育共同体。主要采取了如下实践策略:

（1）学校教育资源为社区全面开放

1）场馆设施开放。学校将各类文化体育设施,包括图书馆、室内体育馆、足球场、篮球场、乐团训练场所、演播厅、报告厅等在不影响学校正常工作和学习的情况下向社区居民开放,为社区居民提供运动休闲、学习进步、发展提高的场所。

2）师资及管理人员开放。学校抽调在德育、计算机、体育、艺术等方面有经验的教师担任社区教育工作辅导员,为社区居民举办家庭教育报告会、讲座,到社区开展家庭教育指导,帮助社区居民提高家庭教育水平,帮助疏通家长与子女的关系,帮助家长对"问题学生"进行教育等。学校面向社区开展艺术教育、普法教育、健康教育等,丰富了社区居民精神生活。

3）学校教育教学活动开放。学校坚持"天天开放日"活动,凡经过预约、验证身份,任何人都可以以嘉宾的身份进入学校,参观校园,进班听课,了解教师教学情况和学生学习情况,以及学校管理情况。在"天天开放日"的基础上,郑州二中还定期举办"教育教学开放周""开放日"活动,邀请社区居民参加活动;组织社区居民到学校参观体育运动会、音乐会、艺术节等。这样做既丰富了社区居民的业余文化生活，又增进了社区居民对学校教育教学工作的了解，形成了学校、社区共同关心教育发展的新格局。

4）志愿者服务开放。郑州二中师生全部注册了郑州市服务志愿者，学校师生经常到社区开展志愿者服务活动，包括家政服务、环境清理、植树绿化、照顾孤寡老人、写春联等活动。

（2）社区资源给予学校充分开放

1）社区与学校联合整治校园周边环境。学校和街道办事处、综治办、居委会、派出所、城管中队等单位联合采取措施，加强文化市场管理，防止不健康的消费方式和娱乐方式、不健康的文娱和音像制品对青少年的精神污染，优化学校周边教育环境；借助社区教育资源的优势，弥补教育中的一些不足，解决一些自身不能解决或不能完全解决的问题，创设良好的校园周边环境。

2）社区提供丰富的人才资源，为保证学校、社区活动的长久开展提供强有力的支持。

3）社区提供丰富的社会实践场所、单位、企业。为学生进行社会实践、调查研究、游学研学、研究性学习等活动提供了丰富的资源。

（3）持续办好家长学校。家长学校能有效改善家庭教育，提高家庭教育的水平和质量，使家长素质大幅度提高。在家长学校中，有计划，按序列安排教学活动，给家长以系统性指导，从家庭教育的实际出发，讲授一些有针对性、实用性的知识，根据家长的需要组织教学，把教育学、心理学的基础知识与家庭教育中的实际问题结合起来，从家庭教育中带倾向性的问题出发安排内容。除进行必要的教育理论、方法讲授外，还请家长交流教育的方法、经验，提出家庭教育中的问题和困惑共同探讨，极大地调动了家长参与研究的积极性。

（4）坚持家长委员会制度。建立家长委员会，协助学校办好家长学校，积极开展家庭教育的研究，推广成功的家庭教育经验；逐步将家长委员会的作用渗透到学校日常教育教学管理之中，学校重大教育教学改革工作和有关学生利益的重大事项在决策时要充分听取家长委员会的意见和建议，并形成相对灵活有效的工作机制。

（5）建立"家访"制度。实地了解学生家庭生活环境和家庭状况，教师与家长谈心式地探讨教育问题，并直接提出教育建议，有利于形成学校与家庭良好的协作关系。

（6）建立学校与家庭的信息通道。利用信息技术条件下便捷的通讯技术，通过建立校讯通服务平台、实行学生一卡通制度、开发学校微信平台、建立班级家长群等手段，克服时间、空间的限制，及时有效地对家庭教育作出指导，让家长实时了解学生在校情况，为家长进行家庭教育提供帮助，建立学校和家长实时互动通道，及时解决在教育中遇到的问题，提高学校和家长协同教育的效率和水平。

（7）创新家长会形式和内容。改变以往家长会上班主任和任课教师为主体，单向传播的做法，改变为以家长为主体，家长教师双向互动的形式，使家长真正成为家长会的主体。家长们畅所欲言，提出自身在教育中存在的问题，咨询交流教育方法，发表自己的教育观点，介绍自己成功的家教经验，为学校提出管理建议，这样的家长会融合了教师与家长的关系，增进了家长与家长之间的了解，增强了家长对孩子实施正确的家庭教育的主动性。

（8）开展"天天开放日""共同走进课堂"等活动。请家长、社区各界人士到校听课、观摩教育教学活动。这不仅能让家长和社区各界人士直观地了解学校教育现状和孩子的表现，了解到自己家庭教育的效果，更能通过观摩学校的教育教学活动得到启发，进一步完善自己的家庭教育。

（9）建立家教咨询中心。在家长学校举办讲座时，都留下一定的时间给家长咨询，一时难以解答的问题汇总后请专家作答。向家长提供专家的电话以便随时咨询，并在学校建立家教咨询中心，随时接待家长，及时解答家长在家庭教育中遇到的问题。家长能够迅速获得学校及专家具有针对性的帮助和指导，能及时解决教育中遇到的问题，避免了家长在家教过程中遇到问题时处理方法的盲目性和随意性。

（10）充分利用社区派出所、法院、敬老院、消防队、综治办、教育基地等教育资源，全方位多角度发挥教育职能。学校聘请相关专业人员到学校兼任社区辅导员，比如法制辅导员、安全辅导员、德育辅导员等，可以有效利用社区优质资源弥补学校资源的不足，同时可以有效形成教育的合力。在这方面如果社区、相关单位，甚至是地方政府能够主动结合自身需要和学校需要而进行主动的协同则效果会更好。郑州市于2017年5月初开展的"六员进校园，合力保平安"专项活动便是从政府职能角度主动由社区与学校开展协同教育，确保校园安全的重要举措。专项行动由市综治办和教育局牵头，联合九家单位，在全市59所市属学校各配备"一名法制辅导员、一名公安联络员、一名消防指导员、一名食品监督员、一名护校巡防员和一名心理疏导员"。教育部门要求学校为"六员"提供必要的工作条件，按照"六员"提出的建议，整改校园安全隐患。郑州市的这种做法可以说是从校园安全的角度出发，主动作为，开展协同教育的一种有益探索合尝试，必将会在社会上带来正面的示范效应。

2. 建设校际合作共同体

校际合作是开放办学的实践策略，也是教育均衡发展的新策略，其重要特征为教育资源的流动与共享。其中，校际合作共同体及其学习效益探索以及教师专业发展推进探索成为教育变革的一个重要方面。校际合作基于资源共享，形成共同利益，并通过讨论协商、协作等共同努力谋求创造与共同发展。共享资源、共谋发展、共赢未来，是校际合作共同体的既定目标。协同创新人才培养是校际合作的宗旨所在。

基于差异的相互启发原理是构建校际合作共同体的理论基础。所谓相互启发学习原理，是旨在启发对方的同时也自我启发，即自己既是启发者，也是受启发者。"受启发"有两层含义，一是得到他人的提示而受到启发，这是主体间发生融入或接纳对方观点的启发。二是自己在启发他人的同时，受到他人强化而重新认识自我，启发自我。这是指对方的观点融入自身的价值体系，个体实现的自我启发。主体间的启发和自我启发是在互动交流中交织进行的，它能引发个体深层次的学习。

校际间合作共同体基于不同学校与教师所具有的资源优势，组成合作共同体，资源差异能够激发成员在合作互动过程中，通过说明、主张、辩论等方式，将个体的立场、观点、价值融入团体，引发成员间互相启发，进行深度思考，由此形成启发与补充、和而不同、学习与尊重差异的合作氛围，从而达到提升改善实践能力的目的。

（1）郑州二中构建合作共同体的实践策略

1）做好规划工作

合作前规划工作的质量，决定着共同体的合作效果。我们建立共同体的目的是探索如何进行校际合作，优化学校资源，推进教师和学校的发展，共同体就合作的时间、空间、内容、形式、评价以及合作的规章制度，各部门与各年级、学科的计划，教师个体的发展规划等，都做了充分研讨，达成了校际合作共同体的制度文件，具体详细的合作计划为共同体顺利开展各项合作工作做了很好的铺垫，为取得良好的合作效果奠定了基础。

2）精选合作内容

合作内容直接决定了共同体成员水平提升的时间和空间,恰当的合作内容既有助于教育实践的改善,也有助于教育智慧的提升。在面对面交流中,大家热情地提出困惑,说出理解,讲出做法,在大家的话语启发下,共同体成员有更多的自我启发与反思。这不但拓展了思维,而且引出了更有价值的思考与实践。

3）强调任务驱动

强调任务驱动是指合作共同体每次的合作活动都基于明确的目的,围绕目标,共同体内每个成员都有明确的研修任务,并有具体的实施安排,以任务驱动实践中的交流学习活动。同时共同体领导还须加强管理,督促任务的落实。

（2）郑州二中构建校际合作共同体的实践探索

郑州二中在开放办学的过程中与多所学校建立了双边合作共同体,基本特点是基于项目的合作,是资源共享、共谋发展、互惠共赢的合作。

1）郑州二中与河南师范大学建立校际合作共同体

郑州二中与河南师范大学于2011年建立校际合作共同体,合作的主要项目是信息化教学。2011年郑州二中开始创办信息化教学创新班,基本特点是基于平板电脑移动终端的数字化学习,目的是借助信息化教学方式变革课堂形态,转变教师教学方式和学生学习方式,提高学生自主学习的能力,提高课堂效率,提升教学水平,培养创新人才。由于学校资源有限,没有能力开发学生学习平台,而又不愿意购买公司开发的不符合学校需求的学习平台,就与河南师范大学计算机学院协商建立校际合作共同体,由河南师大帮助郑州二中开发学习平台,学校为项目开发提供经费支持,知识产权归双方共有。河南师大还为学校派来了技术支持团队,负责教师培训和平台维护,并随时收集教师教学需求,及时解决教师教学中的问题。

这种合作模式最大程度地发挥了两个学校各自的资源优势,从河南师大的角度来说,高校具有人才优势,科研优势,但是这些资源不能落地,远离教育教学一线,这种资源优势不能转化为实践优势,与郑州二中合作后彻底改变了这种局面,让科研团队深入教学前沿,既帮助了基层学校,又取得了教育教学的第一手数据,走在了教育信息化的前列。从郑州二中的角度看,合作共同体弥补了学校资源不足的劣势,同时又取得了具有自主知识产权的学习平台,提升了教师信息化水平和专业发展水平。真正实现了合作双赢。

2）郑州二中与美国托马斯·杰斐逊科技高中建立校际合作共同体

托马斯·杰斐逊科技高中创建于1985年，坐落于美国首都华盛顿哥伦比亚特区市郊。学校以培养科技创新人才闻名全美乃至全世界。全校学生近2 000人，高水平的课程与教学，使该校学生在大学入学考试中成绩斐然，各科成绩比全美高中毕业生平均成绩高出200分左右，连续三次荣登美国权威机构评选的"美国最好的精英型公立高中排行榜"榜首。郑州二中在开放办学过程中看到了托马斯·杰斐逊科技高中先进的教育理念和突出的办学成就，发现了两个学校具有共同的办学愿景和发展理念，那就是都非常重视学生创新实践能力的培养，重视学生的终身发展。同时学校的国际化进程也需要与世界名校交流合作，于是学校有意与托马斯·杰斐逊科技高中结为姊妹学校，建立校际合作共同体。在前期多次沟通交流，介绍学校情况的基础上，2012年10月美国托马斯·杰斐逊科技高中校长伊万·格雷泽来到郑州二中访问交流，在观摩了郑州二中学生使用iPad进行课堂教学后，伊万校长非常惊讶和兴奋，他非常赞同郑州二中培养创新人才的探索和努力。他在与创新班师生互动时说："你们在使用平板电脑上课学习方面一点都不比美国的学生差。"正是这次来访，郑州二中与美国托马斯·杰斐逊科技高中签署了合作协议，建立了校际合作共同体。合作的重点是在培养学生创新实践能力方面进行合作交流，建立定期沟通交流机制。

2014年3月，郑州二中20余名师生到美国托马斯·杰斐逊科技高中交流学习。2015年12月再见面，伊万校长与郑州二中校长对话于中国国际智慧教育高峰论坛。2016年的4月14日，参加美国全球青少年领袖峰会的二中学子受伊万校长的邀请，再次来到托马斯·杰斐逊科技高中，这让每年4月份的定期访问成为了惯例。郑州二中在历经了学习考察先进经验、组织建设、成熟运作等阶段后，目前也已建立了生物、化学、物理、科技等标准化实验室。在现代技术水平的大环境下，伊万校长鼓励孩子们多进行科研开发，自主探索与创新，并表示能与这样一所志在培养学生探索精神、创新能力的中国学校交流非常开心。同时，他还和孩子们约定，每年都会与孩子们再见面。

3）郑州二中与天津41中建立校际合作共同体

天津41中校长徐长群作为第44期全国校长培训班的学员，于2012年10月随培训班来到郑州二中，参观了学校的信息化创新班，并且与创新班教师进行了现场互动。

郑州二中开展信息化教学,培养创新人才的探索和尝试给徐校长留下了深刻印象。2012年6月17日,天津41中校长徐长群到郑州二中交流访问,与郑州二中签订了合作协议,建立了校际合作共同体。双方合作的重点是教育信息化背景下的教学研究,形式是建立定期交流研讨机制。

从2012年开始每年进行一次同课异构活动,每次三至四个学科,活动由两个学校轮流举办,每次活动都是学校大型教学观摩和研讨活动,讨论的重点既有教学问题,也有教育技术的使用问题。通过合作教学研究活动促进了两个学校教育教学的共同提升,在此基础上两个学校在学校文化建设方面也相互促进,取得了显著成效。

4)郑州二中与深圳华侨城中学建立校际合作共同体

深圳华侨城中学是广东省国家级示范性高中、广东省高中办学水平优质学校、广东省一级学校、广东省绿色学校、深圳市科技教育示范校、深圳市智慧学校、深圳市课程建设基地校,是深圳市为数不多的"品级大满贯"学校。深圳华侨城中学于2014年与郑州二中建立校际合作共同体,合作的重点是开放办学、教学研究和教育信息化,合作的形式是双方定期进行交流研讨。

建立合作共同体以来,郑州二中前往深圳华侨城中学学习交流三个批次,重点关注教学改革、班级管理以及教学研究。深圳华侨城中学到郑州二中学习交流三个批次,重点是新高考背景下的高三教学研究、开放办学、教育信息化,该校著名课改专家荆志强老师为郑州二中教师做了教学研究报告。

3. 建设学校基地教育共同体

协同教育中一个重要内容是学校与实践教育基地的合作共同体建设。

社会实践课程是国家课程中重要的组成部分,社会实践课程的实施与文化课程同等重要。社会实践课程内容和形式都非常丰富多样,其中纳入教学计划的社会实践课程是参加为期三天的实践基地教育实践活动。实践基地一般是由市政府投资,为中小学开展社会实践活动而建设的实践教育基地。与实践教育基地建立合作共同体关系,对于学校利用校外资源开展教育教学活动具有十分重要的意义。

从2010年开始,郑州二中与郑州市中小学生生产实践教育基地建立了合作共同体关系,合作的重点是充分发挥各自的资源优势,建立学生定期参加综合实践活动的制度机制,并且共同做好学生在基地的教育教学工作。

　　郑州市中小学生生产实践教育基地位于郑州市南五十公里新郑市具茨山国家级森林公园管理委员会千户寨村的中华人文始祖轩辕皇帝出生、创业、建都之地始祖山脚下，是按照国家教育部、省教育厅有关实践活动教育基地文件精神，由市教育局投资、经市计划委员会批准于2004年7月开工建设，基地建设用地50亩，总投资三千多万，是河南省唯一一家由政府全额投资，学生活动政府买单的基地。2007年3月开始运行，目前已达到了八百学生同时入住基地参加实践活动的规模。2007年9月被郑州市委宣传部、郑州市教育局、共青团郑州市委联合命名为"郑州市'十佳'青少年校外活动基地"，2007年12月被河南省教育厅命名为"河南省中小学生产实践教育基地"。2011年8月被共青团河南省委、河南省依法治省工作领导小组办公室、河南省综治委预防青少年违法犯罪工作领导小组办公室命名为"河南省优秀青少年法制宣传教育基地"。

　　在三天的拓展课程中，学生们亲身经历和感受了高、低、中空拓展，软陶制作，野营拉练，绢花制作，汽车模拟驾驶等课程。在软陶制作过程中，学生了解软陶的特性以及简单的制作方法，培养学生动手和创作能力，提高审美标准，通过动手实践开发学生的想象。在野营拉练中，学生深入大自然，了解大自然，把课堂延伸到自然和社会，培养学生的团结合作精神。在汽车模拟驾驶中，同学们了解汽车的发展史，明白汽车的基本组成部分及工作原理。整个活动过程中贯穿安全常识的教育，普及交通安全常识，重视交通的法律。尤其是在高、中、低空的拓展训练中，很多同学第一次真正挑战了自己内心的懦弱之处，战胜了"恐高"心理，第一次鼓足勇气，勇敢地迈出了关键一步；第一次在模拟的危险中通过同伴的帮助翻爬了"逃生墙"。同学们愈加明白和感受到"团队"的含义、集体的价值以及战胜怯懦的成就感。

4. 建设家校联系的信息化平台

　　在信息时代，一切现代技术都可以为教育服务，利用互联网信息技术可以有效提高家校互动效率，方便家长与教师实时把握学生的学习过程。而郑州二中一直致力于利用信息化技术提升教育的品质，力求通过促进学校和家庭的及时有效沟通，达到家校结合，提高育人效果的目的。

　　(1) 家校信息互动，学习、安全有保障

　　校讯通平台是学校与移动公司合作建立的家校联系平台。过去的信息只能通过下发通知才能使学生家长知晓。而学校校讯通平台的建立,则为各班级各学科老师的信息发布提供了空间。从作业的布置、课余活动的安排,到班级各类评优结果的发布、学校班级的各类通知,在这里都可以及时获取准确的信息。每到过年过节时,学校还利用校讯通平台,给家长送去温馨的节日问候,拉近教师和家长的心灵距离。这无疑给家长提供了最大可能的方便,也为家校沟通助了一臂之力,成为家校沟通的好帮手。

同时,学校也为学生统一办理了校园卡,学生到(离)校刷卡,信息中心自动反馈学生到(离)校信息到家长的手机,有效地解决了家长对学生安全的忧虑,给学校和家长带来了极大的方便。

(2) 育人为重点,孩子们的第三课堂

为了更好地促进家校联系,学校立足于学生的发展,整合多方教育资源,建立了"郑州二中教育联盟"公众平台,它不仅仅是一个简单的信息交流平台,更是学生们在学科课堂、活动课堂之外的展现自我风采的平台。这个平台包括新闻动态、展示交流、家庭教育、学生成长足迹、信息查询等模块。在这个微信平台,学校可以把教育教学情况和学生发展情况实时发布在平台上,需要家长协助开展的教育工作也可以即时发布在平台上,如果家长需要向学校和教师反映情况,或者提出意见和建议,在平台上渠道也是畅通的。学校开展的微电影节活动就是在微信平台上展示交流和投票评选的。同学们积极参与,把这里当作展示自我形象、积极和老师家长进行平等的交流的心灵家园。很多家长也对平台给予了高度的评价,称平台是促进学生健康成长的"第三课堂"。

(3) 交流互动,教师、家长共成长

学校家校联系平台的建设以家校互动为重点,通过"郑州二中教育联盟"公众平台、班级微信群、班级 QQ 群等多种信息化途径,充分调动社会教育资源,利用现代信息技术架起学校、家庭之间的实时、快捷、有效沟通的桥梁。家长可以不再受时间限制,随时向学校和班主任发表自己的看法和建议。既可以帮助教师和家长及时解决学生任何时刻出现的问题,又可以让教师和家长共同分享学生身上随时出现的亮点所带来的喜悦,使学生少走弯路,健康成长。

学校家校联系的信息化平台的建立,促进了教师的教育教学行为和家长的育人活动的改变。这种改变不仅是行为的改变,更是育人观念的改变。它形成社会、学校、家庭和谐共育的局面,而且在参与平台互动的过程中,教师和家长也获得提升,和学生实现了共同成长。

5. 建设家长参与学校管理的制度机制

《国家中长期教育改革和发展规划纲要(2010—2020 年)》明确指出,要"适应中国国情和时代要求,建设依法办学、自主管理、民主监督、社会参与的现代学校制度,构建政府、学校、社会之间新型关系"。其中"依法办学、自主管理、民主监督、社会参与"指明了现代学校制度的特点。在普通中小学校长负责制下,吸收社会各方面力量参与学校管理,有助于教育资源的整合与补充,有利于学校管理制度的民主化、科学化和人性化。

2012 年 2 月,教育部印发了《关于建立中小学幼儿园家长委员会的指导意见》,指出了要推进现代学校制度建设,完善中小学幼儿园管理制度,要加强与家长的联系和沟通,应建立家长委员会,充分发挥家长作用,促进家校合作,优化育人环境。《指导意见》规定了家长委员会参与学校管理、参与教育工作、沟通学校与家庭等方面职责。要求学校必须为家长委员会开展工作提供必要的条件,要保障家长委员会有效参与学校管理、对学校工作实施有效监督和保障参与教育工作。由此可以看出,家长在学校管理中的重要作用。

(1) 家长参与学校管理的实践策略

1) 家长参与学校管理规范化

建立健全规范的家长参与学校管理的制度,完善家长参与学校管理的有关章程,健全参与学校管理的家长的职能职责,健全家长参与管理的组织机构。确保家长积极主动参与学校的活动、管理、教育等工作,形成一套规范化的管理体系。

① 健全家长参与学校管理机构

各班成立班级家长委员会,各年级成立年级家长委员会,学校成立校级家长委员会,各级家长委员会构成参加学校管理的主要机构。学校家委会是在全校各班的所有家委会成员中民主选举产生,推选的代表具有公认性。在学校家委会成立后,又通过选举产生家长委员会主席团,家委会主席团原则每班 1 人参加。

根据教育教学的需求,成立"家长义工"和"家长志愿者"等服务团体。通过这些机构的设置,确保各班家长参与学校管理的人数大约能占到 50%,广大家长的参与,能形成对学校支持和监督的合力。

② 明确家长参与学校管理职责

为了让家长参与学校管理的职责明确,学校用科学的制度进行规范和界定。以制度明确家长到学校参与管理的内容、范围和职责,保证家长参与学校管理的实效性。家长参与学校管理也将不再是一句空话,而是有项目、有岗位、有依据、有过程的实实在在的实践行动。家长参与学校管理的职能职责大概可以分为以服务、监督、学习、宣传和管理等方面。

2) 家长督学制度化

让家长参与学校的民主管理,建立民主监督的机制。让家长对学校的办学成果、管理制度、重大活动、办学特色、教学质量、教师工作、领导班子等方面的情况进行了解与监督、评价。定期对学校、教师工作进行评估考核,站在家长的角度给学校和教师提出合理化建议,促进学校和教师的工作更上台阶。由于家长的参与既能给学校提供技术支持,也对教师形成不小的压力,从一定程度上推进教师的专业化成长,加快了学校的评价制度改革和课堂教学改革,使课程改革向纵深发展。

① 家长参与"督政"常态化

家长参与学校的有关工作的评估考核,就是对学校行政工作、管理工作的监督。通过家长委员会的常设机构定期对学校管理工作、活动安排进行评估考核、提出建议,促进学校工作在日常过程中不断优化,不断调整工作状态、重心,以能及时全面地顾及社会和学生的需求。比如学校可以在以下八类工作中由家长共同参与决策,分别是大型学生活动(集会)、优秀学生评选、优秀班集体(班主任)评选、校园文化建设、教室设备采购与维修、学生校服招标采购、校园安全教育及预案、校园周边环境治理。学校在涉及这些项目时主动与家委会主任联系,由其通知常设机构(家委会主席团)成员参加学校的决策修订。

② 家长参与"督教"科学化

各班教师每学期至少面向家长上一次公开课,全班家长参与听课和评价。家长人手一份教师教学评价表,在评价表对教师的教学水平、个人素质、关注学生学习程度等维度进行评价,并对教师综合情况打出分数,写出评语,交教师发展中心进行汇总统计。家长评价教师的具体情况由教师发展中心统一梳理后,单独与教师交换意见,评分结果经技术处理后,记入教师的过程考核之中。通过这样的方式,有效地促进了教师教学行为的转变,让教师更加关注学生及家长的心理需求,减少家长与教师之间产生一些不必要的内耗与矛盾。为了避免家长的非专业性评价或有其他因素的不公正评价,家长在评价教师时,学校领导也组织了教研组和学科骨干一起参与评价。面对家长对教师的评价,学校更加注重与教师之间进行意见和建议的交换,让教师能听到家长们的真正心声和希望;对家长的教学评价,学校要进行技术处理,在核心评价上占的分值权重要小些,更关注的是校内专业教师的评价。这样的"建议为主,分数为辅"的评价显得更加科学化,教师们也能普遍接受。

③ 家长参与"督学"程序化

对学生的综合评定,让家长的评价直接进入学生的综合评定。具体做法是,学生在家里的生活习惯、学习态度、礼仪交往、家政能力和家庭责任感等学生综合评价维度交给家长,由家长在评价手册上量化评定,写出学生在家里表现的评语。

3)具体做法

家长参与学校管理是开放办学的重要组成部分。一方面,完善家委会选聘、工作制度,使家委会工作开展更科学高效、更具有针对性,另一方面,加强对家委会成员的培训和家校指导,配合学校教育思想,宣传家庭教育的重要性,传播、交流家庭教育的科学知识和经验,促进家长创设有利于孩子学习、成长的家庭方法。对条件差的家庭教育进行咨询,提高家长的认识,树立新时代的家长形象,使家长在家庭教育中起积极作用,做孩子的表率、典范。

学校从校级、年级、班级三个层面建立具有广泛具有代表性的家长委员会,保证家长对学校办学、管理的监督评价权利。班级家长委员会由各班学生家长选举或班主任推荐产生。三至五人组成,并设主任、副主任各一人主持日常工作。

各班家长委员会主任、副主任为校级家长委员会的成员,校级家长委员会设主任一人,副主任两人,三人主持日常工作。学校校长是校级家长委员会的组织者。校级家长委员会一般每学期召开一次会议,如遇特殊情况,需要临时召开会议,可经主任委员会研究,与学校共同商讨,取得一致后由学校通知。

郑州二中组建的家委会,通过与学校紧密协作,发动家长配合学校做好学生各项教育工作。

动员所有家长,积极学习教育知识,参与学校组织的家长活动和家长培训。协调学校与社会、家庭的关系,增强教育的合力。家长通过参与开放办学活动,参加学校的重大活动或组织听课等,关心、了解学校工作,对学校的办学方向、教育质量、教师工作、行政管理等方面提出建设性意见,做出适当的评价,实行必要的监督。每月对广泛搜集到的家长对学校的意见和要求,进行分析、归纳。所反映的问题,将有关意见、建议及时提供给学校,直接送学校管委会,由学校统一进行整改并反馈。结合实际情况,有效协助解决学校、年级在教育教学中出现的具体问题。

每学期做好家访等家校联系工作,及时向家长介绍教育重点和要求,给家长参与的机会,学校要向家委会做学校工作报告更有利于家长了解、支持、配合学校工作,坚持与学校保持密切联系,及对向学校转达家长对学校的意见和建议,维护学校和学生的正当权益。积极起好学校联系的桥梁和纽带作用。开放办学可以充分保持教育的一致性,共同助力学生成长。

(2) 家长参与学校管理的社会效益

家长参与学校管理有三个方面的社会效益:一是家长在学校的教育教学活动中发挥参与者、支持者和监督评价的作用,扩大了学校的教育资源;二是家长在参与学校的教育教学活动中不断提高自身修养和教育子女的基本素质(包括文化修养等);三是成为学校形象的保护者和宣传者。

学校则应提供三个保障:一是充分提供家长参与学校管理的时间、地点和必要的物质保障;二是确保家长在参与学校活动中的合法地位;三是搭建家长在学校交流学习的机会和激励机制。

1) 参与管理,促进学校民主管理

了解学校、评价学校、监督学校、参与教育是家长们的普遍愿望,家长走进学校,主动参与学校的过程管理,建立了学校的督政、督教、督学机制,与学校共同形成教育合力,这就是家长参与式学校管理制度建设的重要标志。

2) 献计决策,特色教育精彩纷呈

学校的办学特色和文化理念,始终牵动着家长们的心,家长参与学校管理制度建设,就是选择家长为学校当好参谋,建言献策,提出宝贵的建设性意见,更好地促进了学校特色发展。

3）义工教师，兼职教师多元多能

打开校门，让更多的家长、社会人士担任义工，兼任教师或教育志愿者，补充学校教师知识结构单一的现状，若能充分发挥这支队伍的作用，那么家长兼任教师将成为学校教育的师资力量的有效补充，也能让学校的"教师"变得多元多能，更能促进教育活动多姿多彩。

4）尊重理解，家长认可社会满意

家长参与学校管理，不仅是对学校工作的督促与帮助，更是对学校工作的宣传与理解。在广大家长的参与下，家校间的相互尊重与理解，已成为学校与家长、社会合作的自学行动。学校能够做到想家长之所想，急家长之急，办好家长满意教育变成学校发展的内在需要，能够促进学校开放办学，实现做有未来的教育的价值追求。家校有了长效互动机制之后，学校与家庭、社会的关系更近了，家庭和社会对学校的认可度、满意度更高。

（六）开放的时空环境

开放办学在育人环境建设方面主要采用构建数字化校园以及数字化校园与校园文化建设相融合的实施策略，积极构建开放的时空环境。

郑州二中通过加大对"数字化校园"基础设施的升级改造的投入，在无线网络全覆盖的基础上，构建功能完善的校园网系统，通过网络创设了一个全新的育人环境。在郑州二中的数字化校园中，数字化的虚拟学校是核心，它建立了一个数据交换平台，实现了校内各管理系统数据的同步和互联互通；校长、老师、学生和家长都建立个人账号，可以进行学习和交流。虚拟学校为师生们提供了数字化的管理平台、数字化的办公平台和数字化的学习平台。各个教学场室配备功能完善的数字化教学设施，建设了未来教室、智慧广场等数字化教学环境；在创新班每人一台平板电脑，教师每人配备一台高性能的办公电脑。

在软件建设方面，学校开发了一系列实用的教学和管理软件，构建了教学资源库、学校网站、学科网站和教学平台等。其中比较有特色的有：郑州二中微信平台、学生学习支持服务系统"睿迅课堂"、OA 管理系统、安全管理平台、学生微课自主录播系统、教育质量综合评价系统、学生选课系统、问卷系统等，形成了具有学校特色的数字化教学模式"移动自主学堂"和评价模式"教育质量综合评价系统"。

系统平台例举:OA办公系统

本系统是郑州二中智慧校园建设的一个组成部分,主要作用是在学校办学理念引领下,通过本系统,使学校各管理部门、各岗位责任人进行规范管理、科学管理、高效管理,在信息化条件下,通过数据分析,从一个侧面评价学校各岗位工作状况,促进各岗位严格履行岗位职责,提高管理水平,从而实现管理促提升、管理育人的管理目标。

本系统基本涵盖了学校管理的各个方面,包括公文管理、部门管理、工作交流、教学管理、德育管理、安全管理6个应用模块,以及签到、请假、报销、采购、付款、通知公告、公文展示、用车派遣8个功能。

为确保教师教学情况和学生学习情况纳入管理部门的考核范围,本系统数据基于学校现有的移动自主学堂和个人学习空间系统,实现资源与数据共享。

(1)公文管理模块:按照规范、通行的公文管理运行模式进行管理,包括上级文件管理和校内公文、事项请批两部分。上级文件管理包括文件的批转、阅办意见、办理结果反馈等,同时具有随时督办、对办理结果评价等交互功能。校内公文、事项请批部分的功能是校内下级对上级请示审批公文及事项的平台,可逐级请示审批,每个层级签署意见,公文在得到同意下发的审批意见后,将自动进入学校公文中心存档。公文属性:部门、文件名称、签署人、校对人、时间。

(2)部门管理模块:本模块是学校对各管理部门、各管理岗位进行常规管理的通用管理平台,主要功能是各管理岗位人员每天记录写实工作情况,并将工作计划、方案、总结等文案一并记录于工作写实栏内,这些工作写实将定期自动转为工作周报表,上报至部门上一级领导;各主管校长审阅的同时,系统会自动汇总给校长;各管埋岗位之间设有交互平台,满足随时交流、安排工作的需要。

(3)工作交流模块:本模块是全校教职工进行工作交流的交互平台,不允许进行任何工作以外的交流活动。可以点对点交流,也可以在特定群内交流,比如年级群、教研组群、处室群等。平台支持各种媒体形式。

(4)教学管理模块:本模块是教师发展中心进行业务管理的平台。包括教师管理、教学管理、学生管理三部分。教师管理包括学年岗位聘任情况、教师个人信息、教师业务档案等;教学管理包括课程管理、出勤及调课管理、常规检查管理、成绩管理、师德管理、奖惩管理、教科研管理、培训管理、教学活动记录等小模块。学生管理包括全校学生名单、每个学生的学籍表、学生学业成绩、学生参加各种竞赛获奖情况、学生学习行为数据记录、学生升学情况等。

（5）德育管理模块：本模块是学生发展中心进行业务管理的平台。包括班主任管理、班级管理、德育活动管理、学生管理四部分。班主任管理包括全校班主任聘任名单，班主任岗位变更情况，班主任学期工作计划、总结、自我评价，班主任所带班级取得的成绩、荣誉、存在问题，班主任奖惩管理等。班级管理包括班级基本信息、班委会组成、班级计划、总结、过程管理等。德育活动管理包括升旗仪式管理、一周大事记、纪律、卫生红旗评选结果、社会实践活动记录、校内活动记录、社团管理、公文管理等。学生管理包括全校学生名单、学生综合评价等。

（6）安全管理模块：本模块是学校安全工作的管理平台。包括通知公告、安全月报、一键求助、隐患报告、安全检查。通知公告是在平台发布有关安全工作的通知与公告。安全月报是所有担任一岗双责的安全责任人每月上报岗位安全情况。一键求助是为学生设置的在紧急情况下得到相关人员帮助的平台，按键后会看到相关管理人员的职务及电话，供求助者选择求助。隐患报告是供任何师生在发现安全隐患后及时报告相关部门和管理人员的平台。安全检查用于记录学校组织的安全大检查结果及隐患整改的情况。

郑州二中在数字化校园和校园文化融合建设方面进行了一些初步探索。一是在校园设立多处 LED 电子屏，用来宣传、展示学校文化、学生作品；二是在校园内广泛设置阅览室、书吧、书廊、读书角、英语角等阅读场所，配置电子阅读平台，营造书香校园的浓厚氛围；三是为每个师生开设基于网络的移动图书馆账户，实现随时随地的阅读和学习；四是在智慧广场、图书馆、创客空间等场所配置电脑，供师生上网学习使用；五是为每个师生开通学校微信平台，通过微信平台宣传学校文化，了解学校情况，实现领导、教师、学生、家长的实时互动交流；六是通过举行学生微电影节和微电影大赛，并在微信平台进行公开投票评选优秀作品，以及展播参赛作品展示和宣传学校文化；七是举办 TED 大会，为学生搭建展示自主发展、快乐成长的交流分享演讲平台；八是举办每年一度的面向全社会的学生管乐团新春音乐会，并制作播放专题片，宣传学校文化。

第三节　基于教研组的学科建设

加强普通高中学科建设是促进学校办学水平整体提升的基础性和战略性工作。它是实现学校总体育人目标,提高教师学科素养和教学能力,提升学生基本素质,促进学校内涵发展,突出学校办学特色的重要抓手。

基于教研组的学科建设有其自身的有效运行规律,同时与学校的行政运行之间有着密切联系。从重塑学校行政运行与学科建设的关系出发,需要探索出一套适合于自身学科建设的实施方案、制度文件和实践经验。在新一轮课程改革背景下,在以发展学生核心素养和学科素养为课程目标的基础上,重视并实施基于教研组的学科建设成为普通高中育人方式改革的一项最基础、最直接和有效的发展路径。

在高中阶段开展基于教研组的学科建设对于实现学校面向未来的价值追求和教育哲学具有显著而重要的作用。基于教研组的学科建设应以制定并实施学科三年发展规划为主线,确定规划的内容、格式、评价标准、实施办法、督导办法,并且扎扎实实地推进和实施;培育教师专业精神的主要途径是最大限度地调动教师工作积极性,激发教师热爱教育,热爱学校,热爱学生的教育情怀和专业精神,以及通过各种校本专业教研活动提升教师的专业精神和专业水平,其中的核心要素是校长的人格魅力和学校的体制机制;破解学校行政运行和学科建设协调发展难题的关键是理顺管理机制,兼顾年级管理和教研组管理、短期目标和长远目标,以备课组建设为抓手,调整教师办公室结构,强化备课组考核和评价;国家课程校本化实施是学科建设最核心的内容,应从细化解读课标、编写课程纲要入手,努力探索基于标准的教学设计和作业设计,探索基于学生自主学习和基于标准的学习的新型课堂形态,真正实现课堂的转型与变革。

一、 级部制管理下的学科建设

我们在构建现代高中的进程中,既要延续和夯实学校已有的发展历史和基础,又会在前行中不断遭遇到新问题。高考制度的应试导向和社会普遍存在的功利思想导致普通高中在办学自主性和育人追求等方面受到很大的挟制和挤压,看似合理的学校内部治理结构、教学体系和组织流程未能最大化的反映和保障学校的发展愿景和育人价值。许多学校在突破困局的尝试中找到一个比较合理的切入点,有走行政变革路线的,有走文化变革路线的,也有走技术变革路线的,其中部分学校还取得了显著的成效。而对于郑州二中这类学校而言,这些经验可供借鉴的意义非常有限。原因是叠加的,既有大环境大气候的影响,也有自身改革推进滞后的成分,还受制于管理者业已固化的思维方式上。学校的发展现状往往逃不开以高考升学为价值取向的考纲研究、教材研究、试题研究、教研活动研究等层面上,出发点和着眼点不高,系统性不强。

和多数普通高中一样,随着学校办学规模的不断扩大,在巨大的高考升学压力下,郑州二中十多年前实行了级部制管理,将教学管理的重心放在了年级组,虽然教研组依然存在,但是教研活动开展和考核评价的中心都是备课组。教研组的作用该如何发挥,如何促进学科自身的建设和发展,成为了困扰学校发展的主要问题之一。为解决这一问题,2013年郑州二中制定并实施了《学科建设纲要》,同时开展了星级备课组评选活动,开展了国家课程校本化实施活动。这些举措在一定层面上促进了学科建设的开展,提升了学校的教育教学水平。但是,由于忽略了教研组在学校行政运行中的作用和地位,导致学校行政运行和学科建设之间的关系交错纠缠,远未达到预期的效果,限制了学科建设的高度和深度。面临同一个基础性问题需要学校做出选择:是进行基于备课组的学科建设,还是基于教研组的学科建设?

两难的境遇中要做出一种艰难的取舍。基于备课组的学科建设,强化了行政管理,弱化了学科建设;强化了近期目标,弱化了长远规划;强化了教学管理,弱化了课程研究;强化了教师使用,弱化了专业培育。那么,反过来说,如果我们选择基于教研组的学科建设实践模式,会不会削弱行政管理、近期目标、教学管理、教师使用呢?

发展现代高中需要两条腿走路,一条是行政运行,一条是学科建设。怎么能够让我们的两条腿和谐摆动、协调运行、快速奔跑,的确是目前需思考的一个问题,也是一个带有全局性的普遍问题。

目前在不少中学,学科建设工作已经被提上议事日程或正在付诸实施。中学进行学科建设有着重要的现实意义,它是中学重新审视自身的存在价值与发展目标的必经路径,是突破目前年级组与教研组并存的管理困境的重要举措,是构建稳定的教育质量控制体系和推进教师专业化的必要行动。

当前大多数普通高中在规模扩大、学生增多、升学压力大的情况下,都实行了扁平化的年级管理体系,把教育教学管理的重心下移到各个年级。高一的事归高一年级管,高三的事归高三年级管。教师们也告别了学科教研组办公的位置,分坐到各年级的行政区划里。年级长对这个年级的教育教学负总责,实行三年一贯的绩效考评。这种体制下的级部,管理权责明晰,目标任务具体,工作积极主动。他们会积极争取优秀师资,加强对日常教学行为的监控,会高度关注预期质量目标的达成。

一个级部说到底是为了这个年级三年目标的实现而设置的行政组织,三年之后,这个组织就不复存在了。那么这个行政化组织有没有可能追求长远,防止短期行为,避免急功近利? 答案是否定的。

与此形成巨大反差的是教研组和教研组长形同虚设,这样的教研组除了教学行政事务之外,教研的功能实际上已经严重弱化,更不要说长远规划学科建设、教师培育了。当然,现在主要是备课组活动,但备课组的功能与活动毕竟与学科建设取向相去甚远。如果开展基于备课组的学科建设,将会受到备课组功能定位的限制。

一所学校如果长期依赖行政化体制运行,学术地位式微、学科建设薄弱,那么是否会导致学校发展后续乏力? 更严重的问题是,长期以高三考试为目标的备课组研究导向,是否会让我们的学科发展无法指向服务于人的成长的教育追求? 学科的终极教育价值会否被考试的工具价值长期遮蔽?

现代高中发展需要学科的轮子,再也不能变成依赖行政运行的独轮车。

学校期望通过探索基于教研组的学科建设的运行规律,提升学科建设水平,找到行政运行与学科建设的内在联系,形成适合郑州二中发展特点的学科建设实践策略,从而提高教育教学水平,让教育因此富有灵魂。

二、 核心概念界定

基于教研组:是指本课题所研究的学科建设的实施主体是教研组,它是学校基层教学、教研组织,学科建设研究是建立在以教研组为基础的体制之上的。

学科建设：所谓学科，它的含义有两个：一是作为知识体系的科目和分支。它与专业的区别在于它是偏就知识体系而言，而专业偏指社会职业的领域。学科的第二个含义是高校、基础教育中教学、科研等的功能单位，是对教师教学、科研业务隶属范围的相对界定。学科建设中"学科"的含义偏指后者，但与第一个含义也有关联。

在大学或高校学科建设中，学科建设一般被理解为"建设学科或发展学科，它是指学科主体根据社会发展的需要和学科发展的规律，结合自身实际，采取各种措施和手段促进学科发展和学科水平提升的一种社会实践活动"。

结合中学的基础教育特性，我们将中学学科建设理解为：中学根据基础教育目标和学科内在本质，结合学校及学科实际，采取各种措施和手段促进学科教育教学水平发展与提高的一种研究与实践活动。其主要任务是"把学科教学提升为学科教育，让学科教学回归学科教育的本质。也即每个学科教师都要有对学科教育哲学的追问和认识，都要有对教育终极价值的理解和体认，都要有对本学科学术前沿的关注乃至研究，唯有如此，其所实施的课程教学，才会有教育的意味，才会成全每个人的自由发展"。还在于培养学生的核心素质，为人生进一步发展打好基础。

本校的学科建设主要包括信念与专业建设、课程建设、师资队伍建设、校园文化建设等内容。

三、建设目标和内容

（一）建设目标

1. 构建学科规划的框架结构和维度。

2. 构建培育教师专业精神的实践策略。

3. 构建行政运行与学科建设协调发展的实践策略。

4. 构建课程建设系统体系的实践策略。

（二）建设内容

1. 制定并实施学科三年发展规划。以制定并实施学科三年发展规划为切入点，推动学科建设整体发展。重点研究学科建设三年规划的内容、评价标准、实施办法、督导办法等。

2. 以郑州二中的"勤文化"为引领,探索培育教师专业精神的路径和方法。

3. 探索在回归到基于教研组的学科建设策略下,如何进行行政运行,包括教师办公场所的安排、备课组由教研组和年级组双重管理下的运行机制等。

4. 探索国家课程校本化实施的路径和方法。形成细化解读课标、编写课程纲要、基于标准的教学设计和作业设计;探索基于学生自主学习和基于标准的学习的新型课堂形态,实现挖掘学生潜能与培养学科素养的有机结合。

四、 建设思路

1. 将学科建设课题研究纳入学校整体发展规划,集全校之力研究与实践。

2. 遵循学科建设与发展的内在规律,以提升学科教育品质为目标,以提高教师的学科素养和教育能力为重点,抓好学科教师队伍建设;抓实学科教研活动,严格学科教学管理,优化学科教学过程;培育优势学科和特色学科,加强薄弱学科,全面提高教育教学质量。

3. 进一步加强学科教研机构建设,加强基础建设;建构和完善有利于学科课程实施的基本框架;加强学科能力建设,提升教师专业素养,促进教师专业成长;扎实开展教学研究,生成以探索为实质的合作教研文化;加强学科教学质量监控。

五、 研究过程

郑州二中学科建设经历了三个阶段。

(一) 第一阶段,起步阶段

1. 概况分析

2013年9月之前,学校教育教学的运行机制是扁平化的年级组管理,年级长是年级教育教学工作的总负责人,学校对年级实行三年一贯的目标管理,而最核心的目标其实就是高考升学目标。从教师选聘到团队建设，从过程管理到质量监控，年级组管理确实显示出行政运行的许多优势。但是，也日渐暴露出学科地位下降、课程建设滞后、校本教研薄弱等问题，学校的发展理念、培养目标、教育的终极价值没有很好落实。

学校的办学理念是"自主发展，快乐成长"，教育的终极追求是培养全面而有个性的终身学习者。从现行的运行机制看，是不能适应和满足上述价值追求的。

根据学校的实际情况，本着循序渐进的原则，在研究论证之后，学校决定在继续保留年级组管理机制的基础上，启动基于备课组的学科建设活动。

活动的主要思路是：制定并实施《郑州二中学科建设纲要》，以星级备课组评选活动为抓手，开展基于备课组的学科建设活动。同时开展培育教师专业精神、提升教师专业素养活动。想要达到的预期目的是：澄清学科价值，提升学科地位，加强学科研究，提高学科水平。

我们在制定学科建设纲要时，是按照基于教研组的学科建设来设计的，因为这是学科建设的规律性的东西，基于备课组的学科建设纲要根本就无法设计。但是在考核评价时是以备课组为单位开展的。这样就出现了教研组和备课组在制定规划时交叉重合的地方，实际的做法是既要有教研组的规划，也要有备课组的规划和具体落实。

2. 开展基于备课组的学科建设

开展学科建设的首要任务是要制定学科建设纲要，明确学科建设的意义、内容、方法和评价方式，从而引导学科建设活动有序、有效开展。

我们在《郑州二中学科建设纲要》中将学科建设的内容确定为：做好学科规划，构建学科课程体系，打造学科团队和整合学科教育教学资源四个方面。

在制定学科规划方面，主要从以下几个方面入手：要基于对一定的教育哲学和党的教育方针的理解；要基于对《基础教育课程改革纲要（试行）》等文件和课程改革理论的学习；要基于对学科价值的理解，要重视对学科课程标准等的学习，重视对学科学习目标和学科特点的把握；要基于对学科现状与本学科教研组全体成员的全面了解；要基于对世界教育发展方向的了解；应该凝聚全员智慧，使之成为老师专业发展和学科团队建设的重要手段。

课程建设是打造学科的核心发展力的中心环节,在课程建设方面关注如下几个方面的问题:目标的确立与内容的统整,学程的设计,学科教与学的观念、思路、策略、方法与技术系统的构建,校本课程开发,学科评价手段系统的构建。

团队建设主要包括三个方面的内容:学科教师专业发展、学科教研组制度建设和学科教研组文化建设。

学科教育教学资源建设包括:重要的教育教学文件和有重大影响的经典文章的搜集、学科专题教育教学资料的搜集与整理、教师的学科教育教学及其研究活动的记录与反思的收集、教师教育教学探究成果的收集、学科教研网络平台的搭建、学科学具的开发等。

学校制订了有关学科建设和教学管理的一系列制度文件:《郑州二中教学管理规程》《郑州二中学科建设纲要》《郑州二中学科建设评价标准》《郑州二中国家课程校本化实施方案》《生成课堂的理论基础及课堂互动模型》《建构主义环境下的教学设计》《教学设计的基本策略——生成性教学设计》《四课型渐进式自主学堂》等,积累了备课组学科建设的经验,提升了教师的专业发展水平,丰富了校本教研的形式和内容,通过考核评价,评选出了星级备课组。这个阶段学科建设和行政运行同步发展,规范了教师的教学行为和学校的管理体系,郑州二中申报的"四课型渐进式自主学堂"被郑州市教育局认定为"道德课堂有效课堂形态",郑州二中信息技术与教学深度融合项目"移动自主学堂"成为教育部重点支持和推广的教育信息化项目。

存在的主要问题是,习惯了传统教学方式和管理方式的教师们对于系统的学科建设活动和规范教学行为的一系列制度措施有些不适应,工作推进并不是很顺利。学校采取了循序渐进、由点到面,树立典型、示范引领,检查落实、及时反馈,考核评价、数据说话等措施,逐步得到了教师认同、理解和支持。

3. 开展培育教师专业精神的活动

教师专业精神是教师必备的专业素养,它是教师在教育教学过程中所体现出来的价值取向和价值追求,主要包括责任感、精益求精的工作态度、服务精神、反思意识和专业信念等内容。

培育教师的专业精神主要从两方面入手:一是调动教师的工作积极性,激发教师热爱教育,热爱学校,热爱学生的教育情怀和专业精神;二是通过各种校本专业教研活动提升教师的专业精神和专业水平。

（1）调动教师工作积极性,培育教师专业精神

在激发教师工作热情和专业成长方面着重有以下做法:

1）结成命运"共同体"。将学校愿景与国家、上级部门的政策、要求有机统一,让教师与学校同呼吸共命运,做到"六同": 同心、同愿、同向、同力、同步、同为,形成共识,深入推进。

2）主动提升"软实力"。校领导自戴"紧箍咒",学习成常态,带头做表率。

3）改善依靠"明规则"。待遇要依法依规改善,在双创中分享创建成果。

4）营造鸿儒"朋友圈"。摒弃物质攀比,甘做精神贵族。

5）不与同事"争名利"。荣誉与称号向一线教师倾斜,机会与同事共享。

6）密切关系"善做梯"。学校时时为教师着想,处处传达善意,切实解决教师后顾之忧。

7）模范践行"勤文化"。"勤文化"时刻提醒我们要"勤政、勤奋、勤思、勤俭、勤勉、勤学、勤劳"。有学生在,就有教师在,有教师在,领导一定在。校长坚持做到"六个一": 每天思考一项改进学校工作的策略,每天在学校巡视一遍,每天听一节课,每天与一位教师或学生进行交流,每周与一名家长交流,每月给学生做一次讲座。

8）倡导健康"新方法"。长期坚持"七个三"健康工程。2010 年至今,聘请首席教师健康工作顾问,成立了 38 个教工俱乐部,定期开展活动,增强了教师归属感。

9）决策议事"都参与"。强化教代会、教联会制度,加强民主管理,充分体现教职工主人翁地位,教师享有充分的知情、参与、执行、监督的权利。

10）制度执行"无特例"。校领导带头执行学校各项工作制度。

11）校园生活"书为伴"。学校深入开展"书香校园"活动,校领导带头做职业读书人。

12）岗位自主"重三干"。引导教师"想干、能干、干好"。一是制订全校岗位描述白皮书;二是年级、处室自主选聘教师;三是制订相关管理规程;四是目标管理制;五是成立校级质检组,常态化检查教育教学质量;六是绩效考核制。

（2）通过各种校本专业教研活动提升教师的专业精神和专业水平

以教研组和备课组为团队的共同体组织是教师专业成长的沃土,校园文化、团队

文化具有凝聚人、约束人和改变人的力量。优秀的团队文化可以聚集优势人才、充分发挥学科成员之间知识技能互补的优势,形成大于成员个体能力之和的整体合力,实现超越成员个体限度的工作目标。因此在学科团队、年级团队、学校团队的教学研究活动中,教师的专业精神和专业水平得到了持续提升。

1) 在学科建设中提升。学科建设活动把教师个体和学科团队紧密联系在一起,通过制定并实施学科发展规划和个人专业发展规划,在相互信任的基础上形成团队共同愿景,使教师的凝聚力、专业信念、工作态度等日渐提升。

2) 在校本培训中提升。学校改变以往的外出通识培训为校本学科建设培训,增强了培训的针对性和实效性。

3) 在教科研中提升。开展基于校本研究的教科研活动,努力做到人人有课题。

4) 在外出学习交流中提升。围绕学科建设、基于标准的教学、信息化教学等主题,分期、分批外出学习交流。

5) 在校本教研中提升。规范教研活动形式,丰富教研活动内容,开展多种形式的听评课活动。

6) 在校际合作中提升。与美国托马斯·杰斐逊科技高中、江苏锡山高中、广州执信中学、上海复兴高级中学、天津第四十一中学等开展同课异构和研讨活动。

7) 在阅读中提升。引入移动图书馆让教师在线阅读,奖励图书机制,读书分享,创设阅读空间等。

8) 在信息化教学中提升。创新班教师在教学实验中专业能力和信息化教学能力全面提升。

9) 在青蓝工程中提升。坚持开展师徒结对活动,每周举行一次青年教师沙龙。

10) 在继续教育中提升。学校从政策和资金上鼓励支持教师进行高学历进修等继续教育活动。

第一阶段为学校学科建设做好了各项准备。找准了问题,提出了意见,拿出了方案,制定了评价标准和建设纲要,修改和完善了备课组的推优评选办法,从调动教师工作热情和积极性方面出台了一系列政策,校领导带头垂范,搭建了更多的专业成长平台。从学校发展的全局出发,力图推动学科建设。吹响了动员号,粮草备齐,万事俱备。一些工作先行先试,在取得初步成效的基础上,纳入到全校统一推进的工作中,一些工作前期的氛围营造到位,框架搭建完成,围绕学科建设的资源整合初步完成。

（二）第二阶段，发展阶段

全面开展国家课程校本化实施活动。通过暑假教师全员培训活动,系统进行国家课程校本化实施的研究和实践工作,核心工作是开展基于标准的教学研究,通过细化解读课程标准、编写课程纲要,进行教学设计、作业设计、评价设计等工作,对基于标准的教学全过程进行系统研究。

学校各学科基本形成了国家课程校本化实施的创生体系,编写了《郑州二中自主学堂》指导书和练习册共 70 多个品种,形成了郑州二中校本作业设计,印发给全校师生使用。国家课程校本化实施活动扎扎实实地推进了学科建设的深入开展,把课程建设和课堂教学工作提高到了一个新层次。

1. 以学科建设为统领,进行总体设计与规划

(1)制定并实施《郑州二中学科建设纲要》。(2)开展星级备课组建设与评选活动。(3)开展基于教研组的学科建设与评选活动。

2. 聘请学科专家,进行专业引领

学科专家的引入,对于国家课程校本化实施的水平和质量起着至关重要的作用。郑州二中长期聘请了上海复兴高级中学化学特级教师陈永平为郑州二中化学学科专家,聘请常州市田家炳中学物理特级教师汪明为郑州二中物理学科专家。这两位学科专家具有国内一流水平,陈永平校长提出的"眼高手低"教学理念享誉全国,这种理念很好地诠释了教学与育人的关系,有两层含义,其一是教学预设和课堂生成的关系;其二是教师要高瞻远瞩关照学生的长远发展,又要低头看路关心学生的当下提升,做到育人和育分的和谐统一。他的教育观对学校的学科建设起到了很好的引领作用。而汪明校长强调人文物理的概念,在物理学科教学中渗透大量的人文因素和情感成分,总结为:"唤醒,在于将情感唤醒,让学生有所感悟;实践,注重强调失败探究的重要性;领悟,真善美融入到教学中,提升学生的批判性思维能力;发展,将物理思想升华为自身的判断体系。"他们在引领学科组建设和进行国家课程校本化实施方面发挥了巨大作用,为其他学科组建设提供了经验和借鉴。在各种学科活动中,不间断地聘请国内比较有影响的同行专家到校指导和参与学科建设,覆盖到所有学科和重要环节。同时,还借助移动互联技术,形成了线上加线下,即时加共享的特有学科成长生态。

3. 形成基于标准和学生自主学习的有效课堂形态

课程改革的核心是课堂改革,课堂改革的核心是教学转型。可以说,没有科学有效的课堂教学,即使细化解读课标做得再好,其结果也只能是纸上谈兵。

在学科建设过程中,学校的课堂形态"四课型渐进式自主学堂"被郑州市教育局认定为道德课堂有效课堂形态。"四课型渐进式自主学堂"的核心是"自主学堂",体现了学生是主体,课堂即学堂的教学理念。"四课型"即基础先学课、展示反馈课、点拨思辨课、练习评价课,实际上是课堂教学的四个环节,之所以命名为"课型",一方面说明每个环节都是一种可以独立研究的课型;另一方面这些课型的组合,时间分配等是灵活的,而不是像环节一样的规定性。"渐进式"反映了认知的规律性,由陌生到熟悉,由浅入深,由表及里,由具体到抽象。本课堂形态的内在理论依据是建构主义学习论,强调学生的参与、体验、经历、感悟。特点是,以郑州市道德课堂形态为基础,以先学、展示、反馈为基本元素,增加点拨思辨课型,将教师的精讲和学生的质疑、将预设目标生成和非预设目标生成打包进入教学设计,从而培养学生主动学习能力和批判思维能力。

4. 形成基于标准的道德课堂教学评价标准

在形成"四课型渐进式自主学堂"课堂形态和推进基于标准的有效教学的基础上,郑州二中制定并完善了基于标准的道德课堂教学评价标准。本标准包括教学内容、教学方法、教学基本功、教学效果四部分。评价标准印制在观课记录本上,用于日常观课活动评价和优质课、展示课活动评价标准。

5. 开展集中培训、研讨,形成细化解读课标文本

在上述工作开展的基础上,郑州二中还进行了全校性国家课程校本化实施的培训、研讨活动。

(1)制定国家课程校本化实施活动方案。

(2)聘请专家进行专题培训。我们陆续聘请了上海建平中学、上海复兴高级中学、常州田家炳中学等6位特级教师,聘请了郑州市教育局副局长田保华、河南省教育厅教研室政治教研员杨卫东、市教研室地理教研员赵丽霞等专家到活动现场进行培训指导。我们还聘请了江苏锡山高级中学的特级教师和教研组长进行培训指导。

（3）细化解读课标，形成课程纲要。形成全校各学科课程标准细化与创生体系。认真研读本学科的课程标准，在细化的过程中注意把握教学目标的阶段性和层次性，将课程标准中的教学目标细化为年级目标、学期目标、单元目标，最后细化为课时目标。

细化分解课标的步骤：第一步，分析关键词；第二步，剖析核心概念；第三步，扩展或剖析行为动词；第四步，确定行为条件；第五步，确定行为表现程度；第六步，写出学习目标。

6. 编写学习指导书和练习册

编写学习指导书和练习册，是我们进行课程实施的一个重要步骤。教学指导书以郑州二中"四课型渐进式自主学堂"为主线进行编写，用来指导学生自主学习、个性化学习。练习册的设计把培养学生各种能力和创造精神的目标纳入其中，从实际出发，多层次、多角度、立体化地确定作业目标，努力设计出符合学生特点的新型作业，使作业在促进学生全面发展的过程中发挥更大的作用。郑州二中和河南科技出版社合作编印了2014—2015学年上期共70多个品种的《郑州二中自主学堂》指导书和练习册，已全部免费投入使用，产生了积极的使用效果。学校从此告别了没有自主品牌教辅的历史。2015—2016学年在修订、提升的基础上，学校由郑州大学出版社正式出版了《郑州二中自主学堂》指导书和练习册70多个品种。

7. 依托郑州市优质资源，共建学科基地

根据《郑州市教育局教学研究室关于建设学科课程研究基地的通知》精神，郑州二中申报并被批准成为郑州市共建地理学科基地。

学校制定了《郑州二中地理学科基地工作实施方案》，基地研究工作正在赵丽霞老师的带领下，在8位市教研中心组成员学科指导教师的鼎力相助下有条不紊地开展。郑州二中将利用这样一个难得的机会，力求在国家课程校本化实施方面寻求大的突破。

这个阶段，总体上还是处于备课组层面的学科建设，得失各半。通过专家的引领

和示范,教师深刻感受到了在专业水平和专业精神方面的差距,也开始认同和理解学校在学科建设所做的努力和工作方向。虽然在制度建设、成果呈现和队伍建设方面富有成效,形成了比较有体系、规范科学的教学研讨局面,对于学科教育的意识也得到了很好的唤醒,从只关注教学具体问题到开始有意识地强化学科素养,从关注学生的知识点到关注学生的成长,也确有可喜的变化。但教研组长的影响力还没有被完全激发出来,学科建设还没有转化为教师自觉主动的行为,尚停留在政令导向,被动执行,碍于情面接受的程度。锡山中学的做法给了我们更多的启迪和思考,促使学校在更多的工作层面进行调整,由此加速了基于教研组的学科建设的工作。

(三)第三阶段,提升阶段

开展基于教研组的学科建设活动。在调研论证,制定活动方案的基础上,通过暑假教师全员培训,进行集中学习、研讨,邀请锡山高中领导和特级教师、教研组长进行专题培训和指导,开始制定并实施学科三年发展规划,探索基于教研组的学科建设与行政运行协调发展的实践策略的研究。

1. 制定并实施学科三年发展规划

(1)制定学科三年发展规划的意义及方法

制订学科发展规划是学科建设的重要内容,这有助于明确学科建设的主攻方向和奋斗目标,理清学科建设发展的思路,选择学科发展突破口,是提高学科建设水平和建设效率的重要保证。学科发展规划既要有未来发展的长远目标,又要有阶段完成的近期目标,要在长期规划的基础上制订出每学期学科发展的具体内容,要将学科建设的全部要素在时间上有比较合理的配置。

在制订学科发展规划时要注意以下几点:制订学科发展规划要基于对一定的教育哲学和党的教育方针的理解;要基于对《基础教育课程改革纲要》等文件和课程改革理论的学习;制订学科发展规划要基于对学科的理解,尤其要重视对学科课程标准等的学习,重视对学科学习目标和学科特点的把握;制订学科发展规划要基于对学科现状与本学科教研组全体成员的全面了解;制订学科发展规划要基于对世界教育发展方向的了解;制订发展规划的过程,应该凝聚全员智慧,使之成为教师专业发展和学科团队建设的重要手段。

（2）学科三年发展规划的内容体系

表6-1 学科三年发展规划的内容体系

框架	主 要 内 容
信念 作风	1. 学科宣言：有体现学科价值追求的学科宣言，并作出科学阐释；在阐释中能够体现出正确的学生观、教师观、教育观、学科观及其行动追求。
	2. 师德组风：教研组长确立提升自身凝聚力、感召力和影响力的目标；组内有体现良好师德追求的组风，涌现出体现组风精神的优秀教师典型。
	3. 年度规划：每学年有依据《发展规划》制定的行动方案；教研组长与组员围绕目标规划都有明确的分工和责任，建构良好的合作关系。
队伍 建设	1. 专业规划：组内教师有明确的成长目标，制定了个体发展规划。
	2. 途径方法：有切实的师德建设举措，明晰组内教师学习的内容和方法。
	3. 重点项目：确立本组教师发展的重点内容，分析本组教师发展迫切需要解决的问题并提出具体举措。
课程 教学	1. 课程开发：形成必修模块课程实施纲要；形成选修Ⅰ课程开设模块及规划；探索形成大学先修课程体系内相关课程开发的规划；研究选修Ⅱ课程框架下开发高质量课程的规划，形成若干课程纲要。
	2. 课堂教学：明确本学科变革课堂教学急需解决的问题及解决途径，教学方法、学习方式上有具体改进目标，课堂教学改革有项目和抓手。
	3. 学科质量：有明确的学科教学质量目标或《学科教学质量标准》（也可以是《学生学业成就标准》），在减轻学生学业负担方面有具体举措。
校本 教研	1. 教研制度：完善常规教研制度，不断创新教研方式，不断提高教研实效性。
	2. 教研内容：重点关注课程标准的落实、促进教学与评价的一致性、命题与作业等研究。
	3. 教研方法：有个人反思、同伴互助等常态研究的方法，注重形成教学风格，建立外出研修与交流学习的机制。
	4. 教研成果：围绕学科建设中的问题组织攻关，申报课题，完成研究项目；对教师论文、案例等物化科研成果的数量与质量有年度计划要求。
资源 管理	1. 科组档案：建立学科发展大事记载的文献体系，建立完整的个人专业档案。
	2. 业务档案：建立公开课、论文等学科业务档案库和学科教学资源库。
	3. 宣传推介：利用各种媒体宣传学科建设成果和教师典型，利用各种资源扩大学术交流的范围和影响，宣传内容有记载和归理。
特色 建设	特色项目：教研组依据学科发展要求拟定的面向未来的特色建设计划。

（3）学科三年发展规划的评估标准与方法

表 6-2　学科三年发展规划的评估标准与方法

框架	主要内容	评估标准	评估方法
信念作风	学科宣言	1. 各学科有学科宣言和阐释； 2. 学科宣言获得发展或者在课堂教学中充分体现了学科宣言； 3. 学科教师对学科宣言知晓度达到 90%以上。	问卷调查、查阅资料、访谈
	师德组风	1. 教研组长民意测评的满意率达 90%以上； 2. 组内有获得校级以上优秀教师称号的典型教师群体。	问卷调查、查阅资料、访谈
	年度规划	1. 各学科有围绕《发展规划》制定的年度行动方案； 2. 组内执行《行动方案》的分工明确、职责清晰、合作顺畅。	查阅资料、访谈
队伍建设	专业规划	1. 组内每位教师都有个人专业发展规划； 2. 提供依据发展规划专业发展良好的典型教师案例。	查阅资料、访谈
	途径方法	1. 围绕组内的师德建设开展了具体的活动； 2. 为组内教师的专业学习与提高开展具体的活动。	访谈、问卷、查阅资料
	重点项目	1. 围绕组内教师发展的重点内容开展具体有效的活动； 2. 本组教师发展的重点问题取得了进展。	访谈、查阅资料
课程教学	课程开发	1. 提供必修模块的课程纲要； 2. 提供选修Ⅰ、Ⅱ课程纲要； 3. 提供相关的校本课程纲要或大学先修课程纲要。	访谈、查阅资料、现场听课、看现场
	课堂教学	1. 提供反映当前变革课堂教学的主要推进项目或研究项目； 2. 提供反映进展的课例报告、教学设计、论文或者专著等。	访谈、查阅资料、现场听课
	学科质量	1. 制定《学科质量评估标准》； 2. 在减轻学生学业负担方面有具体的举措、明显的进展。	查阅资料、现场听课、看现场
校本教研	教研制度	1. 有常规教研制度和学期教研规划； 2. 教师对本组教研活动质量满意率高。	资料查阅、看现场
	教研内容	1. 教研活动的内容紧紧围绕本学科的发展重点和难点展开； 2. 教研活动的内容与教师日常教学密切相关并具有较高品质。	资料查阅、访谈、看现场
	教研方法	1. 教研活动能够常态化开展； 2. 提供反映教研活动形式与方法多样并切实有效的案例。	资料查阅、问卷、访谈
	教研成果	1. 有申报立项的各级各类研究课题并取得进展； 2. 教师取得一定的教育教学成果（如发表论文、教学设计评优课获奖等）。	资料查阅、问卷、访谈
资源管理	科组档案	1. 提供学年年度学科发展大事记； 2. 教师个人建立专业发展档案。	资料查阅、问卷、访谈

续 表

框架	主要内容	评 估 标 准	评估方法
	业务档案	1. 学科组建立学科业务档案； 2. 学科组建立具有学科特色的教学资源库。	资料查阅、问卷、访谈
	宣传推介	1. 提供利用媒体宣传本学科的建设成果和教师典型的资料。	资料查阅、访谈
特色建设	特色项目	1. 制定《学科特色建设规划》； 2. 围绕《学科特色建设规划》开展了卓有成效的推进活动； 3. 提供反映学科特色发展的软硬件建设等成果。	资料查阅、问卷、访谈

（4）学科三年发展规划的实施办法

1）制定基于教研组的学科建设实施方案，进行系统规划和安排。

2）开展教师全员培训。利用暑假进行专题培训，邀请江苏省锡山高级中学领导和特级教师进行通识培训，邀请各教研组长进行学科规划指导。

3）在教研组内讨论确定本组学科三年发展规划初稿。

4）假期里教研组长执笔修改完善规划，并在教研组内征求意见，继续完善。

5）2015年秋季开学各教研组长上交正式学科三年发展规划。

6）学校教师发展中心组织学校领导和专家组成学术委员会审核各教研组发展规划，对于存在结构不完整、格式不正确、表达不清晰、可操作性不强等问题的规划，提出修改意见，继续完善。

7）形成各教研组审核通过的《郑州市第二中学高中部2015—2018学科三年发展规划汇编》。

8）各教研组上交本组教师个人专业发展三年规划，学校汇编。

9）建立优秀教研组晋升学科教研中心的制度机制。对于在学科三年发展规划执行期结束时进行考评，考核等次为优秀的教研组，晋升为学校学科教研中心，教研组长晋升为教研中心主任，各种待遇相应提高。

（5）学科三年发展规划的督导办法

1）督导原则。专项督导有别于其他督导，其旨意不在评优排队，而在于发现问题，在于工作推进，在相互交流、相互借鉴中共同提升。

2）督导组织。由主管校长、教师发展中心、教科室以及各教研组长组成督导小组。

3）督导办法。制定专项督导办法，按照督导程序进行现场督导。

4）督导时间。每学年进行一次大型督导。

5）督导方式。教研组自评、教研组之间互评、督导小组总评。教研组要填写自评表格，撰写自评报告。

6）督导反馈。督导工作结束后，督导小组要写出阶段评估报告，并反馈给教研组。

（6）制定并实施教师个人专业成长三年发展规划

1）学校制定《教师个人专业发展三年规划指导意见》。内容包括：明确意义，全员编制；基本原则；规划与实施；如何评价自己的发展规划四个方面。

2）按照《指导意见》制定教师个人专业发展三年规划。

3）把制定并实施教师个人专业发展三年规划纳入教研组学科建设管理。

2. 探索基于教研组的学科建设与行政运行协调发展的实践策略

（1）学科建设与行政运行的辩证关系

实行级部制管理和教研组管理是学校教育教学工作最基础的管理体制，两者各有侧重，缺一不可。两者协调发展体现了学校的教育哲学和办学理念，其核心是教学质量目标管理、过程管理与学科建设、学科发展之间的辩证统一关系。

（2）建立适应两者协调发展的管理体制和机制

1）根据学校实际情况，重新定位学校内涵发展的基本要素，按照内在运行规律，对主管校长分管工作进行重新建构。在不增加校级岗位职数的情况下，实行教学副校长双人负责制，以强化高考升学与特色发展、品质提升的齐头并进，形成兼顾今天与明天的双轮驱动管理机制。

将教学管理工作分为两个模块，两个副校长各分管一块。一个是常规教学模块，包括教师队伍建设、教学过程管理与目标管理等；另一个是教科研与特色发展模块，主要包括教科研、教师培训、课程建设、学科建设、信息化教学、创客教育、生涯教育等。

这两个模块的分置管理凸显了各自不同的价值追求。前者是高考升学的价值追求，体现的是学校和学生的短期目标，而后者是提升品质的价值追求，体现的是学校和学生的长远目标。这两个模块如果由一个校长分管，在巨大的升学压力下，他必然会舍弃长远目标而努力实现短期目标。

这样的管理机制加强了学科建设工作,同时也没有削弱行政运行工作。

2)重新划分教师办公室,兼顾教研组管理与年级管理。我们学校长期以来都是实行的按年级和备课组安排办公室,这样的做法强化了行政管理,弱化了学科建设;强化了近期目标,弱化了长远规划;强化了教学管理,弱化了课程研究;强化了教师使用,弱化了专业培育。从2015年秋季开学起,我们采取了折中的办法,高一、高二年级教师作为一个整体按学科安排办公室,高三年级按年级和备课组安排办公室。我们认为这是一种兼顾了基于教研组的学科建设和基于扁平化的年级管理的切实可行的管理机制。

3)以备课组建设为抓手,兼顾年级管理目标和基于教研组的学科建设目标。备课组是年级和教研组之间的连接点、重合点,也是年级和教研组的基本教学组织,抓好了备课组建设,也就实现了年级和教研组的共同目标和不同目标。

那么如何进行备课组建设呢?我们的做法是以评选星级备课组活动为载体,对全校备课组进行定期考核评价,评选出不同级别的备课组。其中的考核指标既有常规管理、教学质量等行政管理指标,也有学科建设考核指标。这样的考核管理弥补了教研组三年发展规划周期长,不便于过程管理、常态化评价的缺陷,同时也兼顾了年级的目标管理和学校的常规管理。

每个学期初,教研组长要在全体教师会上展示本学期教研组工作安排;期中教研组长在学科建设推进会上交流本组工作计划完成情况,下一步工作设想;期末备课组长要逐一"过堂",总结本学期备课组学科建设和目标管理任务完成情况。

本阶段,通过制定学科建设三年发展规划,进一步明确学科建设的主攻方向和奋斗目标,厘清学科建设发展的思路,选择学科发展突破口,起到了提高学科建设水平和建设效率的保证作用。通过个人学科建设三年发展规划的制定,帮助教师厘清自己的专业成长路径,固化教学与教育之间的密切联系,转变教师的发展主动性和持续性。而三年发展规划的评估标准与方法以及督导办法成为学科建设的又一驱动力。以上规划和办法的出台,让学科建设更具系统性和完整性。通过干部岗位分工调整,办公室空间的合理调配,备课组的学科建设强化,初步解决了行政运行与学科建设相互掣肘的矛盾,形成了能协调统一和谐发展的学科建设实践策略。

六、 学科建设成果和社会影响

1. 形成了一整套关于高中学科建设的理论构建、实施方案、制度文件和实践经验。

2. 汇编了教研组学科三年发展规划、教师个人专业发展三年规划、教研组和备课组工作计划、展示交流材料。

3. 形成了国家课程校本化实施的创生体系。

4. 探索出新型的课堂形态"四课型渐进式自主学堂",被郑州市教育局认定为有效课堂形态。

5. 已连续两年编写出版了涵盖各学科的《郑州二中自主学堂指导书》和《郑州二中自主学堂练习册》共70多个品种。

6. 研究成果《国家课程校本化实施的实践策略》于2015年12月在郑州市教育局道德课堂推进会上交流发言。

7. 2014年郑州二中申报的成果《构建数字化学习环境下的移动自主学堂》荣获国家基础教育教学成果二等奖,河南省基础教育教学成果一等奖。这个成果的核心就是关于课程实施的"四课型渐进式自主学堂",特点是信息技术与教学的深度融合。

郑州二中基于教研组的学科建设实践策略研究在社会上产生广泛影响,引起了广泛关注。2015年12月郑州二中在郑州市教育局道德课堂推进会上交流发言,介绍学校开展国家课程校本化实施的经验,教育局颁发郑州二中"创新教育先进单位"奖牌。2015年12月首届河南省中小学校长国际智慧教育研讨会在郑州二中举行,顾明远、杨振峰、董君武等知名专家学者参加大会,学校校长在大会上做了题为《创建面向未来的教育》的交流发言。郑州二中编写出版的《郑州二中自主学堂》丛书在社会上引起关注,许多学校开始使用这套丛书。2015年上海复兴高级中学、广州执信中学、深圳华侨城中学等国内名校,在校长带领下相继来到郑州二中开展大规模学科交流活动。2015年12月在北京国际智慧教育大会上,本校校长与美国托马斯·杰斐逊科技高中校长伊万·格雷泽对话交流,探讨创新教育问题。2015年5月教育部通报表扬郑州二中信息技术与教学深度融合的做法。

七、结论

2015年3月30日教育部正式印发《教育部关于全面深化课程改革　落实立德树人根本任务的意见》。在文件中明确提出各学段学生发展核心素养体系,突出强调个人修养、社会关爱、家国情怀,更加注重自主发展、合作参与、创新实践。虽然经过多年的教育改革,素质教育成效显著,但"与立德树人的要求还存在着一定的差距",主要表现在"重智轻德,单纯追求分数和升学率,学生的社会责任感、创新精神和实践能力薄弱"。而核心素养体系的构建便是试图从顶层设计上解决这些问题,而其中最重要的便是"把对学生德智体美全面发展总体要求和社会主义核心价值观的有关内容具体化、细化,转化为具体的品格和能力要求,进而贯穿到各学段,融合到各学科,最后体现到学生身上"。

在如此社会背景和政策导向下,高中阶段开展基于教研组的学科建设实践策略研究是非常有意义的,对于实现学校面向未来的价值追求和教育哲学具有重要作用。从郑州二中学科建设的研究与实践来看,应用效果是明显的。研究结论如下:

1. 基于教研组的学科建设应以制定并实施学科三年发展规划为主线,确定规划的内容、格式、评价标准、实施办法、督导办法,并且扎扎实实地推进和实施。

2. 培育教师专业精神的主要途径是最大限度地调动教师工作积极性,激发教师热爱教育,热爱学校,热爱学生的教育情怀和专业精神,以及通过各种校本专业教研活动提升教师的专业精神和专业水平,其中的核心要素是校长的人格魅力和学校的体制机制。

3. 破解学校行政运行和学科建设协调发展难题的关键是理顺管理机制,兼顾年级管理和教研组管理、短期目标和长远目标,以备课组建设为抓手,调整教师办公室结构,强化备课组考核和评价。

4. 国家课程校本化实施是学科建设最核心的内容,应从细化解读课标、编写课程纲要入手,努力探索基于标准的教学设计和作业设计,探索基于学生自主学习和基于标准的学习的新型课堂形态,真正实现课堂的转型与变革。

整体上看,学科建设工作还处于刚刚起航阶段。在接下来的学校发展中,将扬长避短,扎实深入的做好每一步的工作。拟重点关注以下几个问题或新的领域:

1. 学科内容交叉重复，课程教材的系统性、适应性不强，如何在学科建设中找到解决方案？

2. 高校、中小学课程目标有机衔接不够，学段之间的联系不够密切，如何过渡，如何衔接，是要思考的问题。

3. 学生之间的差异化越来越大，管理和教学中如何有效应对？

4. 互联网技术对基础教育的影响，如何合理有效运用大数据、云技术、虚拟技术，对学科建设会带来什么？

5. 未来学校概念来袭，教学空间、组织结构、教研体制、发展评价的重塑或再造等富有挑战性和重大机遇，对学科建设提出了更高的要求。

第四节　校本化制度机制例举

一、　学校章程建设

现代学校制度建设的章程统领模式，是指通过制定学校章程，对学校办学自主权、内部治理结构和运行体制机制等重要事项作出规定，以之为基础，建立健全学校规章制度体系，完善体制机制，明晰权力权利，优化学校文化，实现学校治理现代化。章程统领模式强调的是，通过章程建设统领现代学校制度建设，以章程为学校处理对外关系的基本制度依据，建立学校与政府、社会之间的新型关系；以章程为内部最高制度位阶，全面规范和引领学校法人治理结构建设；以章程的内容架构为逻辑线，全方位贯穿学校规章制度体系建设。

郑州市第二中学学校章程

郑州市第二中学创建于 1941 年 9 月，前身为河南省战区二中，目前是郑州市属完全中学，河南省示范性高中，郑州市第二中学教育联盟核心学校，现有政通路、桃源路两个校区。

学校坚持"自主发展,快乐成长"的办学理念,努力践行素质教育,以培养全面而有个性的创新人才为己任,取得了显著的办学业绩,形成了鲜明的办学特色。荣获国家基础教育教学成果二等奖,现为全国信息化教学示范学校,河南省多样化办学示范学校,全国青少年校园足球示范学校,河南省文明单位。

第一章 总则

第一条 依据《中华人民共和国教育法》《中华人民共和国教师法》等教育法律法规,结合学校办学理念,制定本章程。

第二条 学校名称为郑州市第二中学,英文名称为 Zhengzhou No. 2 Middle School,高中部校址为郑州市二七区政通路 97 号,初中部校址为郑州市二七区桃源路 43 号,官网网址为 www.zz2z.zzedu.net.cn。

第三条 学校为全日制完全中学,初中部学制三年,高中部学制三年,隶属郑州市教育局,是公益类事业单位。

第四条 学校的办学理念是"自主发展,快乐成长",校训是"天下为己任,规矩成方圆"。

第五条 学校的办学目标是"落实科学发展观,实施素质教育,把郑州二中办成省内知名,国内有影响的高质量、有特色的名校"。

第六条 学校的培养目标是"培养全面而有个性的创新人才",学生形象是"健康、博爱、有为"。

第二章 学校的管理和监督

第七条 学校受郑州市教育局直接领导,校长、书记,副校长、副书记按干部管理权限由上级审批和任命。

第八条 学校为法人单位,校长是学校的法人代表,学校实行校长负责制。

第九条 校长依据国家有关法律法规和上级有关岗位管理规定主持学校工作,对学校的教育教学、行政管理工作全面负责,统一领导,对政府主管部门承担学校管理的全部责任。副校长协助校长工作。

第十条 学校党委发挥政治核心和保证监督作用,推进学校的改革和发展,负责对党员、干部和教职工的教育、培养、管理和监督,并领导学校共青团开展工作。

第十一条 学校根据管理职能,设置教师发展中心(教务处、教科室)、学生发展中心(政教处、团委)、行政后勤中心(学校办公室、总务处)等职能部门,校长根据工作需要任命各处室主任、副主任1—3名,各处室主任对校长负责,在校长领导下开展具体工作。

第十二条　学校建立由正副校长、正副书记、工会主席参加的校务会议制度,对学校重大问题进行决策,并由行政会议讨论实施。行政会议对学校重大工作和日常管理定期进行研讨,并负责实施、监督和反馈总结。

第十三条　学校建立健全重大事项决策制度。学校重大事项应在党政主要负责人酝酿提议、充分调研与征求意见的基础上,由校长召集并主持校务会议审议,经集体讨论,由校长作出决定并组织实施。

第十四条　学校实行校区主管领导负责制。实行教育质量综合评价制度,建立教育质量检查组,负责全校的教育质量检查、评估、督导工作,同时负责学校教学视导工作。

第十五条　学校根据发展需要制定三年发展规划,各职能部门在校长领导下根据发展规划和各部门的工作情况制定学期工作计划,并负责计划的落实。

第十六条　在学校党委的领导下,学校定期召开教代会,讨论审议学校的重大事项,让全体教职员工参与学校的民主管理和民主监督。

第十七条　学校工会积极配合党政做好学校工作,关心维护教职工的合法权益,广泛听取教职工的意见、建议,及时向学校党委和行政反映,并配合学校做好教职工的思想工作。关心离退休教师,学校办公室设置专人负责离退休工作。

第十八条　学校建立中心学习组学习、教职工大会学习及各学科专项学习研修制度。

第十九条　学校建立健全信息公开制度。学校实行校务公开,切实保障教职工的知情权、参与权和监督权;同时向社会公开学校相关信息,以适当的方式为学生及其家长了解学生的学业成绩及其他有关情况提供便利,接受社会、家长的监督。

第二十条　学校建立健全档案管理制度。学校建立档案室,加强档案资料的建设和管理。各职能部门做好各类资料的收集、整理和归档工作。重视教育历史物证遗存保护,发掘和弘扬校本优秀文化传统。

第二十一条　学校建立健全平安校园制度,制定校园安全应急预案,定期开展安全教育,组织安全演练,加强校舍、交通、消防、饮食卫生、健康、周边环境治安以及教育教学安全管理,防范安全事故发生。

学校按照国家有关规定投保校方责任险。鼓励学生自愿参加人身意外伤害保险。发生校园意外伤害事故,立即启动相关应急预案,及时救助受伤害学生,并依法进行善后处理。

第二十二条　学校接受政府以及教育、登记管理和审计等管理部门的监督,接受社会、家长的监督,听取社会各界对学校工作的意见和建议。

第二十三条　学校实行开放办学,在经过预约、确认身份之后,经同意和安排,任何人都可以进入学校参观、考察,了解教育教学情况和学生情况,向学校提出意见和建议。

第三章　教育教学管理

第二十四条　学校贯彻国家课程、地方课程和校本课程三级管理体制,按照课程设置标准实施教育教学计划,确保开齐课程,开足课时。认真执行国家和地方课程计划,积极开发校本课程,形成学校特色课程体系。

学校充分发挥校本课程和综合实践活动课的整体育人功能,对学生进行德育、智育、体育、美育和劳动技术教育,促进学生全面发展。

第二十五条　学校建立健全年级组、教研组、备课组等教育教学基层管理机制。

年级长负责本年级的德育、教学工作,统筹教师分工与管理、年级教育活动、学生管理工作等。

教研组长负责领导、组织本组教师开展学科建设活动,进行本学科的集体教学研究,按学校安排参加各种培训和学术活动,完成各项教学任务。

备课组长在教研组长的领导下,负责组织本组教师进行集体备课和教学研究活动,完成教育教学任务。

第二十六条　学校坚持转变教师教学方式和学生学习方式,实现由教师教为主到学生学为主的转变,由学生被动学习到主动学习的转变。引导学生自主学习、合作学习、探究性学习。"四课型渐进式自主学堂"作为郑州二中在实践中探索出来的有效课堂形态,应在全校进行推广,并在应用的过程中不断改进和优化。

第二十七条　学校坚持全员德育原则,建立校长负责,教职工参与,学校、家庭、社会三结合的育人网络。

学校贯彻学生"自我教育、自我管理、自主发展"的"三自"德育原则,通过校本课程、综合实践活动、班级建设、志愿者工作、社团活动等落实"自主发展,快乐成长"的核心办学理念。

第二十八条　学校教学班级由班主任全面管理。班主任通过班级建设、学习小组建设等工作,教育培养学生践行核心价值观,促进学生全面而有个性的发展。班级设立副班主任,协助班主任处理班级事务。班级可设立由学生担任的班主任助理,协助班主任开展学生自我教育、自主管理工作。

第二十九条　学校建立健全班主任、副班主任的选配、聘任、培训、考核、评优等制度,切实加强班主任队伍建设。

班主任、副班主任按照教育部《中小学班主任工作规定》的要求,履行职责,完成任务,享受相应待遇与权利。

第三十条　学校严格执行有关国家体育、卫生工作的法规,通过体育课、日常体育锻炼、运动会、体育社团等多种方式,满足学生锻炼需要,增强学生体质,保证学生每天运动一小时。切实减轻学生负担,保证学生8小时睡眠时间。

第三十一条　学校建立校医室。完善学生健康档案,定期组织学生体检,定期检查食堂食品安全,预防传染病、常见病及食物中毒,不断改善校园环境卫生条件。在校园内禁烟。

第三十二条　学校建立心理咨询室,配备专业心理辅导设备和专业心理咨询师,建立学生心理健康档案,配备专职教师开展心理健康教育工作。

第三十三条　周士良老师是郑州二中优秀教师的杰出代表,周老师和他的"老周班"已经成为郑州二中乃至郑州市素质教育的亮丽名片,学校大力倡导周老师的教育理念和教育实践。

第三十四条　学校坚持信息化教学的办学特色,精心打造"移动自主学堂"品牌项目;坚持校园足球、学生管乐团体育艺术传统优势项目;坚持举办TEDx演讲大会,为学生搭建创新人才培养的成长平台。

第三十五条　坚持走国际化办学之路,培养具有国际视野和本土情怀的学生,在高中部设立国际部,招收和培养国际交流学生,保持和发展与美国托马斯·杰斐逊科技高中的姊妹学校关系。

第四章 学生

第三十六条 学校按照省、市有关学生学籍管理的规定实行学籍管理,健全学籍档案,严格转学、休学、复学等手续程序。

学校对修完修学年限内规定课程且综合素质、学科学习业绩合格的学生,准予毕业。

第三十七条 学生享有法律法规规定的受教育者的权利,履行法律法规规定的受教育者的义务。

第三十八条 学生必须遵守中学生日常行为规范和学校的校规校纪。积极参加社会公益活动和社会实践活动。

第三十九条 学校履行《中华人民共和国教育法》、《中华人民共和国未成年人保护法》等法律法规规定的学校对学生培养、教育和保护的责任。

第四十条 学校建立学生成长档案,对学生实施综合素质评定,促进学生全面发展。每学期的评价结果记入学生本人档案。

第四十一条 学校实行奖惩制度。对德智体美诸方面均表现突出或在某方面有突出成绩或进步显著的学生,予以表彰和奖励,并记入学生本人档案。

学校对违反校纪校规的学生予以批评教育,并可对情节严重者给予相应处分。学生对学校的处理不服,可按有关规定向上级主管部门申诉。

第四十二条 学校建立学生团委、学生会和学生自主管理委员会。学生在校内可按有关规定组织各类有利于学生健康成长的社团组织。学校保障学生自主管理权利,学生会干部通过民主选举产生。

第四十三条 学校建立健全学生评教、评校制度,每学期末组织学生参与评教评学活动,鼓励学生参与学校的民主管理。

第五章 教职工

第四十四条 学校执行国家教师资格制度、公开招聘制度和教师专业技术职务评聘制度。

学校根据编制部门核定的编制数额、岗位数和岗位任职条件及教育行政部门、学校相关规定聘用教职工,切实做到公开招聘,竞争上岗,薪资待遇落实到位。

第四十五条 学校教师享有《中华人民共和国教师法》以及有关法律、法规规定的权利,履行《中华人民共和国教师法》以及有关法律、法规规定的义务。

第四十六条　学校保护教师的一切合法权益,逐步改善教师的工作条件和生活条件。学校保障教师享有国家政策规定的待遇。

第四十七条　学校支持鼓励教师参加进修或其他方式的培训,支持鼓励教师从事科学研究,学术交流。学校建立教师自培制度,有目标、有计划地对教师开展培训,让教师获得更好的发展。

第四十八条　学校教师要树立正确的教育观、质量观和人才观,增强实施素质教育的自觉性。

第四十九条　学校每年对教职工的职业道德、工作能力、工作态度和工作绩效进行考核,考核结果作为续聘、转岗、解聘、晋升工资、实施奖惩等的依据。学校将师德表现作为教师考核、职务评聘、进修深造和评优评先等的首要内容。

第五十条　学校对在教育教学、科研、管理服务等方面表现优异、业绩突出者予以表彰和奖励。

学校对违反校纪校规和合同,或在工作中造成失误和不良影响的教职工,视情节轻重,按照有关规定予以批评教育和惩处。

第六章　总务管理

第五十一条　学校的总务工作坚持"管理育人,服务育人"的指导思想,树立为教学服务,为师生服务的观念,严格工作规范,严格履行岗位职责,提高服务质量。

第五十二条　学校的经费管理形式为市财政全额拨款。来源以国家财政拨款为主,多渠道筹措为辅。学校依法向上级有关部门提出经费安排意见,申请经费支持。

学校按照上级教育、物价、财政部门确定的收费项目和收费标准,依法向学生收取费用,并按规定出具规范的发票和收据。

第五十三条　学校资产受法律保护,任何单位、个人不得侵占、私分和挪用,对侵占校舍、场地、设施等的行为和侵犯学校名称权及无形资产的行为,依法追究侵权者的责任,对学校财物造成损坏的有权要求相关责任人或组织依法赔偿。

第五十四条　学校建立健全财产、物资管理制度,建立账目,落实专人管理,定期清点,及时做好变更、增减手续。

学校向教职工和学生提供符合国家安全标准的教育教学设施设备,有计划地进行学校基本建设和维护修缮工作，并及时检查、维修，消除安全隐患。

学校加强对体育馆、图书馆、实验室、劳技室、计算机房等专业设施的管理，充分发挥教学设施、仪器设备、体育器材、图书音像资料的使用效益，防止设备设施的闲置和浪费。

第五十五条　学校建立健全财务管理制度。学校财务活动在校长领导下开展，实行民主管理和财务公开。

学校执行国家统一的会计制度，配备具有专业资格的会计人员，依法进行会计核算，建立健全内部会计监督制度，保证会计资料合法、真实、准确、完整。

学校严格按照政府部门批准的年度预算安排使用经费，接受上级教育行政部门，以及财政、税务、审计、监察等相关职能部门的监督。

第五十六条　学校根据社会发展和自身发展的需要规划校园发展和校园文化建设的目标，并积极争取各方面的支持实现目标的达成。

第七章　学校与家庭、社会

第五十七条　学校坚持开放办学理念，主动与社会、家庭、社区联系沟通，加强学校、家庭、社会密切配合的育人体系建设，形成教育合力。

第五十八条　学校根据教育教学工作需要，依法面向社会聘请兼职校外宣导教育人员，有权联合校外组织机构共建校外德育、科普、法制等各类教育基地，定期组织学生开展校外教育活动。

第五十九条　学校遵循民主、公开、自愿的原则，组织家长选举成立家长委员会。家长委员会由家长代表组成，负责与学校沟通学生教育、学校管理相关事项，并对一定时期内学校教育教学工作提出建议，对学生行为规范要求，对食堂管理、住宿服务、校服选用等具体管理事项提出建议，学校相关部门应及时听取、回应和改进。

学校应建立与家长委员会配套的联席会议制度，定期通报学校发展规划、教育教学工作情况、意见建议处理情况等。

第六十条　学校应依法创办家长学校，制定教学计划，定期开展家庭教育活动。教师应加强与家长的日常联系机制，做好来访接待和家庭访问工作，形成家校教育合力，促进学生健康成长。

第六十一条　学校建立校友会，发挥校友的宣传、咨询、桥梁作用，促进学校发展。

第六十二条 建立以郑州市第二中学为主体的郑州二中教育集团,加强学校对集团内其他成员学校、联盟学校的联系与帮助,同时保障集团内民办学校教学管理、财务账目、人事制度的独立权。

第六十三条 学校加强校际合作,不断扩大对外交流,加强与姊妹学校、合作学校的联系与协作,促进协同发展。

附则

第六十四条 本章程由校长室负责解释。

第六十五条 本章程经教代会讨论通过,并报郑州市教育局审核批准后生效,自颁布之日起实施。

学校根据本章程建立健全各项规章制度,如原有规章制度与本章程相抵触,应以本章程为准;本章程如与有关法律、法规、规章以及有关方针政策相抵触,应以有关法律、法规、规章以及有关方针政策的规定为准。

2018 年 9 月 9 日

二、 教学管理规程建设

教学是学校的中心工作,直接关系着学校教学质量水平和育人目标的实现。落实教学组织结构中各主体的责任,规范各主体的行为,明确教学工作程序,是学校自主办学、规范办学的基础性工作,制定学校教学管理规程是落实立德树人根本任务,实现学校育人目标,规范教学管理的制度机制建设的首要工作,需要依据国家教育方针和教育行政法规以及学校的校情和学情起草制定,经过充分讨论修改,征求各方面意见,最后经校务办公会和教代会审议通过,方可操作执行。

郑州市第二中学教学管理规程

2013 年 10 月 8 日教联会通过

第一章 总则

第一条 为进一步规范和加强郑州二中教学管理,根据国家有关法律法规和有关规定,制定《郑州市第二中学教学管理规程》(以下简称《规程》)。

第二条 本《规程》以科学发展观为指导,全面贯彻教育方针及《国家中长期教育改革和发展规划纲要(2010—2020 年)》,强化学校教学管理,规范学校办学行为和教师从教行为,减轻学生过重课业负担,确保教学工作有序进行,促进学校内涵发展,提高教学质量,办好人民满意的教育。

第三条 本《规程》适用于郑州二中初中和高中,是指导学校教学管理,评估学校教学质量的基本依据之一。

第四条 学校教学工作由校长负总责,教学副校长协助。教师发展中心由教务处和教科室组成,负责日常教学工作,教务处、教科室作为教师发展中心的职能部门根据自身职责具体管理。

第二章 校长、教学副校长职责

第五条 校长职责。校长是学校教学工作的第一责任人,其主要责任是坚持科学发展观,全面贯彻教育方针,精心管理和指导教学,全面完成教学任务,不断提高教学质量。

1. 坚持依法治校、规范办学。自觉遵循教育规律,严格执行国家法律、法规、政策,严格执行国家课程计划,全面实施素质教育。

2. 保障教学的中心地位。校长的主要时间和精力必须用到教学工作上,领导学校各部门各类人员为教学工作服务,保障教学、教研和教师培训的必需经费,确保学生每天体育锻炼一小时。把促进教师专业成长当作首要职责。

3. 推动学校内涵发展。把提升教学质量作为内涵发展的核心工作。高中部要注意多样化发展、特色发展,满足不同潜质、不同兴趣爱好学生的发展需求。初中部要坚持均衡发展,保障学生公平接受教育和健康成长的权利。

4. 建立和完善教学管理制度。要定期主持行政会议专题研究教学工作,建立教学常规工作制度化、规范化、流程化、信息化和突发事件有处置预案的常态管理模式。

5. 深入教学一线指导教学。要熟悉各科课程标准,掌握一门学科的课程标准和教材,具体联系和指导一个学科教研组,每学年观课议课不少于 45 节,查阅相应教学设计和学生作业,提出教师改进课堂教学的指导意见,并能落实跟进性的检查。

6. 主持教学改革研究。针对本校教学中存在的问题,开展校本课题研究,探索适合本校实际、面向全体学生、能充分体现学生的主动精神和创造思维、提高教学实效性的课堂教学模式和方法。

7. 严格管理队伍。严格制度管理,保证教学指挥系统政令畅通。整肃校风、教风和学风,保证教学管理人员和教师纪律严明,杜绝违规违纪现象。

8. 热爱教育事业。恪尽职责,坚守工作岗位。自觉学习,按时参加业务培训,每年至少研读一部教育专著,并撰写读书体会或论文不少于6000字。树立职业理想,努力成为"懂教育科学,能指导教学,会管理"的专家型校长。

第六条 教学副校长职责。教学副校长是实施教学管理的具体责任人,协助校长分管教务处、教科室等教学职能工作。

1. 落实国家课程计划。保证开全开足开好各门课程,特别是要保证体育、艺术和综合实践类和活动类、校本选修等课程。严格执行国家规定的学生在校时间,科学控制教师讲授时间和作业量,有效减轻学生过重课业负担。

2. 实施教学工作计划。指导分管处室制定学校学年度、学期教学工作计划,组织实施并全面了解掌握执行情况,及时向校长汇报教学中存在的问题,提出改进意见,确保完成教学任务。

3. 落实教学管理制度。负责建立、完善并落实学校教学常规管理制度、教务行政管理制度、教科研管理制度、教学管理人员和教师岗位职责等,定期检查制度落实情况并进行记载。

4. 组织教科研和教学改革。组织教师校内外培训,指导检查教科研课题进展,指导检查教学研究和集体备课,定期组织观课议课等教学观摩活动,保证教科研和教学改革质量。

5. 深入一线指导教学。熟悉各科课程标准,掌握一两门学科的课程标准和教材,分工抓好一个教研组,每学年观课议课不少于60节,全面查阅教师教学设计和学生作业,具体组织学情分析与研究。

6. 指导课程改革工作。协助校长探索建立适合新课程改革和本校实际的课程资源开发和课程管理体系,负责综合实践类和活动类、校本选修等课程和教材的开发建设,组织学校艺术节和科技节等系列活动,并实现课程化管理。

7. 管理教师队伍。负责教师的日常教学管理。制定学校师德建设方案,指导教师树立职业理想,提高思想政治素质和职业道德水平。

8. 组织教学行政工作。领导教务处做好教务工作，指导和管理建立教学业务档案，组织教科室做好教科研工作，指导建立和管理教育科研档案。

9. 加强个人业务学习。每年至少研读一部教学专著，撰写读书体会或论文不少于6000字，按时参加各类业务培训，不断提高教学管理水平。

10. 领导教学辅助工作。领导实验、图书、阅览、电教、信息技术等部门和人员密切配合，为教学工作提供良好支持和服务，保证教学工作顺利进行。

第三章　教学管理机构职责

第七条　教学管理机构职责。教务处是学校的教学管理机构，在学校行政领导下，由教务处主任负责，承担教务工作，建立正常教学秩序，保证教学工作顺利进行。

1. 实施课程计划管理。严格执行课程计划，根据上级教育行政部门统一编制的校历，制定包括课程门类、课时、任课教师、周课程表、作息时间表、活动安排总表等在内的课程实施计划，开全开足开好国家课程，确保落实地方和学校课程，科学组织教学活动。

2. 落实教学规章制度。按照教学规章制度，对教师备课、上课、作业布置与批改、自习与课外辅导、学生学习常规、综合素质评价、考试与通知成绩等教学环节和过程进行督促检查，并做好记录，及时通报相关部门和人员。

3. 实施教学质量监控和评价。树立科学的教学质量观，合理制定教学质量考核目标，强化教学质量监控，做好教情、学情分析，落实教学改进措施，创新教学效能评价。

4. 负责教学行政事务。负责招生、学籍注册、学籍管理、编班、排课、教师和学生出勤考核、考试报名、安排实验、组织考试、考核评定、学分管理、毕业证书审核发放、教学业务档案管理等工作。管理和考核实验、图书、阅览、电教、信息技术、文印等教辅部门和人员的工作。

5. 管理使用教学用书。严格按国家和省颁布的教学用书目录选用和征订教学用书，督促检查任课教师和学生按照国家课程改革精神使用教材，指导师生合理使用教辅资料。

6. 组织课程开发和实施。组织综合实践类、活动类和校本选修等课程的开发和教材建设，形成校本课程体系，并组织实施。同时对实施进度和效果进行检查、记录、评估。

7. 开展教学研究活动。落实教研计划,组织各类教学研究活动(包括集体备课、专题讨论、观摩教学等),并进行记录。组织研究教学理论和教学内容与方法的改革,组织教学调研、教学评估与视导活动,总结交流教学经验。指导和管理测试命题,评价测试结果,提出教学改进意见。

8. 组织课堂教学改革。组织开展课堂教学改革行动,搜集和提供课堂教学改革案例,提炼课堂教学改革模式、方法,调研和总结推广课堂教学改革经验。

9. 完成其他工作。承担上级部门和学校领导交办的其他工作,协调各教研组、备课组的沟通联系,协调班主任与科任教师密切配合工作。

第八条　教科室职责。教科室是学校的教科研机构,在学校行政领导下,由教科室主任负责,承担学校教科研的组织、研究、指导、服务等工作。

1. 落实教科研各项制度。制定和实施教科研工作计划,并以书面形式进行总结。组织落实学校的各项教科研制度(包括例会制度、集体备课制度、观课议课制度、课题管理制度、教师学习制度、教科研工作的评估和激励制度等)。

2. 开展教育科学研究。认真做好各级各类教科研课题的申报、立项和研究工作,指导开展各种形式的教育科研活动,检查和评价课题研究过程、成果。

3. 促进教师专业发展。组织教师学习教育教学理论,普及教科研知识,提升教科研水平。制定教科研培训计划,举办多种形式的培训活动,促进教师专业发展。

4. 组织学术研讨和交流活动。组织校内教育教学研讨和经验交流,总结推广优秀教育教学经验和教科研成果,为教师参与国内外学术交流提供支持和服务。

5. 管理教科研档案。建立健全教科研档案(包括各级课题档案、教师个人科研工作档案、教科研成果档案、信息资料档案、及其他有关资料档案等),按档案管理有关规定规范教科研档案的收集、整理、保管工作。

6. 完成其他工作。承办上级主管部门和学校领导交办的工作,协调教务处与各教研组、备课组的沟通联系。

第九条　教研组职责。教研组是学校按学科设置,开展教学活动,从事教学研究,实施教育教学业务管理的集体。

1. 引领学科课程建设,落实学科管理制度。研究教学方案,落实学情分析、课程目标、教学内容的选择和同一种教材的校本化处理,制定实施教研组工作计划、教学进度计划、教科研计划及制度。指导教师制定业务学习进修计划,有计划地组织教师学习现代教育理论和学科专业知识。培养和指导青年教师。开展学科课题研究,指导教师撰写教学设计案例和教学论文。

2. 引领学科发展方向,组织学科教学工作。研究教研组建设的优势、困难,准确定位建设规划,促进教研组内每位教师的专业发展。组织集体备课,有计划地开展观课议课活动,改进教学。按照教学常规要求,做好各个环节的工作。定期检查、督促、评估教师的教学情况和学生的学习情况,及时进行教学质量分析。积极参与综合实践课程、选修课、校本课程的开发和实施。

3. 激发团队的内在活力,积极开展校本教研活动。广泛开展多种形式的校本教研活动,研究课程标准、教材教学、课程资源以及教学工作中急需解决的具体问题,探索学科教学规律,改进教学方法。承担学校和教科研部门指定的教科研任务,选择课程改革和教学实践中的具体问题,确立本学科的科研课题或研究专题,组织教师积极参与课题研究。

4. 建设有特色的教研文化。以教研组的规划制定、制度建设、活动落实使学科教学急需解决的问题得到解决,形成关注与了解学生,注重教与学融合,既执着追求学生学习质量和自身专业水平提升,更重视总结经验、探索规律的研究、学习、科学的教研组文化。通过文化建设,增加教师的认同感和归属感。

5. 建设教学资源档案。收集学科教学理论和实践资料,整理学科教学资料(包括教学活动录像、校本课程教材、教学设计方案、练习资料等)。建立和完善教研组工作资料、教研成果档案。

第四章　教学常规管理要求

第十条　备课。备课是上课的前提,个人备课要和集体备课相结合。

1. 所有学科都必须按进度提前一周组织集体备课。

2. 学校要根据学生、教师和学校实际及教学规律规范教学设计,教师要在上课前编制出规范的教学设计。

3. 以学定教。教师备课时,要在掌握课程标准、教材内容、学情分析基础上,主要依据学生实际情况,分层确定教学目标。努力做到面向全体学生,增强教学的针对性。

4. 根据教学需要,充分利用现代教育技术。

第十一条 上课。课堂教学是教学工作的基本形式,是进行教学改革和提高教学质量的中心环节。

1. 严肃上课纪律。教师要严格按课表上课,杜绝迟到、早退、拖堂、课堂上使用通讯工具、中途离开教室和私自调课等现象。

2. 严格课堂管理。教师要提前候课,督促学生做好上课准备,妥善处理各种偶发事件。

3. 有规范的上下课礼仪。

4. 优化教学方法。选择教学方法要面向全体学生,激发学生学习兴趣,启发学生积极思维,调动学生主动学习的积极性,培养学生的主动精神和创造性思维。

5. 上课使用普通话,讲究语言艺术。

6. 板书用字规范,字迹规范、工整,图线清晰。

7. 注重仪表。教师在授课时应精神饱满、亲切自然、衣着得体大方。

第十二条 作业布置与批改。布置与批改作业是教学必不可少的有机组成部分。

1. 作业布置。布置作业要坚持精选原则,符合课程标准、教材要求和学生实际,难易适度,体现层次性,突出个性。

2. 作业量控制。学生家庭作业实行总量控制,初中学生每日家庭作业总量不超过1.5小时;高中作业布置要涵盖所有学习领域且控制总量。体、音、美、信息技术、通用技术等科目一般不留作业。

3. 作业批改。教师要定期、及时批改作业,并及时讲评和指导。

第十三条 自习与课外辅导。自习与课外辅导是课堂教学的重要补充。

1. 自习课要组织教师进教室答疑解惑。

2. 因材施教,加强对学习困难学生的帮助和指导。

3. 合理安排课外辅导学生的时间。

4. 组织学生开展多种活动形式的课外阅读、兴趣小组和研究性学习活动。

第十四条 成绩考核。成绩考核是检查教学效果的重要环节。

1. 严格控制考试次数。初中各学科学校层面只进行期中、期末考试,高中严格按照新课程改革的规范要求组织考试。

2. 考试时严格按照课程标准要求命题。

3. 组织教师及时评讲试卷和进行教学质量分析。

4. 学科考试成绩只通知学生本人和家长。

5. 组织对学生进行综合素质评价。

第五章 教学管理监测要求

第十五条 教学管理监测。教学管理监测是对教学工作的数量、质量等进行正确判断和评价的重要手段。

1. 开学准备。对教师配备、学生编班、教学工作和教研工作计划、教师备课、教学设施设备准备等自行监测，充分做好开学准备工作。

2. 课堂巡视。建立课堂巡视制度，在上课期间对教师的教学状态和学生的学习状态进行巡视和评价并进行跟踪记录、统计和分析。

3. 期末总结。教学总结每学期进行一次，应包括以下几项内容：对学期、学年工作进行总结，包括教学计划完成情况、教学质量分析、主要成绩和存在的问题、重大教学改革课题完成情况、领导抓教学工作情况，提出下学期学年工作建议。

第六章 规范办学行为要求

第十六条 教学常规。

1. 严禁随意停课和无计划、无教学设计上课。

2. 严禁教师不按课程标准要求随意增减教学内容，严禁把课堂教学内容转移到课外补习班。

3. 不得布置午间作业，不得以任何理由和借口布置惩罚性作业，严禁使用现成的练习册和习题集不加选择地布置作业，严禁教师让学生代替批改作业，不得将批改作业责任推给家长。

4. 严禁教师在学生自习时间集体讲课。

5. 初中部不得占用节假日、休息日组织学生集体补课。

第十七条 教学活动。

1. 严格按照课程标准和课程计划开展教学活动，不随意增加中、高考科目课时，不随意删减音、体、美、通用技术等科目的课时，不提前开设和结束课程。

2. 严格按照教育行政部门规定安排学生作息时间。

3. 学生自习时间不分配到学科。

4. 严禁学校随意停课。停课一天以内由校长批准,停课一天以上必须报经上级教育行政部门批准,未经批准学校不得随意抽调教师、学生参加校外活动。

5. 每学年参加社会实践活动的时间,初中生不少于 20 天,高中生不少于 30 天。

6. 严格规范学科竞赛。不组织学生参加规定以外的校外学科竞赛。

7. 不强迫学生选择文、理或艺、体发展方向。

第十八条 教师和学生评价。

1. 初中不分重点班,不按学业成绩给学生排队,不开除学生。

2. 不以任何方式公布学生考试成绩,不准以学科成绩为唯一标准评价学生。

3. 不以升学率为唯一指标考核教师。

第十九条 其他。

1. 不向学生乱收费,不擅自代收费。

2. 不选用省颁教学用书目录之外的教科书和音像制品,不给学生统一征订教辅资料。

第七章　学生学习常规管理要求

第二十条 学习准备。做好学习准备不仅能提高学习效果而且能培养主动学习的能力。

1. 学会制定学习计划。

2. 培养课前预习的习惯。

第二十一条 课堂学习。课堂学习是提高学习质量的关键。

1. 上课不做与课堂学习无关的事,保持积极的思维状态,集中注意,敢于发表自己的不同看法。

2. 做好有关学习难点、讨论要点、补充内容、遗留问题等方面的笔记。

3. 对教师的提问积极思维、回答。书面练习要在独立思考的基础上及时完成。

第二十二条 课后复习。复习是巩固知识、技能加深理解、掌握的重要学习过程。

1. 针对实际制定自己的复习计划。

2. 及时复习,注重训练科学有效的复习方法。

第二十三条 课后作业。作业是运用巩固知识、形成技能技巧、培养分析解决问题能力的重要学习过程。

1. 养成及时完成作业的习惯,不抄袭别人作业。

2. 提倡独立思考,学会使用相关参考书。

3. 遇到困难及时请教老师或与同学研讨。

4. 书写整洁、规范,不要随意涂抹。

第二十四条 学习小结。对模块单元学习内容进行阶段性复习、小结是一种高层次的学习。

1. 养成主动进行阶段性复习、小结的习惯。

2. 及时总结经验改进学习方法。

第二十五条 参加考试。考试可以督促学生全面系统地复习与巩固所学课程提高学习质量。

1. 正确对待考试,树立正确的考试观。

2. 讲诚信,严格遵守考试纪律,杜绝作弊行为。

3. 卷面整洁,字迹工整,不提前交卷。

第二十六条 课外学习。课外学习是课堂学习的重要补充,有利于开阔眼界,开拓思路,激发求知欲,培养兴趣爱好和各种能力,形成正确的世界观、人生观。积极参加研究性学习和社会实践、社区服务活动,根据自己的爱好特长选择参加文艺、体育、科技等兴趣小组活动。

第八章 附则

第二十七条 本《规程》由郑州市第二中学负责解释。

第二十八条 附件

1.郑州二中教师师德建设"十条禁令" 2.郑州二中教师工作量规定

附件1

郑州二中教师师德建设"十条禁令"

1. 严禁传播违背国家法律法规、教育方针和对学生有不良影响的言论。

2. 严禁擅自办班或参与有偿补课和外出代课。

3. 严禁收受学生或家长财物谋取个人私利。

4. 严禁向学生乱收费、乱发资料和推销商品。

5. 严禁体罚和变相体罚学生，不得有对待学生不平等、不公正和讥讽、歧视和侮辱学生或者其他有辱人格尊严的言行。

6. 严禁张榜公布学生的考试成绩名次。

7. 严禁随意停课和无计划、无教案上课。

8. 严禁以任何手段抄袭、剽窃和侵占他人劳动成果，在招生、考试、职称评审答辩等工作中不得有弄虚作假等违规、违纪、违法行为。

9. 严禁工作时间玩电子游戏、炒股等，不得在课堂接、打手机和接待客人。

10. 严禁指责和训斥家长。

附件2

郑州二中教师工作量规定

1. 专任教师教师工作量标准：语文、数学、英语每周 10 节，物理、化学、生物、政治每周 12 节，历史、地理、体育每周 14 节，音乐、美术、信息技术、劳技和通用技术每周 16 节。

2. 担任班主任工作教师的工作量按照教育部《中小学班主任工作规定》执行，即"班主任工作量按当地教师标准课时工作量的一半计入教师基本工作量"。

3. 校长、副校长任课在三分之一工作量范围内、中层干部任课在二分之一工作量范围内均不算超工作量，超出部分按超工作量计发课时费。年级长、教研组长、备课组长在工作量满的情况下每月将岗位补贴计入绩效工资。

4. 各学科教师除周课时工作量外，必须承担学校其他正常的教育、教学、管理工作及教科研工作。

5. 学校行政人员按照岗位职数，在履行岗位职责的情况下按满工作量计算。

三、 师德建设长效机制

加强和改进师德建设是全面贯彻党的教育方针的根本保证，是进一步加强和改进青少年学生思想道德建设和思想政治教育的迫切要求。教师是人类灵魂的工程师，是青少年学生成长的引路人。教师的思想政治素质和职业道德水平直接关系到中小学德育工作状况和亿万青少年的健康成长,关系到国家的前途命运和民族的未来。我们要从确保党的事业后继有人和社会主义事业兴旺发达的高度,从实现中华民族伟大复兴的高度,从落实科教兴国、人才强国战略的高度,充分认识新时代加强和改进师德建设的重要意义。

建立健全师德建设长效机制必须坚持价值引领,全面落实立德树人根本任务,以社会主义核心价值观为教师崇德修身的基本遵循,促进教师带头培育和践行社会主义核心价值观。通过建立健全师德建设长效机制,进一步端正教育思想、转变教育观念,提升教师师德水平,提高人才培养质量,培养更多的中国特色社会主义事业合格建设者和可靠接班人。

郑州市第二中学师德建设管理规程(试行)

2014 年 9 月

第一章　总则

第一条　为进一步加强郑州二中教师职业道德建设,不断提高广大教师职业道德水平,引导和鼓励教师爱岗敬业、关爱学生,建立师德管理长效机制,进一步规范教师从教行为,制定《郑州市第二中学师德建设管理规程》(以下简称《规程》)。

第二条　本《规程》依据《教师法》、《中小学教师职业道德规范》(教育部、中国教科文卫体工会全国委员会,2008 年修订)、《河南省人民政府办公厅关于进一步规范中小学办学行为推进素质教育的意见》(豫政办【2009】132 号)、《郑州市中初等学校、幼儿园教师职业道德考核办法》(政教师【2010】112 号)等法律法规及文件精神。

第三条　本《规程》适用于郑州二中初中和高中,是指导学校师德管理,评估学校师德建设质量的基本依据之一。

第四条　学校师德工作由校长负总责,教学副校长协助。教师发展中心负责日常管理工作。

第二章　内涵和意义

第五条　师德师风,就是教师的职业道德修养及其表现出来的思想和工作作风,包括对政治的关心和了解、对职业的热爱和投入、对同事的团结和合作、对学生的尊重和爱护、对学术的严谨和进取以及对自己的要求和自律等各个方面的综合状况,包括教师的职业道德、职业精神、思想观念等多方面内容。高尚的师德和良好的师风是教师这个特殊职业的内在要求。

第六条 教师是一个非常特殊的职业,教师的产品是人。合格的教师不仅应具有科学的人生观、世界观、价值观,有为教育事业无私奉献的敬业精神,有良好的职业道德和健康的心理素质,还要具有时代特点的先进的道德意识。作为培养未来人才的教师,必须提高自身知识结构和道德水准,在教学活动中建立良好的师生关系,这是师风师德建设的一个重要内容。

第七条 教育的品质从某种意义上说,是一所学校的品位,那么师德的水准就是一所学校重要的精神标杆。学校作为社会"精神文明的窗口"的意义也主要体现在这方面。师德是教师的灵魂,师德建设是教师队伍建设的永恒主题。

第八条 师德师风既是一个学校办学实力和办学水平的重要标志,又决定着学校的学风和校风,决定着一个学校的精神风貌和人文风格;师德师风既是学校改革和发展的原动力之一,又是学校办学质量和效益的竞争力所在。我们一定要站在"以人为本"、"科学发展"和"构建和谐社会"的高度来认识师德建设,并认认真真地、实实在在地、持之以恒地抓好师德建设,履行好一名教育工作者的天职。

第九条 新时期加强师德建设,既要不断唤起和激发教师内心的道德自律,也要着力构建有利于师德持续发展的机制,把时代对师德的要求转化为教师内在的、长久的自觉行为;既要有明确的建设目标与任务、内容和要求,也要有一套完善的师德建设运行机制和评估、检测体系,切实落实师德建设的责任制、追究制和自上而下完整的管理体制。

第三章 原则和目标

第十条 建立健全师德建设长效机制必须坚持价值引领,全面落实立德树人根本任务,以社会主义核心价值观为教师崇德修身的基本遵循,促进教师带头培育和践行社会主义核心价值观。必须坚持师德为上,以立德树人为出发点和立足点,找准与教师思想的共鸣点,增强师德建设的针对性和贴近性,培育教师高尚道德情操。必须坚持以人为本,关注教师发展诉求和价值愿望,落实教师主体地位,激发教师的责任感使命感。必须坚持改进创新,不断探索新时期学校师德建设的规律和特点,善于运用教师喜闻乐见的方式方法,增强师德建设的实际效果。

第十一条 通过建立健全师德建设长效机制,进一步端正教育思想、转变教育观念,提升教师师德水平,提高人才培养质量,培养更多的中国特色社会主义事业合格建设者和可靠接班人。进一步完善师德建设的各项制度,建立教育、宣传、考核、监督与奖惩相结合的师德建设工作机制。进一步强化教师职业道德规范,树立良好的师德风范和师德形象,引导广大教师自尊自律自强,做学生敬仰爱戴的品行之师、学问之师,做社会主义道德的示范者、诚信风尚的引领者、公平正义的维护者,以优良的师风带动教风,促进学风,优化校风。

第四章　内容和要求

第十二条 立德铸魂,坚定信念。教师要树立正确的理想信念。要忠诚于党和人民的教育事业,做中国特色社会主义共同理想、中华民族伟大复兴中国梦和社会主义核心价值观的积极传播者、践行者、推动者,以正确的世界观、人生观、价值观教育和引导学生,用自己的思想、品行、学识和人格感染学生。严禁发表违背党和国家方针、政策的言论,严禁违背法律、法规和职业道德,严禁传教。

第十三条 以德立身,率先垂范。教师要有着高尚的道德情操。要将师德修养自觉纳入职业生涯规划,将师德规范转化为持久的内在信念和行为品质。要以德施教、以德立身,将师德师风融入教育教学、教育科研和服务社会的实践中。要弘扬重内省、重慎独的优良传统,襟怀坦荡,追求高尚,在细微处见师德,在日常中守师德,养成师德自律习惯。

第十四条 刻苦钻研,严谨笃学。教师要具备扎实的学识功底。要端正学风,树立先进教育理念,自觉遵循教育规律,积极推进教育创新,具备扎实的学识功底、过硬的教学能力、勤勉的教学态度、科学的教学方法。要树立终身学习思想,努力学习新知识、新技术,促进学科交叉,拓宽知识视野,不断提高专业素养和教书育人能力。要严格遵守教学计划,保证教学时间,在教学、批改作业、考试等工作中要认真执行相关规定、程序、办法和标准,努力提高教学质量。严禁敷衍应付、降低标准,严禁擅自停课、调课或请人代课,严禁在教学过程中使用不文明语言。

第十五条 热爱学生,教书育人。教师要坚持以学生为本。要以诚信之举、仁爱之心对待每一名学生,以自身良好的思想、道德、品质和人格感染学生,做学生健康成长的指导者和引路人。要尊重学生的人格,尊重学生的成长规律。要理解学生,关爱学生,把爱心融化在学生的成长过程中,做到爱中有严,严中有爱。严禁歧视、讽刺、侮辱、变相惩罚学生等各类侵犯学生权益的行为。

第五章　途径和方法

第十六条　创新师德教育,把握正确导向。将师德教育摆在教师培养首位,贯穿教师职业生涯全过程。积极推进师德教育的理念创新、手段创新和基层工作创新,多渠道、分层次地开展以加强社会主义核心价值观教育、理想信念教育、法治教育和心理健康教育为核心的师德教育。常态化、规范化地组织师德建设主题系列活动,评选表彰师德标兵、教学名师、教书育人楷模等。建立师德建设专家库,把师德典型、全国教书育人楷模、一线优秀教师等请进课堂,用他们的感人事迹诠释师德内涵。举行新教师入职宣誓仪式和老教师荣休仪式。结合教学科研、学科建设、社会服务活动开展师德教育,鼓励广大教师参与调查研究、学习考察等实践活动,引导广大教师积极参加教师志愿服务实践活动,通过积极参与乡村支教,免费学习辅导、课前课后义务职守,关爱离退休老教师等途径,切实增强师德教育效果。

第十七条　加强师德宣传,营造良好氛围。要坚持师德宣传制度化、常态化,将师德宣传作为学校宣传思想工作的重要组成部分,将师德师风作为校园文化建设的核心内容。深入开展"十佳教师"、"最美教师""教书育人模范党员教师"等评选活动,树立身边的典型。充分利用教师节等重大节庆日、纪念日的契机,通过校报、宣传栏、校园网、微电影等各种宣传媒体形式,大力宣传师德先进人物和典型事迹,用他们的先进事迹诠释师德内涵,努力营造崇尚师德、争创师德典型的良好舆论环境和校园氛围,对于师德建设中出现的热点难点问题,要及时应对并有效引导。

第十八条　健全师德考核,提升教师修养。把师德考核作为重要内容纳入教师考核体系,采取教学督导、个人自评、同事互评、学生评议、家长评议等多种形式进行,完善教师考核制度。考核结果存入教师档案。师德考核不合格者年度考核应评定为不合格,并在教师职务(职称)评审、岗位聘用、评优奖励等环节实行一票否决。研究制定教师教书育人工作规范,并融入教育教学和服务社会的实践中,提高教师师德践行能力。

第十九条　强化师德监督,防止师德失范。要建立健全师德状况调研、师德重大问题报告、师德全员监督和师德舆情快速反应机制,不断完善"学校、教师、学生、家长、社会"五位一体师德监督体系,对师德建设活动进行监督、检查、反馈。设立师德投诉举报电话和信箱,及时掌握师德信息动态,及时纠正不良倾向和问题。

第二十条　完善管理机制,维护教师权益。充分保障教师在专业技术职务评聘和各种评优选拔等活动中的知情权、参与权、表达权和监督权。健全教师发展制度,关心教师成长,构建完整的职业发展体系,鼓励支持教师参加培训、交流,提升业务能力。

第六章　考核与评价

第二十一条　师德考核每学年进行一次,纳入教师年度综合考核。

第二十二条　考核结果设四个等次:优秀、良好、合格、不合格,优秀比例控制在实际参加考核人数的45%以内。90分及以上为优秀,条件是师德高尚,无违背教师职业道德行为,受到学生和家长爱戴和好评;70分至89分为良好,条件是无违背教师职业道德行为,得到学生和家长的认可;60分至69分为合格,有违背《中小学教师职业道德规范》行为,但情节较轻并能够及时认识错误、改正错误,且师德考核分不低于60分;60分以下,或者不能认真遵守《中小学教师职业道德规范》,造成较严重的不良后果者为不合格。

第二十三条　经查实有下列行为之一的,年度考核认定为不合格:1.侮辱学生、体罚学生或驱赶差生,对学生身心健康造成重大影响的;2.引导、要求、组织学生进行有偿补课的;3.利用职务之便谋取私利,向学生、家长索要钱物或者推销物品资料、违规收费的;4.在招生中进行生钱交易的;5.因玩忽职守,造成学校师生安全事故的;6.向学生散布违背国家法律法规和对学生有不良影响言论的,或以非法方式表达诉求,干扰正常教育教学秩序、损害学生利益的;7.在申报职称(荣誉)时造假,或有抄袭、剽窃等学术不端行为的;8.凡加重学生负担,无教案上课、随意调课、旷课的;9.纪律性不强,无正当理由逾期不归连续超过10天或年内累计超过20天的;10.其他严重违反国家法律法规、方针政策和师德规范行为或涉足社会丑恶现象受行政记过以上处分或被政府机关处理的。

第二十四条　考核方式。考核由学校师德考核领导小组组织有关学生、家长、教师和学校师德管理机构,以无记名评价方式进行。学生评价,初中满分40分,高中满分50分,以班为单位,对相关教师进行无记名评价;家长评价,20分,以家长会形式,对相关教师进行无记名评价;教师评价,30 分,此项考核可在一定范围内(如同一个年级、同一学科)进行;学校师德管理机构评价,10 分,由学校师德管理部门依据学校师德日常管理和考评情况进行。

第七章　违反教师职业道德的处理办法

第二十五条　本办法所称处分包括警告、记过、降低专业技术职务等级、撤销专业技术职务或者行政职务、开除或者解除聘用合同。其中,警告期限为 6 个月,记过期限为 12 个月,降低专业技术职务等级、撤销专业技术职务或者行政职务期限为 24 个月。

第二十六条　教师有下列行为之一的,视情节轻重分别给予相应处分:

1. 在教育教学活动中有违背党和国家方针政策言行的;

2. 在教育教学活动中遇突发事件时,不履行保护学生人身安全职责的;

3. 在教育教学活动和学生管理、评价中不公平公正对待学生,产生明显负面影响的;

4. 在招生、考试、考核评价、职务评审、教研科研中弄虚作假、营私舞弊的;

5. 体罚学生的和以侮辱、歧视等方式变相体罚学生,造成学生身心伤害的;

6. 对学生实施性骚扰或者与学生发生不正当关系的;

7. 索要或者违反规定收受家长、学生财物的;

8. 组织或者参与针对学生的经营性活动,或者强制学生订购教辅资料、报刊等谋取利益的;

9. 组织、要求学生参加校内外有偿补课,或者组织、参与校外培训机构对学生有偿补课的;

10. 其他严重违反职业道德的行为应当给予相应处分的。

第二十七条　学校发现教师可能存在第二十六条列举行为的,应当及时组织调查,核实有关事实。作出处理决定前,应当听取教师的陈述和申辩,听取学生、其他教师、家长委员会或者家长代表意见,并告知教师有要求举行听证的权利。

第二十八条　给予教师处分,应当坚持公正、公平和教育与惩处相结合的原则;应当与其违反职业道德行为的性质、情节、危害程度相适应;应当事实清楚、证据确凿、定性准确、处理恰当、程序合法、手续完备。

第八章　师德建设运行机制

第二十九条　要加强教师职业理想和职业道德教育,增强教师的责任感和使命感。以周士良老师为楷模,热爱学生,关心学生,严谨笃学,淡泊名利,以人格魅力和学识魅力教育感染学生,以身体力行的示范作用影响学生。

第三十条　按照《郑州市教育局中小学教师职业道德考核办法》(2010年112号文),进一步加强师德考核,建立教师师德评价考核及奖惩体系,将日常检查考核与学生、教师评价结合起来,真实反映教师师德情况。将师德表现作为教师考核、聘任和评价的首要内容。组织教师对其内容进行集中学习,做到对内容的深入领会。

第三十一条　完善日常量化考核监督机制。1.建立社会、家长、学生三位一体的监督体系,并且向社会公布监督电话,设立"家长联系卡""家长接待日"。期末召开一次学生座谈会,每学期分期中和期末两次向学生和家长发放"问卷调查表",及时了解学生和家长对每位教师的评价。2.建立师德档案。将《师德师风建设日常量化考核评估》结果归入教师个人档案,为其晋级、评优、聘用、专业能力等级评价等工作提依据。

第三十二条　每学年与教师签订郑州市中小学教师违反职业道德行为管理责任书,并且严格督查落实。

第三十三条　在教师中开展评选"师德标兵"活动。通过学生评教,评出"我最喜爱的教师",大力弘扬教师中的"师德模范"先进事迹。

第三十四条　实现四个突破:在提高教师政治素质上求突破,在提高教师的职业道德水平上求突破,在提高教育教学质量上求突破,在树立教师良好形象上求突破。

第三十五条　做到两个结合:把"师德建设"与"精致管理"有机结合,把"师德建设"与"教育教学"相结合。围绕教育教学中心工作,以全面提高教育教学质量为主线,有的放矢地开展教育活动。

第九章　附则

第三十六条　本《规程》由郑州市第二中学负责解释。

第三十七条　附件

1. 教师职业道德规范

2. 教师职业道德十条禁令

3. 郑州市中小学教师违反职业道德行为管理责任书

4. 郑州二中教师职业道德考核结果登记表

5. 郑州二中师德考核学生评价表(样表一)

6. 郑州二中师德考核家长评价表(样表二)

7. 郑州二中师德考核教师评价表(样表三)

8. 郑州二中师德考核学校师德管理机构评价表(样表四)

附件:

附件1

教师职业道德规范

第一条 爱国守法。热爱祖国,热爱人民,拥护中国共产党领导,拥护社会主义。全面贯彻国家教育方针,自觉遵守教育法律法规,依法履行教师职责权利。不得有违背党和国家方针政策的言行。

第二条 爱岗敬业。忠诚于人民教育事业,志存高远,勤恳敬业,甘为人梯,乐于奉献。对工作高度负责,认真备课上课,认真批改作业,认真辅导学生。不得敷衍塞责。

第三条 关爱学生。关心爱护全体学生,尊重学生人格,平等公正对待学生。对学生严慈相济,做学生良师益友。保护学生安全,关心学生健康,维护学生权益。不讽刺、挖苦、歧视学生,不体罚或变相体罚学生。

第四条 教书育人。遵循教育规律,实施素质教育。循循善诱,诲人不倦,因材施教。培养学生良好品行,激发学生创新精神,促进学生全面发展。不以分数作为评价学生的唯一标准。

第五条 为人师表。坚守高尚情操,知荣明耻,严于律己,以身作则。衣着得体,语言规范,举止文明。关心集体,团结协作,尊重同事,尊重家长。作风正派,廉洁奉公。自觉抵制有偿家教,不利用职务之便谋取私利。

第六条 终身学习。崇尚科学精神,树立终身学习理念,拓宽知识视野,更新知识结构。潜心钻研业务,勇于探索创新,不断提高专业素养和教育教学水平。

附件 2

教师职业道德十条禁令

第一条　严禁传播违背国家法律法规、教育方针和对学生有不良影响的言论。

第二条　严禁擅自办班或参与有偿补课和外出代课。

第三条　严禁收受学生或家长财物谋取个人私利。

第四条　严禁向学生乱收费、乱发资料和推销商品。

第五条　严禁体罚和变相体罚学生，不得有对待学生不平等、不公正、讥讽、歧视、侮辱学生或者其他有辱人格尊严的言行。

第六条　严禁张榜公布学生的考试成绩名次。

第七条　严禁随意停课和无计划、无教案上课。

第八条　严禁以任何手段抄袭、剽窃和侵占他人劳动成果，在招生、考试、职称评审答辩等工作中不得有弄虚作假等违规、违纪、违法行为。

第九条　严禁工作时间玩电子游戏、炒股等，不得在课堂接、打手机和接待客人。

第十条　严禁指责和训斥家长。

附件 3

郑州市中小学教师违反职业道德行为管理责任书

根据教育部《中小学教师违反职业道德行为处理办法》(教师〔2014〕1号)的要求，为进一步明确教职工的责任，加强教师职业道德建设，塑造教师良好形象，学校与教职工个人签订本责任书。

一、教师违反职业道德行为

本校所有教职工应避免以下违反职业道德的行为：

(一) 在教育教学活动中违背党和国家方针政策言行；

(二) 在教育教学活动中遇突发事件时，不履行保护学生人身安全职责；

(三) 在教育教学活动和学生管理、评价中不公平公正对待学生，产生明显负面影响；

(四) 在招生、考试、考核评价、职务评审、教研科研中弄虚作假、营私舞弊；

(五) 体罚学生的和以侮辱、歧视等方式变相体罚学生，造成学生身心伤害；

（六）对学生实施性骚扰或者与学生发生不正当关系；

（七）索要或者违反规定收受家长、学生财物；

（八）组织或者参与针对学生的经营性活动，或者强制学生订购教辅资料、报刊等谋取利益；

（九）组织、要求学生参加校内外有偿补课，或者组织、参与校外培训机构对学生有偿补课；

（十）其他严重违反职业道德的行为。

二、问责办法

学校把师德师风建设作为教职工年度履职考核的重要内容，建立责任追究制，与教师履职晋职、评优推先、绩效考核挂钩，实行一票否决。根据教育部《中小学教师违反职业道德行为处理办法》（教师〔2014〕1号）规定，对出现本责任书列举的违反职业道德行为者，视情节轻重，采取以下方式问责：

（一）警告和记过处分，公办学校教师由所在学校提出建议，学校主管教育部门决定。民办学校教师由所在学校决定，报主管教育部门备案。

（二）降低专业技术职务等级、撤销专业技术职务或者行政职务处分，由教师所在学校提出建议，学校主管教育部门决定并报同级人事部门备案。

（三）开除处分，公办学校教师由所在学校提出建议，学校主管教育部门决定并报同级人事部门备案；民办学校教师或者未纳入人事编制管理的教师由所在学校决定并解除其聘任合同，报主管教育部门备案。

三、档案管理

本责任书一式二份，教职工和学校（园）各存一份。

我已认真阅读本责任书以及教育部《中小学教师违反职业道德行为处理办法》等相关法律、法规、条例。我郑重承诺，我将爱岗敬业，热爱学生，尊重家长，依法执教，廉洁从教，为人师表。如有违反职业道德行为，愿意接受处理。

责任人：

学校：（签章）

年　　月　　日

附件 4

郑州二中教师职业道德考核结果登记表

学校名称(盖章)： 学校负责人签字： 年 月

序号	姓名	性别	年龄	学段学科	考核总分	考核结果	备注
填表要求	考核结果汇总：本单位参加考核共 人。其中优秀 人，占 %；良好 人，占 %；合格 人，占 %；不合格 人，占 %。						

附件 5

郑州二中师德考核学生评价表(样表一)

年级 班级 年 月

分值	40—36(分) (优秀)	35—28(分) (良好)	27—24(分) (合格)	23—12(分) (不合格)
学科	任课教师姓名	评价分数	意见、建议	
语文				
数学				

学科	任课教师姓名	评价分数	意见、建议
英语			
政治			
历史			
地理			
物理			
化学			
生物			
体育			
音乐			
美术			
信息			

本表为初中使用,评价分数在40—12分之间,否则无效。高中满分为50分。

附件6

郑州二中师德考核家长评价表(样表二)

年级　　　　班级　　　　年　　月

分值	20—18(分) (优秀)	17—14(分) (良好)	13—12(分) (合格)	12—6(分) (不合格)
学科	任课教师姓名	评价分数	意见、建议	
语文				
数学				
英语				
政治				
历史				
地理				
物理				
化学				

续　表

学科	任课教师姓名	评价分数	意见、建议
生物			
体育			
音乐			
美术			
信息			

本表为初中使用，评价分数在20—6分之间，否则无效。高中满分为10分。

附件7

郑州二中师德考核教师评价表(样表三)

年级　　　班级　　　年　月

分值	30—27(分) (优秀)	26—21(分) (良好)	20—18(分) (合格)	17—9(分) (不合格)
学科	任课教师姓名	评价分数	意见、建议	
语文				
数学				
英语				
政治				
历史				
地理				
物理				
化学				
生物				
体育				
音乐				
美术				
信息				

本表为初中使用，评价分数应在30—9分之间，否则无效。高中满分为30分。

319

附件8

<h2 style="text-align:center">郑州二中师德考核学校师德管理机构评价表(样表四)</h2>

年级　　　班级　　　年　　月

分值	10—9(分)(优秀)	8—7(分)(良好)	6(分)(合格)	5—4(分)(不合格)
学科	任课教师姓名	评价分数	意见、建议	
语文				
数学				
英语				
政治				
历史				
地理				
物理				
化学				
生物				
体育				
音乐				
美术				
信息				

本表为初中使用,评价分数应在10—4分之间,否则无效。高中满分为10分。

四、 平安文明校园建设

党的十九大报告明确提出:要"树立安全发展理念,弘扬生命至上、安全第一的思想"。学生的生命安全、健康成长是第一位的。学校是育人的场所,为学生创造一个安静、文明、健康、平安的学习和成长环境,是全体师生的共同心愿,也是学校的责任和使命,同时也是全社会和谐发展的要求。普通高中校园安全事关学校教育教学工作的正常开展,事关学校和社会的稳定,创建平安文明的校园已经成为学校内部治理体系的重要内容,而安全教育则成为教育教学工作的一个重要组成部分。创建平安文明校园的关键是要落实"一岗双责"全员责任制,建立平安文明校园长效机制。要抓好安全管理责任制的层层落实,把工作任务分解到每一个相关人员身上。将责任细化到每一名领导班子成员、每一个职能部门、每一个工作岗位、每一个工作人员、教师。做到安全管理,人人有责。

郑州市第二中学平安文明校园管理规程

第一章　总则

第一条　为加强郑州二中安全管理,保障学校、学生和教职工的人身、财产安全,维护学校正常的教育教学秩序,创建省市文明单位和平安建设先进单位,根据《中华人民共和国教育法》《中小学幼儿园安全管理办法》等法律法规,制定本管理规程。

第二条　学校安全管理遵循积极预防、依法管理、各负其责的方针。

第三条　学校安全管理工作主要包括:

(一)构建学校安全工作保障体系,全面落实安全工作责任制和事故责任追究制,保障学校安全工作规范、有序进行;

(二)健全学校安全预警机制,制定突发事件应急预案,完善事故预防措施,及时排除安全隐患,不断提高学校安全工作管理水平;

(三)建立校园周边整治协调工作机制,维护校园及周边环境安全;

(四)加强安全宣传教育培训,提高师生安全意识和防护能力;

(五)事故发生后启动应急预案、对伤亡人员实施救治和责任追究等。

第四条　学校应当按照本办法履行安全管理和安全教育职责。

第二章　安全教育

第五条　制定教育计划,落实教育内容。按照"安全第一,预防为主"的方针,把安全教育纳入学校课时教育,确保每学年安全教育不少于总课时的 5%,达到教育人员、内容、时间、效果"四落实"。培养学生的安全意识,提高学生的自我防护能力。

第六条　在开学初、放假前,有针对性地对学生集中开展安全教育。新生入校后,帮助学生及时了解相关的学校安全制度和安全规定。

第七条　针对不同课程实验课的特点与要求,对学生进行实验用品的防毒、防爆、防辐射、防污染等的安全防护教育。

对学生进行用水、用电的安全教育,对寄宿学生进行防火、防盗和人身防护等方面的安全教育。

第八条 对学生开展安全防范教育,使学生掌握基本的自我保护技能,应对不法侵害。

对学生开展交通安全教育,使学生掌握基本的交通规则和行为规范。

对学生开展消防安全教育,使学生掌握基本的消防安全知识,提高防火意识和逃生自救的能力。

有针对性地对学生开展到江河湖海、水库等地方戏水、游泳的安全卫生教育。

第九条 组织师生开展多种形式的事故预防演练。

学校每学期至少开展一次针对洪水、地震、火灾等灾害事故的紧急疏散演练,使师生掌握避险、逃生、自救的方法。

第十条 制定教职工安全教育培训计划,通过多种途径和方法,使教职工熟悉安全规章制度,掌握安全救护常识,学会指导学生预防事故、自救、逃生、紧急避险的方法和手段。

第十一条 学生监护人应当与学校互相配合,在日常生活中加强对被监护人的各项安全教育。

学校鼓励和提倡监护人自愿为学生购买意外伤害保险。

第三章 校内安全管理制度

第十二条 遵守有关安全工作的法律、法规和规章,建立健全校内各项安全管理制度和安全应急机制,及时消除隐患,预防发生事故。

第十三条 强化安全管理组织和安全队伍建设。建立校内安全工作领导机构,实行校长负责制;设立保卫机构,配备专职或者兼职安全保卫人员,明确其安全保卫职责。把学校安全工作"一组三队"建设、构建学校三级安全巡查网络和保安队伍建设纳入学校重要议事日程和长远规划。

第十四条 完善、构建"人防、物防、技防"三防有机结合的防控体系。把学校监控与市公安局报警系统联网工作纳入校园安全管理长远规划。

第十五条 落实全天值班制度和领导带班制度。值班人员必须坚守岗位,对突发事件要及时报告,并作出应急处理。

第十六条　健全门卫制度,建立校外人员入校的登记或者验证制度,禁止无关人员和校外机动车入内,禁止将非教学用易燃易爆物品、有毒物品、动物和管制器具等危险物品带入校园。

第十七条　建立校内安全定期检查制度和危房报告制度,按照国家有关规定安排对学校建筑物、构筑物、设备、设施进行安全检查、检验;发现存在安全隐患的,应当停止使用,及时维修或者更换;维修、更换前应当采取必要的防护措施或者设置警示标志。学校无力解决或者无法排除的重大安全隐患,应当及时书面报告主管部门和其他相关部门。

在校内高地、水池、楼梯等易发生危险的地方设置警示标志或者采取防护设施。

第十八条　落实消防安全制度和消防工作责任制,对于政府保障配备的消防设施和器材加强日常维护,保证其能够有效使用,并设置消防安全标志,保证疏散通道、安全出口和消防车通道畅通。

第十九条　建立用水、用电、用气等相关设施设备的安全管理制度,定期进行检查或者按照规定接受有关主管部门的定期检查,发现老化或者损毁的,及时进行维修或者更换。

第二十条　严格执行《学校食堂与学生集体用餐卫生管理规定》《餐饮业和学生集体用餐配送单位卫生规范》,严格遵守卫生操作规范。建立食堂物资定点采购和索证、登记制度与饭菜留验和记录制度,检查饮用水的卫生安全状况,保障师生饮食卫生安全。

第二十一条　建立实验室安全管理制度,并将安全管理制度和操作规程置于实验室显著位置。

严格建立危险化学品、放射物质的购买、保管、使用、登记、注销等制度,保证将危险化学品、放射物质存放在安全地点。

第二十二条　按照国家有关规定配备具有从业资格的专职医务人员,购置必需的急救器材和药品,保障对学生常见病的治疗,并负责学校传染病疫情及其他突发公共卫生事件的报告。设立校医室。

新生入学应当提交体检证明。学校应当建立学生健康档案,组织学生定期体检。

第二十三条　建立学生安全信息通报制度,将学校规定的学生到校和放学时间、学生非正常缺席或者擅自离校情况以及学生身体和心理的异常状况等关系到学生安全的信息,及时告知其监护人。

对有特异体质、特定疾病或者其他生理、心理状况异常以及有吸毒行为的学生,做好安全信息记录,妥善保管学生的健康与安全信息资料,依法保护学生的个人隐私。

第二十四条 建立住宿学生安全管理制度,配备专人负责住宿学生的生活管理和安全保卫工作。

对学生宿舍实行夜间巡查、值班制度,并针对女生宿舍安全工作的特点,加强对女生宿舍的安全管理。

采取有效措施,保证学生宿舍的消防安全。

第二十五条 建立安全工作档案,记录日常安全工作、安全责任落实、安全检查、安全隐患消除等情况。

安全档案作为实施安全工作目标考核、责任追究和事故处理的重要依据。

第四章 日常安全管理

第二十六条 在日常的教育教学活动中应当遵循教学规范,落实安全管理要求,合理预见、积极防范可能发生的风险。

学校组织学生参加的集体劳动、教学实习或者社会实践活动,应当符合学生的心理、生理特点和身体健康状况。

学校必须采取有效措施,为学生活动提供安全保障。

第二十七条 学校组织学生参加大型集体活动,应当采取下列安全措施:

(一)成立临时的安全管理组织机构;

(二)有针对性地对学生进行安全教育;

(三)安排必要的管理人员,明确所负担的安全职责;

(四)制定安全应急预案,配备相应设施。

第二十八条 按照《学校体育工作条例》和教学计划组织体育教学和体育活动,并根据教学要求采取必要的保护和帮助措施。

第二十九条 防拥挤踩踏。建立健全防拥挤踩踏制度和应急预案。在放学、课间操和组织文艺、体育、庆典等大型集会活动集结和结束等重点时段,楼道、楼梯口、安全应急出口等关键部位安排老师值班,有序引导学生季节和疏散,有效防止拥挤踩踏事故发生。大型集会活动时间,要保证应急出口畅通,疏散大门不得上锁。学生在教学楼进行教学活动和晚自习时,学校应当合理安排学生疏散时间和楼道上下顺序,同时安排人员巡查,防止发生拥挤踩踏伤害事故。

晚自习学生没有离校之前,学校应当有负责人和教师值班、巡查。

第三十条　与交警部门联系,密切做好学生上下学交通安全问题。校园内、校园大门周边交通规划合理,标识完备。完善学校车辆管理制度,做好学生交通安全教育工作。

第三十一条　学校不得组织学生参加抢险等应当由专业人员或者成人从事的活动,不得组织学生参加商业性活动。

第三十二条　学校教职工应当符合相应任职资格和条件要求。

学校教师应当遵守职业道德规范和工作纪律,不得侮辱、殴打、体罚或者变相体罚学生;发现学生行为具有危险性的,应当及时告诫、制止,并与学生监护人沟通。

第三十三条　学生在校学习和生活期间,应当遵守学校纪律和规章制度,服从学校的安全教育和管理,不得从事危及自身或者他人安全的活动。

第三十四条　监护人发现被监护人有特异体质、特定疾病或者异常心理状况的,应当及时告知学校。

学校对已知的有特异体质、特定疾病或者异常心理状况的学生,应当给予适当关注和照顾。生理、心理状况异常不宜在校学习的学生,应当休学,由监护人安排治疗、休养。

第五章　安全事故处理

第三十五条　校园内发生火灾、食物中毒、重大治安等突发安全事故以及自然灾害时,学校应当启动应急预案,及时组织教职工参与抢险、救助和防护,保障学生身体健康和人身、财产安全。

第三十六条　发生学生伤亡事故时,学校应当按照《学生伤害事故处理办法》规定的原则和程序等,及时实施救助,并进行妥善处理。

第三十七条　发生教职工和学生伤亡等安全事故的,学校应当及时报告主管教育行政部门和政府有关部门。

第六章 岗位安全职责

第三十八条 学校全面落实安全责任制。按照"安全第一,预防为主,综合治理"的方针,全面落实安全责任制。健全学校内部安全文明校园的管理工作制度,细化岗位要求,实行"一岗双责"制度,把安全管理职责落实到教育教学工作的每一个岗位、每一个时段、每一个环节,做到有章可循、各司其职、各尽其责。

第三十九条 校长安全岗位职责

校长是学校法人代表,学校安全工作第一责任人,担任平安文明校园领导小组组长,领导和策划平安文明校园创建工作。

1. 协调、督办各项平安文明校园建设工作,制定合理的创建平安文明校园长期规划、具体实施方案,明确创建工作责任制,每学期进行自评,一学年总结创建工作。

2. 构建学校安全工作保障体系,全面负责学校安全管理工作,并落实安全工作的规章制度和事故责任追究制,保障学校安全工作规范、有序进行。

3. 履行学校平安文明校园领导小组组长职责,定期召开会议,与学校各部门负责人签订安全责任书。

4. 负责学校安全预警机制的运行,制定和完善突发事件应急预案和预防措施,一旦发生突发事件,决定启动应急预案,以校长为主处置,并按信息传递制度在第一时间向上级相关部门汇报。负责各类行政管理类突发事件的信息管理及落实信息上报机制。

5. 与市教育局签订安全责任书。代表学校协调学校周边公安、城管、文化监察、交警中队、社区等部门,建立工作机制,维护校园及周边环境安全。

第四十条 党委书记安全岗位职责

1. 协调、督办各项平安文明校园建设工作。

2. 负责社会综合治理,以及政治类等突发事件信息管理及落实信息上报机制。及时掌握境内反动势力在校园内的渗透破坏活动,及时上报市教育局。

3. 加强教师职业道德建设,对校园内不稳定因素、人员情况及时掌握动态,做好政治稳定工作。

4. 传达并组织教师学习有关安全工作的政策法规、会议精神,做好教师平安文明教育宣传及培训工作。

第四十一条　分管安全工作副校长安全岗位职责

1. 担任平安文明校园领导小组副组长,全权负责展开相关工作。

2. 协助校长做好安全管理工作,履行领导小组副组长职责,定期召开会议,制定年度安全工作计划。

3. 落实"一岗双责"的岗位要求,检查学校安全制度和安全岗位职责的执行情况,检查和排除各种隐患,确保安全工作有序开展。

4. 定期组织人员对校园的设施设备及安全制度落实情况进行检查,反馈总结整改检查的情况。

5. 组织安排好校园应急预案的演练工作。

6. 落实网络安全管理制度,落实防入侵、防病毒、防有害信息传播等安全措施,确保网络安全运行和校园稳定。

7. 督促做好安全台账和归档工作。

第四十二条　工会主席安全岗位职责

1. 发挥工会组织在校园平安文明工作中的监督作用。

2. 协助党组织摸清学校内部人员的不稳定因素,做好记录、访谈及上报工作。

3. 积极关爱教职工及其家属,对家庭情况发生重大变化的,及时进行慰问、上门家访等,维护学校和谐稳定大局。

4. 负责组织实施教职工公民道德、职业道德、社会公德的宣传教育活动。

5. 开展读书活动,落实文明组室的评比工作,推进校园文明建设。

第四十三条　学生发展中心主任安全岗位职责

1. 学生发展中心主任是该处室安全工作的第一责任人,对该处室安全工作负总责,组织落实学校安全工作计划,安排学校下达的安全工作任务,制定工作计划,期末认真做好处室安全工作总结。

2. 学生发展中心要成立以主任为组长的安全工作领导小组,落实安全目标责任,同班主任签订安全目标责任书。

3. 充分认识安全工作的重要性,加大安全工作的宣传力度,利用广播、班会、集会、家长会、黑板报等方式向教师、学生、家长进行安全教育。

4. 学生发展中心要制定切实可行的学校安全工作制度、应急救援预案、住宿学生管理制度等安全管理制度,强化安全意识,细化管理措施。

5. 定期举办安全知识讲座,教育学生自我保护、自我防范;遵守交通规则、遵守校纪校规、遵守国家法规。

6. 每学期举办一次法制报告,使全体学生学法、知法、懂法、守法。

7. 要定期排查学校事故隐患,定期检查消防设施。

8. 要教育学生正确处理同学之间的纠纷,学生之间有矛盾要请求教师、学校调解,决不能感情用事、义气用事,防止事态扩大,矛盾激化。

9. 要定期举行消防应急演练、应急疏散演练,提高学生自救能力。

10. 凡学校组织的大型活动,学生发展中心要积极安排,精心组织,落实安全检查责任,采取安全措施,确保活动安全正常进行。

11. 要组织好安全巡逻队,坚持昼夜巡逻。确保师生人身安全和学校财产安全。

12. 经常检查学校及周边安全隐患,负责协调辖区公安、卫生、工商等部门,做好校园周边综合整治工作。

第四十四条　教务主任安全岗位职责

1. 教务主任是该处室平安文明工作第一责任人,对该处室安全工作负总责,组织落实学校安全工作计划,安排学校下达的安全工作任务,期末认真做好安全工作总结。

2. 落实安全目标责任,同全体教师签订安全目标责任书。

3. 对全体教师进行经常性的安全教育,不断增强教师的安全意识。

4. 抓好教师教育观念的转变和教育方法的改进工作,教育教师遵守教师职业道德,避免因方法不当而造成学生意外事故发生。

5. 重视学生实验安全,做好学校实验室易燃易爆等危险品的管理工作。

6. 对教师办公室、休息室进行安全管理,对贵重物品存放地等重要部门的门锁钥匙要专人管理。

7. 经常检查体育器械和设施的安全隐患,要求体育教师规范教学、训练程序,讲清动作要领,做好防护工作。

第四十五条　办公室主任安全岗位职责

1. 全面落实"一岗双责"制,负责同本部门工作人员签订安全目标责任书,将部门安全工作分解到人。

2. 负责全校教职工的安全教育,负责办公室、人事、宣传、教师会、教职工及相关活动安全管理,安排值班教师等。

3. 做好教职工(退休教师)的稳定工作,教育他们从事文明、健康的业余活动,不参与封建迷信、邪教活动。要关心教职工,解除教职工后顾之忧,认真解决教职工反映的问题,积极防止上访事件发生。

4. 组织教职工集体活动,坚持"谁主管,谁负责""谁审批,谁负责""谁带队,谁负责"的原则。组织者为活动第一责任人。落实安全措施和安全预案,加强安全教育和管理,确保活动安全。

5. 协助学校处理群众关注的热点问题,排查矛盾,调解纠纷,参与调查处理学校各类安全事故,提供相关安全资料。

6. 强化值班教师的安全责任意识,督促他们切实履行值班工作职责,落实好安全巡查工作,及时处理突发事件。

7. 协调各部门平安文明校园的创建工作。

第四十六条　总务主任安全岗位职责

1. 总务主任是该处室安全工作第一责任人,组织落实学校安全工作计划,安排学校下达的安全工作任务,制定安全工作计划,做好期末安全工作总结。

2. 负责学校平安文明校园建设基础设施的规划、协调、组织实施工作。

3. 做好校园基础设施的维护保养工作,做好校园安全、食品卫生安全的管理和服务工作。

4. 负责装修工程项目的安全管理和质量管理,协助校长做好工程安全签约工作,并做好日常管理,以及教室、办公室及建筑物维护管理、质量监督工作,发现问题或隐患及时解决。

5. 落实安全目标责任,同学校食堂等相关人员签订安全目标责任书。

6. 经常检查学校安全隐患,落实校舍安全管理责任和楼层隐患的排查,做好检查记录,提高管理人员的职业责任心。

7. 定期做好学校用电、气、水等设备的管理、使用、保养及维修工作。全面提升特种职业人员综合素质。特种职业人员要持证上岗,检查、维修线路和设备及高空作业,必须有2人或2人以上共同实施。

8. 负责学校消防器材、特种设备的维护和维修。

第四十七条　行政人员安全岗位职责

1. 各处室行政人员的安全岗位职责由处室领导制定,原则上处室主任的安全岗位职责分解到人,并将职责具体化,以签订安全目标责任书的形式将职责予以确认。

2. 行政人员要履行对师生进行安全教育和安全管理的职责。

3. 任课教师安全岗位职责同样适用于行政人员。

第四十八条　门卫人员安全岗位职责

1. 热爱本职工作,遵纪守法,严谨认真,尽心尽职。

2. 规范统一着装,礼貌用语,热情待客,文明值班。

3. 实行二十四小时轮值制,做好交接班工作。上班时间不擅离岗位,不干私活,不闲聊。

4. 外来车辆未经许可不得入内;进校车辆安全停放;自行车、电动车一般不允许进入校园,在校门外有序停放。有特殊情况进校园要求下车推行,以保证安全。

5. 在学生上学、放学时,保安要和值班老师一起维持校门口秩序,有效引导、疏散学生,防止学生在门口滞留。

6. 严格做好来访者进出登记手续,严禁易燃、易爆等危险品进校。

7. 学校财物出校应有出门证,无手续一律不准放行。

8. 做好防火、防盗、安全用电工作,掌握灭火器使用方法,发现火灾隐患立即向有关部门报告并及时处理。

9. 及时开关大门,坚持昼夜巡逻巡视,做好值班记录,发现问题应及时与总值班老师联系,处理解决。

10. 凡有特殊情况,要及时向学生发展中心有关负责人汇报、解决。

第四十九条　年级长安全岗位职责

1. 负责建立本年级师生日常安全管理制度。

2. 落实学校安全管理制度,抓好年级层面的安全工作。

3. 定期召开年级有关师生安全的会议。

4. 如发生安全方面事件,及时向学校有关部门汇报并协助处理。

5. 提醒班主任与任课老师对个别特殊学生予以重点关注,与个别学生的家长保持畅通的联络渠道,维护年级正常教育教学秩序。

6. 协助学生发展中心布置好学校应急预案演练活动中本年级教师的站位,明确各自分工,做好预案中的各项工作。

第五十条　班主任安全岗位职责

班主任是班级安全工作第一责任人,对本班学生安全、班级教育教学安全、教室设施设备安全负责。

1. 班主任要及时传达上级有关安全文件精神,在新生入学教育中强调安全教育内容,认真做好班级安全管理工作,及时了解班级管理工作中出现的的问题,建立班级安全制度。

2. 班主任要贯彻《中小学公共安全教育指导纲要》精神,利用早读、班会课等开展生命教育和安全教育,将消防、交通、饮食卫生、治安等安全知识贯穿到教学中去,并结合环境、季节、疫情等实际情况,利用板报、班会、知识讲座等形式,对学生进行多方面的教育,增强学生的安全意识,提高学生自身保护能力。

3. 每天做好本班学生晨检工作,统计学生出勤情况,及时了解未来校上课学生的情况;对因病未来校学生做好询问,了解病情,及时向校医汇报;一旦发现学生身体不适,立即送至校医室处理,并与家长联系;一旦发现学生患有传染病,及时报告,并配合做好消毒隔离工作。

4. 每天做好教室的开窗通风和清洁工作。班主任应对本教室内各类设施的安全状况及时、定期进行检查,如存在安全隐患,及时处理或上报学校有关部门,并提醒学生注意。加强班级财产安全管理,防盗窃、防破坏。

5. 班主任应指导、督促学生注意用眼卫生,做好"两操",要认真负责地组织学生参加各类班级活动,如主题班会、社会实践、卫生劳动等,做好活动前的专项教育,对可能出现的意外情况做好防范措施,保证活动中学生不因违纪、操作失误、管理不到位等原因而发生安全事故,在组织学生参加全校性或年级集会时必须带队并按规定排队缓步上下楼。

6. 班主任应了解本班学生在各学科中的表现,加强本班学生的心理健康教育,发现异常情况及时疏导并与家长或专职心理教师取得联系,防止学生出现严重的心理问题,杜绝隐性安全问题。

7. 班主任应关心爱护每一位学生,对已知的有特异体质、特定疾病或者异常心理状况的学生,应当给予适当关注和照顾,并与相关学科教师联系,切实维护学生的合法权利和身心健康。

8. 班主任要积极调解和减少各类学生间、师生间、家校间纠纷,防止矛盾激化,杜绝校园暴力,避免意外伤害的发生。

9. 班级学生在校内发生各类安全事故或伤害事故,班主任必须及时送到校医室或附近医院就诊,并上报学校,同时与家长联系,必要时应进行家访,了解或说明情况,做好后续工作。

10. 班主任要督促学生放学准时回家,对个别特殊学生要加强家校联系,避免学生沉湎网吧、歌厅等娱乐场所或结交不良社会青年。

11. 班主任要指导家长做好学生的安全教育工作,对本班学生中出现的不安全情况及时与家长沟通,发现学生行为具有危险性的,应当及时告诫、制止,并与学生家长沟通,发动家长共同做好学生安全工作。

12. 按照班主任是班级安全管理第一责任人的原则,在校园内一旦发生各类重大突发事件,立即启动相关突发事件应急预案,一切操作程序按照学校相应的应急预案操作流程实施,以维护学生安全为己任。

13. 班级管理安全责任依据分工不同,贯彻"谁组织,谁负责"的原则;同时依据"齐抓共管"原则,在无明确分工的管理工作中,班主任为第一责任人,其他有关教师为第二责任人,班主任不在的情况下,年级长或任课教师为第一责任人。

第五十一条　任课教师安全岗位职责

任课教师对本堂课教学中学生安全直接负责。

1. 日常的教育教学活动中,遵循教学规范,落实安全管理要求,合理预见、积极防范可能发生的风险,特别是要认真落实体育课、信息技术课、社会实践等实践性课的教学常规,防止学生意外伤害事故的发生。

2. 贯彻《中小学公共安全教育指导纲要》,挖掘本学科教材中有关安全教育的内容,进行有针对性的教学,提高学生的安全意识和自我保护能力,普及和培养学生抵御自然灾害的知识和能力。

3. 要随时留心课堂中出现的各种异常现象,出现异常及时报告学生发展中心,并采取有效措施,处理好各种异常偶发事件;发现学生行为具有危险性的,应当及时告诫、教育,并与班主任或学生家长沟通。

4. 教师应当遵守职业道德规范和工作纪律,关心学生身心健康成长,不得侮辱、体罚或变相体罚学生。不得将学生逐出教室。如发生学生严重违纪,致使教学无法进行的情况时,教师应通知班主任或学生发展中心进行处理。

5. 对必须外出校外教学的课,要事先报告学校,经批准后,方可外出;未经允可,不得外出。

6. 认真落实有关法规和上级文件及学校班级工作的安全规定。

7. 如出现事故,必须及时报告并进行有效的救护。

8. 到专用教室上课,须对学生加强安全教育与管理。

9. 在校园内一旦发生各类重大突发事件,立即启动相关突发事件应急预案,一切操作程序按照学校相应的应急预案操作流程实施,以维护学生安全为己任。

第五十二条　体育教师安全岗位职责

1. 体育教师每节课应严格按照教学计划上课,穿好运动装及球鞋。

2. 课前,体育教师必须检查课中应用运动器械的安全性。

3. 开始上课时,体育教师必须检查每位学生所穿的服装、鞋子是否符合规定。还要检查学生身上是否有不应该佩戴的各种标志和硬物,如有,请学生取下并把这些物品妥善放置。

4. 教师及时了解、安排好体育免修与身体不舒服同学体育课休息。

5. 课中准备活动必须做充分,有特殊内容的课还要做好专项练习。

6. 体育教师在课中随时教育学生做好安全预防措施,对运动量大、有危险性的项目要加强相应保护措施,并提高学生自我保护能力。

7. 课中体育教师要关注学生,不能擅自离岗。

8. 课中合理安排运动量,多采用目标管理方法,做到量力而行。

9. 平时在游戏中多观察、多提醒学生行为规范,及时进行安全教育。

10. 课中一旦发生伤害事故,及时送校医室处理(能处理的,校医要及时处理;不能处理的,校医要陪同学生及时去医院)。

11. 体育教师在专用教室上课,必须按相关岗位的安全要求执行。

第七章 若干规定

第五十三条 创建平安文明校园是每个教职工的责任和义务,全体教职工都要严格遵守学校各项规章制度,严格履行安全岗位职责,对于学校出现的不安全、不文明现象每个教职工都有义务进行制止、劝阻。

第五十四条 郑州二中是"无烟学校",任何人不得在校园内吸烟,办公室不得摆放烟具,要劝阻来访者吸烟,教育学生不吸烟。如发现学生吸烟,每个教职工都有责任和义务进行制止,并将学生交由学生发展中心进行批评教育和相应处理。

第五十五条 每个教职工都有参与学校民主管理的权利,如果对学校有意见、建议,或者有问题需要反映,可以逐级反映,也可以直接向校长、党委书记反映。学校要充分尊重和重视教职工的意见,及时解决教职工的困难,解除教职工后顾之忧。教职工要尽量在校内解决问题,避免越级上访。

第五十六条 维护学校稳定是创建平安文明校园的一个重要方面。教职工之间、教职工与他人之间出现矛盾纠纷,应本着互谅互让、着眼大局的原则妥善解决,不允许采取使矛盾激化的方式解决问题,更不允许超越法律底线,造成严重后果和恶劣影响。

第五十七条 教职工要文明上网,不允许在网上传播不利于安定团结、有损于郑州二中形象的言论、图片等信息,更不允许传播反动言论。

第五十八条 教职工在工作日内严禁酗酒。

第五十九条 为保证学校和私人财产不受损失,学校规定任何人不允许将大量现金或贵重物品存放在办公室、休息室,以防止丢失。

第八章 奖励与责任追究

第六十条 对在平安文明校园建设工作中成绩显著或者做出突出贡献的集体和个人,学校视情况给予表彰、奖励。

第六十一条 相关责任人不履行安全管理和安全教育职责,对重大安全隐患未及时采取措施的,校长应当责令其限期改正;拒不改正或者有下列情形之一的,校长应当按程序召开校务会议或教代会进行专题研究,对学校主管领导和其他直接责任人员给予行政处分,并报上级主管部门备案;构成犯罪的,交司法机关依法追究刑事责任:

(一) 发生重大安全事故、造成学生和教职工伤亡的;

(二) 发生事故后未及时采取适当措施、造成严重后果的;

（三）瞒报、谎报或者缓报重大事故的；

（四）妨碍事故调查或者提供虚假情况的；

（五）拒绝或者不配合有关部门依法实施安全监督管理职责的。

第六十二条 对于违反第四十九条至第五十五条的教职工，根据造成后果的严重程度，分别给予点名批评、扣减绩效工资、取消评优评先资格、行政处分、解聘等处理；构成犯罪的，依法追究刑事责任。

第九章 附则

第六十三条 未尽事宜可比照此规程相关条款执行。

第六十四条 本规程自 2011 年 2 月起执行。

郑州市第二中学

2011 年 1 月 8 日

本文引用文件出处

1.《中小学幼儿园安全管理办法》

中华人民共和国教育部令 第 23 号

二〇〇六年六月三十日

2.《学校食堂与学生集体用餐卫生管理规定》

中华人民共和国教育部 令

中华人民共和国卫生部 第 14 号

二〇〇二年九月二十日

3.《餐饮业和集体用餐配送单位卫生规范》

卫生部关于印发《餐饮业和集体用餐配送单位卫生规范》的通知

卫监督发〔2005〕260 号

二〇〇五年六月二十七日

4.《中小学公共安全教育指导纲要》

国务院办公厅关于转发教育部《中小学公共安全教育指导纲要》的通知

国办发〔2007〕9 号

二〇〇七年二月七日

5.《学校体育工作条例》

中华人民共和国国家教育委员会令第 8 号

1990 年 3 月 12 日发布

6.《学生伤害事故处理办法》

教育部第 12 号令　2002 年 8 月 21 日

五、学科建设

在普通高中,分科教学是教学的基本形态,同一学科的教师组成教研组集中办公,也是学校基层组织最常见的形式,学科教研、学科教学构成了学科教育的主要活动方式。我们常说的学校以教学为中心,说到底还是以学科教学为中心。伴随着高校扩招,普通高中学校规模也随之扩大,于是,与超大规模相适应的年级管理模式应运而生,把教育教学的重心下移到各个年级,教师也告别了原来同学科教师集体办公的教研组,组成年级备课组(或称年级教研组),归口到年级管理。这样的格局似乎更有利于打造年级团队,但年级部毕竟只是一个阶段性的行政组织,一般每三年完成一个循环就要重新调整,他们的工作重心也往往只限于三年目标的达成,很难有更长远的追求,不免急功近利。尤其对学科的建设,学科教师的发展,很难有什么作为。只要学校实行分科教学,学科建设就是一个绕不开的话题,而由于实行年级管理而弱化了学科建设,导致学科教学质量下降,学科教师发展乏力,更难以从学科教学走向学科教育。

要真正实现教研组的回归,需要以下三点。第一,恢复学科教研组建制,改变仅由行政管理教学的"单轮独行"(唐江澎校长语)的状况,建立行政管理与学术引领并行的"双轮驱动"机制。第二,遴选真正意义上的而非评选命名的"学科带头人",他们是学科教学的专家,以其学术权威的亲和力、凝聚力、感召力和影响力带动学科组织的重建和运行。第三,制定学科建设规划,确立学科建设的价值追求,明确学科建设的目标指向,确定学科建设的路线图。在学科建设中,首先要培养一批学科领袖级的人物,可以设立"学科首席教师"岗位,发挥他们在学科建设中的作用。学科建设的最终目的是让学科教学走向学科教育,首先要实现"人"的回归,以塑造人、发展人、成就人为学科建设的本位,引领学科建设回归本真。

郑州市第二中学学科建设纲要

一、学科建设的重要意义

学科建设是一个学校赖以生存和发展的基石,学科建设水平是学校核心竞争力的重要构成因素。学科建设应该成为学校建设的核心,学校应该把学科建设放在学校各项工作的核心地位。

二、学科建设的内容

学科建设主要涉及以下几个方面的工作：做好学科规划,构建学科课程体系,打造学科团队和整合学科教育教学资源等四个方面。

（一）明确学科发展的方向与目标,制订学科发展规划

制订学科发展规划是学科建设的重要内容,这有助于明确学科建设的主攻方向和奋斗目标,理清学科建设发展的思路,选择学科发展突破口,是提高学科建设水平和建设效率的重要保证。学科发展规划既要有未来发展的长远目标,又要有阶段完成的近期目标,要在长期规划的基础上制订出每学期学科发展的具体内容,要将学科建设的全部要素在时间上有比较合理的配置。

在制订学科发展规划时要注意以下几点：制订学科发展规划要基于对一定的教育哲学和党的教育方针的理解;要基于对《基础教育课程改革纲要》等文件和课程改革理论的学习;制订学科发展规划要基于对学科的理解,尤其要重视对学科课程标准等的学习,重视对学科学习目标和学科特点的把握;制订学科发展规划要基于对学科现状与本学科教研组全体成员的全面了解;制订学科发展规划要基于对世界教育发展方向的了解;制订发展规划的过程,应该凝聚全员智慧,使之成为老师专业发展和学科团队建设的重要手段。

（二）课程建设

课程建设是打造学科的核心发展力的中心环节。应当关注如下几个方面的问题：

1. 目标的确立与内容的统整

根据学科特点,对知识与技能、过程与方法、情感态度与价值观三个维度的目标进行分解,使之更加细化;厘清各个目标要素之间的关系并加以统整,使之更加条理化,进而形成一个完整的、系统的和具体的学科学习指标体系。

我们要对学科学习内容进行科学的判断、精心的挑选、有效的整合,大胆的取舍。我们要牢牢抓住学科的基础知识和核心能力,决不放松,同时对一些繁难偏深的内容酌情删减。

2. 学程的设计

当前,无论是学科课程标准还是学科教材,都没能解决好学习的序列设计的问题,或者说只是在知识与技能维度上完成了序列设计,在过程与方法、情感态度与价值观等维度上没有完成序列设计。教与学的无序造成了师生时间与精力的浪费,阻滞了学生的有效发展。

学科学习目标与学科学习内容系统建构完成之后,我们要对三年的学科学习进行系统的规划,将已经有效分解的各项学习目标合理配置到各个时间段,使学科学习在各个目标维度上的序列更加清晰,学习梯度更多明显,以凸显阶段性学习与评价主题,做到主题更加明确、中心更加突出,还要使不同维度的目标要素有效地耦合,以便能获取综合学习、相互促进之效。

3. 学科教与学的观念、思路、策略、方法与技术系统的构建

这是一个尚未被足够重视然而又是非常重要的一个学科建设领域。这是因为,我们的教师还是习惯于教教材、习惯于满堂灌;我们的学生还是习惯于将学习视为听讲与做练习,习惯于对老师亦步亦趋,习惯于以不变应万变地用最简单、原始的方式去挑战复杂而日新月异地变化着的学习内容。

对于教师的教学而言。一是编制、完善并落实学科教学常规。学科教研组结合学科特点,要组织全体成员认真梳理本学科在备课、上课、作业的设计与批改、辅导、检测、评价、教学反思等方面有哪些具体规范要求,形成郑州二中特有的学科规范制度,制订出学科教学指导意见。二是要积极探索优化教学设计和教学过程的方法与途径,逐步形成以学生为主体的、具有学科教师个性化风格的教学方式。

对于学生的学习而言。要像重视对教师的培训那样,重视对学生进行新课程教育,帮助学生确立正确的学习观念和思路,构建科学的学习策略、方法和技术系统,有效提高学习效率。学科教研组要从学科特点和学校实际出发,编著学科学习规范,引导学生进行自主、合作和探究性学习,增强学习的实践体验性,大力倡导整体学习、综合学习和专题学习等学习形式。要不断提升学生的学习科学素养,不能听任学生在黑

暗中摸索、在题海中沉浮。

4. 校本课程开发

根据学科特点、根据学生发展的需要、根据学校的优势及学科教师的特长，深入探索学科校本课程的开发技术与策略，自主地、创造性地开发具有乡土气息、本校特色的学科校本课程。此举一方面有利于学生的学科素养的形成，另一方面也有利于学科教师的专业发展。尤其重要的是将学科高考复习课程化，将高考复习课程作为最重要的学科校本课程加以开发建设。

5. 学科评价手段系统的构建

探索并建立符合学科素质教育思想、能提高学生学科素养的评价体系与评价方法。包括学科学业水平的测量与评估，学科教师教育教学水平与教育教学绩效的评估等两个维度。对学科学业水平的测量与评估，要突出课程评价的整体性和综合性，能从知识与能力、过程与方法、情感态度与价值观几方面进行评价，同时注意评价的科学性、多元性、引领性和有效性，全面考查学生的学科综合素养。以下问题要了然于胸：什么样的学习指标可以用什么方式、什么题型加以检测？什么样的题型、什么样的活动可以检测什么指标？

长期以来，我们的学科学业水平的测量与评估没能发挥出良好的育人作用，相反地，我们用测试一次又一次地告诉我们学生：你就是不行。对学科教师教育教学水平与教育教学绩效的评估，我们平时所做的只是甄别教师是行还是不行，我们没能完成教学的测试、反馈和矫治系统的全面构建，而且由于测试方式简单，不够科学和全面，挫伤了一些教师对教育教学进行全面、深入探索的积极性，并进而影响学生的发展。这就使得学科评价手段系统的构建显得非常迫切。

(三) 团队建设

打造学科团队是学科建设的关键。打造学科团队主要包括三个方面的内容：学科教师专业发展、学科教研组制度建设和学科教研组文化建设。

1. 教师专业发展

师资队伍是学科建设的关键。通过多种途径，促进老师专业发展，培养造就一支结构合理，具有强烈的创新思想和创新精神，充满活力、团结合作的学术团队，是学科建设的基础。在教师专业发展方面要注意形成两个层级系统：

一个是学术团队层级：营造氛围、创造条件，创设平台，既着眼于整体提高，又倾斜于名师与青年教师的培养，让不同的所有成员的团队成员都能有效发展。

一个是促进专业发展的学术活动层级：如常规性教研与培训活动、有比较高的研究价值的重大课题研究与教育教学实验等活动。

（1）教师个人自主研修

教师的个人研修与自主发展。这是教师专业发展的最重要的途径。要求教师增强学习意识和创新意识，以提升教师的课程实施能力为重点，围绕教学的基本环节和基本要求，充分利用各种教育资源，开展多种形式的研究与实践，优化教学过程，提高教育教学质量，在实践中不断优化教育教学方法，锻造、形成自己的教学风格。要积极探索，总结反思，形成有效的操作途径和经验积累，要积极撰写随笔、案例及论文等，利用多种手段发展自己，并进而促进教研组的全面发展和建设。

（2）常规教研活动

以活动为载体，促进校本教研。主要有如下的活动形式：

教研组与备课组集体备课。充分发挥教师群体智慧，通过对教材教法的深入研究，能够结合学生学习实际，精心设计出既包含群体智慧，又体现个人风格的教学方案。

学科教育教学观摩活动。加强对课例研究的指导与引领，通过观摩示范课、优质公开课、问题研讨课等多种形式的展示，开展说课、评课等活动，推动教师教学水平提高。

学科主题探究活动。发挥名教师和骨干教师专业引领和示范作用，推动学科校本主题教研，活动有内容，有实效，记录保存完整。

教研组对外交流活动。一个教研组应该是一个开放型的研究组织，一方面定期邀请相关学科专家或有经验的教师来组指导、交流，扩大视野，增加教学信息，另一方面要积极外出交流学习。包括认真推荐出本组成员参加各级各类的展示、评比等活动。

教研组还应该通过不断地探究，研发并组织新的活动形式。

（3）对学科教师进行培训

当前教育背景下，教研组对其成员进行培训有两个方面的内容：一方面是对成员进行教育理念、新课程理念的学习与培训，对成员进行如何撰写案例、课堂实录、教学反思、教学论文，如何进行课题研究的相关培训；另一方面，要对成员进行学科教育教学培训，以提升学科教育教学能力。各学科教研组要不断探索符合新课程教学要求的培训组织形式与培训模式，如网络教研、互动式培训等。

（4）组织教师开展课题研究

教研组要能够结合自己的学科教育教学实践，及时诊断本学科教育教学存在的问题，并筛选出比较有研究价值的课题，组织成员进行跟踪、分析研究，特别是对当前迫切需要解决的问题要进行深入研究，探索学科教育教学的方法与规律，寻找解决问题的对策。并将研究工作具体落实到每学期或每学年。每学期、每学年重点解决一个问题，对梳理出来的问题逐一解决。而教师也要人人有课题。

（5）组织教师开展学科教育教学实验

学科教研组应该从自己的实际出发，并围绕着《基础教育课程改革纲要（试行）》和学科课程标准等，组织全体成员积极进行验证性的或探究性的教育教学改革实验，每个成员也要有自己的教育教学改革实验项目，并有实验计划、实施方案、实验课题总结（或阶段总结）及鉴定意见等，注重案例分析和行动研究。

2. 教研组制度建设

建立有效的学科建设管理体制和运行机制，有目标、有组织、有计划地开展学科建设工作，使学科管理建设制度化、规范化、科学化。建立健全各项制度，如有完备而科学的教育教学规章制度，如备课、试讲、听课、教学质量评价制度等；有完备而科学的教研制度，如如何参加培训、如何开展个人自主研修、课题研究和教育教学实验等。

3. 教研组文化生成

对于像学科教研组这样的组织而言，成员间共同的意识、态度、习惯、行为方式等要素所凝聚而成的组织文化也决定了组织的效率、绩效乃至于命运。一个学科教研组要着力于构想自己的发展立意与发展思路，培养自己的进取意识、创新意识、团队意识，形成自己独特的思维方式与行为方式，进而生成自己的学科教研组特色乃至于独特的学科教研组文化。

（四）学科教育教学资源建设

没有积累，就无法生成学科的历史，也就没有学科的内涵发展。各学科教研组要

重积累,不断充实和完善自己的教育教学资源库。一个结构完整的学科教育教学资源库建设应该包含以下内容:

1. 重要的教育教学文件和有重大影响的经典文章的搜集。包括国家、省市的教育行政与业务主管部门颁发的各种文件,各教育大家的经典著作等的搜集。

2. 学科专题教育教学资料的搜集与整理。搜集、整理学科教育教学的理论与实践等方面的资料,包括学科教育教学的理论著作、典型的案例,测试题和配套练习集等。

3. 教师的学科教育教学及其研究活动的记录与反思的收集。教育教学档案要完整、规范。要广泛搜集以下材料:历年学校下发的各种教育教学文件;教育教学检查、总结、考评资料;教育教学研究与实验活动记录及反思等资料。

4. 教师教育教学探究成果的收集。本校学科的教学资料(包括有主题性的课堂录像,开发的校本化的课程,富有学校自己特点的课堂设计方案,特别是每个备课组所积累的系统的拓展性的练习资料)。收集本科组教师所写的论文,收集本科组教师所获得的奖项。

5. 社区学科课程资源的搜集与整理。充分调查、整理社区中的学科教育教学资源,并加强与大专院校和科研院所的联系与合作。

6. 学科教研网络平台的搭建。各学科建立信息管理网络平台,发布学科的发展动态,教师上传教案、教学课件和论文等资料,还可以建立网上论坛、教育博客等,实现教育资源共享。

7. 学科学具的开发。让学具的开发提高学生的学习效率,让学具的开发提升教师的专业水平。

学校要为学科教育教学资源建设提供条件,如尽可能让学科教研组有自己的固定的办公场所和资料库等。

三、学科建设的实施与保障

加强学科建设,需要学校提供有效的管理和切实的保障。

1. 要在工作中赋予教研组长更明确的责任和义务,提高他们的地位和待遇。教研组长应与年级长地位相当,享有相同的待遇。在教师的任职安排和教师评优与晋职等方面享有举荐权。要让教研组长切实发挥其学术导师的作用,让教研组长成为令人羡慕的职位。

2. 学校要强化对学科的考核与评估,建立健全学科发展奖励制度,及时总结推广先进经验,促进各学科的和谐、高效、优质发展。

3. 对学科教研组长实行任期制,并竞争上岗,以形成良性竞争机制。

郑州二中教师发展中心

2013 年 9 月 1 日

六、 教师专业发展规划

教师专业发展的本质是教师个体的内在提高,而要提升教师个体的专业化发展水平,很重要的一点就是激发教师自身的发展意愿,让教师体验到教学的快乐和生命的价值,获得专业发展活动的满意感和幸福感。只有当他们对自我发展拥有控制权,才会意识到其中的价值所在,并积极投入进来。制定教师专业发展规划,无疑是一种很好的方式。

教师专业发展规划就是:教师个体根据其个体和专业发展的需要,拟定目标,调控教师个体的环境因素,设计达到目标的活动,并引导教师个体进行与环境发生相互作用的学习活动,最终达到既定目标的过程。在规划的制定上,教师专业发展与学校的总体发展应该遵循一致性原则,即在教师专业发展的同时,学校也得到发展;在实现教师专业发展目标的同时也实现学校相应的管理目标。

教师制定个人专业发展三年规划是教研组学科建设的重要内容,它和教研组三年规划一起构成了教师专业发展规划,为教师专业发展和学科发展同步进行奠定了良好的规划基础。

郑州市第二中学教师个人专业发展三年规划指导意见

为落实郑州二中教师专业发展规划的制定工作,提高教师自主发展意识和能力,加快教师专业化发展进程,为解决教师个人在制定专业发展规划上遇到的问题和困惑,让广大教师编制的个人发展规划切实可行,特制定本指导意见。

一、明确意义,全员编制

教师的专业发展规划,是对教师专业发展的各个方面和各个阶段进行的设想和规划。具体包括:教师对职业目标与预期成就的设想,对各专业素养的具体目标的设计,对成长阶段的设计,以及所采取的措施等。

1. 规划对教师的发展与成长具有指导作用。"凡事预则立,不预则废。"过去,由于我们缺乏规划设计的概念和意识,不少教师对自己要达到什么目标、通过几个阶段达到自己的目标、现在自己处于什么阶段等问题,往往是模糊的,有的甚至从来就没有考虑过这样的问题。因此,表现在工作和行为上,就是单纯听从领导安排,以完成任务为目标,没有多少自己的追求,发展是比较被动的;当对工作不满意时,往往归因于外部的环境制约,认为自己尽了力,困难克服不了是没有办法的事情。而事先的考虑和设计,则会把自己的职业生涯置于理性的思考之上,有了发展的目标与动力,对发展具有指导作用。

2. 制定与实施规划可促进教师的反思与行动。事实证明,制定专业发展规划对教师自己是有帮助的:①可以促使教师认真分析自我,促进反思;②可以使教师有专业发展的紧迫感;③可以促使自己不断寻找自己在学校、市甚至全省本学科教师中的位置,不断激励自己;④可以指导和监控自己的发展。读什么书,参加什么样的活动,做什么研究,规划中都有设计,减少行动的盲目性、随意性。

3. 动态的规划能满足教师不断发展的需求。有人对专业发展规划的作用表示怀疑,其中最主要的理由,就是"计划赶不上变化"。我们认为,计划赶不上变化是客观实际,但并不能由此否定规划的作用。

首先,尽管社会和教育事业不断变革,但是教育又是一个相对稳定的领域,它的基本任务、内容和方法是相对稳定的,教师成长的过程是有一定规律性的,只要我们抓住这些基本的、稳定的东西去做计划,这个计划就应该是有用的。

其次,规划有中长期的和短期的,它们在内容的具体性上有区别。中长期计划比较宏观、概括,短期的规划(一般以学年为单位)则较具体。注意到不同规划的区别,就不会否定计划的作用了。

再次,我们也要有正确的"动态计划观",计划不是一成不变的,而是动态的。如果客观条件变化比较大,我们就需要对计划作出修正和调整。

　　教师个人职业规划的制定和实施是师资队伍建设的一项重要内容。在教师个人层面上有助于认清自身发展和事业目标，积累经验，把握机遇，塑造成功人生；在学校层面上有利于充分发挥和调动教师的潜力和积极性，因此要求全校专任教师要参与制定教师个人专业发展规划。

　　二、基本原则

　　1. 客观实际：必须从个人的实际情况出发，实事求是、客观公正地制定个人发展规划。要在自我剖析的过程中，借助如心理测量、作品分析等方法，并注意参考学生的意见、同事的意见等，以帮助自己全面客观地了解个人的实际情况，如考虑自己的年龄、知识积累、专业水平、个性特长、合作资源等情况，具体制定规划，不要把目标定得过高、不切实际，更不能放松要求，没有目标。

　　2. 协调整合。制定个人发展规划要从个人专业发展和工作需求出发，要适应于学校和社会的发展需要，避免面面俱到，不得抄袭、千篇一律；不说套话、不喊口号。还要要立足当前、放眼未来，认真分析、科学预测经济发展和社会进步的趋势，尤其是教育的发展趋势，使职业生涯规划具有一定的超前性。

　　3. 便于操作。规划制定要切实可行，要能够在现有的或未来三年内可能获得的条件下付诸实施，要有相应的总体目标及年度标志性期量目标，有可以获得和测量的可比性数据，有具体的可以实施的对策和措施。

　　三、规划与实施

　　教师的专业发展规划有多种形式。从时间上区分，有几个层次：长期规划（10 年左右），中期规划（3—5 年），短期计划（年度计划、月计划和日计划）。前两种是长计划，后一种是短安排。短安排比较容易制定，中长期规划则难做。

　　（一）学会制定与实施规划

　　教师个人专业发展规划大致包括：自我专业现状分析、目标的确立、内容的选择、步骤与途径、预期成果呈现形式五个环节。

　　1. 自我专业现状分析

　　包括客观环境分析与主观条件分析。

　　（1）客观环境分析：教师应明确《国家中长期教育改革和发展规划纲要》对教师提出的基本要求；明确学生成长对教师的需求；明确学校发展的近期目标和愿景，分析学校的目标和改进计划以及对教师的要求。

教师发展归根结底是为学生发展服务的。因此,教师在哪些方面去发展,必须了解学生的发展需要,从自己在教育教学活动中不适应的地方去寻找发展的目标。比如:有的教师在教学中感到对学生的心理和想法难以把握,就提出了学习心理学,把握学生心理的发展目标。

教师发展的重点,应放在教育教学能力、科研能力的提升,放在具体的教育教学实践的改善上,而不是单纯围绕自己的知识结构而读书、学习培训。

(2)主观条件分析:对自己的能力、兴趣、需要等个性因素进行全面的分析,充分认识自己的优势与劣势,明确自己的专业需求与发展定位(寻找自己最擅长的领域和专业发展方向,在最适合自己的领域或空间谋求个人的最大发展;列出自己的成长领域,并确定优先领域)。

2. 目标的确立

教师个人专业发展规划目标的确立,可以根据自己所处的整体位置与现状,确立适合自己发展可能性的目标,避免假、大、空。既要有个人专业发展规划的总体目标,也要有阶段的短期目标。以三年为一个周期确立总体目标,细化三年内阶段目标。三年的目标应该是层级式递进的。

3. 内容的选择(专业发展规划的目标体系)

根据自己的发展目标和各方面的条件,分析达成目标所需的条件和资源,以及获得这些条件、资源的方式和途径等。确定达成目标所需的特定的个人发展内容。

(1)专业知识。如通识知识、学科知识、教育心理学知识和实践知识等。重点在于提高教师的专业阅读能力和理解能力。

(2)专业技能。如教学技能、信息运用能力、教育科研能力、创新反思能力、职业特殊能力(个人特色)及撰写与发表文章的能力。重点在于提高教师的实践操作能力和专业写作及专业报告能力。

(3)专业情意。如从事教育工作应具备的良好的职业道德与积极的心态和健康的人格等。重点在于提高教师的爱岗敬业精神和健康的心理品质。

(4)基本目标。学校针对不同层级的教师提出基本发展目标,教师个人发展规划书上其余目标可供选择。

一级指标	二级指标	各级教师基本目标			
		省级名优教师	市级名优教师	中高级职称教师	初级职称以下教师
专业知识	教育理论	每学年至少读两本教育理论书籍，并上交两篇高质量读书心得，做一次读书交流报告。		每学年至少读一本教育理论书籍，并上交两篇高质量读书心得，参加一次读书交流汇报。	
	课程纲要	熟练掌握课程标准并解读到所教模块、单元、课时；熟练编写所教学科课程纲要，将以上两项内容上传学校网站，建立教学资源库。			掌握学科知识体系，掌握导学案设计和课件制作并上传学校网站，建立学科资源库；掌握"四课型渐进式自主学堂"的基本形态，每学期上一节汇报课。
	课程标准				
专业能力	导学案	熟练设计制作导学案、课件，熟练操控"四课型渐进式自主学堂"教学形态，熟练使用班班通；每学年至少上一节示范课；导学案和课件上传学校网站，建立学科的资源库。			
	四课型渐进式自主学堂				
	课件制作				
	班班通				
	课题研究	立项研究市级以上课题每年至少一个。		主持研究校本课题每年至少一个。	
	论文	市级以上获奖论文至少一篇。			三年至少有一篇市级以上论文获奖，三年至少开发一门校本课程。
	校本课程	每学年开发并开设一门校本课程。			
	综合实践活动/选修课	每学期至少指导学生开展一次综合实践活动（研究性学习）或辅导一个社团，或开设一门选修课。			三年至少为学生开展一次综合实践活动或辅导一个社团。
队伍结构	青蓝工程	每学年指导一个青年教师，听课不少于20节。			2012年以来的新教师，每年听指导老师课不少于40节。
	名师工程	高于目前称号	省级名优教师	学校首席教师或市级名优教师	合格教师或学校首席教师。
	学历进修	三年内取得研究生学历或在读。			三年内取得研究生学历或在读。

4. 步骤与途径

实施途径可以是多元化的：(1)自我研修：自我阅读、撰写教学随笔、教育故事或案例并发表、实施行动研究；(2)校本研修：同伴互助、师徒结对、加入学习共同体（专业组织）；(3)机构研修：全员培训、教科研培训、"学会学习"专项培训、教育论坛、市区教育教学专家名师团队培养；(4)参加各级各类竞赛：省市区级优质课、教学技能等评比活动。通过多种途径的研修,树立教师学会学习的理念,掌握学习策略,交流学习经验,促进教师自我成长。

教师针对个人专业发展的总目标及子目标,制定出切合个人实际情况的发展推进步骤。

制定的计划要在指导行动、指导实践上下工夫。计划重在落实,也难在落实。计划的实现,一靠教师自身的努力,二靠学校的支持。学校会尽力满足教师个人发展规划中的合理需求。

5. 预期成果呈现形式

教师个人专业发展成果是一个循序渐进的积累过程,预期呈现形式是多样的:既有显性的,也有隐性的;既有阶段成果,也有终期成果。显性的成果可以通过读书数量,笔记字数,案例、叙事、论文篇数,发表文章数量,各种获奖证书,精品课等形式呈现;隐性的成果可以通过自身综合素质的提高来呈现,如教育观念的更新、自信心的增强、人格的完善、职业道德水准的提升、职业热情的稳定等精神层面来呈现,以及学习策略的改变等。阶段成果就是每个子目标所要到达的程度,终期成果即是三年后所要达到的目标。

教师个人发展规划重在实施,因此,教师要认真实施与深化自己的个人发展规划内容,在确保学习时间的基础上,做到持之以恒,真正将自己的专业发展目标落到实处。

(二) 学会监控与评估

教师在实施个人专业发展规划的过程中,对自己确立的各级发展目标的完成情况有及时、清晰的自我觉察,根据形势要求、目标难度的变化,不断调整和修改自己的发展规划。总之,对目标的达成应该是跳一跳就可以达到,既不要过低,也不要过高,要学会自我监控与评估。

(三) 学会总结提升

教师在实施个人专业发展规划的不同阶段,要认真反思、自我评估、总结经验与反思不足,不断调整和完善个人专业发展规划,及时撰写个人专业发展规划实施体会与经验,进而加快自我成长的步伐。

四、如何评价自己的发展规划

从内容上评价一个发展规划做得如何,可以通过下面 8 个方面去考虑。如果对这些问题的回答是清楚的,则说明计划是有深度的,是可行的。

1. 规划是自我认识的结果:对自己的长处和短处特别是不足是否有准确的认识,对自己的人格、智能等特点是否有清楚的认识,对自己成为优秀教师的可能性做了什么样的估计,对自己的教学情况,反思出了什么问题没有。

2. 规划中有自我认识的方法:在对自己进行认识与分析的过程中,借助了什么手段(比如心理测量、作品分析等);借助了哪些人的帮助(特别是是否参考了学生的意见),还是仅仅是自我评价。

3. 规划有对发展环境的分析:对当前教育发展的需要是否清楚,自己在教育发展中可以做点什么,对学校的特点和需要是否清楚,对学生的发展需要是否清楚,如何正确对待自己的工作和生活环境。

4. 规划中有目标定位:对现代教师应该扮演的角色是否清楚,对教师发展的目标、类型、水准等是否有比较清楚的认识,自己要成为一个什么样的教师,这样的教师具有哪些特点。

5. 规划中有明确发展阶段:计划是否包含有关发展阶段的认识,是否明确自己所处的阶段,是否明确今后一个阶段自己要解决的主要问题和矛盾是什么。

6. 规划中有对发展模式的思考:是否有发展模式的思想,自己按照什么样的轨道、模式来实现自己的发展,是纵深发展,还是横向发展。

7. 规划中有明确的发展活动:采取的措施中,包含有哪些专业发展的活动(参加培训、读书、网络、观摩、考察等),这些活动(内容、形式等)对于解决自己的发展问题是否有效,采取了什么有效的发展策略。

8. 规划中有合理的发展条件:发展计划中,是否有关于时间和资金的"预算",这些预算是否可行,实现专业发展目标,需要哪些条件和外部的支持,哪些条件已经具备,哪些还不具备,能否通过努力创造出符合需要的条件。

2015 年 3 月 6 日

七、学科规划例举

郑州二中高中数学教研组三年规划

郑州二中高中数学教研组现有教师 33 人,其中男教师 16 人,女教师 17 人;研究生学历 12 人;特级教师 1 人,具有高级职称的教师 11 人,一级教师 9 人;省级骨干教师、省学科带头人 4 人,郑州市骨干教师 2 人。数学组是一个以中青年教师为主体的团队,是一个团结互助、朝气蓬勃、充满活力的团队,也是一个具有极大潜力的团队。在这个集体中,已完成高中三年循环教学工作的教师达到了 85% 以上,他们对高中数学教材的知识框架有了较全面的认识和把握,具有丰富熟练的教学技能。

目前,全体教师面临着新课程的改革实验,学校倍增后,生源情况发生了变化。如何凸显我们的教学能力,培养符合新课改理念的具有创新精神和实践能力的一代新人? 这是摆在我们面前的一项艰巨任务! 为了保持数学组强大优势,也是为了使数学组青年教师尽快成长起来,我们拟定高中数学学科组建设三年规划。

一、学科宣言

探究数理之奥秘(研究对象范畴);

形成严谨之思维(提高数学素养);

传承数学之文化(培养数学情感);

培养创新之人才(顺应时代发展)。

二、学科建设指导思想

优化队伍结构,规范教学过程;开展教学研究,深化教学改革;提高教学质量,培养优秀人才。

三、学科建设总体目标

继续发挥名师工作室的示范引领作用,建立数学建模实验室,成立核心竞争力团队;培养 4—5 名教学新秀,打造 1 位名师。全面提高教学质量,力争把数学学科建设成为品牌学科。

四、学科建设三年规划与实施措施

结合郑州二中高中数学学科组现状,提出本学科组建设三年工作标准与实施措施。

(一)优化师资结构是队伍建设的核心,是提高教学质量的关键。因此建设一支素质优良、结构层次合理、教学水平高的教师队伍是搞好学科组建设的前提,也是学科组建设的一项长期性工作。

1. 加强政治思想和职业道德教育,培养教师对学生的高度责任感,对教育的强烈事业心和奉献精神。

2. 建立一支对学科内容领会深入、教育理论扎实、教学经验丰富、教学效果好、教风严谨、勇于改革的教师队伍,争取 90% 以上的数学教师成为教学骨干,在教学工作中能独当一面。

3. 拥有掌握学科发展动态、把握高考规律和方向、具有一定科研能力和水平的学术带头人,引领和带动学科组教师开展教科研工作,并年均申报科研课题 2—3 个或发表教科研论文 10—15 篇。

4. 优化师资结构,建立一个梯队状况良好、职称结构合理、教学水平稳定、教学效果突出、相互团结协作的教学团队。

5. 加大对青年教师培养的力度。工作三年以下的青年教师参加郑州市高三一模、二模考试,以提升解题综合能力。每个青年教师与老教师"结对子",实行导师制。青年教师跟班听导师的课,导师经常听青年教师的课并给予指导。全体教师定期听青年教师汇报课,并进行评议,以提升青年教师课堂教学能力,促进青年教师尽快过好教学关。

(二)提高教学团队的教学能力,实现教学过程规范化。提高教学质量是学科组建设的根本目的,教学质量的高低不但是备课、讲授、辅导、作业、考核各个教学环节的综合反映,也是教书育人及学生能力发展的综合体现。

1. 制定教学过程规范,包括授课计划、课堂教学、作业辅导、考试评价、教书育人等,把提高教学质量落实到教学过程的每一个环节中。

2. 落实备课规范,提高授课质量。教师备课必须了解高中数学《课程纲要》,研究教材,细化教学目标,明确教学要求和重难点,把数学方法和思想贯穿于教学全过程。

3. 抓住课堂教学这个中心环节,争取最佳教学效果。课堂讲授必须执行课堂授课规范,做到内容熟练、概念准确、重点突出、结构合理、条理清楚、语言精炼、板书工整且布局合理。恰当使用"基础先学——展示反馈——点拨思辨——练习评价"渐进式"四课型"教学模式,充分调动学生参与课堂的积极性,启发学生思维,培养学生创新能力。密切联系生活实际,加强数学教学的科学性、思想性、实效性和应用性。

4. 建立听课与评课制度,提高教学团队的授课质量。每学期每位教师必须上公开课、观摩课或汇报课2次以上,通过观摩和听课评课,加强同伴互助,自我反思,同时在反思后能够行动跟进,促进授课水平共同提高。

5. 加强作业、辅导规范。作业布置要做到分层设计,统筹兼顾,以满足不同层次学生学习的需求。教师作业批改量不低于三分之二,并有批改记录。教师辅导要及时耐心,要深入学生。

课程开设计划

高一		第一学期	必修1、必修2		
		第二学期	必修4、必修3		
高二	文科	第一学期	必修5	选修1-1	备课组长及相关老师
		第二学期		选修1-2 选修4-1 选修4-4 选修4-5	
	理科	第一学期	必修5	选修2-1 选修2-2	
		第二学期		选修2-3 选修4-1 选修4-4 选修4-5	
高三		全面复习高中阶段所学内容			

（三）建立主、辅教材体系,实现主、辅教材系列化。国家课程校本化建设是衡量一个教学团队业务水平高低的重要标志之一,教材的组织和整合对教与的学质量均有直接影响。

1. 认真分析和解读高中数学《课程纲要》和新课程标准对教学基本要求和现行教材的特点,结合郑州二中情况,编写出版"本土化"教材《指导书》和《练习册》,所编教材要符合当前教学改革的形势和高考方向,适合郑州二中办学特点,做到教师易用,学生易学,能适合不同层次学生的学习,并及时修订整合。

2. 建立与教材配套的辅助系列教材,完善主辅教材体系。辅导教材包括:习题课教材、习题集(解)、学习手册、思考探究与自测、试题(卷)库等。

(四) 运用现代教育技术,实现教学手段现代化。现代教育技术的运用对提高教学效果具有重要的作用,它是教育现代化的标志之一。

1. 建立数学建模实验室,成立数学建模兴趣小组。借助现代化教育技术,开设"云课堂"。创新班借助 iPad 实行移动自主学堂教学,逐步建立健全教学软硬件设备,提高教与学的效率和效果。

2. 录制微课、优质课、重点课型视频一套,习题课课件一套,加强教学直观性,为学生学习提供便利条件。

(五) 丰富教研、课外活动,实现教研、课外活动多样化。教研活动与课外活动是提高教学团队的教学水平,保证教学质量的主要方面,通过广泛开展各种类型教研活动和课外活动可以促进教师教学研究能力与教学水平的提升。

1. 积极开展教研活动,促进教学团队的教学、教研水平的提高,在每学期的工作要点中要明确提出每周必须进行一次以上的教研活动,并对活动时间、内容、主持人等做出安排,按计划进行,做到有主题、有准备、有总结、有记录。

2. 丰富教研活动,实现教研活动内容和形式多样化,做到有单元教材分析、教法研究、专题讨论;有教学经验交流、教学总结;有观摩课、评议课、习题课;有专题讲座、教书育人、高考命题规律和导向分析等,做到不死板、不枯燥,有针对性,有成效。

3. 采用全体与备课组活动相结合等活动方式,主持人首先要做好充分准备,避免走过场和形式化。

4. 积极组织数学建模竞赛小组,做到有活动计划、有内容、有组织、有成效。

5. 支持教师开展各种形式的校本课程,积极响应并参加学校开展的"慕课"和微视频制作,数学竞赛,教学设计、作业设计展览,及"一师一优课,一课一名师"申报与评比活动。

(六) 严格考试命题要求,实现成绩考核科学化。考试是学生学习成绩的检查与评价,也是教师教学质量的具体体现,加强考试命题与教学质量分析的科学性,将有益于教学质量的提高。

1. 每学期根据学校工作历至少要进行 2—4 次规范考试,考试要统一命题,统一评分标准,统一阅卷。

2. 建立高中数学试题库,试题可以聘请校外教师命题或任课教师"背对背"命题。坚持实行教学成绩"捆绑"评价制度。

3. 试题要符合大纲和高考命题方向,符合命题基本要求,要有一定深度、广度,重点突出,难度适当,既要反映学生对知识掌握情况,又要考查学生能力水平,不但要有适当的难度、区分度,还要有题型的灵活变化。

(七) 开展教改研究,促进学科建设深入化。教学改革是不断深化课程建设的重要途径,也是教学与教学研究深化的表现,积极开展教学研究活动是促进教学改革深化的重要手段。

1. 成立课改研究小组,研究高中数学课程体系、课程内容、教学方法的改革经验。把握教学改革趋势,结合郑州二中特点,制定教改方案,摸索和积累教改经验,每学期召开一次教改研讨会。

2. 积极开展教改理论和范例研究,促进教改与课程建设深入化,争取完成下列几个课题的研究和探讨,并发表相应的论文。

(1) 运用高中数学思想方法,改革传统的教学内容和体系。

(2) 突出数学的应用价值,成立数学建模小组,培养学生分析和解决问题的能力。

(3) 处理好中学数学与其他学科之间的关系。

(4) 重视概念课的教学,提高习题课的教学质量。

(5) 改革教学方法,启发学生思维,培养学生能力,提高学生数学素养。

(6) "互联网 +"时代,信息化教学手段的应用、探究与开发。

(7) 注重教书育人,树立良好教风和学风。

3. 通过教改专题研究,不断深化学科建设,提高教师业务素质和教学研究能力。

(八) 完善教学文档资料,实现教学管理制度化。教学文件对教学活动的开展具有指导作用,教学管理是提高教学质量的保证。完善教学文件,实现教学管理制度化是课程建设的一个重要方面。

1. 加强教学计划、教研计划、教研活动纪录、课题研究记录的管理,做到内容规范、专人负责。

2. 建立教师备课授课、作业辅导、考试考核、教书育人等规范管理制度,建立教学论文档案,教师业务档案,教师成长档案等,使教学过程规范化。

3. 制定教研组和个人三年发展规划、实施措施、评价方案、检查措施等。

(九) 成立四个专门小组:"校本化"教材研究编写小组、教学条件建设小组、课外活动小组、教改研究小组。实行专项负责制,每个小组负责人要制订实施细则,做到人员分工,责任落实。

五、工作进程

第一阶段:2015 年 7 月—2016 年 6 月,结合国家课程标准和《课程纲要》制定合理、详细的教学大纲、考试大纲;编写高中数学"校本化"教材及辅导教材(《指导书》和《练习册》)。

第二阶段:2016 年 8 月—2017 年 6 月,完成电子教案、规范课程设计;录制微课、优质课、精品课;完善精品课程设计与制作;完善教材和辅导材料。

第三阶段:2017 年 8 月—2018 年 7 月,整合教学内容,改进教学方法;完善已有的课程建设成果,做好课题研究和申报工作,撰写并发表课程建设的教科研论文;进一步加大课程建设的力度;为配合教学,开设"云课堂"。把高中数学课程建设成精品课程。

参考文献

[1] 田冬.从管理走向治理——以现代学校制度建设助推集团化办学发展[J].基础教育论坛,2016(08):37-39.

[2] 邓云锋.从教育管理走向教育治理[J].未来教育家,2014(04):62.

[3] 崔楠旗.河南省 D 市普通高中治理结构研究[D].华中师范大学,2017.

[4] 赵倩男.基于利益相关者理论的公立普通高中治理结构研究[D].郑州大学,2017.

[5] 乔新.用邓小平教育理论指导开放办学[J].陕西教育,2002(08):4-5.

[6] 陆钟武.谈开放办学[J].中国电力教育,1988(05):18+31.

[7] 靳占忠,王平.开放办学制度化与现代大学发展[J].高等农业教育,2010(02):3-5+12.

［8］唐江澎. 学科建设,学校发展的动力源[M]. 北京:首都师范大学出版社,2014.

［9］唐江澎. 学校,一个学习的地方[M].北京:首都师范大学出版社,2014.

［10］王中男.校本教研存在的问题分析与路径选择[J].教育理论与实践,2014,34(02):10-12.

［11］薛仲延.试论新课程背景下中小学学科组的建设[J].中学课程资源,2008(06):137+158.

［12］储建明.学习型教研组建设的策略建议[J].中小学教师培训,2008(09):47-49.

［13］张新平.校长角色转型研究——基于伯恩斯变革型领导理论的思考[J].教育发展研究,2008(Z2):44-50.

［14］唐江澎.学科建设,决定学校的教育高度[J].人民教育,2014(13):12-18.

［15］朱建民.开放教育,成就个性之美——北京市第三十五中学基于学生差异的教育改革[J].人民教育,2014(13):19-21.

［16］唐江澎.培育创造未来的终身学习者——我们的教育终极价值追求[J].人民教育,2014(13):25-27.

［17］马向阳.心灵自由、学习自主、行为自觉——海南省海南中学的教育价值追求及学科建设理念[J].人民教育,2014(13):28-29.

［18］张建国.回归生活,执信教学本真——青海湟川中学的教育价值追求及学科建设理念[J].人民教育,2014(13):30-31.

［19］刘信生.持正求新,力臻至善——西北师范大学附属中学的教育价值追求及学科建设理念[J].人民教育,2014(13):32-33.

［20］张克中.培养终身阅读者,培养负责任表达者——江苏省锡山高中语文学科宣言的诞生[J].人民教育,2014(13):34-36.

［21］谭虎啸.最大限度地让学生"表达"和"交流"——海南中学英语学科建设案例[J].人民教育,2014(13):37-38.

［22］吴克勇,蔡子华.中小学学科建设的内涵与策略[J].中小学校长,2015(11):3-5+22.